U0090007

民國文化與文學^{研究}

研究文叢

初 編

李 怡 主編

第 11 冊

空間與對話：
「五四」報刊通信欄目研究

王 玉 春 著

國家圖書館出版品預行編目資料

空間與對話:「五四」報刊通信欄目研究／王玉春 著 —— 初版
—— 新北市:花木蘭文化出版社,2012〔民 101〕
目 4+288 面;19×26 公分
(民國文化與文學研究文叢 初編:第 11 冊)
ISBN:978-986-254-888-2(精裝)
1. 言論自由 2. 書信 3. 對話
541.26208   101012600

特邀編委(以姓氏筆畫為序):

丁 帆　　　王德威　　宋如珊

岩佐昌暲　　奚 密　　　張中良

張堂錡　　　張福貴　　須文蔚

馮鐵　　　　劉秀美

民國文化與文學研究文叢
初 編 第十一冊   ISBN:978-986-254-888-2

空間與對話:「五四」報刊通信欄目研究

作 者 王玉春
主 編 李 怡
企 劃 北京師範大學民國歷史文化與文學研究中心(籌)
　　　 四川大學民國文學暨海外漢學研究中心(籌)
　　　 現代中國文化與文學研究中心
總編輯 杜潔祥
印 刷 普羅文化出版廣告事業
出 版 花木蘭文化出版社
發行人 高小娟
聯絡地址 新北市永和區中正路五九五號七樓
　　　　 電話:02-2923-1455 ／傳真:02-2923-1452
網 址 http://www.huamulan.tw 信箱 sut81518@gmail.com
初 版 2012 年 9 月
定 價 初編 18 冊(精裝)新台幣 30,000 元

版權所有·請勿翻印

《民國文化與文學研究文叢》總序

李 怡

　　這是一套試圖從新的角度——民國歷史文化的視角重新梳理分析中國現代文學的叢書，計劃在數年內連續推出百餘種相關主題的論述，逐漸形成關於現代中國文學的新的學術思路。爲什麼會提出這樣的設想？與最近一些年大陸中國悄然出現的「民國熱」有什麼關係？最終，我們又有怎樣的學術預期呢？

　　近年來大陸中國的「民國熱」折射出了諸多耐人尋味的社會心理：對於一種長期被遮蔽的歷史的好奇？市民情懷復蘇時代的小資心態？對當前社會文化秩序的厭倦與不滿？或許，就是這幾種心理的不同程度的組合？作爲生活在「民國熱」時代的我們，自然很難將自己與這些社會心理切割開來，不過，在學術自身的邏輯裡追溯，我們卻不得不指出，作爲文學史敘述的「民國」概念，無疑有著更爲深遠的歷史，擁有更爲豐富的內涵。

一

　　迄今爲止，在眾多中國現代文學史的敘述概念中，得到廣泛使用的有三種：「新文學」、「近代／現代／當代文學」、「二十世紀中國文學」。值得注意的是，這三種概念都不完全是對中國文學自身的時空存在的描繪，概括的並非近現代以來中國具體的國家與社會環境，也就是說，我們文學眞實、具體的生存基礎並沒有得到準確的描述。因此，它們的學術意義從來就伴隨著連續不絕的爭議，這些紛紜的意見有時甚至可能干擾到學科本身的穩定發展。

　　「新文學」是第一個得到廣泛認可的文學史概念。從 1929 年春朱自清在清華大學講授「中國新文學」、編訂《中國新文學研究綱要》到 1932 年周作人在輔仁大學講演新文學源流、出版《中國新文學的源流》，從 1933 年王哲

甫出版《中國新文學運動史》到 1935 年全面總結第一個十年成就的《中國新文學大系》的隆重推出，從 1950 年 5 月中央教育部頒佈的教學大綱定名為「中國新文學史」到 1951 年 9 月王瑤出版《中國新文學史稿》（上冊），都採用了「新文學」這一命名。此外，香港的司馬長風和臺灣的周錦先後撰寫、出版了同名的《中國新文學史》。乃至在新時期以後，雖然新的學科命名——近代文學、現代文學、當代文學——已經確定，但是以「新文學」為名創辦學會、寫作論著的現象卻依然不斷地出現。

以「新」概括文學的歷史，在很大程度上來源於這一時段文學運動中的自我命名。晚清以降中國文學與中國文化的動向，往往伴隨著一系列「新」思潮、「新」概念與「新」名稱的運動，如梁啓超提出「新民說」、「新史學」、「新學」，文學則逐步出現了「新學詩」、「新體詩」、「新派詩」、「新民體」、「新文體」、「新小說」、「新劇」等。可以說，鴉片戰爭以後的中國進入了一個「求新逐異」的時代，「新」的魅力、「新」的氛圍和「新」的思維都前所未有地得到擴張，及至五四時期，「新文學運動」與「新文化運動」轟然登場，「新文學」作為文學現象進入讀者和批評界的視野，並成為文學史敘述的基本概念，顯然已是大勢所趨。《青年雜誌》創刊號有文章明確提出：「夫有是非而無新舊，本天下之至言也。然天下之是非，方演進而無定律，則不得不假新舊之名以標其幟。夫既有是非新舊則不能無爭，是非不明，新舊未決，其爭亦未已。」〔註1〕今天，學界質疑「新文學」的「新」將其他文學現象排除在外了，以至現代的文學史殘缺不全。其實，任何一種文學史的敘述都是收容與排除並舉的，或者說，有特別的收容，就必然有特別的排除，這才是文學研究的基本「立場」。沒有對現代白話的文學傳統的特別關注和挖掘，又如何能體現中國文學近百年來的發展與變化呢？「新」的侷限不在於排除了「舊」，而在於它能否最準確地反映這一類文學的根本特點。

對於「新文學」敘述而言，真正嚴重的問題是，這一看似當然的命名其實無法改變概念本身的感性本質：所謂「新」，總是相對於「舊」而言，而在不斷演變的歷史長河中，新與舊的比照卻從來沒有一個確定不移的標準。從古文經學、荊公新學到清末西學，「新學」在中國學術史上的內涵不斷變化，「新文學」亦然。晚清以降的文學，時間不長卻「新」路不定，至「五四」已今非昔比，「新」能夠在多大的範圍內、在多長的時間中確定「文學」的性質，實在是一個不容

〔註 1〕汪叔潛：《新舊問題》，《青年雜誌》1915 年第 1 卷第 1 號。

忽視的學術難題。我們可以從外來文化與文學的角度認定五四白話文學的
「新」，像許多新文學史描述的那樣；也可以在中國文學歷史中尋覓「新」的元
素，以「舊」爲「新」，像周作人的《中國新文學的源流》那樣。但這樣一來，
反而昭示了「新」的不確定性，爲他人的質疑和詬病留下了把柄。誠如錢基博
所言：「十數年來，始之以非聖反古以爲新，繼之歐化國語以爲新，今則又學古
以爲新矣。人情喜新，亦復好古，十年非久，如是循環；知與不知，俱爲此『時
代洪流』疾卷以去，空餘戲狎懺悔之詞也。」〔註2〕

　　更何況，中國文學的「新」歷史肯定會在很長時間中推進下去，未來還
將發生怎樣的變動？其革故鼎新的浪潮未必不會超越晚清－五四一代。屆
時，我們當何以爲「新」，「新文學」又該怎麼延續？這樣的學術詰問恐怕不
能算是空穴來風吧。

　　「新」的感性本質期待我們以更嚴格、更確定的「時代意義」來加以定
義。「現代」概念的出現以及後來更爲明確的近代／現代／當代的劃分似乎就
是一種定義「意義」的方向。

　　「現代」與「近代」都不是漢語固有的語彙，傳統中國文獻如佛經曾經
用「現在」來表示當前的時間（《俱舍論》有云：「若已生而未已滅名現在」）。
以「近代」、「現代」翻譯英文的 modern 源自日本，「近代」、「現代」係日文
對 modern 的經典譯文。「現代」在一開始使用較少，但至遲在 20 世紀初的中
國文字中也開始零星使用，如梁啓超 1902 年的《新民說》。〔註3〕只是在當時，
modern 既譯作「現代」與「近代」，也譯作「摩登」、「時髦」、「近世」等。直
到 30 年代以後，「現代」一詞才得以普遍使用，此前即便作爲時間性的指稱，
使用起來也充滿了隨意性。「近代」進入文學史敘述以 1929 年陳子展的《中
國近代文學之變遷》爲早，「現代」進入文學史敘述則以 1933 年錢基博的《現
代中國文學史》爲先，但他們依然是在一般的時間概念上加以模糊認定。尤
其是錢基博，他的「現代」命名就是爲了掩蓋更具有社會歷史內涵的「民國」：
「吾書之所爲題『現代』，詳於民國以來而略推跡往古者，此物此誌也。然不

〔註2〕 錢基博：《現代中國文學史》，長沙：嶽麓書社，1986 年，第 506 頁。
〔註3〕 《新民說》有云：「凡此皆現代各國之主動力也，而一皆自條頓人發之成之，
　　　是條頓人不啻全世界動力之主人翁也。」參見《梁啓超全集》第 2 冊，北京：
　　　北京出版社，1999 年，第 658、659 頁。關於日文中「近代」、「現代」一詞的
　　　來源及使用情況可以參見柳父章：《翻譯語成立事情》，日本岩波書店 1982 年
　　　4 月出版。

題『民國』而曰『現代』，何也？曰：維我民國，肇造日淺，而一時所推文學家者，皆早嶄露頭角於讓清之末年，甚者遺老自居，不願奉民國之正朔；寧可以民國概之？」〔註4〕也就是說，像「民國」這樣直接指向國家與社會內涵的文學史「意義」，恰恰是作者要刻意迴避的。

在「現代」、「近代」的概念中追尋特定的歷史文化意義始於思想界。1915年，《青年雜誌》創刊號一氣刊登了陳獨秀兩篇介紹西方近現代思想文化的文章：《法蘭西人與近世文明》和《現代文明史》，「近代（近世）」與「現代」同時成爲對西方思想文化的概括。《青年雜誌》〔註5〕後來又陸續推出了高一涵的《近世國家觀念與古相異之概略》（第1卷第2號）和《近世三大政治思想之變遷》（第4卷第1號）、劉叔雅的《近世思想中之科學精神》（第1卷第3號）、陳獨秀的《孔子之道與現代社會》（第2卷第4號）和《近代西洋教育》（第3卷第5號）、李大釗的《唯物史觀在現代歷史學上的價值》（第8卷第4號）。《新潮》則刊發了何思源的《近世哲學的新方法》（第2卷第1號）、羅家倫的《近代西洋思想自由的進化》（第2卷第2號）、譚鳴謙的《現代民治主義的精神》（第2卷第3號）等。1949年以後，大陸中國文學研究界找到了清晰辨析近代／現代／當代的辦法，更是確定了這幾個概念背後的歷史文化內涵，其根據就是由史達林親自審查、聯共（布）中央審定、聯共（布）中央特設委員會編的《聯共（布）黨史簡明教程》和由蘇聯史學家集體編著的多卷本的《世界通史》。《聯共（布）黨史簡明教程》於1938年在蘇聯出版，它先後用67種文字出版301次，是蘇聯圖書出版史上印數最多的出版物之一。就在蘇聯正式出版此書的二三個月後，該書的第七章和結束語就被譯成中文在《解放》上發表，隨後不久，在中國就出現了4種不同的中文譯本：由博古任總校閱、中國出版社1939年2月出版的「重慶譯本」，由吳清友翻譯、上海啓明社1939年5月出版的「上海譯本」，由蘇聯外文出版局主持翻譯和出版、任弼時等人擔任實際翻譯工作的「莫斯科譯本」，以及解放社於1939年5月出版的「延安譯本」。「上海譯本」多流行於上海和新四軍活動區域，陝甘寧邊區和華北各抗日根據地擁有「莫斯科譯本」與「延安譯本」，大後方各省同時流行「重慶譯本」與「莫斯科譯本」（見歐陽軍喜《論抗戰時期〈聯

〔註4〕錢基博：《現代中國文學史》，第9頁。
〔註5〕1916年9月第2卷第1號起，《青年雜誌》改名爲《新青年》，文中爲了表述連貫，不作明確指出。

共（布）黨史簡明教程〉在中國的傳播及其對中國共產黨宣傳工作的影響》，載《黨史研究與教學》2008 年第 2 期）。早在延安時代，《簡明教程》就被列入「幹部必讀」書，建國之後，《簡明教程》中的三章加上「結束語」曾被指定爲廣大幹部學習的基本教材，在中國自己編寫的「國際共運史」教材面世之前，它也是高校馬列主義基礎課程的通用教材，直接參與構築了新中國教育的基本歷史觀念。作爲「學科」的中國現當代文學就是在這樣一種歷史觀念的形成中生成的。中譯本《世界通史》第一卷最早由生活・讀書・新知三聯書店於 1959 年初版，至 1978 年出版到第八卷，第九、第十卷由吉林人民出版社分別於 1975、1978 年出版，第十一卷繼續由三聯書店於 1984 年出版，第十二、十三卷由東方出版社 1987、1990 年出版，可以說也伴隨了 1990 年代之前中國的歷史認識過程。

就這樣，馬列主義的五種社會形態進化論成爲劃分近代與現代的理論基礎，由近代到現代的演進，在蘇聯被描述爲 1640 年英國資產階級革命－十月社會主義革命的重大發展，在中國，則開始於淪爲「半殖民地半封建」的 1840 年鴉片戰爭，完成於標誌著社會主義思想傳播的「五四」。大陸中國的史學家更是在「現代」之中另闢「當代」，以彰顯社會主義與共產主義社會的到來，由此確定了中國文學近代／現代／當代的明確格局——這樣的劃分，不僅在時間分段上不再模糊，而且更具有明確的思想內涵與歷史文化質地：資產階級文學（舊民主主義革命文學）、新民主主義革命文學與社會主義文學就是近代－現代－當代文學的歷史轉換。

當然，來自蘇聯意識形態的歷史劃分與西方學術界的基本概念界定存在明顯的分歧。在西方學術界，一般是以地理大發現與資本主義經濟及社會文化的興起作爲「現代」的開端，Modern Times 一般泛指 15～16 世紀地理大發現以來的歷史，這一歷史過程一直延續到今天，並沒有近代／現代之別，即使是所謂的「當代」（Late Modern Time 或 Contemporary Time），也依然從屬於 Modern Times 的長時段。﹝註6﹞「現代」的含義也不僅與「革命」相關，而且指涉一個相當久遠而深厚的歷史文化的變遷過程，並包含著歷史、哲學、

﹝註 6﹞ 代表作有阿克頓主編的 14 卷本的《康橋近代史》（*The Cambridge Modern History , Cambridge university press .1902-1912*），後來康橋大學出版社又出版了克拉克主編的 14 卷本的《新編康橋近代史》（*The New Cambridge Modern History. Cambridge university press .1957-1959*），這套著作的中文譯本於 1987 年起，由中國社會科學出版社陸續出版，名爲《新編康橋世界近代史》。

宗教等多方面的資訊。德國美學家姚斯在《美學標準及對古代與現代之爭的歷史反思》中考證，「現代」一詞在 10 世紀末期首次被使用，意指古羅馬帝國向基督教世界過渡時期，與古代相區別；而今天一般將之理解為自文藝復興開始尤其是 17、18 世紀以後的社會、思想和文化的全面改變，它以工業化為基礎，以全球化為形式，深刻地影響了世界各民族的生存與觀念。

到了新時期，在大陸中國的國門重新向西方世界開放以後，「走向世界」的強烈渴望讓我們不再滿足於革命歷史的「現代」，但問題是，其他的「現代」知識對我們而言又相當陌生，難怪汪暉曾就何謂「現代」向唐弢先生鄭重求教，而作為學科泰斗的導師也只是回答說，這是一個「很複雜」的問題。〔註7〕1990 年代，中國學術界開始惡補「現代」課，從西方思想界直接輸入了系統而豐富的「現代性知識」，這個「與世界接軌」的具有思想深度的知識結構由此散發出了前所未有的魅力。正是在「現代性知識」體系中，對現代、現代性、現代化、現代主義的辨析達到了如此的深入和細緻，對文學的觀照似乎也獲得了令人激動不已的效果和不可估量的廣闊前程，中國現代文學史至此有望成為名副其實的「現代性」或「現代學」意義上的文學史敘述。

應當承認，1990 年代對「現代」知識的重新認定，的確為我們的文學史研究找到了一個更具有整合能力的闡釋平臺。例如，藉助福柯式的知識考古，我們固有的種種「現代」概念和思想得到了清理，現代、現代性、現代化這些或零散或隨意或飄忽的認識，都第一次被納入一個完整清晰的系統，並且尋找到了在人類精神發展流程裡的準確位置。最近 10 年，「現代性」既是中國理論界所有譯文的中心語彙，也幾乎就是所有現當代文學史研究的話語支撐點。

但是，從另一角度來看，我們的「現代」史學之路卻難以掩飾其中的尷尬。無論是蘇聯的革命史「現代」概念還是今日西方學界的「現代」新知，它們的闡釋功效均更多地得力於異域的理論視野與理論邏輯，列寧與史達林如此，吉登斯、哈貝馬斯與福柯亦然。問題是，中國作家的主體經驗究竟在哪裡？中國作家背後的中國社會與歷史的獨特意義又何在？在革命史「現代」觀中，蘇聯的文學經驗、所謂的「現實主義」道路成為金科玉律，只有最大程度地符合了這些「他者」的經驗才可能獲得文學史的肯定，這被後來稱為

〔註7〕 汪暉：《我們如何成為「現代的」？》，《中國現代文學研究叢刊》1996 年第 1 期。

「左」的思想的教訓其實就是失去了中國主體經驗的惡果。同樣，在最近 10
餘年的文學史研究中，鮮活的現代中國的文學體驗也一再被納入到全球資本
主義時代的共同命題中，兩種現代性、民族國家理論、公共空間理論、第三
世界文化理論、後殖民批判理論……大清帝國的黃昏與異域的共和國的早晨
相遇了，兩個不同國度的感受能否替換？文學的需要是否就能殊途同歸？他
者的理論是否眞讓我們一勞永逸？中國文學的現代之路會不會自成一格？有
趣的甚至還有如下的事實：在 90 年代初期，恰恰也是其中的一些理論（現代
性質疑理論）導致我們對現代文學存在價值的懷疑和否定，而到了 90 年代中
後期，當外來的理論本身也發生分歧與衝突的時候（如哈貝馬斯對現代性的
肯定），我們竟又神奇地獲得了鼓勵，重新「追隨」西方理論挖掘中國文學的
「現代性價值」——中國文學的意義竟然就是這樣的脆弱和動搖，只能依靠
西方的「現代」理論加以確定？

　　除了這些異域的「現代」理論，我們的文學史家就沒有屬於自己的東西
嗎？如我們的心靈，我們的感受，能夠容納我們生命需要的漢語能力。

　　現代，在何種意義上還能繼續成爲我們的文學史概念？沒有了這一通行
的「世界」術語，我們還能夠表達自己嗎？

　　問題的嚴重性似乎不在於我們能否在歷史的描述中繼續使用「現代」（包
括與之關聯的「近代」、「當代」等概念），而是類似的辭彙的確已被層層疊疊
的「他者」的資訊所塗抹甚至污染，在固有的中國現代文學史敘述框架內，
我們怎樣才能做到全身而退，通達我們思想的自由領地？

　　中國有「文學史」始於清末的林傳甲、黃摩西，隨著文學史寫作的持續
展開，尤其是到了 1949 年以後，「現代」被單獨列出，不再從屬於「中國文
學史」，這彷彿包含了一種暗示：「現代」是異樣的、外來的，不必納入「中
國文學」固有的敘述程式。

　　「二十世紀中國文學」是中國文學研究界學術自覺，努力排除蘇聯「革
命」史觀影響，尋求文學自身規律的產物。正如論者當年意識到的那樣：「以
前的文學史分期是從社會政治史直接類比過來的。拿『近代文學史』來說，
從一八四〇年鴉片戰爭到一八九八年戊戌變法，半個多世紀裡頭，幾乎沒有
什麼文學，或者說文學沒有什麼根本的變化。……政治和文學的發展很不平
衡。還是要從東西方文化的撞擊，從文學的現代化，從中國人『出而參與世
界的文藝之業』，從文學本身的發展規律，從這樣的一些角度來看文學史，才

比較準確。」「『二十世紀中國文學』這一概念首先意味著文學史從社會政治史的簡單比附中獨立出來，意味著把文學自身發生發展的階段完整性作為研究的主要對象。」〔註8〕這樣的歷史架構顯然具有重大的學術價值，「二十世紀中國文學」直到今天依然是影響最大的文學史理念，然而，它也存在著難以克服的一些問題。姑且不論「二十世紀」這一業已結束的時間概念能否繼續涵蓋一個新世紀的歷史情形，而「新世紀」是否又具有與「舊世紀」迥然不同的特徵，即便是這種歷史概括所依賴的基本觀念——文學的世界性、整體性與「現代化」，其實也和文學的「現代」史觀一樣，在今天恰恰就是爭論的焦點。

「二十世紀」作為一個時間概念也曾被國外史家徵用，但是正如當年中國學者已經意識到的那樣，外人常常是在「純物理時間」的意義上加以使用，相反，「二十世紀中國文學」更願意準確地呈現文學自身的性質。〔註9〕這樣一來，「二十世紀」的概念也同我們曾經有過的「現代」一樣，實際上已由時間性指稱轉換為意義性指稱。那麼，構成它們內在意義的是什麼呢？是文學的世界性、整體性與「現代化」——這些取諸世界歷史總體進程的「元素」，它們在何種程度上推動了我們文學的發展，又在多大的程度上掩蓋了我們固有的人生與藝術理想，都是大可討論的。例如，面對同樣一個「世界」的背景，是遭遇了「世界性」還是我們自己開闢了「世界性」，這裡就有完全不同的文學感受；再如，將「二十世紀」看作一個「整體」，我們可能注意到「五四」與「新時期」在「現代化」方向上的一致：「我是從搞新時期文學入手的，慢慢地發現好多文學現象跟『五四』時期非常相像，幾乎是某種『重複』。比如，『問題小說』的討論，連術語都完全一致。我考慮比較多的是美感意識的問題。『傷痕』文學裡頭有一種很濃郁的感傷情緒，非常像『五四』時期的浪漫主義思潮，我把它叫作歷史青春期的美感情緒。」「魯迅對現代小說形式的問題很早就提出一些精彩的見解。我就感覺到當代文學提出的很多問題並不是什麼新鮮問題。」〔註10〕但是，這樣的「整體性」的相似只是問題的一方面，認真區分起來，「五四」與「新時期」其實更有著一系列重要的分歧。文

〔註8〕黃子平、陳平原、錢理群：《二十世紀中國文學三人談》，北京：人民文學出版社，1988年，第36頁、25頁。

〔註9〕黃子平、陳平原、錢理群：《二十世紀中國文學三人談》，第39頁。

〔註10〕黃子平、陳平原、錢理群：《二十世紀中國文學三人談》，第29～30、31頁。

學的意義恰恰就是建立在細節的甄別上，上述細節的差異不是可有可無的，它們標識的正是文學本身的「形態」的差別，既然「形態」已大不相同，那麼粘合的「整體」的也就失去了堅實的基礎。

更有甚者，雖然已被賦予一系列「現代性」的意義指向，「二十世紀」卻又無法終結人們對它的「時間」指稱。新的問題由此產生：人們完全可能藉助這樣的「時間」框架，重新賦予不同的意義，由此在總體上形成了「二十世紀」指義的複雜和含混。在 80 年代，「二十世紀中國文學」的提出者是以晚清的「新派」文學作為「現代性」的起點，努力尋找五四文學精神的晚清前提與基礎，但是近年來，我們卻不無尷尬地發現美國漢學界已另起爐竈，竭力發掘被五四文學所「壓抑」的其他文學源流。結果並不是簡單擴大了文學的源頭，讓多元的聲音百家爭鳴，而是我們從此不得不面對一個彼此很難整合的現代文學格局，在晚清的世俗情欲與「五四」的文化啟蒙之間，矛盾的力量究竟是怎樣被「整合」的？如果說，「五四」的文化啟蒙壓抑了晚清的世俗情欲，而後者在中國其實已有很長的歷史流變過程，那麼，這樣壓抑／被壓抑雙方的歷史整合就變得頗為怪異，而「五四」、二十世紀作為文學「新質」的特殊意義也就不復存在，我們曾引以自豪的新文學的寶貴傳統可能就此動搖和模糊不清。難道，一個以文學闡釋的「整體性」為己任的學術追求至此完成了自我的解構？

我們必須認真面對「二十世紀中國文學」這一概念，包括其並未消失的價值和已經浮現的侷限。

二

我們對近現代以來中國文學史的幾大基本概念加以檢討，其目的並不是要在現有的文學描述中將之「除名」，而是想藉此反思我們目前文學研究與文學史敘述的內在問題。「新文學」力圖抓住中國文學在本世紀的「新質」，但定位卻存在很大的模糊空間；「現代文學」努力建立關於歷史意義的完整觀念，但問題是，這些「現代」觀念在很大程度上來自異域文化，究竟怎樣確定我們自己在本世紀的生存意義，依然有太多的空白之處；「二十世紀」致力於「文學」輪廓的勾勒，但純粹的時間概念的糾纏又使得它所框定的文學屬性龐雜而混沌，意義的清晰度甚至不如「新文學」與「現代文學」。這就是說，在我們未來的文學史敘述中，有必要對「新文學」、「近代／現代／當代」、「二

十世紀中國文學」等概念加以限制性的使用，盡可能突出它們揭示中國文學現象獨特性的那一面，盡力壓縮它們各自表意中的模糊空間。與此同時，更重要的是重新尋找和探測有關文學歷史的新的敘述方式，包括新的概念的選擇、新的意義範圍的確定，以及新的研究範式的嘗試等。

「新文學」作爲對近百年來白話文學約定俗成的稱謂，繼續使用無妨，且無須承擔爲其他文學樣式（如舊體文學）騰挪空間的道德責任，但未來的文學發展又將如何刷「新」，新的文學現象將怎樣由「新」而出，我們必須保留必要的思想準備與概念準備；「現代」則需要重新加以清理和認定，與其將西方資本主義文化的種種邏輯作爲衡量「現代性」的基礎，還不如在一個更寬泛的角度認定「現代」：中華帝國結束自我中心的幻覺，被迫與其他世界對話的特殊過程，直接影響了中國人與中國作家的人生觀與自我意識，催生了一種區別於中國古代文學的「現代」樣式。這種「現代」受惠與受制於異域的「現代」命題尤其是西方資本主義的命題，但又與異域的心態頗多區別，我們完全不必將西方的「現代」或「現代性」本質化，並作爲估價中國文學的尺度。異域的「現代」景觀僅僅是我們重新認識中國現象的比照之物，也就是說，對於「現代」的闡述，重點不應是異域（西方）的理念，而是這一過程之中中國「物質環境」與「精神生態」的諸多豐富形態與複雜結構。作爲一個寬泛性的「過程」概念的指稱，我們使用側重於特殊時間含義的「現代文學」，而將文學精神內涵的分析交給更複雜、更多樣的歷史文化分析，以其他方式確立「意義」似乎更爲可行；「二十世紀」是中國文學新的「現代」樣式孕育、誕生和發展壯大的關鍵時期，因爲精神現象發生的微妙與複雜，這種時間性的斷代對文學本身的特殊樣式而言也不無模糊性，而且其間文學傳統的流變也務必單純和統一，因此，它最適合於充當技術性的時間指稱而非某種文學「本質」的概括。

這樣一來，我們似乎有可能獲得這樣的機會：將已粘著於這些概念之上的「意義的斑駁」儘量剔除，與其藉助它們繼續認定中國文學的「性質」，不如在盡力排除「他者」概念干擾的基礎上另闢蹊徑，通過對近現代以來中國文學發生與發展歷史情景的細緻梳理來加以全新的定義。

一個民族和國家的文學歷史的敘述，所依賴的巨大背景肯定是這一國家歷史的種種具體的歷史情景，包括國家政治的情狀、社會體制的細則、生存方式的細節、精神活動的詳情等等，總之，這種種的細節，它來自於歷史事實的「還

原」而不是抽象的理論概括。國家是我們生存的政治構架，在中國式的生存中，政治構架往往起著至關緊要的作用，影響及每個人最重要的生存環境和人生環節，也是文學存在的最堅實的背景；在國家政治的大框架中又形成了社會歷史發展的種種具體的情態：這是每個個體的具體生存環境，是文學關懷和觀照的基本場景，也是作為精神現象的文學創造的基礎和動力。

從文學生存的社會歷史文化角度加以研究，並注意到其中「國家政治」與「社會背景」的重要作用，絕非始於今日。在「以階級鬥爭為綱」的年代，就格外強調社會歷史批評的價值，新時期以後，則有「文化角度」研究的興起，90 年代至今，更是「文化批評」或「文化研究」的盛行。不過，強調「國家歷史情態」與這些研究都有很大的不同，它是屬於我們今天應當特別加強的學術方式。

傳統的社會歷史批評以國家政治為唯一的闡釋中心，從根本上抹殺了文學自身的獨立性。在新時期，從「文化角度」研究文學就是要打破政治角度的壟斷性，正如「二十世紀中國文學」倡導者所提出的「走出文學」的設想：「『走出文學』就是注重文學的外部特徵，強調文學研究與哲學、社會學、政治學、民族學、心理學、歷史學、民俗學、文化人類學、倫理學等學科的聯繫，統而言之，從文化角度，而不只是從政治角度來考察文學。」〔註11〕這樣的研究，開啟了從不同的學科知識視角觀察文學發展的可能。「文化角度」在這裡主要意味著「通過文化看文學」。也就是說，運用組成社會文化的不同學科來分析、觀察文學的美學個性。與基於這些「文化角度」的「審美」判斷不同，90 年代至今的「文化研究」甚至打破了人們關於藝術與審美的「自主性」神話，將文學納入社會文化關係的總體版圖，重點解釋其中的文化「意味」，包括社會結構中種種階級、權力、性別與民族的關係。「文化研究」更重視文學具體而微的實際經驗，更強調對日常生活與世俗文化的分析和解剖，更關注文學在歷史文化經驗中的具體細節。這顯然更利於揭示文學的歷史文化意義，但是，「文化研究」的基本理論和模式卻有著明顯的西方背景。一般認為，「文化研究」產生於 50 年代的英國，其先驅人物是威廉姆斯（R.Williams）與霍加特（R.Hoggart）。霍加特在 1964 年創辦的英國伯明罕當代文化研究中心是第一個正式成立的「文化研究」機構，從 80 年代開始，「文化研究」在加拿大、澳大利亞及美國等地迅速發展，至今，它幾乎已成為一個具有全球影響的知識領域。90 年代，「文化

〔註11〕黃子平、陳平原、錢理群：《二十世紀中國文學三人談》，第 61 頁。

研究」傳入中國後對文學批評的影響日巨,但是,中國「文化研究」的一系列主題和思路(如後殖民主義批判、文化/權力關係批判、種族與性別問題、大眾文化問題、身份政治學等等)幾乎都來自西方,而且往往是直接襲用外來的術語和邏輯,對自身文化處境獨特性的準確分析卻相當不足。〔註12〕

突出具體的歷史情景的文學研究充分肯定國家政治的特殊意義,但又絕對尊重文學自身的獨立價值;與80年代「文化角度」研究相似,它也將充分調動哲學、社會學、政治學、民族學、心理學、歷史學、民俗學、文化人類學、倫理學等學科知識,但卻更強調具體國家歷史過程中的「文學」對人生遭遇「還原」;與「文化研究」相似,這裡的研究也將重點挖掘歷史文化的諸多細節,但需要致力於來自「中國體驗」的思想主題與思維路徑。

傳統的中國文學詮釋雖然沒有「社會歷史批評」這樣的概念,但卻在感受、體驗具體作家創作環境方面頗多心得,形成了所謂「知人論世」的詮釋傳統,正如章學城在《文史通義・文德》中說:「不知古人之世,不可妄論古人之辭也。知其世矣,不知古人之身處,亦不可以遽論其文也。」這都是我們今天跳出概念窠臼、返回歷史感受的重要資源。不過,中國現代文學的歷史敘述需要完成的任務可能更爲複雜,在今天,我們不僅需要爲了「知人」而「知世」,而且作爲「世」的社會歷史也不僅僅是「背景」,它本身就構成了文學發展的「結構」性力量,正是在這個意義上,我們更傾向於使用「情景」而不是「背景」;挖掘歷史的我們也不僅要以「世」釋「人」,而且要直接呈現特定條件下文學精神發展的各種內在「機理」,這些「機理」形成了中國文學的「民國機制」,文學的民國機制最終導致我們的現代文學既不是清代文學的簡單延續,也不是新中國文學的前代榜樣。

新的文學史敘述範式將努力完整地揭示近現代以來中國文學生存發展的基本環境,這種揭示要盡可能「原生態」地呈現這個國家、社會、文化和政治的各種因素,以及這些因素如何相互結合、相互作用,並形成影響我們精神生產與語言運行的「格局」,剖析它是如何決定和影響了我們的基本需求、情趣和願望。這樣的揭示,應盡力避免對既有的外來觀念形態的直接襲用——雖然我們也承認這些觀念的確對我們的生存有所衝擊和浸染,但最根本的觀念依然來自於我們所置身的社會文化格局,來自於我們在這種格局中體驗人生和感受世界的態度與方式。眾說紛紜、意義斑駁的「現代性」無法揭開

〔註12〕參見陶東風:《社會轉型與當代知識份子》,上海:上海三聯書店,1999年。

這些生存的「底色」。我們的新研究應返回到最樸素的關於近現代以來中國國家與社會的種種結構性元素的分析清理當中，在更多的實證性的展示中「還原」中國人與中國作家的喜怒哀樂。過去的一切解剖和闡釋並非一無是處，但它們必須重新回到最樸素的生存狀態的分析中——如中外文化的衝突、現代資本主義文化的入侵、現代民族國家的建立、現代性的批判、全球化時代的文化趨勢等。我們需要知道，這些抽象的文化觀念不是理所當然就覆蓋在中國人的思想之上的，只有在與中國人實際生存和發展緊密結合的時候，它們的意義才得以彰顯。換句話說，最終是中國人自己的最基本的生存發展需要決定了其他異域觀念的進入程度和進入方向。如果脫離中國自己的國家與社會狀況的深入分析，單純地滿足於異域觀念的演繹，那麼，即便能觸及部分現象甚至某些局部的核心，也肯定會失去研究對象的完整性，最終讓我們的研究和關於歷史的敘述不斷在抽象概念的替代和遊戲中滑行。近百年來中國文學研究的最深刻教訓即在於此。今天，是應該努力改變的時候了。

作為生存細節的歷史情景，屬於我們的物質環境與精神追求在各個方面的自然呈現。不像「ｘｘ文化與中國現代文學」式的特定角度進行由外而內的探測（這已經成為一種經典式的論述形式），歷史情景本身就形成了文學作為人生現象的構成元素。如在「政治意識形態與中國文學」的研究模式中，我們論述的是這些政治觀念對中國文學的扭曲和壓抑，中國作家如何通過掙脫其影響獲得自由思想的表達，而在作為人生現象的文學敘述中，一切國家政治都在打造著作家樸素的思想意識，他們依賴於這些政治文化提供的生存場域，又在無意識中把國家政治內化為自己的思想構成，同時，特定條件下的反叛與抗爭也生成了思想發展的特定方向——這樣的考察，首先不是觀念的應用和演繹，而是歷史細節、生活細節的挖掘和呈現，我們無須藉「文化理論」講道理，而是對這些現象加以觀察和記錄。

國家歷史情態的意義也是豐富的，除了國家的政治形態之外，還包括社會法律形態、經濟方式、教育體制、宗教形態以及日常生活習俗以及文學的生產、傳播過程等，它們分別組成了與特定國家政治相適應的「社會結構」與「人生結構」。我們的研究，就是在「還原性」的歷史敘述中展開這些「結構」的細部，並分析它們是如何相互結合又具體影響著文學發展的。

作為一種新的文學史敘述方式，我們應特別注意那種「還原性」的命名及其背後的深遠意義，比如「民國文學史」的概念。

　　1999 年，陳福康藉助史學界的概念，建議中國文學的「現代」之名不妨「退休」，代之以民國文學之謂。近年來，張福貴、湯溢澤、趙步陽、楊丹丹等人都先後提出這一新的命名問題，〔註 13〕我之所以將這樣的命名方式稱之為「還原」式，是因為它所指示的國家社會的概念不是外來思想的借用——包括時間的借用與意義的借用——而是中國自己的特定生存階段的真實的稱謂，藉助這樣具體的歷史情景，我們的文學史敘述有可能展開過去所忽略的歷史細節，從而推動文學史研究的深入。

三

　　肯定「民國文學」式的還原性論述，並不僅僅著眼於文學史的概念之爭，更重要的是開啟一種新的敘述可能。國家歷史情態的諸多細節有可能在這樣的敘述中獲得前所未有的重視，從而為百年中國文學轉換演變的複雜過程、歷史意義和文化功能提出新的解釋。

　　學術界曾經有一種設想：藉助「民國文學」這樣的「時間性」命名可以容納各種各樣的文學樣式，從而為現代中國文學的宏富圖景開拓空間。這裡需要進一步思考的問題包括兩個方面：其一，「民國文學」是否就是一種單純的時間性概念？其二，文學史敘述的目標是否就是不斷擴大自己的敘述對象？顯然，以國家歷史情態為基準的歷史命名本身就包含了十分具體的社會歷史內容，它已經大大超越了單純的「時間」稱謂。單純的時間稱謂，莫過於西元紀年，我們完全可以命名「中國文學（1911～1949）」，這種命名與「民國文學」顯然有著重大的差異。同樣，是否真的存在這麼一種歷史敘述模式：沒有思想傾向，沒有主觀性，可以包羅萬象？正如韋勒克、沃倫所說：「不能同意認為文學時代只是一個為描述任何一段時間過程而使用的語言符號的那種極端唯名論觀點。極端的唯名論假定，時代的概念是把一個任意的附加物加在了一堆材料上，而

〔註 13〕 參看張福貴《從意義概念返回到時間概念——關於中國現代文學的命名問題》（香港《文學世紀》2003 年第 4 期）；湯溢澤、郭彥妮《論開展「民國文學史」研究的必要性與可行性》（《當代教育理論與實踐》2010 年第 2 卷第 3 期）；湯溢澤、廖廣莉《論開展「民國文學史」研究的迫切性》（《衡陽師範學院學報》2010 年第 2 期）；趙步陽、曹千里等《現代文學」，還是「民國文學」？》（《金陵科技學院學報》2008 年第 1 期）；張維亞、趙步陽等《民國文學遺產旅遊開發研究》（《商業經濟》2008 年第 9 期）；楊丹丹《「現代文學史」命名的追問與反思》（《長春師範學院學報》2008 年第 5 期）。

這材料實際上只是一個連續的無一定方向的流而已；這樣，擺在我們面前的就一方面是具體事件的一片渾沌，另一方面是純粹的主觀的標籤。」「文學上某一時期的歷史就在於探索從一個規範體系到另一個規範體系的變化。」〔註14〕

在此意義上，作為文學史概念的辨析只是問題的表面，更重要的是我們新的文學史敘述需要依託國家歷史情態，重新探討和發現近現代以來中國文學的「一個規範體系到另一個規範體系的變化」。面對日益高漲的「民國文學史」命名的呼籲，我更願意強調中國文學在民國時期的機制性力量。忽略國家歷史情態，我們對現代中國文學發展內在機理的描述往往停留在外來文化與傳統文化二元關係的層面上，而對中國現代歷史本身的構造性力量恰恰缺少足夠的挖掘；引入「民國文學機制」的視角，則有利於深入開掘這些影響——包括推動和限制——文學發展的歷史要素。

在歷史的每一個階段，文學之所以能夠出現新的精神創造與語言創造，歸根結底在於這一時期的國家歷史情態中孕育了某種「機制」，這種「機制」是特定社會文化「結構」的產物，正是它的存在推動了精神的發展和蛻變，最終撐破前一個文化傳統的「殼」脫穎而出。考察中國文學近百年來的新變，就是要抓住這些文化中形成「機制」的東西，而「機制」既不是外來思想的簡單輸入，更不是「世界歷史」的共識，它是社會文化自身在演變過程中諸多因素相互作用的最終結果。

強化文學史的國家與社會論述，自覺挖掘「文學機制」，可能對我們的研究產生三個方面的直接推動作用。

首先，從中國文學研究的中外衝撞模式中跨越出來，形成在中國社會文化自身情形中研討文學問題的新思路。百年來，中外文化衝突融合的事實造就了我們對文學的一種主要的理解方式，即努力將一切文學現象都置放在外來文化輸入與傳統文化轉換的邏輯中。這固然有其合理性，但是，在實際的文學闡釋與研究當中，我們又很容易忽略「衝突融合」現象本身的諸多細節，將中外文化關係的研究簡化為異域因素的「輸入」與「移植」辨析，最終便在很大程度上漠視了文學創作這一精神現象的複雜性，忽略了精神產品生成所依託的複雜而實際的國家與社會狀況，民國文學機制的開掘正可以為我們展開關於國家與社會狀況的豐富內容。我們曾倡導過「體驗」之於中國現代

〔註14〕韋勒克、沃倫：《文學理論》，劉象愚等譯，北京：三聯書店1984年，第302、307頁。

文學研究的意義，而作家的生命體驗就根植於實際的國家與社會情景，文學的體驗在「民國文學機制」中獲得了最好的解釋。

其次，對「文學機制」的論述有助於釐清文學研究的一系列基本概念，如「現代」、「現代化」、「民族」、「進化」、「革命」、「啓蒙」、「大眾」、「現實主義」、「浪漫主義」、「現代主義」等概念，都將獲得更符合中國歷史現實的說明。在過去，我們主要把它們當作西方的術語，力圖在更接近西方意義的層面上來加以運用，近年來，爲了弘揚傳統文化，又開始對此質疑，甚至提出了回歸古典文論、重建中國文論話語的新思路。問題在於，中國古典文論能否有效地表達現代文學的新體驗呢？前述種種批評話語固然有其外來的背景，但是，一旦這些批評話語進入中國，便逐步成了中國作家自我認同、自我表達的有機組成部分，在看似外來的語彙之中，其實深深地滲透了中國作家自己的體驗和思想。也就是說，它們其實已經融入了中國自己的話語體系，成爲中國作家自我生命表達的一種方式。當然，這樣的認同方式和表達方式又都是在中國現代社會文化的場域中發生的，都可以在特定國家歷史情態中獲得準確定位。經過這樣的考辨和定位，中國現代學術批評的系列語彙將重新煥發生機：既能與外部世界對話，又充分體現著「中國特色」，眞正成爲現代中國話語建設的合理成分。

再次，對作爲民國文學機制具體組成部分的各種結構性因素的剖析，可以爲近百年來中國文學的研究提供新的課題。這些因素包括經濟方式、法律形態、教育體制、宗教形態、日常生活習俗以及文學的生產、傳播過程等等。作爲文學的經濟方式，我們應注意到民國時期的民營格局之於中國近現代的出版傳播業的深刻影響，一方面，出版傳播業的民營性質雖然決定了文學的「市場利益驅動」，但另一方面，讀者市場的驅動本身又具有多元化的可能性，較之於一元化思想控制的國家壟斷，這顯然更能爲文學的自由發展提供較大的空間；作爲文學的法律保障，民國時期曾經存在著一個規模龐大的法律職業集團，這樣一個法律思想界別的存在加強著民國社會的「法治」意識，我們目睹了知識份子以法律爲武器，對抗專制獨裁、捍衛言論自由的大量案例，知識者的法律意識和人權觀念在很大程度上保證了爭取創作空間的主動性，這是我們理解民國文學主體精神的基礎；民國教育機構三方並舉（國立、私立與教會）的形式延遲了教育體制的大統一進程，有助於知識份子的思想自由，即便是國立的教育機構如北京大學，也能出現如蔡元培這樣具有較大自主權力並且主張「兼容並

包」、「學術自由」的教育管理者；也是在五四時期，知識份子形成了一個巨大
的生存群落，他們各自有著並不相同的思想傾向，有過程度不同的文化論爭，
但又在總體上形成了推動文化發展的有效力量。歐遊歸來、宣揚「西方文明破
產」的梁啓超常常被人們視作「思想保守」，但他卻對新文化運動抱有很人的熱
情和關注，甚至認爲它從總體上符合了自己心目中的「進化」理想；甲寅派一
直被簡單地目爲新文化運動的「反對派」，其實當年《甲寅》月刊的努力恰恰奠
定了《新青年》出現的重要基礎，後來章士釗任職北洋政府，《甲寅》以周刊形
式在京復刊，與新文化倡導者激烈論爭，但論戰並沒有妨礙對手雙方的基本交
誼和彼此容忍；學衡派也竭力從西方文化中尋找自己的理論支援，而且並不拒
絕「新文化」這一概念本身；與《新青年》「新文化派」展開東西方文化大論戰
的還有「東方文化派」的一方如杜亞泉等人，同樣具有現代文化的知識背景，
同樣是現代科學文化知識的傳播者──正是這樣的「認同」，爲這些生存群體可
以形成以「五四」命名的文化圈創造了條件。而一個存在某種文化同約性的大
型文化圈的出現，則是現代中國文化發展十分寶貴的「思想平臺」──它在根
本上保證了新的中國文化從思想基礎到制度建設的相對穩定和順暢，所有這些
相對有利的因素都在「五四」前後的知識份子生存中聚集起來，成爲傳達自由
思想、形成多元化輿論陣地的重要根基。我們可以這樣認爲五四新文化運動第
一次呈現了「民國文學機制」的雛形，而這樣的「機制」反過來又藉助五四新
文化運動的思想激蕩得以進一步完善成型，開始爲中國文學的自由創造奠定最
重要的基礎。

　　「民國文學機制」在中國現代文化後來的歷史中持續性地釋放了強大的正
面效應。我們可以看到，無論生存的物質條件有時變得怎樣的惡劣和糟糕，中
國文學都一再保持著相當穩定的創造力，甚至，在某種程度上，由國家與社會
各種因素組合而成的「機制」還構成了對國民黨專制獨裁的有效制約。中國在
20 年代後期興起了左翼文化，而且恰恰是在國民黨血腥的「清黨」之後，左翼
文化得到了空前的發展，並且以自己的努力、以影響廣大社會的頑強生命力抵
抗了專制獨裁勢力的壓制。抗戰時期，中國文學出現了不同政治意識形態的分
區，所謂的「國統區」與「解放區」。有意思的是，中國文學在總體上包容了如
此對立的文學思想樣式，而且一定程度上還可以形成這兩者的交流與對話，其
支撐點依然是我們所說的「民國文學機制」。民國文學的基礎是晚清－五四中國
知識份子的文化啓蒙理想，在文化結構整體的有機關係中，這樣的理想同時也

流布到了左翼文化圈與中國共產黨人的文化論述當中，雖然他們另有自己的政治主張與政治信仰。過去文學史敘述，往往突出了意識形態的不可調和性，也否認社會文化因素的有機的微妙關係，如「啓蒙」與「救亡」的對立面似乎理所當然地壓倒了它們的通約性。只有依託中國文學的具體歷史情景，在「民國文學機制」的歷史細節中重新梳理，我們才能發現，在抗戰時期的文壇上，至少在抗戰前期的文學表達中，「啓蒙」並沒有因爲「救亡」而消沉，反而藉「救亡」而興起，這就是抗戰以後出現的「新啓蒙運動」。

引入「民國文學機制」的觀察，我們還可以進一步發現，中國文學在「民國時期」呈現了獨特的格局：國家執政當局從來沒有真正獲得文化的領導權，無論袁世凱、北洋政府還是蔣介石獨裁，其思想控制的企圖總是遭遇了社會各階層的有力阻擊，親政府當局的文化與文學思潮往往受到自由主義與左翼文化的多重反抗，尤其是左翼文化的頑強生存在很大程度上形成了民國文學爭取自由思想的強大推動力量，民國文學的主流不是國民黨文學而是左翼文學與自由主義文學。有趣的是，在民國專制政權的某些政策執行者那裡，他們試圖控制文學、壓縮創作自由空間的努力不僅始終遭到其他社會階層的有力反抗，而且就連這些政策執行者自己也是矛盾重重、膽膽突突的。例如，在國民黨掌控意識形態的宣傳部長張道藩所闡述的「文藝政策」裡，我們既能讀到保障社會「穩定」、加強思想控制的論述，也能讀到那些對於當前文藝發展的小心翼翼的探討、措辭謹慎的分析，甚至時有自我辯護的被動與無奈。而當這一「政策」的宣示遭到某些文藝界人士（如梁實秋）的質疑之後，張道藩竟然又再度「退卻」：「乾脆講，我們提出的文藝政策並沒有要政府施行文藝統治的意思，而是赤誠地向我國文藝界建議一點怎樣可以達到創造適合國情的作品的管見。使志同道合的文藝界同仁有一個共同努力的方向。」「文藝政策的原則由文藝界共同決定後之有計劃的進行。」〔註15〕由「文藝界共同決定」當然就不便於執政黨的思想控制了，應該說，張道藩的退縮就是「民國文學機制」對獨裁專制的成功壓縮。

強調「民國文學機制」之於文學研究的意義，是不是更多侷限於強調文學史的外部因素，從而導致對於文學內部因素（語言、形式和審美等）的忽略呢？在我看來，之所以需要用「機制」替代一般的制度研究，就在於「機制」是一種綜合性的文學表現形態，它既包括了國家社會制度等「外部因素」，

〔註15〕張道藩：《關於「文藝政策」的答辯》，《文化先鋒》1942年第1卷第8期。

又指涉了特定制度之下人的內部精神狀態，包括語言狀態。例如，正是因為辛亥革命在國家制度層面為中國民眾「承諾」了現代民主共和的理想，「民主共和國觀念從此深入人心」，〔註16〕以後的中國作家才具有了反抗專制獨裁、自由創造的勇氣和決心，白話文最終成為現代文學的基本語言形式，也源自於中國作家由「制度革命」延伸而來的「文學革命」的信心。所以，「民國文學機制」的研究同樣包括對民國時期知識份子所具有的某種推動文學創造的個性、氣質與精神追求的考察，這就是我們今天所謂的「民國範兒」。我認為，「民國範兒」既是個人精神之「模式」，也指某種語言文字的「神韻」，這裡可以進一步開掘的文學「內部研究」相當豐富。

　　不理解「民國範兒」的特殊性，我們就無法正確理解許多歷史現象。如今天的「現代性批判」常常將矛頭直指「五四」，言及五四一代如何「斷裂」了傳統文化，如何「偏激」地推行「全盤西化」，其實，民國時期尚未經過來自國家政權的大規模的思想鬥爭，絕大多數的論爭都是在官方「缺席」狀態下的知識界內部的分歧，「偏激」最多不過是一種言辭表達的語氣，思想的討論並不可能真正形成整個文化的「斷裂」，就是在新文化倡導者的一方，其儒雅敦厚的傳統文人性格昭然若揭。在這裡，傳統士人「身任天下」的理想抱負與新文明的「啟蒙」理想不是斷裂而是實現了流暢的連接，從「啟蒙」到「革命」，一代文學青年和知識份子真誠地實踐著自己的社會理想，其理想主義的光輝與信仰的單純與執著顯然具有很大的輻射效應，即便在那些因斑斑劣跡載入史冊的官僚、軍閥那裡，也依然可以看到以「理想」自我標榜的情形，如地方軍閥推行的「鄉村建設運動」和「興學重教」，包括前述張道藩這樣的文化專制的執行人，也還洋溢著士大夫的矜持與修養。總之，歷史過渡時期的現代知識者其實較為穩定地融會了傳統士人的學養、操守與新時代的理想及行動能力，正是這樣的生存方式與精神特徵既造就了新的文明時代的進取心、創造力，又自然維持了某種道德的底線與水準。

　　一旦我們深入到歷史情景的「機制」層面，就不難發現，僅僅用抽象的「現代化」統攝近現代以來的中國文學史，的確掩蓋了歷史發展的諸多細節。從某種意義上看，「民國文學機制」的出現和後來的解體恰恰才在很大程度上分開了 20 世紀上下半葉的文學面貌，從根本上看，歷史的改變就在於曾有過的影響文化創造的「機制」的解體和消失；不僅是社會的「結構」性因素的

消失和「體制」的更迭，同時也是知識份子精神氣質的重大蛻變。

自然，我們也看到，還原歷史情景的文學史敘述同樣也將面對一系列複雜的情形，這要求我們的研究需包含多種方向的設計，如包括民國社會機制之於文學發展的負面意義：官紳政權的特殊結構讓「人治」始終居於社會控制的中心，「黨國」的意識形態陰影籠罩文壇，扭曲和壓制著中國文學的自然發展，作家權益遠沒有獲得真正的保障，「曲筆」、「壕塹戰」、「鑽網」的文化造就了中國文學的奇異景觀，革命／反革命持續性對抗強化了現代中國的二元對立思維，在一定程度上妨礙了現代文化思想的多維展開。除此之外，我們也應當承認，國家與社會框架下的文學史敘述需要對國家與社會歷史諸多細節進行深入解剖和挖掘，其中有大量的原始材料亟待發現，難度可想而知。同時，文學作為國家歷史的意義和作為個體創作的意義相互聯繫又有所區別，個體的精神氣質可以在特定的國家歷史形態中得到解釋，但所有來自環境的解釋並不能完全洞見個體創造的奧妙，因此，文學的解讀總是在超越個體又回到個體之間循環。當我們藉助超越個體的國家歷史情態敘述文學之時，也應對這一視角的有限性保持足夠的警惕。

以上的陳述之所以如此冗長，是因為我們關於文學歷史的扭曲性敘述本來就如此冗長！今天，呈現在讀者諸君面前的這一套文叢試圖重新返回民國歷史的特殊空間，重新探討從具體國家歷史情景出發討論文學的可能，當然，離開民國實在太久了，我們剛剛開始的討論可能還不盡圓熟，對一些問題的思考有時還會同過去的思想模式糾纏在一起，但是我想，任何新的研究範式的確立均非一朝一夕之功，每一種思想的嘗試都必然經過一定時間的蹣跚，重要的是我們已經開始了！從「民國文化與文學研究文叢」第一輯出發，我們還會有連續不斷的第二輯、第三輯……時間將逐漸展開我們新的思想，揭示現代中國文學研究在未來的宏富景觀。

這一套規模宏大的學術文叢能夠順利出版，也得益於花木蘭文化出版社，得益於杜潔祥先生的文化情懷與學術遠見，我相信，對歷史滿懷深情的注視和審察是我們和杜潔祥先生的共同追求，讓我們的思想與「花木蘭文化」一起成長，讓我們的文字成為中華文明的百年見證。

二〇一二年三月五日，農曆驚蟄

空間與對話：
「五四」報刊通信欄目研究

王玉春　著

作者簡介

王玉春，女，山東威海人。2009 年畢業於四川大學，獲文學博士學位。同年進入北京師範大學漢語言文學博士後流動站。現任大連理工大學人文學院中文系講師，碩士生導師，主要從事中國現當代文學與文化研究。迄今在國內外報刊發表《盛極「五四」的〈新青年〉「通信」欄》《詮釋與自我詮釋》、《「介入當下」的突圍與堅守》、《從〈女神〉到〈百花齊放〉》、《邊緣化「危機」與邊緣化「意識」》、《艱難的「超越」》等學術論文近三十篇，主持教育部人文社科研究青年基金項目等多項。

提　　要

　　通信欄是以刊發讀者來信和編者復信為主要內容的報刊專欄的統稱，其發端於清末民初並在五四時期獲得繁榮發展。本書以通信欄目為主要研究對象，在綜合梳理通信欄的設置歷史與發展沿革情況，並重點對五四時期的報刊通信欄進行考察分析的基礎上，從言論空間、對話機制、編讀交往以及文體價值四個方面，對報刊通信欄進行相對系統深入的分析與研究。作為一種具有現代意義的公共傳播與交流方式，通信欄記錄了一代知識份子相關思考與言說的動態過程，這些「思想的草稿」不僅為研究者更好地觸摸「五四」提供了大量鮮活的歷史細節，也為研究公共空間中知識分子的主觀能動性與創造性提供了新思路。通信欄容納並培養了知識份子間的多元互動與對話，並借助現代報刊的傳播優勢形成廣泛的公共輿論，有效促進了「五四」思潮的傳播。通信欄作為新知識份子對言論空間想像與開創的一個縮影，所體現出的鮮明的文體意識與文體特徵，以及自由、民主、開放、多元的五四精神與觀念，為重塑當代傳媒的言論生態環境提供了重要的精神資源與價值參照。本書首次以「五四」報刊通信欄目為研究主體，不僅關注通信欄所呈現的外部文化語境，更強調其主體價值的發掘，從實證的角度開闢出五四文學文化研究的新空間。

緒　論

一、問題的提出

　　對知識份子而言，自由言說是安身立命的根本，是知識份子發揮主體性的核心因素；而可供自由言說的話語空間則是言說生存的基本條件，是知識份子發揮主體性的前提。沒有言說的話語空間，知識份子的思想只能「藏之深山」，無法在公共領域發出聲音，其作用就得不到彰顯。余英時先生的《中國知識份子的邊緣化》一文，提出了 20 世紀的中國知識份子不斷被邊緣化的看法，受到很多學者的關注。對此，張灝先生在《中國近代思想史的轉型時代》一文中指出：

> 現代知識份子就其人數而論，當然不能與傳統士紳階層相比，但他們對文化思想的影響力絕不下於士紳階層。……轉型時代的知識份子，在社會上他們是游離無根，在政治上，他們是邊緣人物（余英時的話），在文化上，他們卻是影響極大的精英階層。所以要瞭解現代知識份子，一方面我們必須注意他們的政治邊緣性和社會游離性，另一方面也要注意他們的文化核心地位。〔註 1〕

轉型時代是中國思想文化由傳統過渡到現代、承先啓後的關鍵時代。張灝先生認爲，在這個時代，無論是思想知識的傳播媒介或者是思想的內容均有突破性的巨變。現代知識份子較之傳統士大夫，在社會政治地位下降的同時，

〔註 1〕　張灝《中國近代思想史的轉型時代》，張灝《時代的探索》，聯經出版公司，2004 年，第 43 頁。

在文化上的影響力反而有很大的提升。持此觀點的還有許紀霖先生，他認爲
20 世紀的中國知識份子並非全盤潰敗，相反地，現代知識份子較之傳統士大
夫，在文化上的影響力不僅沒有下滑，反而有很大的提升：一方面是社會政
治地位的下降，另一方面卻是文化影響力的提高。〔註2〕而轉型時代的知識份
子之所以擁有極大的文化影響力，一個最重要的原因便是隨著現代報刊傳媒
興起而建構起的言論空間。

　　現代報刊的迅速興起爲知識份子提供了新型的話語空間，而相對特殊的政
治環境又爲話語空間的建構提供了契機。在社會發展正常時，大眾傳媒的巨大
作用的發揮需要得到政治、經濟等機制的配合，三者的通力協作對社會發展產
生巨人的影響，並滲透到社會各個領域。但在社會發展異常、處於變革轉型之
時，政治機制往往比較薄弱，反而給大眾傳媒提供了極端發揮的機會，大眾媒
介的話語權就有可能突破當時政治權力的約束，充當激發大眾對社會合法性認
識的懷疑和否定的輿論武器，成爲推動舊有制度垮臺和舊有觀念崩潰的重要力
量。〔註3〕「五四」時期內憂外患、社會動蕩的社會環境，政權更叠的眞空，
正爲報刊傳媒提供了這樣「極端發揮的機會」。知識份子利用現代報刊爲政治變
革進行了有力的宣傳和鼓動，而政治的變革又反過來以制度的方式確立了以言
論出版自由爲本的近代新聞體制，從而一定程度上打破了封建時代「言禁」、「報
禁」的藩籬，爲現代報刊的發展贏得了相對自由的言論空間。新知識份子與報
刊傳媒結合而發出的「聲音」成爲強有力的「輿論」，在現代報刊傳媒形成的資
訊環境裏，思想、言論的表達與交流方式發生重要改變，「個人之思想，以言論
表之，社會的思想，以報刊表之。有一種社會，各有其表之報，社會有若干之
階級，而報之階級隨之矣」。〔註4〕各級政府和官吏的公私言行都被曝光於眾目
睽睽之下，權貴階層失去了往日的神秘色彩。同時，社會對政府決策和行爲的
反應和評論也得以公佈，「有一大問題出，爲各種社會的注意，則必占各報之主
要部分。」〔註5〕皇權的絕對權威在眾說紛紜之中被逐漸消解，「監督政府，嚮
導國民」成爲很多報刊的職責與追求所在，並逐步發展成爲約束政治權力的社

〔註2〕　參見許紀霖《近代中國知識份子的公共交往（1895～1949）》，上海人民出版
　　　　社，2008 年，第 1 頁。
〔註3〕　蔣曉麗《中國近代大眾傳媒與中國近代文學》，四川大學博士學位論文，指導
　　　　教師：馮憲光教授，2002 年。
〔註4〕　梁啓超《敬告我同業諸君》，載《新民叢報》第 17 期，1902 年 10 月 2 日。
〔註5〕　《說報戰》，載《中國時報》1904 年 3 月 27 日。

會制衡機制。正是在這種社會基本機制的轉型之下，在由大眾傳媒掌控的資訊環境裏，思想文化的風氣為之一變，形成了眾聲喧嘩的局面。而一旦建構起言說的話語空間，知識份子就要充分利用這一話語空間，努力使之效率「最大化」。那麼，對這個前所未有的言論空間，知識份子有著如何的想像？他們是怎樣充分利用這一空間，以什麼機制保證輿論資源得以「優化配置」，從而使空間中的「聲音」呈現「最大化」？在這一空間中，知識份子與普通讀者又有著怎樣的互動？作為「五四」時期報刊的特色欄目之一，通信欄成為知識份子對言論空間的想像與開創的一個縮影。

　　通信欄目是「五四」報刊中的一個特色欄目，作為傳統書信與現代報刊傳媒的結合，繁榮發達的報刊通信欄成為「五四」時期一個獨特的文化現象。通信欄目指報刊中刊發互通的書信的欄目，在本書中特指以刊發讀者來信和編者覆信為主要內容的報刊專欄。在欄目名稱上，之所以不使用「讀者來信」（Letter to the Editor 或者 Letter from Readers）而使用「通信」（Correspondence），意在強調其不同於單純的讀者來信，而是包括讀者來信在內的讀者與編者、讀者與讀者之間的書信往來，既有來信又有覆信，關注其資訊傳遞與思想交流的互動性。因此，本書中的通信欄目是一個總稱，而欄目的具體名稱，除了「五四」報刊使用最廣泛的「通信」之外，還有「通訊」（在「五四」時期，通信與通訊還沒有明確的界定與劃分，因而常常出現名稱混淆、使用不准確的現象，很多報刊中的「通訊」欄，實際上為「通信」欄。）、「來件」、「自由問答」、「讀者來信」、「讀者信箱」、「編輯室通訊」、「作者、讀者、編者」等等，不一而足。早在清末民初，一些報刊就設立了類似的通信欄目，例如《蘇報》的「輿論商榷」欄、《國民日報》的「南鴻北雁」欄、《民立報》的「投函」欄、《獨立周報》的「投函」欄、《甲寅》的「通訊」欄等，但總體上這些報刊尚未形成固定的專欄，偶有通信刊登也往往侷限於讀者的來信，較少或沒有編者的回覆，更少形成話題以及引發相關討論。到了「五四」時期，隨著《新青年》「通信」欄的成功，其後幾乎所有重要的、有影響的報刊都先後開設了類似的通信欄，例如《每周評論》的「通訊」欄、《國民》的「通訊」欄、《新潮》的「通信」欄、《晨報副刊》的「通信」欄、《民國日報·覺悟》的「通訊」欄、《少年中國》的「會員通訊」欄、《曙光》的「通信」欄、《小說月報》的「通信」欄、《小說世界》的「編者與讀者」欄、《創造》的「通信」欄等等。因此，本書中考察的「五四」報刊既包括了《小說月報》、《小說世界》、《語絲》等文學報刊，也包括《新青

年》、《少年中國》、《國民》、《現代評論》、《太平洋》等綜合性期刊，以及《晨報副鐫》、《覺悟》、《青光》等報紙副刊，以求做到對「五四」報刊通信欄目的相對全面、系統地考察與研究。

繁榮發達的報刊通信欄可謂「五四」時期特有的　大文化現象。首先，「五四」通信欄是與其他欄目並列的獨立專欄。很多報刊都在公告、啓事或者投稿章程中明確了通信欄的獨立位置。如《新青年》的創刊號中便發表社告「本誌特闢通信一門」，「通信」欄成為與「戲劇」、「小說」、「詩」、「國內大事記」、「國外大事記」等欄目並列的獨立專欄。不僅如此，很多報刊如《新青年》、《小說月報》、《覺悟》還在目錄編排上根據通信內容或通信人姓名來擬定標題，更加凸顯了其作為獨立專欄的特徵。雖然有的報刊不是期期都有通信發表，但總體說來，「五四」報刊中的通信欄保持了獨立專欄的特徵，如《新青年》除了 8 期沒有通信外，其他的 46 期都刊有「通信」欄，欄目中既有來信、又有回信，很多時候還會出現一封來信多封回信的情況。而且，「五四」報刊通信欄表現出了固定連載的特徵，通信欄中往往接連幾期對同一個話題進行多次討論。如《新青年》「通信」欄中對孔教與舊道德問題、世界語問題、文學改革問題，國語和白話問題的討論，《小說月報》「通信」欄中對語體文歐化問題、自然主義問題的討論等都體現了這種連載性。

其次，通信欄的參與者眾多，「五四」通信欄為眾多交流者構建了對話與交流、溝通與理解的平臺，成為「五四」時期眾聲喧嘩的言論空間。通信欄的參與者中一部分屬於專業讀者，如陳獨秀、錢玄同、劉半農、魯迅、胡適、沈雁冰、邵力子、郭沫若、郁達夫、鄭振鐸等，從文學生產的角度看，他們有的是編者，有的是作者；從「五四」新文化運動的發生發展來看，他們有的是領導者，是新文化運動中的主將，有的是重要的參與者。這些精英知識份子的加入，不僅壯大了通信欄的聲勢，也使通信欄在建立之初便顯示出不同於以往的問題意識與理論深度，極大地拓展了通信欄的言論空間，使討論更加豐富和深刻。通信欄的另一部分參與者是普通的讀者大眾，「五四」報刊通信欄的開設為普通讀者發表意見提供了渠道與平臺，在一定程度上鼓勵了讀者的思考，培養了讀者與精英知識份子、與報刊傳媒之間的交流與互動，使通信欄成為「不分等級的論述空間」。〔註6〕讀者的廣泛參與不僅促進了「五四」時期眾多問題的思考與探討，而且正是這種多重對話、集思廣益的交流方式，促進了思想的廣泛傳

〔註6〕 〔美〕李歐梵《未完成的現代性》，北京大學出版社，2005 年，第 29 頁。

播。「五四」新文化運動能夠發展成為一場全國性的運動，與眾多普通知識份子的參與和支持密不可分，在這方面報刊通信欄功不可沒。

　　再次，通信欄的內容極其豐富，「五四」報刊通信欄中探討的問題可以說涉及到了「五四」時期中國政治、社會、思想、文化、文學、教育等各個方面，內容十分駁雜。大體說來，通信欄的內容可以分為以下三類：一是讀者與編者之間就熱點問題的諮詢與問答。如「滬上學校如林，何者最優」，〔註7〕「欲自修英文，茫無頭緒，……務懇指示一切，以便有所遵循」，〔註8〕「穗欲習拳術，但未得良師，想滬上定有名人，肯示一二，並告姓氏地址為禱」〔註9〕等等，這些諮詢類的通信在通信欄設立初期占主體，從這些通信中可以瞭解當時讀者較為關心的一些問題。以《覺悟》的「通訊」欄為例，通過讀者的來信與編者的覆信，欄目中幾乎討論了「五四」時期青年最關心的所有熱點問題，諸如反對包辦婚姻、女子爭取求學機會、與舊家庭鬥爭、正確地理解自由戀愛、學徒和夥友的工作與學習、學校中的新舊思想鬥爭、女子剪髮、知識份子與勞動者的關係等等；二是讀者對報刊中刊載的文章、作品的評論與編者的相關回覆。讀者的這些類似讀後感的評論，嚴格意義上講還算不上文學批評，「但是，這些量大而雜的讀者來信，也在無意識中構成了一個自在的批評大潮，從一個方面壯大了文學批評的聲勢。」〔註10〕黃發有教授在《文學傳媒研究的意義與方法》一文中同樣強調，文學傳媒研究尤其應關注「那些被公開發表並產生社會反響的讀者來信」，並認為「只有這樣，文學傳媒研究才能突破學科壁壘，為文學研究注入新的活力，拓展新的空間。」〔註11〕從《新青年》、《小說月報》到《文學旬刊》、《創造季刊》、《語絲》等刊物，幾乎每期都刊發了大量的讀者來信。讀者來信以及編者的回信，加上有些來信引起的原作者的回信，形成了對有關作品的鑒賞與評論，有的還引發了相關的文學論爭。可以說，通信欄一定程度上參與了對讀者閱讀經驗的塑造，創造出為數眾多的具有主體意識的新的閱讀公眾；三是針對新文化運動中的一些熱點問題和文學理論所進行的交流與探討。「五四」時期的重要思想、文化、文學問題幾乎都在通信欄中展開了激烈的

〔註7〕　章文治致記者，「通信」欄，載《青年雜誌》第1卷第1號，1915年9月。
〔註8〕　沈偉致記者，「通信」欄，載《青年雜誌》第1卷第1號，1915年9月。
〔註9〕　穗致記者，「通信」欄，載《青年雜誌》第1卷第4號，1915年12月。
〔註10〕　馮光廉主編《中國近百年文學體式流變史》（下冊），人民文學出版社，1999年，第531頁。
〔註11〕　黃發有《文學傳媒研究的意義與方法》，載《渤海大學學報》2007年第1期。

討論，報刊通信欄某種意義上構成了思想界知識生活中無可替代的重要的言論空間。正如周策縱先生指出的「『通信』一欄，在許多方面成了中國雜誌上第一個真正自由的公眾論壇，許多重要的問題和思想都從這裡得到認真的討論和發展」。〔註12〕

最後，通信欄最顯著的特徵便是採用了通信的方式以及書信的文體形式。作為傳統書信與現代報刊傳媒的有機結合，通信欄中書信表現出了顯著的文體特徵。首先，通信欄中的通信大都是有感而發、有為而發，所以內容上言之有物，簡明扼要，或提出疑問，或發抒意見，往往開門見山，直入主題，避免了內容的空疏與無病呻吟，與當今的不少為寫而寫的學術論文大不相同。其次，通信欄書信在遣詞造句上往往明白曉暢、通俗易懂，很少有詰屈聱牙、晦澀難懂的艱深之文，而且欄目延續了書信文體「如面談」的特徵往往顯得平易近人、感性親切，無形中拉近了讀者與編者、與報刊之間的距離。再次，通信欄書信往往沒有嚴謹的結構，也沒有縝密的論證，在行文上隨意揮灑、不拘一格，從而與嚴謹周密的長篇論文、正式文章形成鮮明的對比。最後，通信欄書信在風格上亦莊亦諧，往往於嬉笑怒罵中完成對思想、觀點的否定與批判。報刊通信欄的開設以及對書信形式的強調——如《小說月報》在「最後一頁」中特意指明「請以書信形式」〔註13〕進行相關討論，讀者也特意要求將自己對於文學上的意見「在通信欄裏發表」〔註14〕——就是因為通信欄的文體特徵契合了現代知識份子的的心知結構與精神追求，更適合討論問題和交流心得。而另一方面，通信欄文體特徵的形成又有賴於欄目中大量的編讀通信，正是「五四」通信欄的繁榮發達促進了通信欄文體的發展與成熟。

二、選題意義

首先，「通信」欄中的往來書信具有重要的史料價值，它為研究者保存了一個想像「五四」的話語背景和一份獨有的歷史「現場感」，為研究者從多種角度、多重方向瞭解「五四」，提供了一種可能性。

〔註12〕〔美〕周策縱《五四運動：現代中國的思想革命》，周子平等譯，江蘇人民出版社，1999年，第76頁。

〔註13〕「最後一頁」，載《小說月報》第12卷第7號，1921年7月10日。

〔註14〕林文淵致雁冰，「通信」欄，載《小說月報》第13卷第12號，1922年12月10日。

　　「五四」作爲中國現代思想史上的「軸心時代」，〔註15〕其所迸發出的思想光芒對中國社會及其知識份子都有著深遠的影響與無比的感召力，對「五四」的研究也成爲了很多研究者繞不開的課題。但迄今爲止，對「五四」的研究仍然存在眾多分歧，正如周策縱先生寫到的「在中國近代史上，再沒有任何的主要事件像『五四運動』這樣惹起各種的爭論，這樣廣泛地被討論，可是對它的正式研究卻又是如此貧乏不足的了。對某些中國人而言，『五四運動』是中國新生和解放的標記；另一些人卻把它看成是國家民族的浩劫。就是經常討論或頌揚「五四運動」的人，他們之間的意見也極端分歧。」〔註16〕之所以有如此多的分歧，很大程度上是因爲「五四」不僅作爲一個思想文化的歷史現象而存在，同時對它的闡釋也是一種對 20 世紀中國思想文化的積極建構，也許可以這樣說：「五四」的研究史，可以看成一份 20 世紀中國文化思想變化的「晴雨錶」，一條潛伏在 20 世紀中國知識份子精神結構中的敏感的神經線，也可以看成是一個意識形態對立雙方都試圖佔據的思想高地，這其中一個很重要的原因，就是「五四」與意識形態之關係。〔註 17〕在研究者不同的闡釋下，「五四」的面貌因被不斷地「當代化」而變得姿態各異。而做學術史研究，一個最基本的工作便是史料建設。對於史學家來說，理論框架可以改變，但借助某種手段而「觸摸歷史」，盡可能進入當時的規定情境與歷史氛圍，卻是必不可少的「起步」。〔註18〕在這方面，報刊通信欄的史料價值不容抹殺。「五四」報刊通信欄中留下了大量豐富的來往書信，歷史的煙雲早已消退，滄海桑田物是人非，一封封書信則成爲歷史人物的原聲再現，「五四」報刊通信欄因生動、眞實、瑣細地記錄下了「五四」人的話語而成爲「時代的留聲機」。書信材料作爲重要史料，其補史證史的史料價值和優勢是顯而易

〔註15〕　參見〔德〕雅斯貝斯《歷史的起源與目標》，魏楚雄、俞新天譯，華夏出版社，1989 年，第 14 頁。書中作者提出了「軸心時代」的觀念，他認爲在西元前五百年前後，古希臘、印度、中國和以色列等地幾乎同時出現了偉大的思想家，他們都對人類關切的根本問題提出了獨到的看法。這些「軸心時代」的思想家們形成了各自不同的文化傳統，而這些文化傳統經過兩千多年的發展，已經成爲人類文化的主要精神財富。「人類一直靠軸心時代所產生的思考和創造的一切而生存，每一次新的飛躍都回顧這一時期，並被它重燃火焰。」

〔註16〕　〔美〕周策縱《五四運動史》，歐陽哲生、曠新年等譯，嶽麓書社，1999 年，第 481 頁。

〔註17〕　鄭家建《中國文學現代性的起源語境》，三聯書店出版社，2002 年，第 129 頁。

〔註18〕　陳平原《學術隨感錄》河南大學出版社，2006 年，第 60 頁。

見的，通信欄中很多被忽略、被遮蔽的歷史經驗和細節的發掘有利於對歷史複雜性與差異性的呈現和展示。從書信中透露出的那個時代的人物的文化程度、教育背景、認知水平、興趣點及人際脈絡等等，雖然帶有一定的主觀性，卻仍然反映出許多相對客觀的史事，正如羅志田教授所言「每一帶有個性的史料原是歷史之部分，其眞實性不僅不讓檔案中的官文書，有時且過之，最宜爲史家所採用」。〔註19〕而且，通信欄中的書信是在報刊傳媒這一公共空間中發表並傳播的，因此彌補了書信體史料的天然不足。從史料的角度看，私人書信對時間、地點、人物以及事件的交待往往語焉不詳，有時出於安全的考慮還會故意模糊時間地點，更常用隱語代稱以表示指涉的人或事，很多書信還沒有原函或覆函可以參照。再加上手稿的漫漶和筆迹不一，以及眾手編校必有的水準參差，也使書劄的整理出現若干失誤。〔註20〕與之相比，通信欄中的通信顯示出信史的優勢，如李怡教授所指出的「只有語言文字所構成的作品才成爲了我們研究的最可靠的『實在』」，「五四」報刊通信欄中記載著來往通信的文字同樣是「五四」研究史中最可靠的「實在」。通信欄中的大量通信爲今天的研究者提供了一個想像「五四」的話語背景和一份獨有的歷史「現場感」，這一切都爲今天的研究者「從多重面相性與多重方向性的角度來瞭解五四」，〔註21〕提供了一種可能性。正是在這一意義上，通信欄成爲「五四」研究中不可逾越的重要部分。本書對近現代報刊通信欄的發展和流變進行了綜合梳理，希望能夠補充這一研究空白。

第二，通信欄不僅建構了一個開放、自由、多元的言論空間，而且從內部賦予了這一言論空間存在的自我依據，從而創造了使資訊、觀點、思想得以產生、交流、傳播並被公眾接受的多重對話的交流機制。通信欄的話語空間與對話機制，爲重塑當代傳媒的言論生態環境提供了精神資源與價值參照。

陳平原教授在《大眾傳媒與現代文學》中指出了媒介研究的兩種典型思路：一是以媒介作爲資料庫，觸摸那些成爲記憶的往事，從中尋找研究所需要的細節；二是把媒介本身作爲文學史、文化史與思想史的研究對象。在他

〔註19〕轉引自余晧明《〈東方文化〉出日記書信專題》，載《中華讀書報》2003 年 7月 10 日。

〔註20〕朱維錚《〈汪康年：從民權論到文化保守主義〉序》，廖梅《汪康年：從民權論到文化保守主義》，上海古籍出版社，2001 年。

〔註21〕余英時等《五四新論——既非文藝復興，亦非啓蒙運動》，聯經出版公司，1999年，第 26 頁。

看來，前者是以工具性來對待媒介，媒介不過是一件隨時可以脫掉更換的外套；後者則貫徹著「媒介即資訊」的新理念，媒介成為了事物、現象的內在要素，是建構和重現歷史的血肉。顯然，他所心儀的是後一種思路：「比起具體的研究課題來，我更關心下列問題：假如人眾傳媒的文字、圖像與聲音，不僅僅是史家自由出入的資料庫，本身也成為獨立的研究對象，那麼，從解讀相對來說前後一致的作家文集，到闡釋『眾聲喧嘩』的大眾傳媒，研究者的閱讀姿態與理論預設該做何調整？另外，文學史家眼中的大眾傳媒，與傳統的新聞史家、文化史家或新興的文化研究者眼中的大眾傳媒，到底有何區別？」〔註22〕因此，通信欄的意義不僅是作為出入歷史的「資料庫」，它作為獨立的研究對象的價值還在於其為眾多聲音的共存提供了話語空間。一般的私人書信往往是兩個人或幾個人之間的小範圍對話，發表眾多通信的通信欄則成為眾聲喧嘩的多元對話的園地。「與刊載正式論文的其他欄目相比，『通信』更像一個思想觀點及社會現象的『集散地』……」〔註23〕如胡適的《文學改良芻議》向來被視為中國現代文學的開端之作，實際上該文中的核心主張──「八事」，在三個月前就先見之於《新青年》的「通信」欄。《中國新文學大系‧文學論爭集》（上海良友圖書印刷公司，1935年）中第1編「初期的回應與爭辯」和第2編「從王敬軒到林琴南」中收錄的文章約50%選自《新青年》的「通信」欄。通信欄的開放性容納了眾多參與者的多重對話，正是在這個意義上，通信欄繁榮而活躍地構建起了「五四」知識份子間多重對話的公眾論壇。另一方面，「通信」欄中平等、互動、多重的言說方式，建立了新型的交流機制，凸顯了自由、開放、多元的「五四」精神。通信欄形成的多重對話的交流機制，對中國思想、學術的發展都具有重要影響。首先，對話區別於「獨白」，強調對話的多重互動。通信欄中的來往書信成為讀者與編者、讀者與讀者之間的多重對話，彌補了報刊傳媒定向傳播的單一性。其次，對話區別於「論爭」，強調對話的相容並包。「對話」旨在深入問題的實質，對話機制的確立，使人們在面對差異時首先明確的是要相互尊重，這樣即使雙方觀點不可調和也能相互面對、相互理解，對話機製成為人們互相交流、

〔註22〕陳平原《文學史家的報刊研究〈大眾傳媒與現代文學〉結語》，見《大眾傳媒與現代文學》，北京新世界出版社，2003年，第567頁。
〔註23〕李憲瑜《「公眾論壇」與「自己的園地」：〈新青年〉雜誌「通信」欄》，載《現代文學研究叢刊》2002年第2期。

瞭解差異的一條必要的途徑。通信欄通過眾多參與者一來一往的對話模式，讓不同的觀點互相撞擊。這種思想的碰撞促進了對問題的思考，使很多思想更加成熟。這樣的言說方式，迥異於傳統封閉式的自給自足，而是開放、自由、真誠的，為知識份子間的交流提供了經驗。正是這些對話，這些不同的聲音，互相補充，真實生動地傳達出時代歷史的變遷過程，從中我們可以窺出時代的文化生態狀況和它的精神變遷軌迹。通信欄中的來往書信形成了一個往來、交流、傳播的過程，從這一意義上說，通信欄的重要性不在於其中某封信涉及了什麼重大問題或率先提出了什麼重要觀點，而在於所記錄的多重對話的過程——觀點意見的提出、形成、碰撞與修訂，讀者編者之間的對話與交往都在通信欄中得以完整地呈現。通信欄再現了思想生發流動的過程，其具有的文獻與學術的雙重價值值得研究者重視。〔註24〕而通信這一邊緣性應用文體在知識份子的對話與交往中所發揮的功用和價值也需要重新審定與評估。

第三，通信欄集中地表現了讀者與編者之間的互動交往，編讀之間角色的變遷成為中國普通知識份子發展的一個縮影。通過通信欄這一獨特視角的考察，不僅豐富了編輯學的相關探討，也拓展了對「五四」知識份子的研究成果。

通信欄的開闢一方面培養了讀者與報刊之間的互動，促進了不同於傳統的「現代讀者」的生成。對普通讀者來說，通信欄的開設為其言論的發表提供了平臺，並培養了讀者與報刊之間的互動，促進了不同於傳統讀者的「現代讀者」的生成。而專業讀者（指經常在報刊其他欄目發表文章的撰稿人，多為「五四」精英知識份子）的加入，則壯大了「五四」通信欄的聲勢，他們對問題的提出和討論，使得通信欄在建立之初便顯示出不同於以往的問題意識與理論深度，拓展了通信欄的話語空間。另一方面，「五四」通信欄的繁榮離不開編者的策劃、組織與引領，它是編者意圖與編輯方針的集中體現。通信欄的設立凝結著編者的苦心經營，編輯對通信欄的重視直接促進了欄目的發展和繁榮。可見，通信欄的發達是編者與讀者互動的結果，通信欄的對話背後正體現了編者與讀者之間的交往關係：由啟蒙與被啟蒙的師生關係，到平等對話的朋友關係，再到「讀者就是編者的衣食父母」的買賣關係，通

〔註24〕李憲瑜《「公眾論壇」與「自己的園地」：〈新青年〉雜誌「通信」欄》，載《中國現代文學研究叢刊》2002年第2期。

信欄中所體現的編讀之間角色的變遷，正是中國普通知識份子發展的一個縮影。最廣大的普通讀者作爲知識份子的大多數，通過「通信欄」這一獨特的視角來研究其成長歷程，可以得出一些有別於以往以文學研究爲視角的新成果，以期能拓展和豐富對「五四」知識份子的研究成果。

最後，通信欄的文體價值不容忽視，對創作實績豐富卻面目模糊的通信欄進行文體意義的解讀，不僅有利於其在文學史、文化史上地位的進一步彰顯，也對當代大眾傳媒語境下日益繁盛的言論寫作的發展大有裨益。

通信欄書信作爲經過革新後的現代書信在報刊傳媒中的一種應用，在文體學的角度屬於兼具書信文體與報章文體特徵的言論寫作。言論寫作是近代以來依託於報刊傳媒而形成的新型寫作方式，可以說，通信欄中的言論涉及到了「五四」時期中國政治、社會、思想、文化、文學等各個方面的問題。通信者在通信中提出看法、建議、主張或批評，展開多重對話與交流，逐漸形成了自覺的文體意識：第一，通信欄中的書信往來是介於「正式」與「非正式」之間的交流方式；第二，通信欄書信的書寫在於「覺世」而非「傳世」；第三，通信欄書信作爲一種即席發言，屬於「思想的草稿」。具體說來，通信欄的文體特徵主要表現爲內容上的言之有物，語言上的平易暢達，寫法上的縱意而談以及風格上的亦莊亦諧。通信欄書信雖然不屬於文學範圍，但是繁榮發達的「五四」報刊通信欄卻以豐富的創作實績，實實在在地構成了中國文學史上客觀存在、不容忽視的文體類型。不僅眾多的文人、學者在通信欄中發表了大量的書信，而且通信欄文體自身也包蘊著文學性的豐富內涵，並對其後的雜文、隨筆的創作產生了重要的影響。對創作實績豐富卻面目模糊的通信欄進行文體意義的解讀，不僅有利於其在文學史上地位的進一步彰顯，也對當代大眾傳媒語境下日益繁盛的言論寫作的發展大有裨益。

三、研究現狀

近年來報刊雜誌研究的興起已成爲中國現當代文學研究的一個新的增長點，但將報刊中的某個欄目作爲獨立的研究對象進行系統研究的還比較少。目前，學術界對報刊通信欄的相關研究主要從以下三個角度展開：

第一，對「五四」時期重要報刊通信欄的個案研究，這主要集中在《新青年》的「通信」欄研究。「通信」欄作爲《新青年》「最生動最豐富的部分之一」，受到研究者的關注和重視。對《新青年》「通信」欄目的研究，大致

可分爲以下三個角度：一是從公共空間的開創角度來探討通信欄的歷史價值和意義。如周策縱先生在專著《五四運動：現代中國的思想革命》（江蘇人民出版社，2005 年）中高度評價了《新青年》「通信」欄，認爲其「在許多方面成了中國雜誌上第一個眞正自由的公眾論壇，許多重要的問題和思想都在這裡得到認眞的討論和發展」。李憲瑜的《「公眾論壇」與「自己的園地」──〈新青年〉雜誌「通信」欄》（載《中國現代文學研究叢刊》2002 年第 3 期）一文，則注重「通信」欄目所代表的「思想變遷史」意義，並指出自第 4 卷始，由於主題的選擇、學術性的加強、編輯方式的改動，「通信」欄目由「公眾論壇」轉而趨向《新青年》同人「自己的園地」。陳平原教授的《思想史視野的文學──〈新青年〉研究（下）》（載《中國現代文學研究叢刊》2003 年第 1 期）一文，在肯定「通信」欄是《新青年》「最具創意的欄目設計」的同時，也指出「通信」欄從來沒有成爲「公眾論壇」，其「對話狀態」不祇是虛擬的、而且有明確的方向感，只能是《新青年》同人創造的「另一種文章」。此外，對《新青年》「通信」欄所開創的公共空間進行探討的還有劉震的《〈新青年〉與「公共空間」──以〈新青年〉「通信」欄目爲中心的考察》（載《山東師範大學學報》2003 年第 2 期）、莊森的《陳獨秀和〈青年雜誌〉》（載《文藝理論研究》2004 年第 6 期）、梁紅麗的《宣揚自我主張的園地──〈新青年〉「通信」欄目的作用和意義》（載《新疆教育學院學報》2007 年第 3 期）等，但基本上都未超出上述思路。二是從傳播史的角度入手，如楊琥的《〈新青年〉「通信」欄與五四時期社會、文化的互動》（李金銓主編《文人論政：知識份子與報刊》，廣西師範大學出版社，2008 年）以詳細的論述證明了五四新文化運動成爲一場全國性的運動，與以「通信」欄爲紐帶而結成的全國性的新生社會力量的彙聚、支持密切相關。三是從編輯學角度探討《新青年》「通信」欄在編輯史上的意義，如劉娟的《〈新青年〉編輯思想的啓示》（載《編輯學刊》1998 年第 5 期）、胡正強的《〈新青年〉的編輯經驗和教訓》（載《編輯之友》2004 年第 2 期）等，這些論文都以《新青年》爲中心展開，「通信」欄作爲其中的一個重要欄目而被重點論及。此外金立群的碩士論文《「五四」精神的孵化器》（華中師範大學，指導教師：黃曼君教授，2004 年）對《新青年》等「五四」期刊通信欄的相關探討也頗有新意，但囿於篇幅其論述尚未深入展開。近年來隨著對「五四」時期的重要報刊如《小說月報》、《少年中國》等研究的深入，其中的通信欄目也因此受到研究者的重視，如董麗敏的《想

像現代性——重識沈雁冰與〈小說月報〉的關係》（載《學術季刊》2002 年第
2 期）、李永春的博士學位論文《〈少年中國〉與五四時期社會思潮》（湖南師
範大學，導師：郭漢民教授，2003 年）等，雖然沒有將通信欄作為專門的研
究對象，但在論述過程中對通信欄的情況都有所涉及。

　　第二，從讀者接受的角度出發，側重於對通信欄中的讀者來信進行研
究。接受美學相關理論的引入以及從接受美學角度對中國現代文學進行的相
關研究，雖然不是專門針對通信欄目，但也為本書的寫作提供了方法論的指
導。這方面，王衛平教授 1994 年出版了專著《接受美學與中國現代文學》（吉
林教育出版社，1994 年），2000 年又發表了《接受史：現代文學史研究的新
視角》（載《遼寧師範大學學報（社會科學版）》2000 年第 1 期）一文提出了
「以讀者為核心，以接受為樞紐來建構文學史」的學術觀點和編纂現代文學
接受史的構想，並認為「如果從原始材料入手，從讀者個體的接受與群體的
社會接受來描述作家作品評價的變遷過程，必將會開發出許多新領域，獲得
許多新的發現和認識，從而拓寬現代文學史研究的視野與空間。這對於全面
地認識和總結現代文學的歷史經驗和發展規律，提高現代文學史的價值必將
大有裨益。」〔註 25〕而馬以鑫教授的專著《中國現代文學接受史》（華東師
範大學出版社，1998 年）則將王衛平教授的構想付諸實踐，把報刊通信欄中
的讀者來信、讀者反應等一大批各個不同階段的反饋納入考察範疇中，將接
受主體——讀者引入文學史的敘述，從而構成了一部中國現代文學接受史。
但與此同時，該專著如作者所說，也留下了諸多「空白」，留待研究者進一
步豐富和完善。由於資料收集的欠缺，在幾個章節的論述中都出現了明顯的
錯誤。如該書第三章寫道：「從第 3 卷第 5 期起，《小說世界》開出『編者與
讀者』專欄，其中有『編輯瑣話』以及讀者來信的『交換』。」〔註 26〕事實
上，《小說世界》是在第 2 卷第 9 期，根據讀者的意見將「編輯瑣話」欄目
改為「編者與讀者」的。再如該書第九章寫道「《現代》派並不重視讀者，
也並不把讀者接受作為自己研究的課題」。〔註 27〕事實上，《現代》雜誌自第
3 卷第 2 期開始，便在「社中座談」欄下加了一個小標題「作者‧讀者‧編

〔註 25〕王衛平《接受史：現代文學史研究的新視角》，載《遼寧師範大學學報（社會
　　　　科學版）》2000 年第 1 期。
〔註 26〕馬以鑫《中國現代文學接受史》，華東師範大學出版社，1998 年，第 70 頁。
〔註 27〕馬以鑫《中國現代文學接受史》，華東師範大學出版社，1998 年，第 239
　　　　頁。

者」，該欄先後發表了大量的讀者來信，並附有編者和作者的答覆。而作者在論述中顯然沒有關注到這部分內容，因此上述結論也就顯得有些輕率。衹是瑕不掩瑜，該專著的探索和實踐爲文學史研究提供了一個新的視角和思路。此外，李衛國的博士論文《互動中的盤旋——「十七年」的讀者與文學》（復旦大學，指導教師：朱文華教授，2005 年）、林秀琴的碩士論文《二十世紀中國歷史語境中的讀者研究》（福建師範大學，指導教師：南帆教授，2002 年）等都將報刊通信欄中的讀者來信納入研究範疇，爲報刊通信欄研究提供了新的知識增長點。

　　第三，以通信欄作爲重要的視角，來探討大眾傳媒視野下言論空間的拓展與重建。如豐帆、董天策的《建構公民的言論空間——〈南方都市報〉來論版的意義》（《西南民族大學學報》2004 年第 5 期），從版面、評論總量等方面等方面的變化翔實地論證了「來論版」的開闢與該報言論空間擴大之間的因果關係；彭疊的《讀者來信欄目在公眾輿論和政治傳播中的作用——以國民政府時期報刊爲中心的考察》（載《武漢理工大學學報》（社會科學版）2007年第 2 期）探討了讀者來信欄目在公眾輿論和政治傳播中發揮的不可替代的作用：爲編者讀者提供交流的公共空間，實現報刊與民眾的眞正結合；培養民眾辯論的理性與洞察力；鼓勵和引導民眾關心國家社會、參與政治討論。當代報刊通信欄的研究多集中在《人民日報》、《中國青年》等綜合性報刊，如呂海燕的《對〈中國青年〉雜誌五十年讀者來信的內容分析》（載《中國青年研究》2004 年第 7 期）一文運用內容分析的方法，以 1950～2003 這五十多年間抽取的 405 期《中國青年》雜誌所登載的讀者來信爲樣本，從青年對政治環境、個人發展、婚姻戀愛、健康以及人際處世這五個方面的關注進行了定量的描述和分析，從而揭示五十多年來青年關注點的變化，並在此基礎上探討這種變化與中國社會變遷之間的某些聯繫。王彩霞的碩士論文《人民日報與紐約時報讀者來信版比較研究》（中國社會科學院研究生院，導師：黃晴教授）則將《人民日報》與《紐約時報》的讀者來信版進行比較分析，考察中美兩國因國家性質、傳播制度、媒介規範以及編輯方針、讀者群和民眾的民主意識、能力的差異而造成的讀者來信版的異同。這些論文在研究方法上大都採用了內容分析或比較研究的方式，旨在通過翔實的資料來探討中國言論空間的發展情況，以提出建設性意見。

　　上述研究對筆者深入「五四」報刊通信欄這一命題提供了很多有益的啓

發，然而這些研究在整體態勢上尚存有以下幾處遺憾：第一，這些研究尚未將通信欄作為一個欄目進行系統、深入的研究，對通信欄的史料整理工作也沒有展開；第二，通信欄的本質在於言論空間中知識份子群體（編者、讀者）的對話和交往，以及由此形成的多重對話的交流機制。以往的研究往往偏重於讀者的接受和反饋，而較少注意到讀者與編者、讀者與讀者之間的多重對話以及通信欄所賦予的多重對話的交流機制，從而難以發掘出通信欄的真正價值和意義所在；第三，在研究方法上，這些研究尚沒有建構起傳播學和文學之間的跨學科橋梁，作為文學傳媒研究只有突破學科壁壘，才能為文學研究注入新的活力，拓展新的空間。

四、方法與思路

第一，如何搜集和整理報刊通信欄中浩如煙海的往來通信？

近年來隨著對書信的文學與史料的雙重價值的日益重視與肯定，知識份子書信集的出版呈現繁榮發展之勢，大量的現代學人的書信被搜集與整理出來，這為學術研究提供了豐富的材料。但與此同時，報刊通信欄中的大量往來通信卻在這一過程中處於尷尬境地，很多學人的書信集或全集中並沒有選錄通信欄中發表的書信。如《魯迅全集》（書信卷）（人民文學出版社，2005年）、《魯迅書信集》（人民文學出版社，1976年）就基本沒有收錄魯迅在《新青年》通信欄中發表的往來通信。另外，需要指出的是很多書信集在編排體例上還存在著一個不容忽視的問題，如《魯迅書信集》只保留了魯迅本人的來信或覆信，通信原本是通信者之間的一種對話，這樣的編纂卻成了一種獨語，喪失了通信的特定語境，對讀者的閱讀和研究都造成了一定的障礙。對通信欄中往來通信的整理，可以編者（欄目的主持者）為中心來展開，如《新青年》「通信」欄中基本上是陳獨秀與讀者的往來通信，《小說月報》「通信」欄中多為沈雁冰、鄭振鐸與讀者的往來通信等。那麼在編輯過程中就可以在《新青年》、《小說月報》等報刊中查找相關通信，然後分別編入陳獨秀、沈雁冰、鄭振鐸的書信集中。這樣的編纂方法不僅極具可行性，可以彌補以往書信集的不足，而且便於讀者的查找閱讀。報刊編者由於工作的特殊性而與作者、讀者有著廣泛的通信往來，因此以編者為中心進行通信的搜集和整理將是件十分有意義的工作，在這方面當代《收穫》雜誌副主編程永新編著的《一個人的文學史》（天津人民出版社，2007年）就進行了有益嘗試。

　　另一方面，一些選錄了通信欄書信的書信集，往往將發表於報刊中的公共書信與私人書信混排在一起，沒有突出報刊通信的特殊性。如《陳獨秀書信集》（新華出版社，1987 年）一書輯錄了 1910～1942 年間陳獨秀的往來書信 353 篇，其中近一半的書信來自《新青年》「通信」欄中陳獨秀與讀者之間的往來通信。但是該書在編排體例上並沒有將發表於通信欄中的書信明確標注出來，而僅在讀者來信的信末標注「錄自《新青年》某卷某號」。此外，該書中輯錄的很多來信並沒有採用「一手材料」，如一些原載於《新青年》「通信」欄中的往來通信就錄自《獨秀文存》（上海亞東圖書館，1922 年），這樣的編選工作是不嚴謹的，尤其容易導致以訛傳訛。〔註 28〕值得一提的是《獨秀文存》一書雖然特別將陳獨秀發表於《新青年》通信欄中的通信在「卷三」中單獨列出，不過美中不足的是，這些通信均沒有注明出自幾卷幾號，給研究者的使用帶在很大不便。現代報刊傳媒出現之後，傳統書信就發生了分化，一類是用於私人間交往、不擬發表的私人書信；另一類則是傳統書信與現代報刊相結合的公開書信，如通信欄中的往來通信。這兩類書信因為書寫對象、書寫用途及傳播媒介等的不同而顯示出明顯差異，這一問題本身即值得研究和思考。因此，筆者建議對現代學人、文人書信的整理，可以分私人通信與公開通信兩類分別進行。

　　總體說來，目前對「五四」時期報刊通信欄中往來通信的搜集與整理幾乎處於空白狀態，僅有少量的通信散見於各大全集、書信集或報刊資料集中。因此，研究者在使用時必須翻閱舊報刊——查找，這的確給研究工作帶來很大不便。如果能將這些通信材料搜集起來，以影印的方式結集出版，將為學術研究提供諸多便利，對此趙家壁先生早在上個世紀 80 年代就倡議「希望能有一天把所有現代文學期刊都印成微縮膠捲，那就可以安坐在綠色終端熒光屏前做研究工作了。」〔註 29〕而在這一設想付諸實踐之前，報刊通信欄的目錄整理工作就顯得格外重要，為此筆者在對報刊通信欄的發展及流變進行綜合梳理的基礎上，重點整理了「五四」時期重要的報刊通信欄的往來通信目錄（見附錄），以期對「五四」時期的報刊通信欄情況有更加全面、更加清晰

〔註 28〕如《獨秀文存》「通信」卷中的第一封信「答李大槐」，其中「槐」字為「魁」字之誤，實為「李大魁」，《陳獨秀書信集》中的該信因錄自《獨秀文存》而延續了這一錯誤。參見《陳獨秀書信集》，新華出版社，1987 年，第 10 頁。
〔註 29〕趙家壁《〈現代文學期刊漫話〉序》，應國靖《現代文學期刊漫話》，花城出版社，1986 年，第 6 頁。

地展示，同時也希望能爲「五四」文學史的相關研究提供文獻線索。

　　第二，如何把握報刊通信欄中往來書信的「真實性」問題？

　　通信欄書信的「眞實性」問題是本研究中不容迴避的重要問題，通信欄中所刊發的往來書信無疑都要經受編者的嚴格把關，哪些發表哪些不發表，哪些儘快發表，哪些需要回信，都是編者編輯意圖的集中體現。因此，這裡的「眞實性」問題就涉及到兩層涵義：一是如何鑒定通信欄中書信的眞僞，那些「虛擬」的通信是否具有研究價值？二是通信欄中所發表的通信是否具有代表性，能夠體現出那個時代的整體風貌？

　　對於第一個問題，「五四」報刊通信欄中的確不乏編者根據某種需要而摹仿讀者口吻僞造的讀者來信，最典型的例子就是《新青年》「通信」欄中的「雙簧信」。除此之外，爲了適應欄目的需要而經編輯修改、增刪的來信就更無法統計。儘管如此，通信欄的價值並沒有因此而抹煞，因爲那些虛擬的通信仍然蘊含著編者的立意和思考，不僅鮮明、直接地反映了編者的編輯意圖，而且在報刊傳媒興起不久的「五四」時期，更是傳媒知識份子有效利用言論空間的積極嘗試。這些通信已經深深地打上了時代的烙印，成爲研究中不可忽略的組成部分。不過，目前對這些通信的眞僞的鑒定仍然是一個難以完成的工作，那些「編輯」過的來信與原始信件之間存在多少差別，至今還是未解之謎，這些都有待於資料的進一步發掘。對於第二個問題，通信欄中刊發的通信無疑是眾多通信中的一部分，是「冰山」的一角。而由於種種條件的限制，那些大量的、未經發表的、可能被編輯隨手投入紙簍或小心裝入麻袋保存的讀者來信已經難以尋覓。儘管彷彿「冰山」之「一角」，通信欄依然成爲展現「五四」時代風貌的一個相對全面、相對獨特的視角。因爲研究者注定只能掌握歷史的一個「側面」，而其所依據的也只能是「客觀實在」的「文本」，正如弗雷德里克・詹姆森所說「歷史不是文本，不是敘事，也非名家作品或相反。然而由於缺場的緣故，除了以文本形式之外，我們難以接近歷史，而且我們對於歷史和實在本身的趨近必須通過其先前的原文文本。」〔註30〕因此，本書認爲通過對「五四」報刊通信欄這些歷經歷史長河滌蕩而保留下來的實實在在的「文本」進行系統考察，盡可能充分地佔有這些「文本」，並採用圖表、統計等方式進行紮實的分析研究，能夠更好地把握「五四」、進入「五

〔註30〕轉引自〔美〕傑夫瑞・C・亞歷山大《世紀末社會理論：相對主義、化約與理性問題》，張旅平等譯，上海人民出版社，2003 年，第 1 頁。

四」，而且作爲一種歷史描述與歷史資料，相信本書對通信欄的考察也會具有一定的價值和意義。

第三，如何全面考量「五四」報刊通信欄在中國現代學術史尤其是文學史上的價值？

「五四」報刊通信欄中刊載的往來通信，一部分是事物諮詢類的通信，如《新青年》「通信」欄中提出的諸如「滬上學校如林，何者最優？」「吸灰塵有何害於衛生？」等相關諮詢，問題本身的價值確實不大。錢鍾書在《圍城》中就曾對類似的通信進行過諷刺：「（高松年）再一看他（韓學愈）開的學歷，除掉博士學位以外，還有一條：『著作散見美國《史學雜誌》《星期六文學評論》等大刊物中』，不由自主地另眼相看。……韓學愈也確向這些刊物投過稿，但高松年沒知道他的作品發表在《星期六文學評論》的人事廣告欄（Personals）……和《史學雜誌》的通信欄：『韓學愈君徵求二十年前本刊，願出讓者請某處接洽。』」〔註31〕事實上，很多文集、書信集，如《獨秀文存》（上海亞東圖書館，1922 年）、《陳獨秀書信集》（新華出版社，1987 年）中對這一類的書信也都沒有輯錄。通信欄中的這些零碎、無序，看似沒有多大價值的書信，或許尚不足以引起習慣以「整體社會」爲研究考量對象的社會學者的興趣，〔註32〕但是隨著時間的推移，這些通信成爲了時代側面的一個反映與想像歷史的話語背景，通過對欄目中的這些被忽略、被遮蔽的歷史經驗和細節的發掘，恰恰有利於對歷史複雜性與差異性的呈現和展示。對這些歷史的「碎片」（fragments）進行研究，將是文學史研究的一大拓展和突破。通信欄中還有一大部分是發舒意見爲主的通信，這部分通信幾乎涉及到了文化、文學、政治、教育等時代的各大熱點問題，內容十分豐富、具體，其具有的重要價值也逐漸受到學術界的認可與重視。但總體說來，通信欄中的往來通信多是隻言片語、束鱗西爪，較之成篇、嚴謹的正式文章往往顯得隨意、拉雜有欠嚴謹、不成體系。這些「思想的草稿」對研究者的研究提出了更高的要求，需要研究者花費更多的時間和精力，以敏銳的眼光對其中的學術價值進行提煉與總結。

從文學史的角度來說，報刊通信欄一方面建構了知識份子眾聲喧嘩的言論空間與多重對話的交流機制，構成了「五四」文學生長的文化生態環境；另一

〔註31〕 錢鍾書《圍城》，人民文學出版社，1980 年，第 196 頁。
〔註32〕 參見汪湧豪《文學史研究的邊界亟待拓展》，載《文學遺產》，2008 年第 1 期。

方面，通信欄直接參與並推動了「五四」新文學的發展，從話題的提出到大量的相關探討，「五四」時期幾乎所有重要的文學問題都首先在通信欄中展開討論，而通信欄所體現的鮮明的文體意識與文體特徵更是對其後的文學樣式的發展產生了直接影響。正是在這個意義上，通信欄以其顯著的實績成爲「五四」新文學的一個重要組成部分，並爲文學的發展做出了不可磨滅的貢獻。蔡元培爲《中國新文學大系》撰寫總序時曾指出：「爲什麼改革思想，一定要牽涉到文學上？這因爲文學是傳導思想的工具。」〔註33〕「五四」作爲特殊的歷史時期，文學與政治之間可謂存在著千絲萬縷的聯繫，「五四」知識份子乃至文學家的關注點大都落腳於政治而非文學。因此，作爲中國現代文學先聲的作品，如胡適的《鴿子》、劉半農的《相隔一層紙》、沈尹默的《月夜》、魯迅的《狂人日記》等，首先是發表在《新青年》這樣的社會綜合性期刊而非文學期刊上，有學者據此認爲，中國現代文學作品的誕生「更多是與社會、國家命運的現實進程這樣的現代性需要聯繫在一起」。〔註34〕正是基於這樣的歷史背景，「五四」時期影響較大的綜合性報刊如《新青年》、《少年中國》、《太平洋》、《每周評論》等報刊的編輯、撰稿以及通信欄的組織、探討的問題，大都與「五四」文學家、「五四」文學有著千絲萬縷的聯繫。從文學社團的角度來看，中國新文學第一代社團的三大組織新青年社、新潮社和少年中國學會所編輯的三份綜合性文化思想刊物《新青年》、《新潮》、《少年中國》都設置了通信欄，而新文學第二代社團中的兩大支柱文學研究會與創造社編輯的文學報刊《小說月報》、《創造》也同樣設立了通信欄。可以說，「五四」文學史是與文化史、思想史以及傳播史緊密聯繫在一起的，這正如王一川教授指出的「由於中國現代性文學不是單純的詩學或美學問題，而是涉及更廣泛的文化現代性問題，因此，有關它的研究就需要依託著一個更大的學術框架。也就是說，它是一個涉及現代政治、哲學、社會學和語言學等幾乎方方面面的文化現代性問題，因而需要作多學科和跨學科的考察。」〔註35〕因此，本書中作爲考察對象的報刊既包括了《小說月報》、《小說世界》、《文學周報》、《創造》、《語絲》等文學報刊，也包括《新青年》、《少

〔註33〕蔡元培《〈中國新文學大系〉總序》，胡適選編《中國新文學大系・建設理論集》，良友圖書印刷公司，1935 年，第 9 頁。
〔註34〕董麗敏《想像現代性——革新時期的〈小說月報〉研究》，廣西師範大學出版社，2006 年，第 11 頁。
〔註35〕王一川《現代性文學：中國文學的新傳統》，宋劍華主編《現代性與中國文學》，山東教育出版社，1999 年，第 330 頁。

年中國》、《國民》、《現代評論》、《太平洋》爲代表的大量綜合性報刊，以及《晨報副鐫》、《覺悟》、《青光》等報紙副刊，旨在通過相對全面的考察，眞實展現「五四」新文學發生、發展的文化生態環境，從而發掘通信欄目的歷史價值與文學意義。

第四，面對報刊通信欄中浩如煙海的大量通信，如何將這些「研究的碎片」——串起，進行相對系統和全面的研究？

本書以「五四」報刊通信欄目爲主要研究對象，在綜合梳理報刊通信欄的設置歷史與發展沿革情況，並重點對「五四」時期的報刊通信欄進行考察分析的基礎之上，從言論空間、對話機制、編讀交往以及文體價值等四個角度，對「五四」報刊通信欄進行相對系統和全面的分析與研究。在研究方法上，一方面本書注重史料的搜集與整理，在盡可能全面、充分地佔有資料的基礎上，運用統計圖表、內容歸納、比較分析、量化考察等方式爲對通信欄的深入研究打下紮實的基礎；另一方面，本書試圖通過思想史、文學史與傳播學的多重視角對通信欄目進行系統關照，以期突破學科壁壘，努力發掘報刊通信欄的歷史價值與當下意義，也爲傳媒文學的研究注入新的活力，拓展新的空間。

本書分爲緒論、主體、結語三個部分，其中主體部分又分爲 6 章：

第一章，言論空間的想像與開創。報刊傳媒的興起與知識份子的形成是轉型時代的兩個「突破性的巨變」，一方面報刊傳媒的興起爲知識份子提供了一條全新的安身立命之途，契合了知識份子的政治訴求與身份認同，使其於科舉之外獲得新的慰藉；另一方面知識份子通過一系列的努力與實踐，不僅爲報刊的生存謀得了合法地位，而且借助報刊傳媒超越仕途，重新走向社會的中心，完成了知識份子的現代轉型。此後，「開一立言之局」成爲現實，新知識份子終於有了言說的空間得以將自己的思想形成公共輿論影響社會和大眾。在對報刊傳媒公共空間的想像與開創中，知識份子們充分顯示出了「群體」的力量，他們的思想與言論成爲中國救亡圖存乃至富強振興的依據與希望。通信欄作爲「五四」報刊中的一個特色欄目正是新知識份子對言論空間的想像與開創的一個縮影。通信欄的設置，概而言之，就是開創一個開放、自由、多元的言論空間。通信欄不僅爲普通讀者搭建起了言論的平臺，而且成爲知識份子間交流思想、展開討論的舞臺，成爲報刊傳媒所建構的言論空間中的一個更爲開放、自由、多元的言論空間。

第二章，通信欄的歷史與沿革。通信欄的開設發端於清末民初，特別是

章士釗主持的《甲寅》「通訊」欄成為《新青年》「通信」欄的「先聲」，也為「五四」報刊通信欄的發展提供了諸多有益的啟發，但總體上，清末民初的通信欄還沒有形成固定的專欄，也不具備對話與交流的欄目特徵。「五四」時期，通信欄獲得繁榮發展，幾乎所有重要的報刊都先後開設了通信欄，繁榮發達的報刊通信欄成為「五四」時期的一大文化現象。歷經「五四」時期的巔峰發展，通信欄在上個世紀的三、四十年代隨著思想文化空間的萎縮而漸趨衰微。建國以來，通信欄經歷了文革時期的沉寂後逐漸復興，並自1990年代以來呈現出多元發展的態勢。通過對報刊通信欄發展歷程的梳理，可以看出政治文化對其產生的潛移默化的導向作用，報刊通信欄的發展離不開寬鬆的政治文化環境，某種意義上，通信欄的盛衰發展直接見證著一個時代的思想文化的發展水平與開放程度。

　　第三章，「五四」報刊通信欄的個案考察。本章對「五四」時期較有代表性的四份刊物的通信欄進行了重點考察，《新青年》「通信」欄作為金牌刊物的金牌欄目，從欄目的設置、內容、編輯到文體形式都具有鮮明的特色與重要的影響。《新青年》「通信」欄的成功不僅改變了通信欄的邊緣地位，而且極大地促進了「五四」時期報刊通信欄的繁榮，為其後通信欄的發展提供了豐富的經驗。《少年中國》的「會員通訊」欄提供了一份「五四」精英知識份子之間的對話備忘錄。會員間飽含著深情的通信，記錄下了生活在那個年代的知識份子對理想的追求與探索，反映了知識份子群體間互相切磋、砥礪學行，同聲相應、同氣相投的深厚友誼，也再現了他們心中曾有過的孤獨與苦悶、彷徨與困惑的銘刻著時代烙印的心路歷程。這些充滿著個性色彩的活生生的文字成為今天的研究者瞭解彼時歷史的一扇最佳的窗口，而從會員通信中所窺見的「五四」知識份子的另一種交往，也是對中國知識份子研究的一種豐富。《小說月報》「通信」欄與《小說世界》「編者與讀者」欄，一雅一俗的兩份文學期刊的通信欄風格迴異：從討論的主題來看，《小說月報》重學理，《小說世界》重感受；從讀者反應來看，《小說月報》多批評，《小說世界》多肯定；從編者的態度來看，《小說月報》嚴肅超前，《小說世界》親切平易。

　　第四章，多重對話的交流機制。通信欄的本質在於多重對話，報刊通信欄中對話的多重性主要表現為對話參與者的多重性、對話觀點的多重性以及對話過程的多重性。不僅如此，在通信欄中，多重對話的交流方式得到了廣泛的認同，其背後所體現的現代新型的「對話」機制，成為約定俗成、不證

自明的普遍法則。正是在這一意義上，「五四」報刊通信欄從內部賦予了這一言論空間存在的自我依據，從而創造了使資訊、觀點、思想得以產生、交流、傳播並被公眾接受的多重對話的交流機制。眞正的對話應當是自由的、平等的、眞誠的、寬容的、和諧的，在寬容和諧的傳媒生態環境中，堅持獨立的思想，彼此尊重包容，追求理性對話，這才是通信欄的終極價值和意義所在，它爲重塑當代傳媒的言論生態環境提供了精神資源與價值參照。

第五章，通信欄的編讀交往。報刊通信欄中的多重對話在本質上就是編者與讀者之間的一種精神交往。首先，通信欄的開闢培養了讀者與報刊之間的互動，促進了不同於傳統的「現代讀者」的生成。其次，「五四」通信欄的繁榮離不開編者的策劃、組織與引領，它是編者意圖與編輯方針的集中體現。通信欄的設立凝結著編者的苦心經營，編輯對通信欄的重視直接促進了欄目的發展和繁榮。再次，通信欄的發達是編者與讀者互動的結果，通信欄的對話背後正體現了編者與讀者之間的交往關係：由啓蒙與被啓蒙的師生關係，到平等對話的朋友關係，再到「讀者就是編者的衣食父母」的買賣關係，通信欄中所體現的編讀之間角色的變遷，正是中國普通知識份子發展的一個縮影。最廣大的普通讀者作爲知識份子的大多數，通過「通信欄」這一獨特的視角來研究其成長歷程，可以得出一些有別於以往以文學研究爲視角的新成果，以期能拓展和豐富對「五四」知識份子的研究成果。

第六章，通信欄的文體價值。通信欄書信作爲經過革新後的現代書信在報刊傳媒中的一種應用，在文體學的角度屬於兼具書信文體與報章文體特徵的言論寫作。言論寫作是近代以來依託於報刊傳媒而形成的新型寫作方式，通信欄中的言論涉及到了「五四」時期中國政治、社會、思想、文化、文學等各個方面的問題。通信者在通信中提出看法、建議、主張或批評，展開多重對話與交流，逐漸形成了自覺的文體意識：第一，通信欄中的書信往來是介於「正式」與「非正式」之間的交流方式；第二，通信欄書信的書寫在於「覺世」而非「傳世」；第三，通信欄書信作爲一種即席發言，屬於「思想的草稿」。通信欄書信雖然不屬於文學範圍，但是繁榮發達的「五四」報刊通信欄卻以豐富的創作實績，實實在在地構成了中國文學史上客觀存在、不容忽視的文體類型，通信欄的文體特徵主要表現爲內容上的言之有物，語言上的平易暢達，寫法上的縱意而談以及風格上的亦莊亦諧。通信欄文體自身包蘊著文學性的豐富內涵，並對其後的雜文、隨筆的創作產生了重要的影響。對

創作實績豐富卻面目模糊的通信欄進行文體意義的解讀，不僅有利於其在文學史地位上的進一步彰顯，也對當代大眾傳媒語境下日益繁盛的言論寫作的發展大有裨益。

　　報刊通信欄作為「五四」時期特有的一種文化現象，在中國思想史、文學史以及傳播史上都具有不可磨滅的重要價值。但是，目前為止對報刊通信欄的相關研究還比較匱乏，其所具有的重要價值和意義尚未受到研究者足夠的關注與重視，因此本書希望能夠拋磚引玉，為今後的相關研究提供一點有益的啟示。

第一章 言論空間的想像與開創

對知識份子而言，自由言說是安身立命的根本，是知識份子發揮主體性的核心因素；而可供自由言說的話語空間則是言說生存的基本條件，是知識份子發揮主體性的前提。在對言論空間的想像與開創中，新知識份子可謂獻智獻策、群策群力，他們的思想與言論成為中國救亡圖存乃至富強振興的依據與希望。新知識份子也因此受到社會的肯定與讚賞，其中的領軍人物更是風靡一時、名聲遠揚。對此余英時先生稱之為「過渡階段的落日餘暉」是不夠準確的，這一時期的新知識份子更像初升的「旭日」，其微露的光芒足以鼓舞當時以及其後的幾代知識份子，其對未來的種種想像所描繪出的理想的烏托邦，成為「五四」知識份子以及今後幾代知識份子為之不斷奮鬥的動力與目標。而報刊通信欄正是新知識份子對言論空間的想像與開創的一個縮影。

第一節 媒介變革與知識份子的現代轉型

1895～1920 年初前後大約二十五年的時間，是中國思想文化由傳統過渡到現代、承先啓後的關鍵時代。〔註1〕在這一轉型的關鍵時代有兩個「突破性的巨變」，即報刊傳媒的興起與新知識份子的形成。一方面，報刊傳媒的興起為知識份子提供了一條全新的安身立命之途，契合了知識份子的政治訴求與身份認同，使其於科舉之外獲得新的慰藉；另一方面，知識份子通過一系列的努力與實踐，不僅為報刊的生存謀得了合法地位，而且借助報刊傳媒超越仕途，重新走向社會的中心，完成了知識份子的現代轉型。

〔註1〕 張灝《中國近代思想史的轉型時代》，張灝《時代的探索》，聯經出版公司，
2004 年，第 43 頁。

一、知識份子對現代報刊的接受歷程

雖然中國擁有世界上最早的報刊——邸報，但現代意義上的報刊卻是伴隨著近代西方報刊的傳入而興起的。從 1815 年英國傳教士馬禮遜在馬六甲創辦的第一份中文期刊《察世俗每月統記傳》到 1833 年普魯士傳教士郭力士在中國境內（先在廣州，後遷至新加坡）出版的第一份中文期刊《東西洋考每月統記傳》，萌芽時期（1815～1890）的期刊大都爲外國傳教士所辦，〔註 2〕傳教士的辦報活動，推動了中國近代報刊業的興起。中國近代的報刊大多經歷了這樣的發展階段：先是外國人在中國辦外文報刊給外國人看，然後是外國人創辦中文報刊給中國人看，最後是中國人自己辦中文報刊給中國人看。〔註 3〕總體說來，這一時期的報刊總體數量較少，而且非常短命，除了在香港出版的幾種外，大都是一年或不到一年就被迫停刊了。辦報刊的也多是一些當時社會的「邊緣人士」，如外國人或者出身買辦階級的人辦的，屬於邊緣性報刊（marginal press），〔註 4〕影響有限。因此現代報刊在中國的傳播經歷了一個由排斥到接受的歷史過程。

報刊作爲外來之物，一開始並沒有得到社會的認可，「開辦之始，動遭疑阻」的尷尬地位，不僅很大程度上限制了報刊的興辦，而且讓時人避而遠之。「蓋社會普遍心理，認報紙爲朝報之變相，發行報紙爲賣朝報之一類（賣朝報爲塘驛雜役之專業，就邸鈔另印，以出售於人。售時必以鑼隨行，其舉動頗猥鄙，而所傳消息亦不盡可信，故社會輕之，今鄉僻尚有此等人），故每一報社之主筆、訪員，均爲不名譽之職業，不僅官場仇視之，即社會亦以搬弄是非輕薄之。」〔註 5〕加之早期的報紙內容簡單、新聞匱乏，在社會上的影響非常小，如《申報》創辦之初，「篇幅固甚狹小，所載多詩文之類，間及中外近事，類皆信筆點綴，如傳奇小說然，人皆不甚重視之。」「所揀拾報告者，大率里巷瑣聞，無關宏旨。國家大政事大計劃，微論無從探訪，即得之，亦決不敢形諸筆墨……」〔註 6〕另一方面，知識份子天朝上國的心態以及對科舉的沉醉，使之視報刊爲「一種營業」，而且是「下等藝業」。「彼時朝野清平，

〔註 2〕 葉繼元《核心期刊概論》，南京大學出版社，1995 年，第 27 頁。
〔註 3〕 袁進《中國文學觀念的近代變革》，上海社會科學出版社，1996 年。
〔註 4〕 張灝《中國近代思想的轉型時代》，張灝《時代的探索》，聯經出版公司，2004 年，第 43 頁。
〔註 5〕 姚公鶴《上海閒話》，上海古籍出版社，1989 年，第 131 頁。
〔註 6〕 參見劉磊《中國早期報人社會地位的演進》，載《傳媒》，2002 年第 7 期。

海隅無奪。政界中人咸雍楡揚，潤色鴻業，爲博取富貴功名之計，對於報紙既不尊崇，亦不忌嫉。而全國社會優秀分子，大都醉心科舉，無人肯從事於新聞事業，惟落拓文人，疏狂學子，或借報紙以發抒其抑鬱無聊之意興，各埠訪員人格尤鮮高貴。」〔註7〕中國古代知識份子向來講求「爲天地立心，爲生民立命，爲往聖繼絕學，爲萬世開太平」的社會責任與使命，所謂「士不可不弘毅」，這不僅是社會對知識份子的心理期待，也成爲知識份子自身的一種身份認同。因此，即便是從事報刊事業的近代知識份子起初對辦報的行爲亦不認可，「任筆政者，惟以省事爲要訣。而其總原因由於全國上下皆無政治思想，無世界眼光，以爲報紙不過爲洋商一種營業，與吾初無若何之關係。」〔註8〕當時《申報》發表的文章中就寫道「筆墨生涯原是文人學士之本分，既不能立朝賡歌揚言，又不能在家著書立說，至降而爲新報，已屬文人下等藝業，此亦不得已而爲之耳。」在這樣的歷史背景下，很多人參與辦報都是「不得已而爲之」的，因此才會有主筆們發出的「才華枉爲稻粱謀」的無奈之歎。包括王韜、黃遠生、梁啓超等，或因變法失敗，或因不事科舉，從而走上了以辦報參與社會變革的道路。還有很多報人是將辦報作爲謀生的手段，以最具代表性的早期報刊《申報》爲例，自其 1876 年創刊直至 20 世紀初的幾十年裏的歷任總主筆、主筆，除了第一任總主筆蔣芷湘於 1884 年考中進士，離開報館外，其他人幾乎都是功名未就的落魄秀才。而且蔣芷湘起初進入報館的志向也不在報章文字而在於謀生。其他的申報文人如何桂笙本是越中望族，因戰爭所迫逃至上海，屬於家道中落；錢昕伯則因官兵與太平軍交戰而「短衣破褲」逃至上海；黃式權同樣家境窘迫……，〔註9〕「昔日之報館主筆，不僅社會上認爲不名譽，即該主筆亦不敢以此自鳴於世」，〔註10〕早期報人的社會地位由此可見一斑。

隨著民族危急日甚一日，內憂外患、亡國滅種的沉痛反思使傳統知識份子對域外文明產生深層關注，報刊也作爲「治國之利器」受到重新審視。維新運動的開展更加促進了維新派辦報實踐的興起，一些傳統知識份子開始參與報刊的工作，這些新型報刊雜誌的主持人多出身士紳階層，言論受到社會的尊重，

〔註7〕　參見劉磊《中國早期報人社會地位的演進》，載《傳媒》，2002 年第 7 期。

〔註8〕　參見劉磊《中國早期報人社會地位的演進》，載《傳媒》，2002 年第 7 期。

〔註9〕　參見方迎九《文學性與新聞性的消長——早期申報文人研究》，北京大學博士學位論文，導師：夏曉紅教授，2002 年。

〔註10〕　姚公鶴《上海閒話》，上海古籍出版社，1989 年，第 128 頁。

影響容易擴散。〔註11〕報刊在中國社會中發揮的作用也日益突顯,與此前的「邊緣性報刊」相比,不但報導國內外的新聞,並且具備了介紹新思想及刺激政治社會意識的作用。1895 年 4 月,康有爲、梁啓超等人在「公車上書」中明確提出了「縱民開設報館」的建議。同年 8 月,維新派的第一份報紙《萬國公報》面世,1896 年 1 月,康有爲又創辦了《強學報》,梁啓超撰文《論報館有益於國事》,以外國報人爲例證,呼籲重視報人的社會地位,「其益於國事如此,故懷才抱德之士,有昨爲主筆,而今爲執政者;亦有朝罷樞府,而夕進報館者。」其後的《時務報》更是一紙風靡,「數月之間,銷行至萬餘份,爲中國有報以來所未有。舉國趨之,如飲狂泉」。〔註12〕梁啓超更以「報章文體」名重一時,「鄉人有年逾七旬素稱守舊者,讀其文且慕之,且贊之」,〔註13〕「自通都大邑,下至僻壤窮陬,無不知有新會梁氏者」。〔註14〕康、梁的報刊實踐所取得的巨大影響極大地推動報刊的興起以及時人對報刊的熱情。以梁啓超爲例,自 17 歲中舉,此後 6 年四應會試皆名落孫山,他入《時務報》作主筆時,不過是一個屢次落第的舉人而已。及其投身報刊事業,在極短的時間內騰越而起,爲萬人矚目,筆風所至,一時名流幾乎望風驚羨。梁啓超的學識才力固然橫絕一時,但眞正讓他由一個科舉失意者轉而身負天下重望的,卻是現代報刊所提供的那個前所未有的言論空間。從這個意義上說,現代報刊造就了新一代知識份子,成爲知識份子於科舉致仕之外的一種全新的選擇。

知識份子的努力倡導也爲現代報刊謀得了合法地位。「百日維新」期間,光緒皇帝多次發佈具有法律效力的上諭承認官報、民報的合法地位。1898 年 7 月 26 日,光緒皇帝就孫家鼐奏准議上海《時務報》改爲官報一折發佈上諭,正式宣告了報刊在中國的合法地位:「孫家鼐奏,遵議上海《時務報》改爲官報一折。報館之設,所以宣國是而達民情,必應官爲倡辦。該大臣所擬章程三條,似尚周妥。著照所請,將《時務報》改爲官報,派康有爲督辦其事。所出之報,隨時進呈。其天津、上海、湖北、廣東等處報館,凡有報

〔註11〕張灝《中國近代思想的轉型時代》,張灝《時代的探索》,聯經出版公司,2004 年,第 43 頁。

〔註12〕梁啓超《本館一百冊祝辭並論報館之責論及本館之經歷》,載《清議報》1901 年 12 月 21 日。

〔註13〕上海圖書館編《汪康年師友書劄》(第 2 冊),上海古籍出版社,1986 年,第 1682 頁。

〔註14〕胡思敬《戊戌履霜錄・卷四》,《戊戌變法》(四),神州國光社,1953 年,第 47 頁。

章，著該督撫咨送都察院及大學堂各一份，擇其有關時務者，由大學堂一律呈覽。至各報體例，自應以臚陳利弊，開擴見聞爲主。中外時事，均許據實昌言，不必意存忌諱，用副朝廷明目達聰，勤求治理之至意。所籌官報經費，即依議行。欽此。」隨著報刊合法地位的確立，國人掀起了兩次辦報的高峰，分別爲戊戌變法期間（1897〜1898）以及清政府宣佈「預備立憲」後至民初（1906〜1911）。根據布里滕（Roswell S. Britton）的統計，1895 年中國報刊僅有 15 家。1895 到 1898 三年間，數目增至 60 家，1913 年是 487 家，「五四」時代數量更爲激增。根據當時《中國年鑒》（China Year Book）的估計是 840 家，《申報》認爲有 1134 家，而 1917 年美國人伍德布里奇（Samuel I. Woodbridge）在《中國百科全書》（Encyclopedia Sinica）給的數位是 2000 家。據胡適的估計，僅是 1919 年，全國新創辦的報刊大約就有 400 種，由此可見轉型時期以來報刊雜誌增長速度的驚人。〔註 15〕這期間還有一個值得關注的趨勢就是白話報的迅速崛起。根據現在的資料，在 1897 年就出現了兩份白話報，到 1900 年以後，數量開始急劇增加。從 1900 到 1911 年間，共出版了 111 種白話報。而「在清末最後十年出現的白話報，其出版地遍及香港、廣東、湖南、湖北、山東、山西、江西、東北、天津、伊犁、蒙古的全國範圍及海外東京等地，但以長江流域的江蘇、浙江和安徽三省最爲盛行。以一個地方計算，上海站了二十餘份，最令人矚目，北京次之。」〔註 16〕由此可見，一方面，知識份子以報刊爲武器爲其政治變革進行有力的鼓吹與宣傳；另一方面，政治變革的巨大影響又有力地推動了報刊事業的發展。「印刷文化以一種相反但又互補的方式提升了作者、知識份子和理論家的權威。」〔註 17〕人們視辦報爲「下等藝業」的看法發生改觀，報人的社會地位也隨之提高，曾經不齒於士林的「訪奉人」漸漸地開始被人所尊重，曾在廣州《人權報》任職的陳耿夫說「洞神坊及十八甫等處各商戶無不識吾姓名，每外出，商戶及路人多嘖嘖相指，謂此即某報記者陳某。」重慶《廣益叢報》記者朱山每次外出採訪，都坐著轎子，打著寫有「廣益叢報記者」字樣的燈籠，招搖過市。報人對社會輿論的影響也開始引起清官員的重視，張鳴歧接任兩廣

〔註15〕張灝《中國近代思想史的轉型時代》，《時代的探索》，聯經出版公司，2004年，第 43 頁。
〔註16〕陳萬雄《五四新文化的源流》，三聯書店，1997 年，第 160 頁
〔註17〕〔美〕馬克·波斯特《第二媒介時代》，南京大學出版社，2000 年，第 84頁。

總督後不久，即「大宴記者」，對這些原先被清官僚視為「斯文敗類」的記者極力籠絡。〔註 18〕報刊知識份子「既據最高之地位，代表國民，國民而亦即承認其代表者，一紙之出，可以收全國之觀聽，一議之發，可以挽全國之傾勢。」〔註 19〕與早期報人「主筆亦不敢以此自鳴於世」相比，其身份地位已發生根本性改變。

在知識份子轉型的過程中，還有一個至關重要的歷史事件即 1905 年的廢科舉。科舉制的廢除切斷了傳統知識份子的安身立命之所，原有的人生目標與理想追求被徹底打破了。舉人劉大鵬的慨歎頗具有代表性：「士為四民之首，坐失其業，謀生無術，生當此時，將如之何？」〔註 20〕「將如之何？」這成為一代「士」的無奈與困惑，他們被迫開始新的歷史選擇與人生定位。對此羅志田教授有一段精闢的分析：

> 廢科舉最深遠的影響是導致以士農工商四大社會群體為基本要素的傳統中國社會結構的解體，而在此社會變遷中受衝擊最大的，則是四民之首的士這一社群，廢科舉興學堂的直接社會意義就是從根本上改變了人的上昇性社會變動取向，切斷了「士」的社會來源，使士的存在成為一個歷史範疇，而新教育制度培養出的已是在社會上「自由浮動」的現代知識份子。士的逐漸消失和知識份子社群的出現是中國近代社會區別於傳統社會的最主要特徵之一。四民社會的解體使一些原邊緣的社群（如商人和軍人）逐漸進據中心，更可見邊緣知識份子這一特殊社群在政治上的明顯興起，而知識份子在中國社會中則處於一種日益邊緣化的境地。〔註21〕

正是在中國遭遇「數千年未有之大變局」的歷史背景下，報刊傳媒的興起才得以顯示出巨大的號召力。報刊成為新知識份子實現社會理想的新途徑，「成為知識份子實踐傳統的『士大夫』理想的新途徑，也是他們獲取社會名望的新途徑」，〔註22〕現代報刊既是知識份子努力實踐的產物，又推動了知識份子的現代轉型。

〔註18〕 參見劉磊《中國早期報人社會地位的演進》，載《傳媒》2002 年第 7 期。

〔註19〕 《國民日日報發刊詞》，載《國民日日報》1903 年 8 月 7 日。

〔註20〕 劉大鵬《退想齋日記》，喬志強標注，山西人民出版社，1990 年，第 149 頁。

〔註21〕 羅志田《近代中國社會權勢的轉移：知識份子的邊緣化與邊緣知識份子的興起》，載《開放時代》1999 年第 4 期。

〔註22〕 方漢奇、張之華《中國新聞事業簡史》，中國人民大學出版社，1994 年。

二、知識份子的現代轉型

正如西方傳播學者庫利（Cooley Charles Horton，1864～1929）所言，新的傳播正在像曙光一樣普照世界，促人覺醒，給人啟發，並充滿了新的希望，現代傳媒興起的「曙光」也促進了知識份子的現代轉型。從十九世紀末年到「五四」時期是士大夫逐漸過渡到知識份子的階段，邊緣化的過程也由此開始。〔註23〕伴隨著辛亥革命的勝利，袁世凱的垮臺，「五四」新文化運動的興起，給新一代中國的知識份子帶來了從未有的心靈的解放。他們不像上一代那樣生活在傳統觀念的包圍中，不需要依附於官場、血親家族或其他群體，開始有了選擇的自由和自我責任感。可以說，這一時期在中國社會和政治舞臺上扮演主角的知識份子，無一不是通過報刊傳媒而登場的。從戊戌變法到「五四」運動，近代中國思想史的起伏跌宕，無不與報刊密切相關。正如陳平原教授所指出的：

> 晚清以降，幾乎所有重要的著述，都首先在報刊發表，而後方才結集出版；幾乎所有重要的文學家、思想家，都直接介入了報刊的編輯與出版；幾乎所有文學潮流與思想運動，都借報刊聚集隊伍並展現風采。〔註24〕

知識份子憑藉現代報刊傳媒的話語權形成了與封建專制制度抗爭的「第四種族」。此後，報刊業成為「第四種族」為之終生奮鬥一種理想與事業。「以文筆作生活」雖然被視為「世上最苦的職業」，〔註25〕但新知識份子為了理想，依然奮不顧身。梁啟超曾感慨地說「自審捨言論外未由致力，辦報之心益切」。〔註26〕陳獨秀在創辦《安徽俗話報》時，不僅編輯、排版、校核、分發、郵寄，全部——親自動手，而且在三餐食粥，臭蟲滿被的極差條件下亦不以為苦。其篳路藍縷先後創辦報刊數十種，所秉持的正是「我辦十年雜誌，全國思想都全改觀」的理想與信念。

從歷史的演化來看，新知識份子脫胎於古代知識份子，二者之間不存在清晰的界限，新知識份子身上依然沿襲了古代知識份子的很多傳統，其中一個顯

〔註23〕余英時《中國知識份子的邊緣化》，載《二十一世紀》1991年8月號。
〔註24〕陳平原《學問家與輿論家》，載《讀書》1997年第11期。
〔註25〕魯迅致宮竹心，1921年8月26日，《魯迅書信集》（上），人民文學出版社，1976年，第42頁。
〔註26〕梁啟超《蒞報界歡迎會言說辭》，載《戊戌變法》（四），神州國光社，1953年，第255頁。

著表現即是一以貫之的精英意識。如許紀霖教授所指出的，轉型時代的知識份子雖然失去了國家所賦予的功名，失去了法律上的政治和社會的特權，但他們依然不是一般的平民，而是社會的精英。他們在參與公共領域，從事公眾輿論的時候，依然流露出一種精英意識。〔註27〕科舉制廢除後，知識份子喪失了以往的「學而優則仕」的特權，淪落爲四民社會中的普通階層。但知識份子的道義擔當意識並沒有被完全歷史化，而是以新的方式繼續發揮著其影響。

報刊傳媒的興起使「以言報國」成爲知識份子的自覺選擇。梁啓超曾撰文論述精英知識份子與公眾輿論之間的關係，認爲精英知識份子能發現常人所不及者，能夠領導社會輿論，「其始也，當爲輿論之敵；其繼也，當爲輿論之母；其終也，當爲輿論之僕。敵輿論者，破壞時代之事業也；母輿論者，過渡時代之事業也；僕輿論者，成立時代之事業也」。在這裡，梁啓超明確指出，過渡時代，精英知識份子應爲「輿論之母」，領導社會輿論。像余英時先生指出的那樣：「『士』的傳統雖然在現代結構中消失了，『士』的幽靈卻仍然以種種方式，或深或淺地纏繞在現代中國知識人的身上。『五四』時代知識人追求『民主』與『科學』，若從行爲模式上作深入的觀察，仍不脫『士以天下爲己任』的流風餘韻。」〔註28〕傳統知識份子通過參與朝政影響政府，而新知識份子則通過言論思想影響社會，二者仍是殊途同歸。

精英意識也使新知識份子同古代知識份子一樣表現出對政治的極度熱情。新知識份子不再走「學得文武藝，貨與帝王家」的傳統文人的人生道路。他們在擺脫對廟堂的依附的同時，雖然政治地位相對降低了，但並不意味著知識份子對政治的關心度會隨之降低，恰恰相反，政治始終是新知識份子關注的熱點，或者說，正是報刊與政治活動的一體化，從而實現了知識份子參政議政的願望，使其獲得了從事報刊工作的動力。知識份子以言論政是近代報刊言論空間的一個重要特徵，即使到了「五四」新文化運動時期，新知識份子轉而從事文化啓蒙，其對政治的關注依然沒有改變。儘管新文化運動啓動時，《新青年》同人曾擬從思想文化入手相約「不批評時政」，「20年不談政治」。但一旦發生涉及到如巴黎和會、山東問題等關係到國之存亡的重大政治問題時，就不能不談。陳獨秀在回答時人責問《新青年》爲什麼談政治問題

〔註27〕許紀霖等《近代中國知識份子的公共交往》，上海人民出版社，2008 年，第 3 頁。
〔註28〕余英時《〈士與中國文化〉新版序》，《士與中國文化》，上海人民出版社，2003 年，第 6 頁。

時，頗爲理直氣壯地說：「本誌主旨，固不在批評時政，青年修養，亦不在討論政治，然有關國命存亡之大政，安忍默不一言。」〔註29〕在《今日中國之政治問題》一文中又再次強調：「政治問題，往往關於國家民族根本的存亡，怎應該裝聾作啞呢？」更何況，「此種根本問題，國人儻無徹底的覺悟，急謀改革，則其他政治問題必至永遠紛擾」。「我現在所談的政治，不是普通政治問題，更不是行政問題，乃是關係國家民族根本存亡的政治根本問題。此種根本問題，國人儻無徹底的覺悟，急謀改革，則其他政治問題，必至永遠紛擾，國亡種滅而後已！國人其速醒！」〔註30〕梁啓超1921年在天津講演時則爲「談政治」進行辯護，「近來許多好人打著不談政治的招牌，卻是很不應該；社會上對談政治的人，不問好歹，一概的冷淡，也是很不應該。……國家是我的，政治是和我的生活有關係的。談，我是要談定了；管，我是要管定了。」梁啓超在後來回憶往事時，對「談政治」作了這樣的描述：「惟好攘臂扼腕以談政治，政治談以外，並非無言論，然匣劍帷燈，意有所在，凡歸政治而已。」〔註31〕可見，雖然知識份子的政治合法性身份在近代歷史中已經被湮沒，但是他們對政治關懷仍舊魂牽夢縈。新知識份子祇是改變了影響社會的方式而已，其憂國憂民的擔當意識並沒有發生實質性變化。

但新知識份子畢竟不同於古代知識份子，具有其所不具備的現代特徵，即獨立的身份與自由的意識。新知識份子不再像傳統知識份子那樣依附王權，走科舉致仕的「獨木橋」。現代報刊的興起爲知識份子提供了越來越多的就業機會，關於民國初年報館的人事設置與經濟收入，《中國報學史》中作了詳細的記錄：

> 總編輯亦稱主筆，……其月薪在一百五十圓左右。在編輯長之下者，有要聞編輯，取捨關於全國或國際間之新聞。有地方新聞編輯，取捨關於一省一縣或一地方之新聞編輯，其月薪均在八十圓左右；有特派員，如上海報館必有專員駐京，或專事發電，或專事通信，每人月薪均在一百圓左右，交際費在外。有特約通信員，或在國內，

〔註29〕陳獨秀答顧克剛，「通信」欄，載《新青年》第3卷第5號，1917年7月1日。

〔註30〕陳獨秀《今日中國之政治問題》，載《新青年》第5卷第1號，1918年7月15日。

〔註31〕梁啓超《吾今後所以報國者》，載《大中華》1卷1期，1915年1月。轉引自《飲冰室合集》（文集之33），中華書局，1989年，第51頁。

> 或在國外，大率以篇計算，每文一篇，約在十圓左右。有訪員遍駐
> 國內各要埠，專任者每名月薪約四十圓，兼任者僅十餘圓。有繕譯，
> 每名月薪約五十圓至八十圓。有校對，有譯電人，每名月薪二十圓
> 左右。本埠編輯亦可稱城市編輯，……其月薪約在八十圓左右。屬
> 於本埠編輯指揮之下者，有特別訪員，月薪在四十圓至六十圓之間。
> 有體育訪員，月薪約在三十圓左右。有普通訪員，每人月薪約在十
> 圓至三十圓之間。副張（即副刊）文藝及滑稽之作，另有一編輯司
> 之，月薪約六十圓左右。〔註32〕

報刊傳媒的發展可謂使新知識份子「名利」雙收，從而取得了獨立的經濟地位。而這種獨立的身份又爲其在思想文化領域扮演「自由人」、「批評者」提供了可能。對此，張灝先生在《中國近代思想史的轉型時代》一文中指出：

> 現代知識份子就其人數而論，當然不能與傳統士紳階層相比，但他
> 們對文化思想的影響力絕不下於士紳階層。……轉型時代的知識份
> 子，在社會上他們是游離無根，在政治上，他們是邊緣人物（余英
> 時的話），在文化上，他們卻是影響極大的精英階層。所以要瞭解現
> 代知識份子，一方面我們必須注意他們的政治邊緣性和社會游離
> 性，另一方面也要注意他們的文化核心地位。〔註33〕

現代報刊傳媒的興起，成爲構建中國近代公共領域的媒介機制，它爲新知識份子提供了相對自由的言論空間，使他們可以發出自己的聲音，從而凝聚力量，形成公共輿論。在專制社會裏，統治者對言論與思想自由進行禁錮的一個主要途徑就是對思想空間與言說載體的控制。因此，這一新的渠道體系一經溝通，能夠很快地把分散的個人觀點集中起來並加以鼓吹，創造了類似現代的社會輿論的事物。〔註34〕加之新知識份子獨立的個體身份，使他們不再有古代知識份子的種種顧忌與限制，他們可以以個人的身份對社會發言，甚至批判政權、監督執政者。一如賽義德（Edward Said，1935～2003）定義中的現代知識份子，特立獨行，甘於寂寞，秉持獨立判斷及道德良知，不攀權附勢，不熱衷名利，勇於表達一己之見，充當弱勢者的喉舌，保持批判意識，

〔註32〕戈公振《中國報學史》，中國新聞出版社，1985年。
〔註33〕張灝《中國近代思想史的轉型時代》，張灝《時代的探索》，聯經出版公司，2004年，第43頁。
〔註34〕張灝《思想的變化和維新運動》，〔美〕費正清、劉廣京主編《康橋中國晚清史》（下卷），中國社會科學出版社，1993年，第389～390頁。

反對雙重標準及偶像崇拜等，其表現出的鮮明的獨立與自由的精神品質使新知識份子煥發出前所未有的精神風貌。「在這二、三十年中，知識份子在中國歷史舞臺上演出一幕接著一幕的重頭戲。他們的思想和言論為中國求變求新提供了重要的依據。其中少數領袖人物更曾風靡一時，受到社會各階層人士的仰慕。所以在這個過渡階段，中國知識份子不但不在邊緣，而且還似乎居於最中心的地位。」﹝註35﹞胡適後來所說「在變態的社會之中，沒有可以代表民意的正式機關，那時代干預政治和主持正義的責任必定落在智識階級的肩膀上」，﹝註36﹞其中體現出的知識份子的主體性訴求便頗具代表性。

　　概而言之，與傳統知識份子相比，一方面，新知識份子由社會的中心走向邊緣，政治經濟地位相對下降；另一方面，新知識份子借助報刊傳媒從邊緣重新走向了中心，文化影響力相對提高。報刊傳媒與新知識份子互為憑藉共同完成了現代轉型：新知識份子通過一系列的努力與實踐，為現代報刊的生存謀得了合法地位；而現代報刊則成為知識份子重新中心化的媒介，使之超越仕途，完成了知識份子的現代轉型。

第二節　中國特色言論空間的開創

　　早在 1893 年，《新聞報》上刊登的一篇題為《論閱報之益》的文章就指出了現代報刊建構話語空間的功能，該文由泰西報刊的言論力量推之中國，把立言與立德、立功並稱為「三不朽」，主張將言論作為自我實現的途徑之一，並希望「開一立言之局」。現代報刊傳媒的興起，使「開一立言之局」變成現實，新知識份子終於有了言說的空間，可以將自己的思想形成公共輿論以影響社會和大眾。這樣的言說空間是前所未有的，新知識份子發揮社會影響的方式也是前所未有的。那麼，在這個全新的歷程中，新知識份子又是如何想像與開創報刊傳媒的言說空間的呢？

一、「公共領域」的中國應用

　　要探討這個問題不得不先來關注「公共領域」這一概念。「公共領域」

﹝註35﹞余英時《中國知識份子的邊緣化》，載《二十一世紀》1991 年 8 月號。
﹝註36﹞胡適《我們對於學生的希望》，歐陽哲生編《胡適文集》（第 11 卷），北京大學出版社，1998 年，第 47 頁。

（public sphere）是德國學者尤根‧哈貝馬斯（Juergen Habermas）著重闡述的一種社會學理論。1961 年，他在《公共領域的結構轉型》一書中將「公共領域」這一名詞概念化了。1964 年，哈貝馬斯更加規範地給出了公共領域的定義：「所謂公共領域，我們首先意指我們的社會生活中的一個領域，某種接近於公眾輿論的東西能夠在其中形成。向所有公民開放這一點得到了保障。在每一次私人聚會、形成公共團體的談話中都有一部分公共領域生成。然後，他們既不像商人和專業人士那樣處理私人事務，也不像某個合法的社會階層的成員那樣服從國家官僚機構的法律限制。當公民們以不受限制的方式進行協商時，他們作爲一個公共團體行事——也就是說，對於涉及公眾利益的事務有聚會、結社的自由和發表意見的自由。在一個大型公共團體中，這種交流需要特殊的手段來傳遞資訊並影響資訊接受者。今天，報紙、雜誌、廣播和電視就是公共領域的媒介。當公共討論涉及與國務活動相關的對象時，我們稱之爲政治的公共領域，以相對於文學的公共領域。」〔註37〕資產階級公共領域是哈貝馬斯著力論述與研究的經典概念，它是一個國家和社會之間的公共空間，作爲介於公共權力領域與私人領域的一部分，立足於不受公共領域管轄的私人領域，卻又跨越個人和家庭的藩籬，致力於公共事務。18 世紀資產階級社會中出現的俱樂部、咖啡館、沙龍、雜誌和報紙，是一個公眾們討論公共問題、自由交往的領域，是一個資產者的公共領域。在這種不受國家或政府干擾的相對自由的空間，公民公眾擁有對公共事務自由發表意見的權利。即公共領域對實現民主有重要的作用，是公共輿論形成的溫床。國家或政府只能爲公共領域的組織活動提供法律擔保和政策保障，祇是公共領域自由空間的提供者。公共領域就社會結構而言，它是介於國家與社會之間並對二者進行調停的領域；就其目的而言，它是藉此形成公共輿論，把社會聲音傳達給國家，從觀念上將政治權威轉變爲理性權威。「公共領域」概念的提出，體現了資產階級的政治理想：建立一個民主的、平等參與的、自由討論的整合社會。哈貝馬斯以下列結構圖來表示資產階級公共領域的基本輪廓：

〔註37〕轉引自展江《哈貝馬斯的「公共領域」理論與傳媒》，載《中國青年政治學院學報》2002 年第 2 期。

哈氏表示資產階級公共領域的基本輪廓的結構圖

私人領域　　　　　　　　　　　　　　　公共权力領域
↓　　　　　　　　　　　　　　　　　　　↓

（商品交换和　　　　　市民社会　　　　　国家
社会劳动領域）　　　　政治公共領域　　　（公安机关）

文学公共領域
（俱乐部、新闻界）

狭小的内心世界　　　　（文化市场　　　　　宮廷
（资产阶级知识分子）　商品市场“城市”）　（王公贵族社会）

　　　將「公共領域」的理論與方法應用於對中國近代社會的研究，是近年來中外學者的一個學術熱點。其中以報刊傳媒爲中心對中國近代社會進行考察，成爲公共領域研究的一項重要內容。哈貝馬斯對公共領域的研究，與之前的眾多學者，如熊彼特（Schumpeter）、布魯納（Brunner）、阿倫特（Aerndt）相比，更加重視報刊傳媒在公共領域建構中的功能，他將報刊稱之爲「公共領域最典型的機制」。〔註38〕哈貝馬斯認爲，具有政治功能的公共領域首先是在18世紀初的英國出現的。17世紀末，新聞檢查制度的廢除標誌著公共領域發展到了一個新的階段，「使得理性批判精神有可能進入報刊，並使報刊變成一種工具，從而把政治決策提交給新的公眾論壇」。〔註39〕哈貝馬斯最推崇的報刊是18世紀初由3位英國作家分別創辦的融新聞、隨感、學術、娛樂等內容爲一爐的三份雜誌：笛福（DanielDefoe，1660～1731）的《評論》（Review），斯蒂爾（Sir Richard Steele，1672～1729）、艾迪生（JosephAddison，1672～1719）的《閒談者》（Tatler）和《旁觀者》（Spectator），尤其是後二者。這種報刊和咖啡館、沙龍等聚會場所構成了在政治上抗衡宮廷文化的文學公共領域（literary public sphere），而文學公共領域又衍生出政治公共領域（political public sphere）。

〔註38〕〔德〕哈貝馬斯《公共領域的結構轉型》，曹衛東等譯，學林出版社，1999年，第210頁。
〔註39〕〔德〕哈貝馬斯《公共領域的結構轉型》，曹衛東等譯，學林出版社，1999年，第68～69頁。

中文世界對「公共領域」的譯介，先是港臺傳播學界，如張錦華的《傳播批判理論》（黎明文化事業公司，1994 年）、翁秀琪的《大眾傳播的理論與實證》（三民書局，1993 年）、杜耀明的《新聞自由：可變的公共空間》（載《明報月刊》1997 年 5 月）等，後是大陸政治與社會學界，主要成果有曹衛東《從「公私分明」到「大公無私」》（載《讀書》1998 年第 6 期）、汪暉、陳燕谷主編《文化與公共性》，（三聯書店，1998 年），曹衛東等譯《公共領域的結構轉型》（學林出版社，1999 年）。〔註 40〕而較早地把哈貝馬斯的「公共領域」運用到中國報刊傳媒領域的是李歐梵教授，他創造性地運用了「公共空間」這一概念以區別與哈貝馬斯的「公共領域」，以此來重新分析晚清以來中國知識份子如何利用報刊雜誌開創新的文化和政治批評的「公共空間」。在《「批評空間」的開創——從〈申報・自由談〉談起》一文中，李歐梵認為中國雖然沒有哈貝馬斯理論中的公民社會，但是並不缺乏「構成公民社會的種種制度上的先決條件」，而且中國晚清以來的報刊的確開闢了一種「公共空間」，其基本特徵是，「它不再是朝廷法令或官場消息的傳達工具，而逐漸演變成為一種官場以外的『社會』聲音」。並且他最終聚焦在民國前後影響最大的一份報紙的批評空間上，認為《申報・自由談》在一個立憲共和與軍閥混戰的歷史縫隙裏形成了一個打上現代烙印的中國的「準批評空間」。〔註 41〕概而言之，李歐梵認為中國的「公共空間」的誕生仍然源自於官方與社會、法令與輿論之間的對峙，體現為不同於官方一元聲音的民間意志的多元化。而現實政治的壓制以及由這種壓制內化成的知識份子的政治迴避最終造成了「公共空間」的變質甚至消失。李歐梵的這一論述成為了近年來在「公共空間」理論下研究有關報刊的典型思路。但也有學者對此提出了質疑，認為這樣的理解從其內部來看，依然包含著一種難以調解的深層矛盾：如果說在近現代報刊中果然存在著中國式的「公共空間」的話，那麼，仍然用國家／（市民）社會、政治／民意這樣西方化的二元對峙模式去理解中國的「公共空間」的內涵，用單一的似乎可以抽取出來的「政治」的寬鬆／嚴酷去解釋「公共空間」的出現、運行與消亡，是否過於簡單了？因為「公共空間」概念「無論從邏輯上還是從歷史上講，西方近代以來逐漸形成的國家／（市

〔註 40〕 參見展江《哈貝馬斯的「公共領域」理論與傳媒》，載《中國青年政治學院學報》2002 年第 2 期。

〔註 41〕 〔美〕李歐梵《「批評空間」的開創》，王曉明主編《批評空間的開創》，東方出版中心，1998 年，第 101～102 頁。

民）社會二元對峙的格局都是其存在的前提，但這種清晰的分化在中國一直沒有出現，反而總是陷於哈貝馬斯所擔心的國家社會化／社會國家化相互混雜的困境之中。〔註42〕但無論如何，現代報刊的興起為知識份子提供了一個前所未有的公共空間，這一空間成為知識份子安身立命的新途，寄託著知識份子的諸多想像。將公共領域概念運用於對中國報刊傳媒的研究，其重心不應偏限於對中國有無哈貝馬斯意義上的公共領域的論證，而要在對比中發現差異性，對於中國而言，即使出現了「公共領域」，也會產生與其歐洲摹本的許多不同，這種差異性恰恰體現了中國公共領域的本土意義與中國特色。實際上，哈貝馬斯本人早已明確強調不能將「公共領域」這一概念同歐洲中世紀市民社會的特殊性隔離開，也不能隨意將其運用到其他具有相似形態的歷史語境中。只有立足於中國的歷史與國情，才能避免對概念的簡單套用。那麼知識份子是如何想像與開創由現代報刊所建構起來的這一公共空間的？這一公共空間又與哈貝馬斯定義中的「公共領域」有什麼差別與不足？新知識份子對公共空間的想像與建構對當前大眾傳媒的言論空間建設又有何啟發意義？正是在這一意義上，對報刊傳媒所開創的公共空間的研究顯示出重要的研究價值。

二、知識份子對公共空間的想像

中國報紙的雛形始於漢唐，時稱邸報，邸報亦稱「雜報」、「朝報」、「條報」，歷代因之，清初改名為《京報》，亦稱《塘報》、《驛報》。除此還有《宮門抄》、《轅門抄》、《諭折彙存》等，刊載皇室動態、官吏陞降以及尋常諭折。清末預備立憲，由政府刊行《政治官報》，後改名《內閣官報》，各省亦各有《官報》。民國成立，又改名《政府公報》，各省亦改名《公報》。至是，官報遂成為國家之制度矣。〔註43〕作為國家制度的官報，是權力機構的傳播工具，其資訊內容與普通民眾的直接關聯不大，採用的是上對下的單向傳播模式，目的在於「收行政統一之效」，是「為遏止人民干預國政，遂造成人民間『不識不知順帝之則』之心理」的行政工具。因此，從現代傳播學的角度來看，官報並不是具有大眾傳媒意義的現代報刊，當然也就談不上公共空間的建設。

在官報一統天下之時，也曾出現過其他的「聲音」試圖與之爭鋒。南宋

〔註42〕董麗敏《文化場域、左翼政治與自由主義——重識〈現代〉雜誌的基本立場》，載《社會科學》2007年第3期。
〔註43〕參見戈公振《中國報學史》，中國新聞出版社，1985年，第20～21頁。

兵部侍郎周麟之所著的《海陵集》中，就錄有《論禁小報》的一篇奏章。奏章中寫道：

> 方陛下頒詔旨，布命令，雷屬風飛之時，不無小人（言壽）張之說，眩惑眾聽。如前日所謂召用舊臣，浮言胥動，莫知從來。臣嘗究其然矣，此皆私得之小報。小報者，出於進奏院，蓋邸吏輩爲之也。比年事有疑似，中外不知，邸吏必竟以小紙書之，飛報遠近，謂之小報。如曰：「今日某人被召，某人罷去，某人遷除。」往往以虛爲實，以無爲有。朝士聞之，則曰：「已有小報矣！」州郡間得之，則曰：「小報到矣！」他人驗之，其說或然或不然。使其然耶，則事涉不密；其不然耶，則何以取信？此於害治，雖若甚微，其實不可不察。臣愚欲望陛下深詔有司，嚴立罪賞，痛行禁止。使朝廷命令，可得而聞，不可得而測；可得而信，不可得而詐。則國體尊而民聽一。〔註44〕

從中可以看出「小報」與「官報」的顯著差異。小報雖然「虛實不定」，但代表著民間立場。雖然「其說或然或不然」，但意味著自由言論。而封建專制追求的是「國體尊而民聽一」的「全能全控」，強調「民可使由，不可使知」的獨裁統治。正因如此，小報被專制統治者認作「眩惑眾聽」的不安定因素，而要「痛行禁止」。古代小報的另一個稱謂是「新聞」，在宋人眼裏小報就是新聞，而發佈朝廷詔書的邸報則不是新聞，新聞意味著自由輿論，而不是朝廷皇帝的傳聲筒。有研究者據此認爲，小報才是中國最早的「新聞」載體。假如不是封建統治階級的強行絞殺，古代知識份子「公共空間」的缺失，文化市場機制還未形成，印刷落後，那麼古代小報很有可能成爲中國近現代報紙的鼻祖。但是，小報與生俱來的善於「眩惑眾聽」的功能，妨害了封建統治者的專制統治，所以自誕生之日起就時時面臨覆滅的危機，始終淪落在非法傳單式「飛報」的境地。〔註45〕早期小報是古代知識份子開創報刊公共空間的一次有益嘗試，它的夭折表明了在專制統治之下建立公共空間的艱難性。

現代報刊興起後，知識份子以報刊爲媒介開始了開創公共空間的艱難探求。知識份子試圖通過報刊的言論空間來實現去塞求通、輿論監督以及開啓民智的歷史重任。對報刊的言論空間的開創過程，也是知識份子對自由、獨

〔註44〕周麟《海陵集》（第 4 卷），轉引自戈公振《中國報學史》，中國新聞出版社，1985 年，第 27 頁。

〔註45〕參見李楠《晚清民國時期上海小報》，人民文學出版社，2006 年，第 19 頁。

立、平等、民主等理想的追求過程。公共空間作爲一個包含著一定理想追求
的價值性範疇，它傳達著知識份子特定的價值期待，體現著知識份子對理想
的想像與探求。首先，知識份子對報刊功能的認識經歷了由「通上下」到「去
塞求通」的過程。中國的早期報刊是作爲維護朝廷統治的工具而加以提倡的，
知識份子對報刊「通上下」的功能的提倡與強調，一方面表明了知識份子對
報刊功能認識上的侷限性，另一方面也是在專制統治下爲現代報刊謀得合法
性的一種策略。太平天國時期，洪仁玕是中國提議創辦近代報刊的第一人，
他在《資政新篇》中提出了報紙具有通上下的功能，29 條革新中的一條即是
「准賣新聞篇」：「要自尊至小，由上而下，權歸於一，內外適均而敷於眾也，
又由眾下達而上位，則上下情通，中無阻塞弄弊者，莫善於准賣新聞篇或設
暗櫃也。」〔註46〕其後的鄭觀應在《盛世危言》中也提出了「通民隱」「達民
情」的觀點，在籲請清政府廣設日報時寫道：「日報館逐日所出新聞，必以一
紙郵寄轂下。其有志切民生、不憚指陳、持論公正、言可施行者，天子則賜
以匾額，以旌直言。禁絕父母官恃勢恫喝，閉塞言路，……如是，則國勢之
無不如日方升。」1874 年，王韜創辦了《循環日報》，爲了謀得報刊的合法性
以見容於朝廷，王韜也反覆強調「上下相通」「民隱得以上達，君惠得以下逮」
〔註47〕的傳播功能：「原夫日報之設創自泰西各國，固所以廣見聞、通上下、
俾利弊灼然無或壅蔽，實有裨於國計民生者也。」〔註 48〕「西國政事，上行
而下達，朝令而夕頒，幾速如影響，而捷同桴鼓。所以然者，有日報爲之郵
傳也。」〔註49〕1895 年，康有爲在「上清帝第二書」中揭露了君主專製造成
的君民相隔的局面：「夫中國之病，首在壅塞，氣鬱生疾，咽塞致死」。在「上
清帝第四書」中，提出了辦報、閱報的建議：「四曰設報達聰。《周官》訓方
誦方，掌誦方慝方志，庶週知天下，意美法良。宜令直省要郡各開報館，州
縣鄉鎮亦令續開，日月進呈，並備數十副本發各衙門公覽，雖鄉校或非宵旰
寡暇，而民隱咸達，官慝皆知。中國百弊，皆由蔽隔，解弊之方，莫良於是」。
其強調的都是「通上下」的功能，與王韜「日報立言，義切尊王」的主張是

〔註46〕黃瑚《中國新聞事業發展史》，復旦大學出版社，2001 年，第 54 頁。
〔註47〕王韜《重民》（下），《弢園文錄外編》，中華書局，1959 年，第 22～23 頁。
〔註48〕王韜《迴圈日報小引》，轉引自夏良才《王韜的近代輿論意識和〈迴圈日報〉
　　　　的創辦》，載《歷史研究》1990 年第 2 期。
〔註49〕王韜《上丁中丞書》，轉引自唐海江《清末政論報刊與民眾動員：一種政治文
　　　　化的視角》，清華大學出版社，2007 年，第 43 頁。

一致的。其實,早期知識份子的論述儘管在具體語言不盡相同,但對報刊「通上下」功能的認識,其落腳點都在「以資聖鑒」、「上呈御覽」。這與封建統治者觀察民隱、補察其政的策略是一致的。周朝既設有采詩制度,據何休《春秋公羊傳》宣公十五年《解詁》記載:「男女有所怨恨,相從而歌。饑者歌其食,勞者歌其事。……故王者不出牖戶,盡知天下所苦,不下堂而知四方。」其目的都在於「廣開言路」「察納雅言」,以避免統治者的偏聽偏信而危害江山社稷。

　　1896年梁啟超在《時務報》上發表文章《論報館有益於國事》,用「喉舌」比喻現代報刊,「喉舌」的概念其實由來已久,尹韻公先生曾在《「喉舌」追考——從〈文心雕龍〉談起》一文中,以翔實的史料考查其古代淵源,認為所謂「出納王命,王之喉舌」,「喉舌」的主要功能在於充當帝王的新聞資訊發言人,所表達出的是喉舌與帝王之間的隸屬關係。〔註 50〕但是,梁啟超的「喉舌」論已發生了改變,他認為「去塞求通,厥道非一,而報館其導端也。無耳目、無喉舌,是曰廢疾。今夫萬國並力,猶比鄰也;齊州之內,猶同室也。比鄰之事而吾不知,其乃同室所為不相聞問,則有耳目而無耳目;上有所措置不能喻之民,下有所苦患不能告之君,則有喉舌而無喉舌:其有助耳目喉舌之用而起天下之廢疾者,則報館之謂也。」〔註51〕表面上看,「喉舌」論指涉的仍然是報刊「通上下」的功能,但是,「喉舌」指誰的喉舌?梁啟超在這裡是語焉不詳的。既可以理解為「君」之喉舌,這樣「上有所措置」方才「能喻之民」;又可以理解為「民」之喉舌,這樣「下有所苦患」方才「能告之君」。實際上,梁啟超流亡日本後,在《清議報敘例》中更為明確指出,《清議報》「為國民之耳目,作維新之喉舌」。在《清議報第一百冊祝辭》中再次表明,「若為報者能以國民最多數之公益為目的,斯可謂真善良之宗旨焉矣。由「君」之喉舌到「民」之喉舌,由維護「君主」轉為維護「國民最多數之公益」,「君」與「民」之間關係的微妙變化顯示出知識份子對報刊功能認識上的重大飛躍。梁啟超以「喉舌」論的提出巧妙地為「民」爭取到了言說的權力,不僅是對古代「言禁」的重大突破,更為之後的監督政府、文人論政埋下了伏筆,從而拓展了報刊傳媒的公共空間。

〔註50〕尹韻公《「喉舌」追考——從〈文心雕龍〉談起》,載《新聞與傳播研究》2003年第 3 期。
〔註51〕梁啟超《論報館有益於國事》,載《時務報》第 1 冊,1896 年 8 月 9 日。

　　其次，「公共輿論」成爲新知識份子實現自身角色的重要依託。楊度（1875～1931）曾有過「輿論即武力」〔註52〕的論說，梁啓超同樣認爲輿論是天地間最大的社會制裁力，報館就是最能反映輿論的機關。戊戌變法失敗後，梁啓超在國外接觸了大量西方社會政治學說和資產階級新聞理論，對報刊的認識有了質的飛躍。1902 年，梁啓超在《新民叢報》上發表了《敬告我同業諸君》一文，明確指出報刊的兩大「天職」：「一曰，對於政府而爲其監督者；二曰，對於國民而爲其嚮導是也。」〔註53〕所謂監督政府，旨在避免政府濫用職權，除立法、司法兩權獨立，政黨對峙之外，「猶慮其力之薄弱也，於是必以輿論爲之後援」。梁啓超把監督之道歸結爲三種——「法律上之監督、宗教上之監督、名譽上之監督」。其中的「名譽上之監督」即指報刊爲主的輿論監督。「名譽監督者，不能如前二者（法律、宗教監督）之使人服從，使人信仰，使人畏憚，然隱然示人曰：爾必當如此，爾必不可如彼」。而且，梁啓超明確指出報紙與政府的關係，「報館者非政府之臣屬，而與政府立於平等之地位者也。不寧惟是，政府受國民之委託，是國民之雇傭也，而報館則代表國民發公意以爲公言也。」對報刊「監督政府」功能的提倡，初步顯露出報刊的獨立性與批判性，爲其後更加充分地發揮報刊公共輿論的作用奠定了基礎。

　　報刊的輿論監督功能與士大夫的參政論政有著本質的區別，它要求知識份子站在民間立場上，獨立自主地運用自由的原則發表政見，以起到監督之責，這就需要同樣具有民間立場的報刊傳媒提供言論空間。從 1905 年起至民國初年，報刊呈現出民間化的趨勢，全國先後共發行報刊計 600 餘種，其中爲清廷所控制的尙不足 10%。民辦報刊辦報人大都沒有官方背景，報館運營以民間資本爲主體，報刊的預想對象也是一般的社會民眾，甚至連印刷、發行都體現了明顯的民間色彩。民報勃興打破了甲午之前官報和外報對報刊傳媒的壟斷，反映了從晚清開始的大眾傳媒的「民間化」趨勢。〔註54〕由此，一種可以有效傳播各種資訊的非官方載體——中國自己的民間報業誕生了。當時較有影響的民辦報紙有《循環日報》、《時務報》、《新民叢報》等，

〔註52〕楊度《金鐵主義說》，載《中國新報》第 4 號，1907 年 5 月 20 日。

〔註53〕梁啓超《敬告我同業諸君》，載《新民叢報》第 17 期，1902 年 10 月

〔註54〕方平《清末上海民間報刊與公眾輿論的表達模式》，載《二十一世紀》2001 年 1 月號。

民辦報刊的相對獨立性，使得它在政治國家之外逐漸開拓出一個新的自主性的社會空間，成爲近代中國知識份子思想表達的自由空間。這一言論空間既爲知識份子提供了「陟罰臧否」的渠道，也培養了新知識份子「以言論政」的傳統。現代報刊作爲社會公共機關，「整個社會透過公共媒體交換意見，從而對問題產生質疑或形成共識」。〔註55〕《民立報》的發刊詞就頗具代表性，充分反映了知識份子將言論作爲救國救民之利器的心態：「是以有獨立之民族，始有獨立之國家。有獨立之國家，始能發生獨立之言論。再推而言之，有獨立之言論，始產獨立之民族，有獨立之民族，始能衛其獨立之國家。言論也，民族也，國家也，相依爲命，此傷則彼虧，彼傾則此不能獨立者也。……使吾國民之義聲，馳於列國，使吾國民之愁聲，達於政府，使吾國民之親愛聲，相接相近於散漫之同胞而團結日固，使吾國民之歎息聲，日消日滅於恐慌之市面。……力求爲正確之言論機關，而已力雖不逮，不敢不勉。」〔註56〕報刊作爲「言論機關」在中國的轉型時代日益發揮出輿論監督的重要影響。1912 年 10 月 22 日，梁啓超在《鄙人對於言論界之過去及將來》中對報刊的「鼓吹之功」給予了高度評價：「去秋武漢起義，不數月而國體丕變，成功之速，殆爲中外古今所未有。南方尙稍煩戰事，若北方則更不勞一兵、不折一矢矣。問其何以能如是？則報館鼓吹之功最高，此天下公言也。世人或以吾國之大，革數千年之帝政，而流血至少，所出代價至薄，詫以爲奇。豈知當軍興前軍興中，哲人畸士之心血沁於報紙中者，云胡可量？」1915 年 9 月 3 日，在袁世凱的復辟野心暴露後，梁啓超不顧威脅、利誘，在《京報》上發表了《異哉所謂國體問題者》，指責籌安會鼓吹帝制，並以大量的篇幅反對變更國體。該文發表後相繼在各大城市的報刊全文轉載，在各派政治力量間引起了強烈的震動，對動員人們反袁產生了廣泛的影響。張勳復辟時，全國許多報刊自動停刊以示抗議，《民國日報》發表《討逆檄》，宣佈張勳成爲民國叛逆，「再有言調和者，國民當以國賊視之」。《中華新報》也疾呼「只有殺開一條血路，再無反顧之勢」。〔註57〕最終，復辟政權僅僅維持了 12 天便宣告失敗。恰如時人所說的「今之所謂輿論，乃最不可恃之一物

〔註55〕汪輝《〈文化與公共性〉導論》，汪輝、陳燕谷主編《文化與公共性》，三聯書店，1998 年，第 39 頁。

〔註56〕《中國萬歲、民立萬歲》載《民立報》1910 年 10 月 11 日。

〔註57〕參見陳廷湘主編《中國現代史》，四川大學出版社，2002 年，第 53 頁。

也」，〔註58〕報刊輿論監督的重大影響由此可見一斑。

再次，公共空間的建立離不開民眾的參與。「公共輿論」的形成不可缺少「閱讀公眾」這一環節，而「天下最普通人占多數，其所知大抵膚淺」，〔註59〕因此，「開啓民智」就成爲是新知識份子爲之努力的一個緊要環節。關於「民智」的重要性，嚴復曾作出過這樣的闡釋，「是故國之強弱貧富治亂者，其民力、民智、民德三者之征驗也，必三者既立而後其政法從之。」如今「民力已票，民智已卑，民德已薄」，「是以今日要政，統於三端：一曰鼓民力，二曰開民智，三曰新民德」，在其中尤以「開民智」最爲緊要。〔註60〕也就是說，只有使民智得到充分的開化，才有可能造就出具備新型道德素養的新民，從而眞正調動起民眾的力量以完成禦敵救亡的大業。那麼如何開啓民智？1899 年，陳子褒在《論報章宜改用淺說》中的主張便極具代表性：「地球各國之衰旺強弱，恒以報紙之多少爲準。民智之開民氣之通塞，每根由此。」〔註61〕通過辦報刊來開啓民智成爲新知識份子的共識。梁啓超就將開啓民智作爲「立言」的宗旨：「若夫立言之宗旨，則仍在瀹牖民智，薰陶民德，發揚民力，務使養成共和法治國國民之資格，此則十八年來初志，且將終身以之者也。」〔註62〕他在醞釀創辦《時務報》時，即與汪康年商議「謂非創一雜誌」「不足以開民智而雪國恥」。〔註63〕創辦《清議報》的宗旨之一爲「以主持清議，開發民智爲主義」。〔註64〕創辦《新民叢報》的目的同樣在於「新民」。

在這樣的背景下，白話報刊作爲開啓民智的一項重要措施而被廣泛提倡。從白話報的創辦宗旨與內容傾向上，我們可以看出現代報刊開啓民智的精神訴求。參見下表：

〔註58〕沈寶瑄《忘山廬日記》（下冊），上海古籍出版社，1983 年，第 1132 頁。

〔註59〕沈寶瑄《忘山廬日記》（下冊），上海古籍出版社，1983 年，第 1133 頁。

〔註60〕嚴復《原強》，王拭編《嚴復集》（第 1 冊），中華書局，1986 年，第 25～27 頁。

〔註61〕韱成文《清末白話文運動資料》，載《近代史資料》總第 31 號，1963 年 12 月。

〔註62〕梁啓超《鄙人對於言論界之過去及將來》，載《庸言》第 1 卷第 1 號，1912 年 10 月 22 日。

〔註63〕丁文江、趙豐田編《梁啓超年譜長編》，上海人民出版社，1983 年，第 52 頁。

〔註64〕《本館改定章程告白》，載《清議報》第 11 冊，1899 年 4 月 10 日。

晚清白話報宗旨一覽表〔註65〕

報刊名刊	發刊時間	宗　　旨
民報	1876 年	「專爲民間所設，故字句俱如常談話。」
白話演義報	1897 年	「中國人想要奮發立志，不吃人虧，必須講究外洋情形、天下大勢，要想講求外洋情形、天下大勢，必須看報。」
蒙學報	1897 年	「連天下心志，使歸於群，宣明聖教，開通固蔽，立法廣說新天下之耳目。」
無錫白話報	1898 年	「取中外之近事，取西政西藝，取外人議論之足以藥石我者」，「俾商者、農者、工者，及童塾子弟，力足以購報者，略能通知中外古今西政西學之足以利天下，爲廣開民智之助」。
啓蒙通俗報	1901 年	「爲中下等人說法，文義淺顯，兼列白話。」
蘇州白話報	1901 年	「開通人家的智識」
智群白話報	1903 年	「開通下等社會，以新理新事又重衍，庶幾掃除腐敗社會惡習，於改良風俗或有補焉。」
紹興白話報	1903 年	「喚起民眾愛國和開通地方風氣」
中國白話報	1903 年	「開明民智」
白話日報	1904 年	「把政治思想愛國感情漸漸的灌入不通文理的腦中，這也是普遍智識的意思」。
吳郡白話報	1904 年	「把各種粗淺的道理學問，理在的時勢，慢慢的講給你們知道。」
福建白話報	1904 年	「鑒於各國比年以來，下等社會受白話文教育者既已著有明效」，發「本省對鄉土之心，以爲地方自治之基礎」。
直隸白話報	1905 年	「開通民智，提倡學術。」
有所謂報	1905 年	「以言論寒異族獨夫之膽，以批評而遞一般民賊之魄，芟政界之荊榛，培民權之萌櫱。」
競業旬報	1906 年	「一振興教育，二提倡民氣，三改良社會，四主張自治。」

　　白話報刊的發達，無疑使受眾範圍隨之擴大，爲開啓民智作出了重要貢獻。而當時轟動一時的《京華日報》，竟然出現了擔夫走卒坐階石讀報的現象，其受歡迎的程度可見一斑。到了「五四」時期，全國大約出版了 170 餘種白

〔註65〕根據陳萬雄著《五四新文化的源流》（三聯書店，1997 年）第 135～155 頁相
　　　關資料整理。參見劉增合《媒介形態與晚清公共領域研究的拓展》，載《近代
　　　史研究》2000 年第 2 期。

話報刊，這之後文言報刊逐漸消失，開始了白話報刊一統天下的歷程。在知識份子的努力倡導下，時人「論普通報紙之天職者，輒曰開通民智也，為輿論之母也」，〔註66〕報刊的教化功能得到空前的強化。

對公共空間的開創過程同時也是知識份子對自身角色定位不斷發展的過程。現代報刊是承載著知識份子夢想的媒介，也是知識份子對自身角色定位的重要依託。直到後來，傅斯年還在致胡適的信中強調「與其入政府，不如組黨；與其組黨，不如辦報。」〔註67〕胡適在晚年的一次演講中，更是明確向聚集在他周圍的讀書人表白說：「究竟誰是有權有勢的人？還是有兵力、有政權的人才可以算有權有勢呢？或者我們這班窮書生、拿筆桿的人也有一點權，也有一點勢呢？」胡適的答案是，「拿筆桿發表思想的人，不要太看輕自己。我們要承認，我們也是有權勢的人。」〔註68〕很顯然，知識份子正是依託言論的力量而成為有影響力的人，即胡適所謂的「有權勢」的人。因此，報刊傳媒所提供的公共空間更是一個包含著理想追求的價值性範疇，傳達著知識份子特定的價值期望。作為介於私人領域和公共權力領域的中間地帶，它是社會意見和思想觀念能夠得以自由表達和交流的社會交往和文化批判領域。因此，知識份子對公共領域的想像與開創蘊含著極大的價值性意蘊，它同對自由、人權、民主的追求一樣，是人類社會為之奮鬥不息的價值理想。

三、中國特色的公共空間

通過以上的分析可以看出，晚清以降知識份子借報刊媒介以言論政，形成公共輿論，以影響社會和大眾，最終開創了公共空間，這與西方公共領域的情況有著大體一致的態勢。但中國近代知識份子開創出的報刊公共領域又不同於哈貝馬斯意義上的公共領域，具有中國的特殊性。在哈貝馬斯看來，公共領域存在的構成必須具備以下三個條件：（1）由私人組成的公眾。他們具有獨立人格，能夠在理性基礎上就普遍利益問題展開辯論；（2）擁有自由交流、充分溝通的媒介。因為媒介是資訊的載體，決定著資訊的流量。單向

〔註66〕胡漢民《近代中國革命報之發達》，楊光輝、熊尚厚、呂良海、李仲明編《中國近代報刊發展概況》，新華出版社，1986 年，第 14 頁。

〔註67〕中國社會科學院近代史研究所中華民國史組編《胡適來往書信選》（下），中華書局，1979 年，第 172 頁。

〔註68〕胡適《容忍與自由》，載《自由中國》第 21 卷第 11 期，1959 年 12 月 1 日。

的非溝通媒體將導致資訊的匱乏和意義的缺失,在此基礎上私人的「獨立」
與「理性」也就失去了意義;(3)能夠就普遍利益問題自由辯論、充分交流,
進行理性批判達成共識,形成公共輿論。這便是形成公共領域的三個支點。
下面便從上述的「形成公共領域的三個條件」入手來考察中國近代報刊媒介
所形成的公共空間的特殊性。

　　首先,對中國的知識份子來說,公共空間的意義不在於能否形成一個市
民社會,雖然知識份子也試圖通過報刊來開啓民智,但它所指向的重心在於
如何強國救民。報刊傳媒所開創的公共空間是作為治國之利器而加以提倡
的,知識份子看重的是報刊的工具性。因此,在中國的公共領域建構中,知
識份子為主導者和主要參與者。新思想在知識份子中的傳播尚且要經歷漫長
而曲折的過程,要使普通民眾瞭解和接受這些思想就更不容易了。從《青年
雜誌》時代的通信欄中也可以看出,當時多數讀者尚不具備與陳獨秀等啓蒙
先驅對話的能力。梁啓超就曾撰文呼籲精英知識份子擔負起引導輿論的重
任,「成為無形之一團體」:「必有少數優異名貴之輩,常為多數國民所敬仰
所矜式,然後其言足以為重於天下,而有力之輿論出焉。夫有力之輿論,實
多數政治成立之大原也。……國中必須有少數優秀名貴之輩,成為無形之一
團體,其在社會上,公認為有一種特別資格,而其人又真與國家同休戚者也,
以之,夫然後信從者眾,而一舉手一投足皆足以為輕重。」〔註 69〕試圖通
過「少數優秀名貴之輩」的輿論影響力以重建社會重心,充分體現出知識份
子參與公共領域時所具有的精英意識。正如許紀霖教授指出的,中國近代公
共領域的形成過程中,由於自身歷史和現實條件的特殊性,「它的參與者,
沒有一個類似歐洲那樣的從市民到公眾的資產階級的身份轉變,從一開始就
是由立志於改革的士大夫來推動的」,「近代中國的公共領域祇是狹隘得多的
士大夫或知識份子的公共領域。」〔註 70〕只有這樣才能理解梁啓超在《輿
論之母與輿論之僕》一文中對知識份子所提出的「五本」與「八德」要求:
「其始也,當為輿論之敵;其繼也,當為輿論之母;其終也,當為輿論之僕。
敵輿論者,破壞時代之事業也;母輿論者,過渡時代之事業也;僕輿論者,

〔註 69〕梁啓超《多數政治之實驗》,《飲冰室文集》(30),臺灣中華書局,1960 年,
　　　　第 35—36 頁。
〔註 70〕許紀霖《近代中國的公共領域:形態、功能與自我理解——以上海為例》,載
　　　　《史林》2003 年第 2 期。

成立時代之事業也」，其重點強調的是過渡時代知識份子的輿論之母的精英地位。

其次，現代報刊所開創的公共空間雖然成爲交流、溝通的渠道，但這一公共空間是有限度的，還遠遠不能達到哈貝馬斯所倡導的「理想的發言狀態」，並不具備平等、理性的討論規則和對話機制。以《時務報》爲例，其由公費訂閱到禁止發行就頗具代表性，充分表明了報刊的言論尺度與權力的容忍度之間的制衡關係，誠如社會學家默頓所言知識份子與政治的蜜月往往是短暫、粗魯和彆扭的，扼殺「異端」思想、文化以及潛在的「腐蝕性」輿論是歷代封建王朝始終如一的政治觀念。戊戌之前，清廷嚴禁報章傳播，蠻橫地封鎖大眾輿論。新政期間，雖然允許「庶政公諸輿論」，承認了報刊的合法地位，但卻以各種法規進行壓制。在清末預備立憲期間，清廷相繼製定了五個管理報刊的法規，即《大清印刷物專律》（1906 年）、《報章應守規則》（1906年）、《報館暫行條規》（1907 年）、《大清報律》（1908 年）和《欽定報律》（1911年），試圖整飭輿論領域的失範現象。因此，中國知識份子從報刊誕生之日起就肩負著爲爭取公共空間而戰的歷史使命，對自由、獨立的追求貫穿公共空間的建設過程始終。早在 1901 年，梁啓超便發表文章指出「思想自由、言論自由、出版自由，此三大自由者，實維一切文明之母」。其中，「言論自由、出版自由，爲一切自由之保障」，〔註71〕「報館者即據言論、出版兩自由，以翼行監督政府之天職者也。」他認爲只有新聞媒介擁有言論和出版自由，才能有效地履行它的職能。1902 年，梁啓超在《新民說》中再次強調「獨立之精神」：「凡一國之能立於世界，必有其國民獨具之特質，上自道德法律，下至風俗習慣，文學藝術，皆有一種獨立之精神，祖父傳之，子孫繼之，然後群乃結，國乃成，斯實民族主義之根柢源泉也。」〔註72〕梁啓超作爲先覺者，其對自由與獨立的呼喚與追求爲近現代報刊的發展豎起了一面旗幟。但是，梁啓超在提出自由、獨立的同時也強調要以「服從制裁」爲前提，他認爲報紙的一切報導和批評，必須在服從制裁的前提下進行，「服從之點有三：一曰服從公理，二曰服從本群所自定法律之法律，三曰服從多數之決議」。「五四」知識份子繼承並發展了梁啓超的自由觀。他們從不同的角度在不同的領域對

〔註71〕梁啓超《十種德性相反相成義》，李華興、吳嘉勳主編《梁啓超選集》，上海
　　　　人民出版社，1984 年，第 159 頁。
〔註72〕梁啓超《新民說》，載《新民叢報》第 1 號，1902 年 2 月 8 日。

自由加以宣揚。李大釗認爲,「自由爲人類生存必需之要求,無自由則無生存之價值」。〔註73〕陳獨秀更認爲,「解放」就是「自由的別名」;〔註74〕「學術上破除迷信,思想自由」是歐美文明進化的一個根本原因,中國如果不解決這個問題「將何以求適二十世紀之生存」。〔註75〕「五四」期間訪問中國的杜威在給女兒的信中這樣寫道:「一位曾對五十種學生報紙作過仔細研究的朋友說,這些報紙的第一個特點是有大量的問號,第二個特點是要求言論自由,以便能夠找出這些問題的答案。在一個信仰既定權威的教條、又是使人感覺滿足的國家裏,這種提出疑問的熱潮,預示著一個新時代的到來。」〔註 76〕正是知識份子這種不畏強權,力爭獨立自由的精神,爲報刊公共空間的開拓鋪平了道路。

最後,中國特色的公共空間與哈貝馬斯意義上的公共領域不同,它不是一個從文學公共領域逐漸轉變爲與政治公共領域融合的過程,而是從一開始就表現出明顯的政治性質,旨在建立一個直接體現政治功能的公共空間。「在近代中國,由於公共領域的建構直接與救亡和變革這些政治問題相關,因此,致力於公共領域建構的新型士大夫,不是以文學而是直接以政治作爲中介聚集起來。其討論的主體,不是所謂公共的文學藝術問題,而是民族國家的建構和傳統制度的改革。中國的公共領域,從一開始就表現出明顯的政治性質」。〔註77〕到了「五四」時期,知識份子雖然能提出「二十年不談政治」,但其仍然以政治爲旨歸,即「要在思想文化上爲中國政治的變革奠定革新的基礎」,試圖藉文化與道德以形成「政治秩序」。林毓生先生闡述了「藉思想文化以解決社會根本問題」的著名論點,認爲受一元論和唯智論思想模式影響的中國知識份子,與那些強調政治權力、社會條件或經濟生產方式的社會改革理論相比,更強調思想和文化改革應優先於政治、社會和經濟的改革,其中包含的基本信念是:文化改革

〔註73〕李大釗《李大釗文集》(上冊),人民出版社,1984 年,第 244 頁。

〔註74〕陳獨秀《解放》,載《新青年》第 7 卷第 2 號,1920 年 1 月 1 日。

〔註75〕陳獨秀《袁世凱復活》,載《新青年》第 2 卷第 4 號,1916 年 12 月 1 日。陳獨秀不僅主張言論自由,而且強調其不應受法律限制。他認爲「法律只應拘束人民的行爲,不應拘束人民的言論。因爲言論要有逾越現行法律以外的絕對自由,才能發現文明的弊端,現在法律的缺點。言論自由若要受法律的限制,那便不自由了」。

〔註76〕轉引自〔美〕周策縱《五四運動:現代中國的思想革命》,周子平等譯,江蘇人民出版社,1996 年,第 186 頁。

〔註77〕許紀霖《中國早期現代化中的公共領域》,載《光明日報》2003 年 1 月 21 日。

爲其他一切必要變革的基礎。〔註78〕實際上,「五四」知識份子的「言論事業」往往彷徨於政治與學術之間,其中不乏「講學復議政」的魚與熊掌兼得的心理,但眞正能實現「在學言學」、以學問爲目的的卻是鳳毛麟角,因爲「彼時,以中國之大,卻放不下一張書桌」。〔註79〕

　　轉型時代是一個探索的時代,也是一個爭鳴的時代。對於社會改造與中國出路的問題,知識份子的認識並不一致,這就必然出現各種社會思想並存、相互影響的複雜局面,知識份子間學說競起、百家爭鳴。康有爲說「思開風氣,開知識,非合大群不可,且必合大群而後力厚也」。〔註80〕梁啓超說,「群者,天下之公理也」,「所以生而不滅存而不毀者,則咸恃合群爲第一義」。〔註81〕「群」的概念「暗示著政治參與具有促進群體凝聚力的作用。」〔註82〕在對報刊傳媒公共空間的想像與開創中,知識份子們充分顯示出了「群體」的力量,他們獻智獻策、群策群力,他們的思想與言論成爲中國救亡圖存乃至富強振興的依據與希望。雖然新知識份子對公共領域的想像還不乏烏托邦色彩,但這種理想境界作爲一種終極目標,卻爲知識份子指明了努力的方向,即對個人意願表達自由的崇尙和對個人意志、利益的尊重。余英時先生曾將新知識份子的成績歸因爲「過渡階段的落日餘暉」,〔註83〕實則從其對報刊公共空間的想像與開創而言,這一時期的新知識份子更像初升的「旭日」,其微露的光芒鼓舞了其後的知識份子,其對未來的種種想像所描繪出的理想的烏托邦,成爲其後幾代知識份子爲之不斷奮鬥的動力與目標。

第三節　衆聲喧嘩的「五四」報刊通信欄

　　通信欄作爲「五四」報刊中的一個特色欄目正是新知識份子對言論空間

〔註78〕林毓生《中國意識的危機》,穆善培譯,貴州人民出版社,1988 年,第 45～51 頁。
〔註79〕閭小波《南學會：空間、結構、功能及影響——讀〈中國近百年政治史〉（1840—1926）》,載《中國圖書評論》2006 年第 10 期。
〔註80〕樓宇烈整理《康南海自編年譜》,中華書局,1992 年,第 29 頁。
〔註81〕梁啓超《說群一：群理一》,載《梁啓超全集》（第一冊）,北京出版社,1999 年,第 93～94 頁。
〔註82〕〔美〕張灝《梁啓超與中國思想的過渡（1890～1907）》,崔志海、葛夫平譯,江蘇人民出版社,1995 年,第 58 頁。
〔註83〕余英時《中國知識份子的邊緣化》,載《二十一世紀》1991 年 8 月號。

的想像與開創的一個縮影。梁啓超曾撰文討論辦報的四條原則,首要的一條即爲「宗旨定而高」,報館宗旨既不爲謀私利、媚權貴,也不爲悅市人,而應「以熱誠慧眼,注定一最高宗旨而守之」,這就是「以國民最多數之公益爲目的」。〔註84〕通信欄的設置,同樣有「定而高」的宗旨,概而言之,就是開創一個開放、自由、多元的言論空間。通信欄不僅爲普通讀者搭建起了言論的平臺,而且成爲知識份子間交流思想、展開討論的舞臺,成爲報刊傳媒所建構的言論空間中的一個更爲開放、自由、多元的言論空間。某種意義上,通信欄的開闢承載著知識份子對言論空間建構的諸多想像,是知識份子將想像付諸實踐的一個試驗場。

一、「不分等級的論述空間」

公共領域的形成離不開「普遍開放的原則」,如哈貝馬斯所言,「把某個特殊集團完全排除在外的公共領域不僅是不完整的,而且根本就不算是公共領域」。〔註85〕公共領域的形成需要一個對盡可能多的人開放的論壇,使之可以在其間表達和交流多種多樣的社會經驗。通信欄的獨特之處正在於它的這種開放性,它給社外的普通讀者提供了參與的機會與可能。作爲一種特殊的報刊專欄,通信欄力圖成爲溝通讀者、作者與編者的橋梁,起到傳達資訊並進行交流的作用。在這裡,媒介體現出一種主體性,即通過通信這一欄目形式營造出了一個「不分等級的論述空間」。〔註86〕在通信欄中有既有文學主將們學理化的觀點發佈,又爲普通讀者提供機會,使他們可以發出自己的聲音,在公共領域中提出自己相對感性、膚淺的疑問和看法。於是在通信欄這個「不分等級的論述空間」中,不同的社會群體在原則上都有了發言的機會,共同探討各種問題,推動社會的進步和發展。

首先,降低「門檻」,實現跨階層傳播。通信欄的編者大多是精英知識份子,普通讀者很難有與其進行對話的機會,但是通信欄的開闢使不同層次的社會群體有了交流的平臺。「《甲寅》能吸引那麼多之前藉藉無名的邊緣知

〔註84〕 梁啓超《本館第一百冊祝辭並論報館之責任及本館之經歷》,載《清議報》1910年 12 月。

〔註85〕 〔德〕哈貝馬斯《公共領域的結構轉型》,曹衛東等譯,學林出版社,1999年,第 94 頁。

〔註86〕 〔美〕李歐梵《未完成的現代性》,北京大學出版社,2005 年,第 29 頁。

識份子，跟它降低發言門檻從而使討論全面深入地開展有極大的關係。」〔註87〕《甲寅》之前的政論雜誌，大抵祗是多篇論文的結集，編者、作者、讀者之間很少有互動的空間，「通訊」欄的開設，針對讀者來信、社外來稿和不同意見的文章，章士釗不僅親自作覆對來函來文加以評說，而且往往在內容上加以引申以表明自己的觀點，這些回覆長達數百字，有的竟長達數千字，有效地促進了討論的深入展開。當然，很多讀者還不具備與精英知識份子對話的能力，因此通信欄在開辦之初，多數讀者都是以學生的身份向編者請教、諮詢。以《新青年》為例，在開辦之初，雖然不少讀者的諮詢尚顯幼稚，但真實地記錄下了資訊跨階層溝通的初始狀態。編者對讀者的提問不厭其煩、耐心解答，真正做到社告中所宣告的「本誌當儘其所知，用以奉答」。如第1卷第6號中讀者輝暹提出的六個問題：一、吸灰塵有何害於衛生？二、常見人顏色鮮豔而有血色，頗為可愛，此果何法使之然歟？三、手指足趾上使爪因何自行脫落？四、異族結婚，後嗣多慧健，究為何故？五、運動後不即入浴乃防何種危險？六、現時各種體操繁多，究以何種於身體之康健上為最適當，可否請示其法？〔註88〕對於這樣的問題，編者卻洋洋灑灑不吝篇幅一一回答，十分詳盡。編者的認真回答，具有重要的示範意義，極大地鼓勵了讀者的參與，培養了讀者與報刊之間的互動。如《新青年》的讀者李平，第1卷第2號上他來信詢問上海的法文學校一事，順便提及克魯泡特金的《互助》。陳獨秀就在回信裏用了不少篇幅引經據典地比較克魯泡特金的「互助論」與達爾文的「競爭論」之異同。李平不禁稱讚道：「諄諄不倦，足見記者之熱心教誨。」李平在此後也成為頻頻光顧「通信」欄的「老顧客」。這樣的互動方式，對讀者充滿了吸引力，也使通信欄成為充滿活力的啟蒙場。有研究者對早期報刊的重大影響做了這樣的評價：它們向中國傳播西學，介紹西方國家的社會、政治與歷史，內容包括總統選舉、議院召開和文化教育。這對於長期處於封建思想禁錮之中的中國人士來說，恍如在一漆黑的暗室中開啟了一扇窗戶。〔註89〕某種意義上，通信欄就是「漆黑的暗室中」開啟的「一扇窗戶」，普通大眾作為讀者也開始對自己感興趣的話題進行討論。

　　其次，由「質析疑難」到「發抒意見」。《新青年》的創刊號中即指出「本

〔註87〕楊早《〈甲寅〉——過渡者》，載《中華讀書報》2006年2月15日。
〔註88〕輝暹致記者，「通信」欄，載《青年雜誌》第1卷6號，1916年2月15日。
〔註89〕陳玉申《晚清報業史》，山東畫報出版社，2003年，第12頁。

誌特闢通信一門，以爲質析疑難發抒意見之用」，〔註90〕從中可以看出，通信欄的欄目功能定位在於「質析疑難」和「發抒意見」兩個方面。但是在通信欄的開設之初，讀者來信多以諮詢爲主，明顯侷限於「質析疑難」方面。通信欄這個言論空間的存在無疑不是僅僅爲了就讀書、上學這些私人事務交換資訊的，更是爲了對人們共同關心的公共話題展開討論，以期「眞理愈辯而愈明」。魯迅的態度就很有代表性，他認爲「《新青年》裏的通信，現在頗覺發達，讀者也愛看。但據我個人意見，以爲還可以酌減：只須將誠懇切實的討論，按期登載；其他不負責任的隨口批評，沒有常識的問難，至多只要答他一回，此後便不必多說，省出紙墨，移作別用。」〔註91〕於是《新青年》從第 2 卷開始就發表聲明，「以後如有析理辯難之文見賜，必當照錄，以資討論，否則無取焉。」〔註92〕《小說月報》中的一則啓事同樣是針對通信內容而言的：「本刊通信欄原爲交換編者與讀者間，讀者與讀者間的意見而設。近來接讀者來信，有問某部書的出版處，或文學上某某主義作何解的，都要求在通信欄答覆；我們覺得此種通信並非各表一個見解，沒有給第三者看的必要，所以都另行專函奉答，不再排入通信欄裏了，特此聲明，並請通信者原諒。」〔註93〕這則啓事明確表示，通信欄的設置目的是爲了交換「意見」，通信中應「各表一個見解」並且要有「給第三者看的必要」。而那些質析疑難的通信則「另行專函奉答」，「不再排入通信欄裏」。因此，在編者的大力倡導下，「通信」的性質也發生了很大的變化，事務諮詢類來信越來越少，而各種討論性質的通信大量出現，佔據了「通信」的主導。使「通信」欄目的功能開始由「質析疑難」向「發抒意見」轉型，眞正成爲「不分等級的論述空間」。

二、「思想的自由市場」

英國政治家、詩人密爾頓（John Milton，1608～1674）在《論出版自由》中提出了「思想的自由市場」的概念，他認爲讓一切思想都公開地表達出來，眞理必定會在思想的自由市場上擊敗謬誤。「思想自由」也是「五四」新文化運動中提出的著名口號，是「五四」精神的優良傳統之一。陳獨秀特別強調反對

〔註90〕「社告」，載《青年雜誌》第 1 卷第 1 號，1915 年 9 月 15 日。
〔註91〕唐俟（魯迅）《渡河與引路》，「通信」欄，載《新青年》第 5 卷第 5 號，1918 年 11 月 15 日。
〔註92〕「社告」，載《新青年》第 2 卷第 1 號，1916 年 9 月 1 日。
〔註93〕「最後一頁」，載《小說月報》第 13 卷第 8 號，1922 年 8 月 10 日。

思想言論上的「獨尊一術」，以保證思想文化的自由發展，他在回答讀者對佛法的詢問時說道：「第以爲人類進化，猶在中途，未敢馳想未來以薄現在，亦猶之不敢厚古以非今。故於世界一切宗教，悉懷尊敬之心，若夫迷信一端，謂爲圓滿，不容置議，窒思想之自由，阻人類之進化，則期期以爲未可」〔註94〕之後在回覆讀者吳虞關於孔教的相關問題時又進一步論述道：「竊以無論何種學派，均不能定爲一尊，以阻礙思想文化之自由發展。況儒術孔道，非無優點，而缺點正多。尤與近世文明社會絕不相容者，其一貫倫理政治之綱常階級說也。」〔註95〕在這方面通信欄顯示出較之其他欄目更爲自由的特徵。

首先，通信欄中的內容相對無所限制，通信者之間可以暢所欲言。《民立報》曾爲「投函」欄專門刊登了一則「特別廣告」：「記者觀歐美大報，每日所登函件及專論，有多至數十通者，必如此方足以稱輿論之機關。本報不量其力，頗復以此爲鵠，而尤願出其意見與讀者痛加討論，諸君子如有關於政治、法律、宗教、教育、文學種種之高見或疑問，務希不吝金玉，使本報有所聞知。」〔註96〕這則「特別廣告」不僅明確表示願意與讀者展開討論，而且顯示出討論內容的開放性，即關於政治、法律、宗教、教育、文學種種皆可在欄目中進行討論，「必如此方足以稱輿論之機關」。因此，報刊通信欄中的內容十分豐富，既有對當時最熱門的新文化運動的討論，又有對政局的看法，還包括一些生活瑣事、內心感悟的抒發，甚至一些相對敏感的、其他欄目不方便說的話都可以在通信欄中發表。如《現代評論》的「通信」欄中一個四川讀者就在信中披露了四川人過的「古今中外未曾有的那樣慘無人理的日子」：「現有好幾縣米賣十四五塊大洋錢一斗，中人以下的家沒有不吃草根樹皮的，老年，幼童隨時死亡相繼，那一種屍骨狼藉，餓莩載道的慘痛情形，簡直非我這一支禿筆，幾滴淡墨可以形容得出的。……我們基江縣……因爲連年遭兵，少壯失業；生產一天少似一天；物價一天貴似一天；富人窮了，窮人更一天多似一天……胡憨的戰爭才完，四川又發生倒楊的戰爭。到底中國人是吃飯過日子呢？還是打仗過日子呢？」〔註97〕該信以自身的經歷控訴

〔註94〕獨秀復李大釗，「通信」欄，載《青年雜誌》第 1 卷第 3 號，1915 年 11 月 15 日。

〔註95〕獨秀復吳虞，「通信」欄，載《新青年》第 2 卷第 5 號，1917 年 1 月 1 日。

〔註96〕「編輯部緊要告白」，載《民立報》1912 年 5 月 20 日。

〔註97〕仲琍《一個四川人的通信》，「通信」欄，載《現代評論》第 1 卷第 21 期，1925 年 5 月 2 日。

了軍閥混戰所造成的生靈塗炭的慘狀，這樣的言論尺度在當時報刊的正式文章中是極爲少見的。《新青年》「通信」欄中，編者在回覆讀者的來信時曾引申道「惟舉國上下，不許吾人以言論之自由，心知之而已，莫能吐也，希足下諒之。」〔註98〕《現代》「社中談座」欄中編者在回答讀者的來信時同樣借機說道：「在目前這情勢下，有些文章是不得不含蓄，到並不是故意賣弄機關以圖欺騙讀者。寫文章而不會含蓄，在今日之下所可能遭到的運命，想來你也不至於完全不知道吧。」〔註99〕寫文章不得不含蓄，在通信欄中卻可以直言不諱道出個中曲折，這就是通信欄的特殊之處。總體說來，通信欄中討論的內容涵蓋了政治、法制、思想論、經濟、文教、軍事、國際及社會等各個方面，而且基本上每通書信都言之有物，要麼是諮詢，要麼是討論，要麼是質疑，羅曼‧羅蘭在《貝多芬傳》的序言中寫道：「打開窗子吧，讓自由流通的空氣吹送進來！」〔註100〕通信欄爲讀者開啓的就是這樣的窗子，逐漸營造了一個相對自由的對話空間。

其次，通信欄使很多不成熟的想法得以發表，較之發表正式文章的欄目，通信欄相對無需冷靜的判斷和周密的思考，使讀者敢於將自己的「淺見」公之於眾。很多讀者都在通信中表示「隨便寫的實在是『拉雜』得很。還請你們見諒。至於所說的話，也不敢以爲是沒些「瑕疵」，而且必有許多不合的地方。」〔註101〕胡適在《獨立評論》的創刊「引言」中曾說道：「我們幾個人的知識見解是很有限的，我們的判斷主張是難免錯誤的。我們很誠懇的請求社會的批評，並且歡迎各方面的投稿。」〔註102〕事實上，通信欄中的很多來信者都不是專家學者，對普通讀者而言，只要自認爲有一得之見，即使對問題衹是一知半解同樣有機會在通信欄中一試身手，誠如林語堂所言「凡人至要能把自己的偏見充分誠意地表示，都是有價值」。〔註103〕基於這樣的心理預期，發言者對於自己發表在通信欄中的意見往往更加寬容，在被他人批評或受到指責時，很少有像

〔註98〕獨秀復李平，「通信」欄，載《新青年》第 1 卷第 3 號，1915 年 11 月 15 日。
〔註99〕編者，「社中談座」欄，載《現代》第 3 卷第 6 期，1933 年 10 月 1 日。
〔註100〕〔法〕羅曼‧羅蘭《〈貝多芬傳〉‧序》，《貝多芬傳》，傅雷譯，人民音樂出版社，1978 年，第 1 頁。
〔註101〕劍三致范煜璦、李樹峻，「通信」欄，載《曙光》第 1 卷第 1 期，1919 年 11 月 1 日。
〔註102〕《引言》載《獨立評論》第 1 號，1932 年 5 月 22 日。
〔註103〕林語堂《插論〈語絲〉的文體——穩健、罵人及費厄潑賴》，載《語絲》第 57 期，1925 年 12 月 14 日。

後期那樣勃然大怒的情況。而且這一時期的陳獨秀、胡適、錢玄同等人還會在通信中主動進行自我檢討。〔註104〕而正是這些「拉雜」不成體系的討論和評點，為更深入的理論研究積累了充足的素材。知識份子們往往從這些「拉雜」的通信中吸取靈感來修正自己的意見，或將他們在通信欄中發表的意見加以整理寫成正式的論文，詳見第六章第二節的相關論述。

三、「不好同惡異」

　　世界的本質是「多」，而不是「一」，根本不存在神聖的「同一性權威」，因此，必須消解「同一性權威」的絕對專制，才能讓「差異性」獲得發展的空間。「迫使一個意見不能發表的特殊罪惡乃在於它是對整個人類的掠奪，對後代和現存的一代都是一樣，對不同於那個意見的人甚至更甚。假如那意見是對的，那麼他們是被剝奪了以錯誤換真理的機會；假如那意見是錯的，那麼他們失掉了一個差不多同樣大的利益，那就是真理與錯誤衝突中產生出來的對於真理的更加清楚地認識和更加生動的印象。」〔註105〕言論自由與意見的多元性是言論空間建構的必要條件。《甲寅》創刊啟事中就明確說明「與日主張，寧言商榷」，〔註106〕在《政本》一文中章士釗再次申明「為政有本，本何在？曰在有容。何謂有容？曰不好同惡異。」〔註107〕對此，著名教育家楊昌濟在日記中讚譽有加：「秋桐以好同惡異為社會種種罪惡之原因，大有所見。人不可不尊重自己之言論自由，又不可不尊重他人之言論自由。」〔註108〕通信欄的開設正是不好同惡異的多元思想的集中體現。蔡元培主持北大時曾提出了「相容並包」的辦學方針，他提倡學術民主，主張不論什麼學派，只要持之有故，言之有理，就應允許其存在；不同主張的教員，無分新舊，應允許其自由講學，讓學生自由進行鑒別和選擇。認為教學內容要「古今中外」，甚至增加了戲曲、小說等課程，在教師的選擇上更是不拘一格，惟才是舉。〔註109〕顧頡剛在後來回憶到「那時北

〔註104〕李憲瑜《「公眾論壇」與「自己的園地」──〈新青年〉雜誌「通信」欄》，載《中國現代文學研究叢刊》2002年第3期。

〔註105〕〔英〕密爾《論自由》，程崇華譯，商務印書館，1959年，第17頁。

〔註106〕《啟事》，載《甲寅》第1號，1914年5月10日。

〔註107〕章士釗《政本》，載《甲寅》第1號，1914年5月10日。

〔註108〕楊昌濟《達化齋日記》，轉引自章清《近代中國對「公」與「公共」的表達》，載《知識份子論叢》2003年第1輯。

〔註109〕曾長秋《論蔡元培的教育改革思想》，載《周口師範學院學報》2004年第4期。

大不但聘請左派和激進派人士李大釗、陳獨秀當教授，請西服革履的章士釗、胡適當教授，還聘請穿馬褂、拖著一條長辮的復辟派人物辜鴻銘來教英國文學，甚至連讚助袁世凱稱帝的籌安會發起人之一的劉師培，也登上了北大教壇。」〔註110〕報刊通信欄同樣試圖顯示出這樣的「相容並包」的多元風貌。

「本刊同人，不認本刊爲本刊同人之論壇，而認爲同人及同人的朋友與讀者的公共論壇」，〔註111〕正如《現代評論》的《本刊啓事》中所強調的，報刊的通信欄既是知識份子對讀者進行啓蒙的空間，又是知識份子之間進行討論、論爭的空間。或者說，正是在通信欄中知識份子完成了兩種啓蒙，即啓蒙與自我啓蒙。以《新青年》爲例，同一期的通信欄中，既有普通讀者的諮詢、請教、質疑、討論，又有精英知識份子間的商榷、爭鳴，很多問題都是通過知識份子之間的多重對話來展開探討的。因此，有學者認爲，「五四」時期沒有偶像，沒有權威，沒有「霸權話語」，〔註112〕中國的現代性不可能只從一個精英的觀點來看待，精英只能登高一呼，至於社群共同的想像，其風貌和內容不可能是一兩個人建立起來的，需要無數人的努力。〔註113〕新文化運動作爲一場偉大的思想啓蒙運動，決不是少數文化精英自上而下的先知式的教導，而是一個在對話中互動的過程，而通信欄正是這一互動過程的集中體現。

陳獨秀曾強調「無論新舊何種思想，他自身本沒有什麼罪惡」，〔註114〕這種對思想言論相容的態度，在通信欄中得到充分體現。對於不同意見，編者無論贊同與否，均在欄目中留有一席之地，而在同期報刊同一欄目的相近位置上刊登兩篇甚至多篇意見相左的通信，其用意就在於讓讀者充分發揮主觀能動性，最大程度地對文本進行解讀。公共空間的理想狀態應該是「共同世界藉此呈現自身的無數觀點和方面的同時在場，而對於這些觀點和方面，人們是不可能設計出一套共同的測量方面和評判的標準的。……被他人看見和聽見的意義在於，每個人都是占在一個不同的位置上來看和聽的。這就是公共生活的意義。」〔註115〕通信欄的開闢正是爲多元觀點的並存提供了討論甚至論爭的言論空

〔註110〕顧頡剛《蔡元培先生與五四運動》，全國政協文史資料委員會編《從辛亥革命到北伐戰爭》，安徽人民出版社，2000 年，第 483 頁。

〔註111〕《本刊啓事》，載《現代評論》第 1 卷第 1 期，1924 年 12 月 13 日。

〔註112〕林賢治《五四之魂（上）》，載《書屋》1999 年第 5 期。

〔註113〕〔美〕李歐梵《晚清文化、文學與現代性》，《中國現代文學與現代性十講》，復旦大學出版社，2002 年，第 13 頁。

〔註114〕陳獨秀《舊黨的罪惡》，載《每周評論》1919 年 3 月 2 日。

〔註115〕漢娜・阿倫特《公共領域和私人領域》，汪暉、陳燕谷主編《文化與公共性》，

間，如《新青年》第 5 卷第 1 號和第 6 卷第 4 號「通信」欄中，就如實刊登了
直言批評《新青年》「如潑婦罵街」、「似不容人以討論」的霸道作風的汪懋祖和
藍公武的兩封來信，對這些刺耳聲音的發表本身就顯示出欄目的多元性。人類
的習慣總是喜同而惡異的，對與自己不同的信仰、思想和行爲往往會表示出厭
惡，加之每個人都深信自己是不會錯的，所以就更不能容忍任何和自己不同的
思想信仰了。胡適認爲這就是不容忍的根源，「一切對異端的迫害，一切對『異
己』的摧殘，一切宗教自由的禁止，一切思想言論的被壓迫，都由於這一點深
信自己是不會錯的心理。」〔註 116〕因此，胡適極力強調「容忍」，並認爲容忍
是一切自由的根本，沒有容忍就沒有自由。通信欄的開設正是「容忍」的一種
體現，不好同惡異，展示多元的思想與觀點。

　　法國作家蒙田（Michel.de.Montaigne，1533～1592）曾經說過「我們要保
留一個完全屬於我們自己的自由空間，猶如店鋪的後間，建立起我們眞正的
自由，和最最重要的隱逸和清靜」，〔註 117〕通信欄正是報刊中的一個自由的「後
間」，寄託著知識份子對言論空間的想像與建構。

　　　　三聯書店，1988 年，第 88 頁。
〔註 116〕胡適《容忍與自由》，載《自由中國》第 20 卷第 6 期，1959 年 3 月 16 日。
〔註 117〕〔法〕蒙田《一個正直的人》，《蒙田隨筆全集》（上），潘麗珍等譯，譯林出
　　　　版社，1996 年，第 11 頁。

第二章　通信欄的歷史與沿革

　　通信欄的開設發端於清末民初，特別是章士釗主持的《甲寅》「通訊」欄成為《新青年》「通信」欄的「先聲」，也為「五四」報刊通信欄的發展提供了諸多有益的啓發，但總體上，晚清民初的通信欄還沒有形成固定的專欄，也不具備對話與交流的欄目特徵。「五四」時期通信欄獲得繁榮發展，幾乎所有重要的報刊都先後開設了通信欄，繁榮發達的報刊通信欄成為「五四」時期的一大文化現象。歷經「五四」時期的巔峰發展，通信欄在上個世紀的三四十年代隨著思想文化空間的萎縮而漸趨衰微。建國以來，通信欄經歷了文革時期的沉寂後逐漸復興，並自 1990 年代以來呈現出多元發展的態勢。通過對報刊通信欄發展歷程的梳理，可以看出政治文化對其產生的潛移默化的導向作用，報刊通信欄的發展離不開寬鬆的政治文化環境，某種意義上，通信欄的盛衰發展直接見證著一個時代的思想文化的發展水平與開放程度。

第一節　通信欄的發端

　　1815 年 8 月 5 日，最早的中文近代報刊《察世俗每月統計傳》問世。主編米憐因將該月刊作為傳教的手段，所以非常重視讀者的反應。1819 年 6 月米憐發表了題為《釋疑篇》的文章：

> 釋疑篇
>
> 此察世俗書今已四年分散於中國幾省人民中，又於口外安南、暹羅、加拉巴、甲地等國唐人之間，蓋印而分送與人看者，三萬有餘本，又另所送各樣書亦不為不多矣。

> 但看此各書之人雖非少,然在內中未免有難明白所講之道理者,或
> 因從前未聽此道理,或因書文有些不順,或因所看的書本不過是講
> 一條理之半,而講那半的書本未曾看見,所以有疑狐不能解,因此
> 愚今想做此釋疑之篇,或每月或凡有人告疑的時候,而就盡心解釋
> 一二。因自由不得多出門,無閒與人民交接,所以人間所有疑狐我
> 自不知之,故此今求各大名之師相助。在遠者可細說自己之疑,或
> 所看於愚人中之疑,而寫書信寄來;在近者有疑,可隨便親口來說,
> 或書信來說,均好。我曾蒙一位有名之師應許如此行,必爲功德不
> 少也。但今雖只說名師然亦願凡爲書者無論彼此,都說出心裏之,
> 我自必該當盡力。求大家相助予之不及也。〔註1〕

文中米憐表示,讀者或者由於初次接觸書中的道理,或者由於書中的文字不
夠通暢,或者因爲只看《察世俗每月統計傳》某冊而未看到另一冊,往往會
產生各種疑問,爲了讓讀者進一步瞭解書中的內容,他建議遠地讀者可寫信
給他,附近的讀者或者直接「親口來問」或者「寫信來說」,他都將給予詳盡
的答覆。米憐在實際行動上也確實做到了上述承諾,在報刊上逐一回答讀者
的詢問,如《釋疑篇》中的讀者提問(「第一疑」與「第二疑」)及回答。這
可以算是報刊通信欄草創期的一個小插曲。

一、通信欄設置情況

　　總體說來,晚清至民初時期的通信欄尚未形成固定的欄目,主要表現在
以下兩個方面:第一,欄目特徵不明顯。這一時期的通信欄名稱各異,如下
表所示,尚未形成統一的名稱。而且,這些欄目大多不固定,尚未形成專欄。

清末民初部分報刊通信欄設置情況一覽表

報刊名稱	刊行時間	創刊地	主要編者	通信欄目名稱
蘇報	1896～1903	上海	章士釗	輿論商榷
時務報	1896～1898	上海	梁啓超	時務報館文編
世界繁華報	1901～1910	上海	李伯元	來函雜登

〔註 1〕 米憐《釋疑篇》,載《察世俗每月統計傳》道光辛巳年(1821 年)全卷(卷7),
　　　　第 7 頁。轉引自〔新〕卓南生《中國近代報業發展史(1815～1874)》,中國
　　　　社會科學出版社,2002 年,第 30 頁(影印件)。

新民叢報	1902〜1907	日本橫濱	梁啓超	問答
國民日日報	1903〜1903	上海	章士釗	南鴻北雁
民報	1905〜1910	日本東京	章太炎	來函
競業旬報	1906〜1908	上海	胡適	來函、通信
民立報	1910〜1913	上海	章士釗	投函
獨立周報	1912〜1913	上海	章士釗	投函
甲寅	1914〜1915	日本東京	章士釗	通訊
娛閒錄	1914〜1918	成都	李劼人	讀者來稿

　　第二，內容上以知識和資訊的傳遞為主，欄目中沒有形成深入的探討與對話。以《新民叢報》的「問答」欄為例（見下表），其提問的內容就包括科學、歷史、政治、經濟等各個方面，沒有針對某一個話題進行系列探討，祇是一般性地一問一答。

《新民叢報》「問答」欄內容分析表〔註2〕

期　號	提問者	提　問　內　容
第 3 號	—	政術理財學的翻譯；報刊分類等
第 6 號	東京愛讀生	金融一詞在日本的翻譯等
第 6 號	東京愛讀生	民權與人權
第 7 號	—	「人」和「民」的區別；「要素」的含義
第 8 號	—	Political economy 一詞的翻譯
第 9 號	南洋公學邵聞泰	達爾文、約翰彌勒、赫胥黎、斯賓塞等所著書在日的譯本等
第 9 號	—	歐洲中世紀教會對於教育的控制
第 11 號	—	「社會」一詞的認識等
第 11 號	—	日本的維新先導；王學與禪宗等
第 11 號	無錫人士	Political economy 的翻譯
第 15 號	—	中日地理面積；學東文的簡便之法等
第 21 號	—	斯巴達人風俗；購買日本書籍；佛教救國
第 22 號	—	邊沁出書；日本專制制度的歷史；仁學仿西文所作的問題；克倫威爾的轉變

〔註2〕　參見唐海江《清末政論報刊與民眾動員：一種政治文化的視角》，清華大學出版社，2007 年，第 300 頁。

第 25 號	－	法國民權現狀問題；南洋公學善後事宜
第 26 號	荊州駐防正黃旗黃中興	就日本教科書事件問訊日本的民權自由
第 26 號	－	「瑪傑」一詞的解釋；美獨立檄文的出處及購買渠道；英國政治家格蘭斯頓的文章；哥倫布的事情
第 28 號	－	希臘教與新舊教的區別；回教

　　還有一些通信欄中的來信屬於通訊性質，如 1911 年 2 月 16 日的《皖江日報》附張，即有「來件：學生鬧報館之奇聞」，記述潮州《瀛州報》屢登金山中學堂醜史，該學堂教員唆使學生去砸報館飯堂事件。

二、章士釗與通信欄

　　這一時期之所以成為通信欄的草創期，就在於一個重要的報人章士釗。通信欄的開設在客觀上源自於報刊興起而隨之出現的大量讀者來信，以《時務報》為例，因出刊未幾便收到大量的讀者來信，特於第 6 冊特刊《奉覆來函》一文對來信提出的各種意見進行答覆：「所教各節，半已照改；惟尚有數條未能相從者，謹舉其何以不能之理，附於篇末，以酬諸君子之盛意」，〔註3〕其後又開闢了「時務報館文編」的專欄對來信進行刊載。而有意識地將讀者來信作為一個固定的專欄進行設置，則發端於民初報人章士釗。章士釗自 1912 年 1 月主持《民立報》後，就設立了「投函」一欄以「廣徵輿論，互換智識」。〔註4〕由於來函較多，該報還發出「編輯部緊要告白」，宣佈拿出一個整版來刊登讀者的大量來信：

> 本社自擴充函稿欄，愛讀諸君以鴻篇巨製相贈者無數，而所擴充之欄幅舉不足以容之，以致日有擱積，深有負於投函者之盛心，至為歉然。自今日起，將本報十二版全幅登載此類稿件，而「社說」之與投函有關聯者，亦並見於是版，原有之小說則移於第二版，讀者幸為注意。記者觀歐美大報，每日所登函件及專論，有多至數十通者，必如此方足以稱輿論之機關。本報不量其力，頗復以此為鵠，而尤願出其意見與讀者痛加討論，諸君子如有關於政治、法律、宗

〔註3〕《奉覆來函》，載《時務報》第 6 冊，參見中華書局 1991 年影印本，第 1 冊，第 405～407 頁。

〔註4〕「編輯部啟事」，載《民立報》1912 年 5 月 5 日。

教、教育、文學種種之高見或疑問，務希不吝金玉，使本報有所聞

知，記者固不才，而獲從諸君子之後，有所貢獻於論壇，則至引爲

榮幸者也。〔註5〕

通過以上「告白」，編者將讀者來信「欄目化」，作爲向「歐美大報」學習的
產物，「投函」欄刊載的不再是「時務報館文編」中的處於無意識狀態的讀者
來信，而是讀者有意識地發表「關於政治、法律、宗教、教育、文學種種之
高見或疑問」的來信，目的在於互相討論，「必如此方足以稱輿論之機關」。
其實，早在 1903 年作爲愛國學社學生的章士釗被聘到《蘇報》館主持筆政時，
他便增設了「輿論商榷」一欄「專以研究問題，闡明公理爲目的」。〔註6〕蘇
報案後，章士釗在其主持的《國民日日報》中又開設了「南鴻北雁」欄，可
見其對報刊輿論建設一以貫之的高度重視。因此，章士釗主持的「來函」欄
作爲公眾發表意見的言論空間在意義上已經遠遠超越了之前的「時務報館文
編」。可惜，1912 年 8 月章士釗離開《民立報》之後，該欄目隨之被取消。同
年 9 月 22 日，章士釗在上海創辦了《獨立周報》，又將「投函」欄目恢復了
起來。《獨立周報》的「投函」欄雖然較少編者的回覆，但已初具通信欄的規
模，已在欄目中就某個主題展開相關討論，如對「譯名」問題的相關討論，
見下表：

《獨立周報》1～4 期「投函」欄內容分析表

來　函　者	主　　題	期　　號
朱冠亭	政見商榷會之片影	第 1 期
吳無我	周報出世與革命紀念	
李祿驥	論譯名	
張景芬	論譯名	
張緝光	民國之黑暗觀	第 2 期
被褐	箴獨立周報	
許少白	大學選舉權問題	
馮叔鸞	論譯名	
耿毅之	論譯名	

〔註5〕　「編輯部緊要告白」，載《民立報》1912 年 5 月 20 日。
〔註6〕　「輿論商榷」告白，載《蘇報》1903 年 6 月 4 日。

陳承澤	約法第二兩條之評論	第 3 期
聶其傑	興學與生計問題	
程廢甫	論吾國各學校當注重圖算	
說難	參議院不含代表地方性質	第 4 期
陳承澤	論薩威稜帖	
沈頤	論辦教育不可存虛榮心	
莊年	論統一譯名當先組織學社	

　　1914 年 5 月，章士釗創辦了《甲寅》月刊，通信欄的名稱由「投函」改爲「通訊」，並宣佈：

> 本誌既爲公共輿論機關，「通訊」一門，最所置重，務使全國之意見，皆得如量以發表之。其文或指陳一事，或闡發一事，或於政治學術有所懷疑，不以同人爲不肖，交相質證，俱一律歡待，儘先登錄。
>
> 若夫問題過大，持理過精，非同人之力所及，同人當設法代請於東西洋學者，以解答之。〔註7〕

從「投函」到「通訊」的轉變，不僅是欄目名稱的變化，更體現出欄目定位的逐漸清晰。「通訊」欄作爲《甲寅》「最所置重」的欄目不僅刊發讀者來信、社外來稿和不同意見的文章，而且發表主編的親自回覆，章士釗在回信中或對來函來文表明自己的觀點，或對不同意見加以評說，加上該欄目所秉持的「以條陳時弊、樸實說理爲主旨，欲下論斷，先事考求，與日主張，寧言商榷」的獨立說理的定位以及「本誌非私人所能左右，亦非一派之議論所得壟斷，所列論文，一體待遇，無社員與投稿者之分，任何意見，若無背於本誌主旨，皆得發表」〔註8〕的「不好同惡異」的開放立場，《甲寅》的「通訊」欄具備了這一時期其他通信欄所沒有的重要特徵：第一，「通訊」欄是《甲寅》按期刊發、不能或缺的固定專欄；第二，與其他的刊發讀者的事物諮詢類的通信不同，《甲寅》的通信內容涉及諸如憲法會議、政本、人治法治、平政院、內閣制等重要問題；第三，對於來信和來稿，作爲編者的章士釗——予以詳細解答回覆，在他的主持下，該欄成爲立場相對中立、思想相對活躍的「言論空間」，受到社會的好評。正因如此，《甲寅》「通訊」欄爲其後報刊通信欄的發展開啓了先河，可以說，《新青年》的「通信」欄正是在這一基礎上發展起來

〔註7〕 《本誌宣告》，載《甲寅》第 1 卷第 1 號，1914 年 5 月 10 日。
〔註8〕 《本誌宣告》，載《甲寅》第 1 卷第 1 號，1914 年 5 月 10 日。

的（詳見第三章第一節），而且「五四」時期很多報刊的通信欄都命名爲「通訊」，如《太平洋》的「通訊」欄，《覺悟》的「通訊」欄、《學衡》的「通訊」欄等，《小說月報》的通信欄一開始也命名爲「通訊」，從第 13 卷起始改名爲「通信」。以此可見《甲寅》「通訊」欄的深遠影響。

第二節　通信欄的繁榮發展

　　「五四」時期幾乎所有重要的報刊都先後開設了通信欄目，繁榮發達的報刊通信欄成爲「五四」時期的一大文化現象。通信欄現象的出現與「五四」時期特殊的政治文化背景密切相關，它契合了知識份子渴望去塞求通、追求交流互動的時代要求，同時也充分展示了自由開放、百家爭鳴的時代精神。

一、時代背景

　　劉勰在《文心雕龍‧書記》中寫道：「三代政暇，文翰頗疏。春秋聘繁，書介彌盛。」在思想文化相對穩定的時代，個體之間的交流相對減少；而到了政治社會思想文化分裂、「百家爭鳴」的時代，個體之間則迫切需要相互交流與對話。「五四」時期是我政治文化風雲變幻最激烈、最迅速的時代，一方面，各種政治派別、各種社會政治思潮出現了激烈的交鋒，社會問題叢生；另一方面，辛亥革命後皇權雖被推翻，但政界依舊動蕩不羈，軍閥混戰互爭地盤，客觀上造成了統治者無暇顧及思想界的活動，遠不及「維新」時期控制得那麼嚴格，正如李澤厚所言「辛亥之後，……政局一塌糊塗，思想異常混亂，控制相對放鬆，意識形態似乎成了空白」。〔註 9〕這給社會意識和文化思想的發展提供了相當自由與開放的空間。

　　與此同時，人們經歷著思想上、文化上的巨變，一切都是嶄新的，「去塞求通」，成爲時代的迫切需要。一位西方觀察家這樣報導當時的形勢：可以毫不誇張地說，數百萬農民、商人和工匠有史以來第一次談論起國家和國際大事……不論你走到哪家飯館，不論遇到哪一夥工人，你都能聽到他們在談論這些事情。茶館裏『莫談國事』的招牌已經過時了。〔註 10〕從個體角度

〔註 9〕　李澤厚《中國現代思想史論》，安徽文藝出版社，1994 年，第 213 頁。
〔註 10〕　參見 Upton Close 在 *Weekly Review of the Far East*（Aug 2，1919）上發表的文章。

而言,一方面新文學青年亟需對話。西方文化的進入,給中國知識界以巨大的震蕩與影響。面對一下子襲來的歐風美雨以及各種思潮、紛亂的新生事物,他們一時還難以應接,迫切需要有人來共同探討,或向有智識者請教。王光祈曾說道,「現在一般人都張開口撐著手,向著『提倡新思想』的人要飲食吃,但是『新人物』把外國的餅乾啤酒,極力運輸進來,一般人還是面有饑色」。〔註11〕另一方面,面對急劇變化、鼎新革故的各種思潮,「荷戟獨彷徨」的新文學主將們同樣需要對話。「西學知識」的衝擊給中國知識界以巨大的震蕩與影響,中國知識份子開始嘗試從傳統的自我封閉向近代開放意識的轉變。而對新青年的啓蒙也是展開對話的重要原因,如左舜生所言「凡自覺的青年都應該找來手拉著手背倚著背去和舊社會戰」。〔註12〕

　　而作爲各種思潮交鋒、傳播載體的報刊業的繁榮發展,則爲這種對話、交流和探討提供了較之以往更加迅捷的載體。五四時期中國的報刊業有了顯著的發展,「雖渺在千里,當邇如一室」,報刊傳媒的興起一方面有利於大量生產、複製和大面積、大幅度地傳播資訊,能夠在短時間內將同類資訊傳遍社會,其傳播速度與廣度是以往口頭傳播以及書籍傳播的時代所無法想像的;另一方面,報刊傳達的資訊不同於人們人際之間私下的議論,具有公開性、權威性、顯著性,較之於私下討論和小道消息更能得到人們的信任,更能通過各種表現手法突出凸現某類資訊,使其成爲人們關注的焦點。因此,借助大眾傳播的優勢,通信欄得以迅速發展,尤其是《新青年》「通信」欄的成功所帶來的「暈輪效應」更使得通信欄煊赫一時,成爲「五四」時期特殊的文化現象。

二、通信欄設置情況

　　「五四」時期幾乎所有重要的報刊均開設了通信欄,如《新青年》「通信」欄、《每周評論》的「通訊」欄、《新潮》的「通信」欄、《晨報副刊》的「通信」欄、《覺悟》的「通訊」欄、《少年中國》的「會員通訊」欄、《小說月報》的「通信」欄、《現代評論》的「通信」欄等等,這一時期報刊通信欄設置的

〔註11〕王光祈致時珍白華,「會員通訊」欄,載《少年中國》第 1 卷第 3 期,1919 年 9 月 15 日。

〔註12〕鄭伯奇致惲代英,「會員通訊」欄,載《少年中國》第 2 卷第 1 期,1920 年 7 月 15 日。

具體情況詳見下表：

「五四」報刊通信欄設置情況一覽表〔註13〕

刊　名	刊行時間	創刊地	主　要　編　者	類別	欄目名稱
新青年	1915.9～1926.7	上海	陳獨秀、胡適等	綜合	通信
婦女雜誌	1915.1～1918.1	上海	胡彬夏、章錫琛	綜合	通信
太平洋	1917.3～1925.6	上海	李劍農、楊端六	綜合	通訊
每周評論	1918.12～1919.8	北京	陳獨秀、胡適	綜合	通訊、通信
新潮	1919.1～1923.3	北京	傅斯年、羅家倫等	綜合	通信
國民	1919.1～1921.5	北京	黃建中、周長憲等	綜合	通訊、通信
星期評論	1919.6～1920.6	上海	戴季陶、沈玄廬	副刊	通信
覺悟	1919.6～1931.12	上海	邵力子	副刊	通訊
少年中國	1919.7～1924.5	北京	王光祈、李大釗等	綜合	會員通訊
建設	1919.8～1920.8	上海	孫中山	綜合	通訊、通信
解放與改造	1919.9～1922.6	上海	張東蓀、俞頌華、梁啓超	綜合	通訊、通信
曙光	1919.11～1921.6	北京	宋介	綜合	通訊、通信
小說月報〔註14〕	1920.11～1931.12	上海	沈雁冰、鄭振鐸	文學	通訊、通信
戲劇	1921.5～1922.4	上海	陳大悲等	戲劇	通訊
文學旬刊	1921.5～1923.7	上海	鄭振鐸	文學	通訊
晨報副鐫	1921.10～1928.6	北京	孫伏園、劉勉己等	副刊	通信
詩	1922.1～1923.5	上海	劉延陵、朱自清等	詩歌	通訊、通信
學衡	1922.1～1933.7	南京	吳宓	綜合	通訊
創造（季刊）	1922.3～1924.2	上海	郭沫若、成仿吾等	文藝	通信
努力周報	1922.5～1923.10	北京	胡適	綜合	通訊、通信
讀書雜誌	1922.9～1924.2	北京	胡適	綜合	通信

〔註13〕還有很多報刊雖然沒有專門開設通信欄，但是仍有大量的通信發表。
〔註14〕此處專指革新後的《小說月報》。

歌謠周刊	1922.12～1937.6	北京	顧頡剛、常惠等	歌謠	通信、來信
小說世界	1923.1～1929.12	上海	葉勁風、胡寄塵	文學	交換、通訊
創造周報	1923.5～1924.5	上海	成仿吾、郭沫若等	文學	通信
文藝周報〔註15〕	1923.5～1924.9	上海	王怡菴	文學	通信
文學旬刊	1923.6～1925.9	北京	王統照	副刊	通信
文學	1923.7～1925.5	上海	鄭振鐸	文學	通信
狂飆	1924.9～1927.1	北京	高長虹、高歌	文學	通訊
洪水	1924.11～1927.12	上海	周全平等	文藝	通信
語絲	1924.11～1930.3	北京	孫伏園、魯迅等	文學	通信
現代評論	1924.12～1928.12	北京	陳源	綜合	通信
猛進	1925.3～1926.3	北京	徐炳昶	綜合	通訊
莽原	1925.4～1927.12	北京	魯迅、韋素園	文學	通信
甲寅	1925.7～1927.12	北京	章士釗	綜合	通訊
創造月刊	1926.3～1929.1	上海	郁達夫、成仿吾等	文藝	通信
北新	1926.8～1930.12	上海	孫福熙	綜合	自由問答、通信
一般	1926.9～1929.12	上海	夏丏尊、方光燾	月刊	讀者與作者
泰東	1927.9～1929.8	上海	范香谷	文藝	通信

「五四」報刊通信欄的欄目特點詳見本書緒論部分的相關論述，這裡就不再贅述。

第三節　通信欄的衰微與衍變

在經歷了繁榮發達的巔峰時期之後，伴隨著三四十年代思想文化空間的萎縮，報刊通信欄作為思想交流、多重對話的言論空間的功能日趨衰落，與此同時以問答為主的服務性質的社會服務欄獲得繁榮發展，發揮了重要的社會作用。建國以來，報刊通信欄歷經文革時期的沉寂後逐漸復興，並自 1990 年代以來呈現多元發展態勢，即疑難問答的服務板塊、交流互動的讀者來信欄和批評論爭的言論版。特別是言論版的長足發展，體現了我國報刊傳媒乃

〔註15〕原名《文藝旬刊》，為《國民日報》副刊乙種之一，從第 19 期起改為周刊，從第 21 期起作為獨立刊物單獨發行，並更名為《文藝周刊》。

至社會民主化進程中的一個可喜的進步，不僅影響著傳播理念、傳播功能的變化，也給中國社會各方面的發展進步帶來潛移默化的影響。

一、通信欄的漸趨衰微

　　1927 年國民黨在南京建立了政權以後，國民黨政府先後頒佈了一系列以壓制輿論為目的的法令，如《宣傳品審查條例》（1929 年）、《出版法》（1930 年）、《出版法施行細則》（1931）、《宣傳品審查標準》（1932 年）、《圖書雜誌審查辦法》（1934 年）、《雜誌送審須知》（1944）等等，以壓制進步報刊，扼殺自由言論。此外為了維護和鞏固其統治，國民黨還推行了黨化教育、扶持官方文藝團體和推行官方文藝政策等一系列的政治文化措施，企圖實現文化專制主義。在這樣的政治環境下，「中國的輿論空前『一律』」，[註16] 作為言論空間的通信欄也漸趨衰微。一方面「五四」時期的重要報刊到了這一時期大多已經停辦，它們的通信欄也隨之消失；另一方面而新出版的報刊較少開設具有對話性質的相對固定的通信欄。

　　首先，刊物發展呈現「病態性的繁榮」，一方面各種雜誌雖層出不窮，如被稱為「雜誌年」的 1933 年到 1934 年間僅「文藝定期刊幾乎平均每月有兩種新的出世」，[註17] 但「全中國約有各種性質的定期刊三百餘種，其中倒有百分之八十出版在上海」；[註18] 另一方面，刊物大多壽命短暫並「一而再再而三地改換名稱」，因為在當時文化專制主義的高壓下，「只有這樣才能轉移、分散特務、暗探的注意，讓刊物至少能夠在一段時期內繼續出版、發行下去。這也不妨稱之為當年文化戰線上的『游擊』或『迂迴』戰術」。[註19] 可見，雜誌「病態性的繁榮」背後凸顯的是思想文化的專制與迫害，因為遭查禁的雜誌越多，更名再出版的雜誌也就越多。「國民黨的文化控制和文藝政策作為國民黨『權力主體』推行的政治文化的一個重要組成部分，構成了三十年代文學雜誌生成、生存和發展的一個重要生態環境。」[註20] 因此，這一時期的文學期刊，雖然有些開設了「作者‧讀者‧編者」、「讀者的意見」等類似欄目（見下表），作為通信欄

〔註16〕　參見倪延年、吳強《中國現代報刊發展史》，南京大學出版社出版，1993 年，
　　　　　第 310 頁。
〔註17〕　丙（茅盾）《一年的回顧》，載《文學》第 3 卷第 6 期，1934 年 12 月 1 日。
〔註18〕　蘭（茅盾）《所謂雜誌年》，載《文學》第 3 卷第 2 期，1934 年 8 月 1 日。
〔註19〕　任鈞《關於太陽社》，載《新文學史料》1979 年第 2 期。
〔註20〕　朱曉進《論三十年代文學雜誌》，載《南京師大學報（社科版）》1999 年第 3 期。

的一種延續，但已經失去了「五四」時期作為多重對話的言論空間的意義。

三、四十年代文學報刊通信欄設置情況一覽表

報刊名稱	刊行時間	創刊地	主要編者	欄目名稱
文化批判	1928.1～1928.4	上海	朱鏡我、馮乃超	讀者的回聲
開明	1928.7～1931.12	上海	開明書店編譯所	讀者的意見
讀書月刊	1930.11～1933.10	上海	顧鳳城	讀者信箱
文藝新聞	1931.3～1932.6	上海	袁殊	讀者與記者
矛盾	1932.4～1934.6	南京	潘子農	作者・讀者・編者
文學	1933.7～1937.11	上海	傅東華、鄭振鐸、王統照	來信與解答
新小說	1935.2～1935.7	上海	鄭伯奇	作者・讀者・編者
芒種	1935.3～1935.10	上海	徐懋庸	作者・讀者・編者
文藝生活	1941.9～1950.7	桂林	司馬文森	編者・讀者・作者

以《現代》為例，在第 3 卷第 1 號中曾特別開設了「隨筆・感想・漫談」專欄，作為每期的第一個欄目，「編者的目的是要使這純文藝的雜誌的作者與讀者能有有機會自由地——那即是說，不為體例所限地，有一個發表一點對於文藝與生活各方面的雜感的場合。這裡的文章，對象是沒有限制的，無論是對於國家大事，社會瑣聞，私人生活或文藝思想各方面的片斷的意見，用簡短的篇幅寫下來，就得了。而且，這一欄是完全公開的，編者將盡可能地從來稿中輯集以後各期的本欄中的文字。」〔註21〕但是一卷之後，編者就不得不取消了這一欄目——「本來，本刊每期開端的篇幅叫做『隨筆・感想・漫談』的一欄，內容不限於文藝，舉凡政治或社會一切重要問題都可以談到。卻不料結果與我們原來的理想剛巧相反：一切應該談的話，我們都不可能談；可能談的話，卻多數不必談。我們考慮再四，到底還是決定把那一欄廢掉，……」〔註22〕編者設想的落空，表明了通信欄作為自由言說的空間已失去了存在的政治文化氛圍。再如《申報・自由談》，1932 年 12 月黎烈文接編後曾在《編輯室啓事》中鮮明地表達了自己的立場：「本刊改革以來，每天收到許多來信，對於我們的努力贊許備至，真使我們又慚愧，又感激。我們以後當益加奮勉，務使本刊的內

〔註21〕施蟄存「社中談座」，載《現代》第 3 卷第 1 期（五月特大號），1933 年 5 月 1 日。

〔註22〕編者《獨白開場》，載《現代》第 4 卷第 1 期（狂大號），1933 年 11 月 1 日。

容更加充實，成為一種站在時代前面的副刊，決不敢以茶餘酒後『消遣之資』的『報屁股』自限。」〔註 23〕但是迫於國民黨當局的壓力，不逾半年，其就無奈地表示：「這年頭，說話難，搖筆桿尤難。這並不是說：『禍福無門，惟人自召』，貴仕是『天下有道』，『庶人』相應『不議』。編者謹掬一瓣心香，籲請海內文豪，從茲多談風月，少發牢騷，庶作者編者，兩蒙其休。若必論長議短，妄談大事，則塞之字籠既有所不忍，布之報端又有所不能，陷編者於兩難之境，未免有失恕道。語云：識時務者為俊傑，編者敢以此為海內文豪告。區區苦衷，伏乞矜鑒！」。〔註 24〕《文化批判》的《編輯初記》中同樣寫道：「時事是不宜多談的東西。因為現在這種分南分北分東西的時代，我們既不能像那些什麼評論的記者諸君一樣說得甲方也好，乙方也好，老爺不錯，太太更對，萬一千不該，萬不該得罪了一方，那一方的勢力範圍內你就不能挑去叫賣，或者他們的雷霆大發了，竟把你的貨沒收起來，我們這幾個窮小子豈不是活活的要折本嗎？」〔註 25〕可見，政治的高壓必然帶來言論空間的萎縮，以《開明》的「讀者的意見」欄為例，參見下表：

《開明》「讀者的意見」欄第 1 卷 1～4 號內容分析表

讀　　者	主　　題	期　　號
林翼	關於裝訂	第 1 卷第 1 號
譚鎮譯		
徐伯純		
王楊孫	關於紙張	第 1 卷第 2 號
陳紹勳	關於裝訂	
王墳		
俞心	關於封面	第 1 卷第 3 號
俞心	關於裝訂	
林玉	意見的意見	第 1 卷第 4 號
Petofi Boldin	關於毛邊書	
陳紹曾	關於排印	

　　欄目中探討的已經不再是具有時代共性的熱點、焦點問題，難以引起讀

〔註 23〕編者《編輯室啟事》，載《申報・自由談》1932 年 12 月 12 日。
〔註 24〕編者《編輯室啟事》，載《申報・自由談》1933 年 5 月 25 日。
〔註 25〕《編輯初記》，載《文化批判》第 1 號。1928 年 1 月 15 日。

者的共鳴，也失去了通信欄作爲言論空間的價值。

其次，很多綜合性報刊開設的通信欄成爲了以問答爲主的服務性質的社會服務欄，解答讀者的各種問題包括醫藥、法律、農業、經濟、青年生活、婦女、合作、藝術、科學各個方面，供給讀者各種常識，幫讀者介紹職業，對求助的讀者提供捐款和衣物等援助，以及進行各項社會調查等等，如《申報》的「讀者顧問」、「業餘信箱」、「讀者問答」、《益世報》的「社會服務版」、《新華日報》的「讀者信箱」等等，詳見下表：

三四十年代部分報紙的社會服務欄

報　　　名	創　刊　地	欄　目　名　稱	欄目創建日期
益世報	天津	社會服務版	1933.11
大華晚報	南京	讀者義務欄	1934.1
通俗日報	濟南	社會服務欄	1934
華北新聞	濟南	社會服務部	1934.5
東南日報	杭州	社會服務欄	1934.6
大晚報	濟南	大眾服務版	1934
皖北日報	蚌埠	社會服務	1934
徽州日報	屯溪	社會服務欄	1934.12
眞報	徐州	社會服務刊	1934.12
并州新報	太原	大眾服務版	1934.12
新民報	南京	社會服務版	1935.12
大美晚報	上海	社會服務版	1938.4
立報・小茶館	香港	服務欄	1938.6
福建民報	福州	服務版	1938.9
桂林晚報	桂林	服務版	1939.12

其中鄒韜奮主持的《生活》周刊的「讀者信箱」欄影響較大，《生活》周刊第 1 卷時期銷路很少，在社會上也沒有什麼影響。鄒韜奮接編以後改變了編輯方針，注重社會和讀者需要，在內容方面從專事「傳播職業教育消息」轉變爲「討論社會問題爲主」，並開闢了「讀者信箱」專欄，爲各類讀者解答思想、生活、家庭、職業、婚姻及信仰等各個方面的問題。作爲編者的鄒韜奮本人對讀者來信十分重視，其自言總是用「全副精神」耐心爲讀者解答疑難問題，從而受到了讀者的歡迎與信賴，銷數與日俱增，從第五卷起，從

原來的 2000 份激增到每期銷售 4 萬份，最多時銷數達 15 萬份，為當時雜誌之冠，創下了中國雜誌界發行史上的新紀錄。〔註 26〕從「讀者信箱」的內容來看，雖然探討的多是讀者個體的疑難問題，但由於時代背景的原因，這些個人書信中無不蘊涵著時代話語，其中既有熱血青年慷慨激憤的呼籲，又有進步青年對於社會發展的困惑。他們依然關注著社會發展的方向和前景、民族的命運和國家的興亡，從而迥異於當代的抒一己之情的讀者來信。

　　薩空了主持的《立報·小茶館》也發表了很多重要的讀者來信以及編者的相關回覆，在當時頗具影響力。如 1936 年下半年，公共租界當局無視中國領土主權，任意擴大租界地範圍，超越租界線在中國地界內越界築路，7月 15 日《小茶館》發表了讀者思祖題為《報告兩起發生在越界築路地帶的事》的來信，信中指出了越界築路地帶，不許中國人購買、懸掛中國國旗，不許中國戶籍警察釘戶籍牌的現象。對此薩空了發表了題為《談據理力爭》的評論，明確表示「在越界築路的弄堂中，主權當然應歸我們，我們當然可以實行我們的權力，有人干涉，我們就應當問問他根據什麼理由。……現在有許多人做官，常有獻媚外人為能事，……我希望全上海的市民都能監督我們的官吏，養成他們據理力爭習慣。」〔註 27〕再如 1936 年 7 月 27 日《小茶館》發表了署名江鳥的題為《怎樣解決「貧病」──介紹一幕慘劇》的來信及編者《窮人生病問題》的評論；同年 9 月 15 日《小茶館》發表了題為《一個女人求救》的讀者來信及編者《女子只應求自主》的評論……這些來信和評論引起了強烈的社會反響，《小茶館》「既反映群眾意願、群眾苦難、揭示社會黑暗，又指出群眾受苦的原因、解決的辦法，向群眾進行教育」，如薩空了所說「在這個副刊裏，我們刊登讀者來信，談我們對各種問題的看法，動員、組織社會力量，使群眾自己起來互助互勉，共同解決困難。」〔註 28〕報刊的社會服務欄在當時社會發揮了非常重要的作用，被譽為「新聞界之釋迦牟尼」的俞頌華就倡議加強報社服務部建設，以「為讀者、為社會，盡些可能的幫助」，尤其是「在抗戰期間，社會各方面都起了一種劇烈的變化，民眾士兵需要公共機關幫助的地方，比平時要增加好幾倍。在這時候，

〔註26〕對《生活》周刊的相關描述參見倪延年、吳強《中國現代報刊發展史》，南京大學出版社出版，1993 年，第 375～376 頁。
〔註27〕了了（薩空了）《談據理力爭》，「點心」欄，載《立報·小茶館》1936 年 7月 15 日。
〔註28〕薩空了《我與立報》，載《新聞研究資料》總 26 輯。

報社不僅有設置服務部的必要，並且更宜加強這一部的工作效能，以應軍民的需要」〔註29〕以《益世報》的社會服務版爲例，自 1933 年 12 月 15 日開闢「社會服務版」，每日一版，平均 7500 字左右，一年下來成績顯著：

（一）答覆讀者提問 2261 問；

（二）援助求助者 3563 人；

（三）爲求職者介紹職業 478 人；

（四）募集捐款共 5555.21 元，支出共 5286.27 元；

（五）募集玉米麵共 12710 斤，支出共 11350 斤；

（六）募集衣物共 52 件，支出共 48 件；

（七）募集暑藥共 1903 瓶，支出共 1903 瓶。

其編者吳秋塵更將「社會服務版」視爲「新聞界的一條新途徑」〔註 30〕並身體力行大加倡導。

再次，這一時期的通信欄，尤其是讀者來信成爲報刊表達觀點和意見的一種特殊方式。1936 年 5 月 24 日，時任中共中央北方局書記的劉少奇得知《生活日報》即將出版，便以「莫文華」的署名寫了一封長信，詳細闡述黨的抗日民族統一戰線政策。這封信被發表在 6 月 7 日出版的《生活日報星期增刊》第 1 號上（發表時題名爲《民族解放的人民陣營》）。7 月 12 日出版的該刊第 6 號上，又發表了劉少奇的另一封信——《人民陣營與關門主義》。「這不是普通的『讀者來信』，而是劉少奇以黨中央代表的身份，通過鄒韜奮主辦的在國內外最有影響的報刊，向共產黨員發出的公開指示」。〔註31〕再如，1946 年爲了聲援北平學生發動的抗議美帝國主義扶植日本軍國主義的遊行示威，《復興日報》的編輯沈敦義就以讀者的名義寫成題爲「中國不是殖民地」的讀者來信在報上發表。1947 年《大眾報》的「大眾呼聲」專欄，在 3 月份先後發表了「百貨時時漲，窮人如何過」，「官都富家子，兵都貧民群」，「賣賑粉築公路是否合理」，「勢力超過法律，呼籲繼續呼籲」，「吃飯穿衣均成問題，小公務員無心辦公」等眾多讀者來信。1947 年 2 月 12 日《大公報》的「讀者之頁」就用了整整一個版面發表了《救命！救命！救命！多救失業工人一條命，多

〔註29〕俞頌華《加強報社服務部的提議》，載《國訊旬刊》226 期。

〔註30〕吳秋塵《新聞界的一條新途徑》，載《報學季刊》第 1 卷第 3 期，1935 年 3 月 29 日。

〔註31〕參見穆欣《鄒韜奮》，中共黨史人物研究會編《中共黨史人物傳》（第 10 卷），陝西人民出版社，1983 年，第 104 頁。

替國家保留一分力！》、《揭露黑暗無罪，許文修〔註 32〕失蹤了！這是什麼世界？他在哪裡？他是被誰暗害的？請莆田有正義感的人士指出罪魁！》的大標題文章。這些讀者來信的署名多為化名，實則為特殊歷史背景下編者有效利用有限的言論空間對社會問題進行批評和揭露的一種特殊的方式。

最後，隨著政局動蕩、戰事頻繁帶來的讀者對資訊需求的增加，這一時期的通訊欄十分繁榮，如《抗戰文藝》的「地方通訊」、「前線通信」欄等。在「五四」時期，通信與通訊的區分併不明確，如《甲寅》、《覺悟》的通信欄即命名為「通訊」，而專門發表新聞通訊的欄目卻命名為「通信」，如《申報》的「北京通信」欄。究其原因，在於通信與通訊的密切關係，某種意義上通訊，正是由通信發展而來。由通信向通訊的演變，一開始是由技術條件引起的稱謂的變化。早期的新聞報導沒有文體的區分，隨著電報的發明並運用於新聞傳播，較短的新聞報導可以用電報傳遞，被叫做「電訊」。而由外勤記者寫回的較長的新聞，則由於當時的電報線路不夠多，技術不過關，經常出現故障等原因，只能以書信的形式傳遞，在報上發表時便被冠之「通信」了。後來隨著電報技術的進步，「通信」也可以電傳，為了與消息相區別就改稱為通訊。〔註 33〕「昔時探訪新聞及報告於報社，多用書信及面述，至費時日。自電報發達後，探訪及報告，多利用電報及無線電。便利而且迅速，價值之大增。而歐美各大報社，力圖敏利，且自設電線及無線電臺海底電等，自供專用，尤為快速可驚。近更發明電傳照像及原文，其增新聞之聲價尤大也。」〔註 34〕因此，這一時期通訊作為報刊的一大類別獲得了迅速發展，參見下表：

1931.9～1932.12 中國各地報刊情況統計表〔註 35〕

地　名	日報	周刊	月刊	季刊	不定期	通訊	其他	未詳	合計
南京市	43	17	25	2	1	26	41	3	158
上海市	29	27	67	9	—	8	39	20	199
北平市	43	5	12	3	1	22	12	6	104

〔註 32〕許文修是福建莆田縣《建國晚報》的發行人。
〔註 33〕參見沈莉《論通訊文體的嬗變》，載《新聞界》1996 年第 3 期。
〔註 34〕徐寶璜《新聞紙之性質與價值》，《新聞學》，中國人民大學出版社，1994 年，第 117 頁。
〔註 35〕參見國民黨《內政部調查統計表》1933 年第 1 期，其中西康、寧夏、陝西、新疆、遼寧、吉林、熱河、黑龍江等省未申請登記。轉引自倪延年、吳強《中國現代報刊發展史》，南京大學出版社出版，1993 年，第 330 頁。

青島市	14	—	—	—	—	7	2	1	24
江蘇省	78	10	8	1	—	6	27	8	138
浙江省	64	13	10	1	—	40	28	17	173
安徽省	17	3	1	—	—	9	4	—	34
江西省	16	—	—	—	—	12	6	2	36
山東省	16	3	3	—	—	12	1	—	35
山西省	8	9	9	2	1	4	4	1	38
河南省	13	11	1	1	—	5	11	—	42
河北省	26	12	4	2	—	6	6	7	63
湖南省	18	11	5	1	—	55	22	3	115
湖北省	69	17	5	2	—	47	22	21	183
雲南省	—	1	—	—	—	—	1	—	2
廣東省	—	1	1	—	—	—	—	—	2
廣西省	8	—	1	—	—	—	1	—	10
青海省	2	—	—	—	—	—	—	—	2
察哈爾省	4	2	1	—	—	1	2	—	10
貴州省	3	—	—	—	—	—	—	—	3
福建省	6	2	—	—	—	—	2	1	11
綏遠省	4	—	1	—	—	—	—	—	5
甘肅省	4	—	—	2	—	1	2	1	10
四川省	2	1	1	—	—	—	—	—	4
威海衛	1	—	—	—	—	—	1	—	2
總　　計	488	145	155	26	3	263	233	90	1403

二、從沉寂到復興

　　建國伊始，知識份子的思想改造問題便被列入議事日程，自 1951 年起，一場又一場的高度文藝政治化運動席卷而來。隨後的「文化大革命」的十年，既是新聞工具為禍甚烈的十年，也是新聞事業本身大災大難的十年。報紙上充滿著「戈培爾」式的假報導和強姦民意的言論。文章千篇一律，報紙百家一面。寫文章，找「兩報一刊」對口徑、對提法；編報紙要打電話對版面、對標題，放的位置、欄目多少、字型大小，都要一模一樣。這不但在中國報

刊史上，而且在世界報刊史上都是絕無僅有的。〔註36〕報刊整體發展處於空前冷寂、幾近空白的時期，這時有些報刊雖然仍有讀者來信發表，如《人民日報》在建國初期專設的欄目就有「信箱」、「讀者來信」、「讀者來信專頁」等，但欄目本身已失去了對話特徵。

　　一方面，通信欄中刊載的書信數量呈遞減趨勢，以《人民文學》和《文藝報》為例，1954年至1957年的四年間，發表的通信數僅為36篇和69篇，且逐年減少，見下表：

1954～1957年《人民文學》、《文藝報》讀者來信發表情況統計表

	1954年	1955年	1956年	1957年	合　計
人民文學	19	7	7	3	36
文藝報	35	13	14	7	69

　　雖然《人民日報》在1956年為改版所寫的社論《致讀者》一文中曾提出「開展自由討論」的設想：「在我們的報紙上發表的文章，雖然是經過編輯部選擇的，但是並不一定都代表編輯部的意見。——這不是說代表編輯部的意見就不可以討論，而是說，我們發表的某些文章的某些觀點跟編輯部的有所不同，這些文章的作者的觀點彼此也不同，這種情形希望讀者認為是正常的」。但是，這種美好的願望並未變成現實，欄目中的主要內容多是讀者提出自己工作和生活中的各種困難和疾苦，而非發表自己對社會問題、國家大事的個人觀點。這樣一來，通信欄充當了政府信訪部門的職能，寫信成為讀者解決自己實際問題的一個渠道。因此，這時的通信欄雖然從讀者方面而言可能具有較強的實用功能，但其本身缺乏交流和對話，更談不上思想爭鳴。畢竟，在一個思想禁錮、言論空間狹窄的時代，讓讀者直接發表自己對各種社會問題、國家大事的個人觀點，較之衹是直接訴說自己的疾苦，更困難也更敏感。很多知識份子則由於親眼目睹或領教了一場場的文藝政治化的批判場面，猶如驚弓之鳥而不得不選擇明哲保身、沉默不語，那些表達真實意見、交流情感或者具有批判精神的通信自然就銷聲匿迹了。而在「文革」期間大多數文學期刊更是被迫停刊，也就不存在什麼通信欄了。

　　另一方面，在政治性凌駕於文學性之上的年代，政治運動造成了文學的

〔註36〕孫旭培《無產階級為爭取新聞自由而鬥爭》，
　　　　http://www.cddc.net/shownews.asp？newsid=2239，2002-8-29。

盲從，「十七年」文學史中不乏編輯篡改甚至僞造讀者來信的例子。1950 年 1 月 17 日《人民日報》第 6 版「人民園地」欄登載了題爲《街頭詩、畫的思想性》的讀者來信，批評某地宣傳工作出現「不合政策和不負責任的現象」，並嚴厲要求「負責宣傳工作的機構和這些詩畫的作者對以上的批評作公開的檢討」。然而，僅僅幾天之後，2 月 4 日同一欄目就刊出了編者的檢討：「我們處理這稿子時，感到沒有寫明什麼地點以及『很多單位……』一語範圍太廣，易使人把局部的現象看成普遍的現象，於是根據稿末的『十二月二十七日於石門』及作者通訊地址，就在文章開始的地方加上了一個石家莊。把石家莊一個學校的『很多單位』寫成石家莊市，這已經是錯了；但是更錯的地方，卻還是我們連帶把『都在趕製』改成『出現了』，這就與事實完全不符了。」再如《人民日報》1951 年 6 月 10 日發表了題爲《蕭也牧創作的一些傾向》的評論文章，批評蕭也牧《我們夫婦之間》、《海河邊上》等作品，認爲其「依據小資產階級觀點、趣味來觀察生活，表現生活」。6 月 25 日出版的《文藝報》第 4 卷第 5 期中就赫然發表了「讀者李定中」的來信《反對玩弄人民的態度，反對新的低級趣味》呼應前文對蕭也牧的批判，來信寫道：「我是喜愛文藝的，但是對於文藝理論，我平日少研究；可說一竅不通，寫批評，我更不會」。《文藝報》的「編者按」特別強調「特別希望能多收到這樣的讀者來信」。但是，1983 年，由人民文學出版社編輯出版的《雪峰文集》（人民文學出版社，1983 年）的第 3 卷中卻全文收入了這篇文章，原來「讀者李定中」就是《文藝報》的編輯馮雪峰本人。

　　文化大革命結束後，報刊業的發展進入了空前繁榮的時期，通信欄也隨之開始了復興。1970 年代末至 1980 年代前半期是報刊發展最爲迅猛的時期。以期刊爲例，1978 年我國期刊品種只有 930 種，到 1985 年已發展到近 5000 種，到 1988 年底我國正式期刊總數已達 5865 種。期刊的發行量也增長迅猛，由 1978 年的年總發行約 7 億冊猛增到 1988 年的 25 億冊。〔註 37〕這時報刊界首當其衝，發起了全國性的思想解放運動，不計其數的讀者來信成爲思想解放的一個有力證明，表明了人民群眾對思想解放的渴望。1977 年 11 期《人民文學》於頭條位置刊發了劉心武的短篇小說《班主任》，之後在社會上引起了空前絕後的巨大社會反響，讀者來信多得天天用麻袋裝。1979 年舉行的全國

〔註 37〕楊文利《三十年回首期刊路——新時期以來我國期刊業的發展及特點》，載《出版廣角》2008 年第 6 期。

首屆短篇小說評獎中，《人民文學》共收到讀者來信 100751 件，登記辦公桌上讀者來信堆積如山，為此編輯部不得不專門派出兩個工作人員，把長條桌子拼起來，以便唱票。公眾從《人民文學》中得到的社會資訊甚至超過國內任何一家媒體。〔註38〕1980 年《中國青年》第 5 期發表了一封署名「潘曉」的讀者來信《人生的路呵，怎麼越走越窄……》，從而在全國青年中引起了一場空前規模的關於人生觀問題的大討論，近一年當中，編輯部收到的讀者來信竟達 6 萬封之多。「潘曉討論」在中國當代的媒介史上第一次彰顯了媒體的社會影響力，也是中國媒體從政治層面回歸到社會層面的開始，在當代中國社會及媒介變遷史上都具重大意義，通信欄的發展也由此開始走向復興期。

三、當代通信欄的三大發展趨勢

　　1990 年代，報刊業轉入穩步發展階段，報刊的種類及發行量均大幅度劇增，期刊的內容也更加豐富、分工更加趨向細化。這一時期，報刊傳媒也逐步開始與市場接軌、與世界接軌，市場化程度不斷提高，報刊編輯理念也隨著改革走向開放，在保證正確輿論導向的前提下以不同的形式，力圖給受眾提供日漸寬鬆的言說環境和空間。總體說來，這一時期，報刊通信欄的發展呈現以下三大趨勢：

　　第一，疑難問答的服務板塊。《新聞周刊》前執行主編鍾誠曾提出了報刊編輯的「十字架」理論，他認為十字架的核心和基礎是「資訊管家」、「時事顧問」和體現「意見領袖」的評論和專欄。這三個由下到上構築了雜誌的主體部分，同時又伸出了兩翼，一翼是「視覺版塊」，保證圖片的精美度；另一個則是「服務版塊」，提供和讀者交流的場所。〔註39〕作為當代報刊的一大附加功能，讀者往往希望報刊能幫助自己解決一些在現實工作、生活中的遇到的難題，作為編者如果能夠給予必要的幫助，不僅能很好的促進傳播者與受眾的關係，同時也能增加傳播媒介在受眾中的影響，由此衍生出了通信欄的信箱功能。很多當代報刊都開設了類似於鄒韜奮主持的「讀者信箱」的通信欄，編者對讀者的疑問——予以解答，以此作為報刊向讀者提供的福利。但

〔註38〕崔道怡《〈班主任〉何以引發巨大反響》
　　　　http://www.ccdy.cn/pubnews/483096/20081013/556047.html，2008-10-13。
〔註39〕《鍾誠：時政類周刊的內容策劃和運作模式》
　　　　http://www.artist.org.cn/student/1/cma/cmpl/200210/45748.html，2002-10-12。

在來信內容上，卻迥異於鄒韜奮時期的讀者信箱，表現出鮮明的個人性色彩。讀者諮詢的大多是與情感、婚戀、成長、就業等有關的問題，而較少有人談論政治和國家大事。而在編者為讀者服務的同時，廣大讀者對報刊提出的要求和所做出的反應，也促進了報刊工作的改進和提高。

第二，交流互動的讀者來信欄。正如本頓・雷恩・帕特森（Benton Rain Patterson）所指出的主編可以運用兩種方法幫助建立和發展讀者對期刊的忠誠度，其中之一種即為致主編的信。通過讀者調查顯示，對於所有期刊而言，這是讀者最喜歡的內容之一。〔註40〕因此，很多報刊都將「讀者來信」、「熱線」等欄目放在首要位置，作為報刊與讀者互動交流、瞭解讀者需求、密切讀者感情、培養讀者對刊物忠誠度的重要方式和手段。讀者來信欄的設置，一方面體現了報刊對讀者的高度重視，成為增強讀者忠誠度的一個重要方式和手段。在市場體制下運作的當代報刊，一個重要理念就是以市場為基準，讀者就是上帝成為報刊的共識。以文學期刊為例，很多期刊紛紛改版，重整旗鼓，力圖將「原先單一的文學品牌打造成文學與市場的雙重品牌，使之既不喪失文學品位又擁有越來越廣泛的市場和讀者群」。〔註41〕《北京文學》的辦刊宗旨即強調「為讀者辦、為讀者服務、讓讀者喜歡」，為了拉近刊物與讀者的距離，讓讀者參與辦刊，改版後的《北京文學》還在扉頁上開闢了「熱線」，讀者可對感興趣的乃至崇敬的作家提出各種提問，再由編輯出面請相關作家回答；每期雜誌最後的「紙上交流」欄目，更是為讀者品評刊物、作家、文學現狀等提供了暢所欲言的場所。《人民文學》也在 2002 年創刊 55 周年之際，舉辦了全國性的徵選榮譽讀者的活動，以「答謝廣大讀者對《人民文學》的長期支持與厚愛」，「建立一條穩定的與讀者進行交流的渠道」。其官方網站「人民文學網」（http://www.rmwxzz.com）正式開通後，還特別開設了「讀編互動」欄目，鼓勵和歡迎讀者發表看法和提出建議。而《當代》雜誌的「編讀往來」欄目辦得更是十分紅火。隨著通訊手段的高度發展，《當代》推出了「《當代》文學拉力賽」欄目，讀者可以通過 email、傳真及電話、信函投票的方式推選自己心目認為的最佳作品。不僅如此，欄目還選登了大量的讀者來

〔註40〕 〔美〕本頓・雷恩・帕特森（Benton Rain Patterson）、科爾曼・E・P・帕特森《期刊編輯》，崔人元譯，河北教育出版社，2004 年，第 131 頁。

〔註41〕 《《北京文學》——篇篇好看，期期精彩》
http://www.medialeader.com.cn/leader/200609/20060921211154_1842.html ，
2006-9-21。

信，這些來信大多為普通讀者的感性評論，雖然不專業，但真實、細膩，言之有物，其具有的重要價值不容忽視。

　　但是，另一方面也要看到當代報刊在欄目設置時的商業考慮。欄目選登的讀者來信中往往充斥著大量讚美與鼓勵之詞，從而成為「活」廣告，其具有的「磁場」效應，更能吸引其他讀者的訂閱。例如《讀者》雜誌在扉頁上刊登的讀者來信就無一例外地對雜誌讚不絕口，大談《讀者》對自己心靈和成長的重要影響，表達對《讀者》的追隨與感激，如《讀者》「告訴了我關於人生、生命、理想、生活等我一直困惑不解的問題」〔註42〕等等。這些堪稱廣告的讀者來信，它的首要功能恐怕就是對該雜誌的推銷與宣傳，讀者來信欄在很大程度上衍化成為了媒體利用受眾心理借助讀者口徑進行二次傳播的一種工具。更為重要的是，在這樣的欄目定位下，很多報刊的讀者來信欄都僅限於單純的讀者來信的選登，沒有或少有編者的回覆，也沒有其他讀者加入探討，自然就難以形成對話。更有甚者，如上述的《人民文學》官方網站「人民文學網」（http://www.rmwxzz.com）上推出的「讀編互動」欄目，其立意固然好，但該欄目卻形同虛設成為了一種擺設。欄目中僅有的 45 條留言，多是希望能夠在刊物上發表文章的準作者的詢問投稿格式、稿酬、稿件採用情況等的資訊類諮詢。或許是因為讀者提出的問題太幼稚，欄目中竟然沒有一條編者的回覆。一位名為 tiger1986520 的用戶便發表帖子質疑「為什麼都沒有編輯來留言呢，讀編互動虛設」，並附言「哎，傷害讀者的心了！」還有一位網友寫道：「你們的編輯敬業精神太差了。作者投了稿，永不給回信。資訊如此發達，簡單得很嘛。希望在這方面有所改進。」另一位網友也表示同意該觀點，認為「作者向一個刊物投稿，說明作者對這本刊物的喜愛和信認。刊物編輯不給作者回信，說明編輯對作者的冷漠和輕視。從前的刊物不是這樣，稿件用與不用，是一定得給作者回信的」。比起「五四」時期編者用「全副精神」有問必答、一信多覆的情形，那個眾聲喧嘩的通信欄已經一去不復返了。因此，儘管 21 世紀被稱為「讀者時代」，讀者是上帝，是指揮棒，當代報刊也前所未有地重視到讀者的主觀能動性，但這並不意味著對通信欄目的優化利用。通信欄的發展需要編者或欄目主持者的大力付出，需要他們對話題的精心組織與積極引導。否則欄目只侷限於讀者單方面的對報刊的監督、糾錯和補充，那麼讀者只能是欄目中的配角，通信欄也只能停留在可有可無的地位。

〔註42〕「讀者來信」，載《讀者》2002 年第 9 期。

　　第三,批評論爭的言論版。言論版是現代國際報紙言論的一種成熟的形式,「從世界範圍來看,彙集著社論、讀者來信與專欄文章等多種言論的言論版,實際上可能已經無分主流與非主流、大報與小報、東方與西方,而成為當今國際報紙的普遍規範和制度,有著基本的、穩定的格局。」﹝註43﹞近年來,隨著我國社會需求和自身的市場化運作,報紙的言論版也受到高度重視並日趨成熟。很多報刊紛紛開設了言論版,比如《中國青年報》的「青年話題」欄目、《南方周末》的「視點」和「百姓茶坊」欄目、《北京青年報》的「每周評論」欄目、《檢察日報》的「法治評論」周刊、《北京晚報》的「新聞快說」欄目、《南方都市報》的「社論版」對頁、《人民論壇》的「三人行」欄目、《新京報》的「社論/來信」版和「評論」版《京華時報》的「聲音」版等等。言論版為了節約篇幅大都省略了書信的格式,但卻保留了明顯的書信特徵,比如往往僅有三言兩語,沒有完整的結構,也沒有完整的論證,但卻直言不諱、言之有物。「五四」報刊通信欄所開創的多重對話的精神在當代報刊的言論版得以貫徹和發揚。

　　1980 年,聯合國教科文組織國際交流問題研究委員會在報告中指出:「負責管理交流工具的人應該鼓勵他們的讀者、聽眾和觀眾在資訊傳播中發揮更加積極的作用,辦法是撥出更多的報紙篇幅和更多的廣播時間,供公眾或有組織的社會集團的個別成員發表意見和看法。」﹝註44﹞當代報刊「開門辦刊」的理念使言論版的對話性得到鮮明的體現,既容納了來自社會不同階層和不同群體的聲音,又體現了不同觀點的激烈交鋒。如《中國青年報》的「青年話題」欄目便致力於建構真正帶有交流、對話性質的公眾論壇。該報在發刊詞中寫道:「關鍵是『不同』。『不同』的價值在於,它不僅包含著新聞媒體求新求異的運作和讀者求新求異的閱讀規律,更重要的意義是:思想進步可能就孕育在『不同』之中,而相同只能使我們停在原地。」﹝註45﹞該報總編輯李學謙指出,這個版旨在追求「大嘴小嘴都說話」,專家學者的幾千字的分析文章能登,一個農民的一封幾百字的來信也能登。特別是設立「不同觀點」這樣一個欄目重視觀點的衝突,讓社會上不同利益的人,讓批評者和被批評者在一起說話。對此,《人民

﹝註43﹞ 馬少華《交流與爭議——國外報紙言論版評述》,載《中國記者》2004 年第 12 期。
﹝註44﹞ 轉引自胡正榮《傳播學總論》,北京廣播學院出版社,1997 年,第 289 頁。
﹝註45﹞ 《發刊詞》,載《中國青年報》1999 年 11 月 1 日。

日報》編輯陳家興評論道：「話題的內容無疑是『熱』的，多是圍繞社會生活中剛剛發生的、頗為讀者關注的事件、人物指點評說。話題文章不淺不深也不俗，易為讀者閱讀和接受，不知不覺中就會讓讀者喜歡上並逐漸培養出一種『我也想說』的興趣。因此，廣大讀者的支持與參與是話題類欄目板塊『火爆』的根本所在。它們的興起，正是『讀者辦報』的一個具體體現，也是與廣大讀者參與社會生活、發表意見看法的意識分不開的。」〔註46〕「逐漸培養出一種『我也想說』的興趣」，正是言論版作為公眾論壇的意義所在。改版後的《南方周末》的「讀者來信」欄同樣試圖建構一個眾聲喧嘩的公眾論壇，表現出對不同意見的呼喊與渴望，「誠約大家、小家都來這裡吵架」。〔註47〕因為「社會利益是多元的，要想某一部分的利益不被放大，某一部分人的聲音不被擴張的話，那麼只有一個，那就是媒體本身也是多元的，不同的媒體可以代言不同利益人的聲音，整個社會就在一個多元、平衡的狀態中」。〔註48〕再如《人民論壇》的「三人行」欄目的開設，編者寫道：「『編讀往來』欄目開辦幾期以來，受到了讀者的好評，這次我們對『編讀往來』欄目進行了改版，更名為『三人行』欄目，子曰：『三人行，必有我師焉』，開辦『三人行』欄目的目的就是為讀者、作者及編者『三人』架起一座溝通的橋梁，實現『開門辦刊』的理念」。「刊登持有不同立場與觀點的文章是我們的職責，只要作者的觀點言之成理，且不違反法律與道德，我們都願意為其提供話語平臺，正所謂是『兼聽則明，偏信則暗』」。〔註49〕這些欄目大都刊發了一些與本報主打言論向左的讀者來信，「這樣的嘗試，從一般看法上是不利於本報權威性的，但它是報紙言論版的一種胸懷，一種對讀者的坦蕩姿態。這方面的自覺實驗，恐怕要期待於報業競爭使報紙更近一步接近讀者的市場壓力」。〔註50〕

　　與西方報紙言論版致力於對衝突性氛圍的營造相比，中國報刊的言論版更強調於衝突中求和諧。西方國家的言論版，尤其是讀者來信與社論、專欄

〔註46〕陳家興《傳媒「話題」熱——中國青年報「青年話題」版述評》，載《人民日報》2000年7月15日。

〔註47〕吉東波《「吵架」才更有看頭》，「讀者來信」，載《南方周末》2007年10月18日。

〔註48〕李文凱《博弈時代的新媒體》，「讀者來信」，載《南方周末》2007年10月18日。

〔註49〕「編者的話」，載《人民論壇》第17期，2006年9月1日。

〔註50〕馬少華《衝突與寬容的言論生態——中美報紙言論版的比較研究》，載《國際新聞界》2002年第3期。

文章之間，往往強調一種觀點的衝突性。較為典型的如《今日美國》的社論版，每期在突出位置刊登「今日論爭」：一篇為「我們的觀點」（Our View），一篇為「反對的觀點」（Opposing View）。言論版通過對針鋒相對的觀點的選登，以實現版面的「平衡」。胡舒立在《美國報海見聞錄》一書中就提到了美國《聖保羅報》言論版編輯的平衡理念，「在刊出安執筆的社論《延長大赦期限》的次日，《聖保羅報》在社論版對頁登了一篇意見完全不同的文章《非法移民大赦該適可而止了》。這可以說是『平衡』的典型一例了」。〔註 51〕在西方國家，言論版的存在是媒介社會責任的一種集中體現，早在 1940 年代美國的新聞自由委員會便提出大眾傳播機構應擔負溝通公共消息與意見的責任，要成為意見與批評的論壇。〔註 52〕而中國報刊言論版的開設不僅在於構建了一個眾聲喧嘩的公共論壇，更旨在成為創建和諧社會的一個重要途徑。誠如子產所言「我聞忠善以損怨，不聞作威以防怨。豈不遽止？然猶防川，大決所犯，傷人必多，吾不克救也。不如小決使道，不如吾聞而藥之也。」（《左傳·襄公三十一年》）在當代多元的社會結構中，報刊傳媒提供的這樣一個暢所欲言的平臺，充分發揮了其協調各方面觀點和議論的作用，從而有利於各個階層和群體的利益平衡。言論版所帶來的參與感不僅可以使人們可以就各自的差異進行自我調整，從而達成理解與共識，而且通過彼此間差異的碰撞，還會帶來新思想、新發現與新轉變。繼中共十六屆六中全會首次提出「表達權」的概念之後，十七大報告再度把「表達權」列為中國公民的四項基本權利之一，從而為公民的表達權提供了制度化的保障。時下很多報刊言論版在兼顧發表各個層面言論的同時，還偏向一些弱勢群體的聲音和利益，這無疑是一個可喜的進步。總體說來，「五四」報刊通信欄所建構的眾聲喧嘩的公眾論壇與多重對話的交流機制在當代報刊中得到繼承與發展，特別是言論版的長足發展，體現了我國報刊傳媒乃至社會民主化進程中的一個可喜的進步，不僅影響著傳播理念、傳播功能的變化，也給中國社會各方面的發展進步帶來潛移默化的影響。

　　但另一方面，也要看到報刊傳媒至今尚未形成言論版的「主導」模式，對言論的開放度與寬容度與西方國家相比還存在著一定程度的差距。並且，隨著大眾傳媒、互聯網路的高速發展，其方便操作、隨時參與、即時交流、

〔註51〕胡舒立《美國報海見聞錄》，中國廣播電視出版社，1991 年。
〔註52〕參見李瞻《新聞學》，臺灣三民書局，1994 年，第 205、209 頁。

多方互動的優勢，更加凸顯了傳統媒體周期性長、互動延時等不利因素，很多互動與對話通過報刊傳媒已難以有效展開，從而失去了「五四」時期眾聲喧嘩的優越性。儘管很多報刊也採用了各種方式，如開通網站，推出手機互動等，以方便讀者隨時投稿、發表意見，但如上所述往往形同虛設，形式大於內容的現象較爲普遍。此外，通信欄目歷經長期的發展也因反覆運作而逐漸趨於程式化，欄目的可讀性與閱讀率都不容樂觀，難以呈現獨出機杼的自家風格。當代報刊通信欄如何在新媒體的衝擊中發揮自身優勢，如何實現欄目的創新，如何與其他類型的交流形式實現有效的互動，進而重塑大眾傳媒的言論生態環境，是擺在傳媒知識份子面前的一道刻不容緩的難題。

第三章 「五四」報刊通信欄的個案考察

　　本章對「五四」時期較有代表性的四份刊物的通信欄進行了重點考察。《新青年》「通信」欄作爲金牌刊物的金牌欄目，從欄目的設置、內容、編輯到文體形式都具有鮮明的特色並發揮了重要的影響。《新青年》「通信」欄的成功不僅改變了通信欄的邊緣地位，而且極大地促進了「五四」時期報刊通信欄的繁榮，爲其後通信欄的發展提供了豐富的經驗。《少年中國》的「會員通訊」欄雖然超出了月刊會務消息的範圍，但在會員思想探討、學習交流以及情感聯絡等方面卻發揮了至關重要的作用，那些充滿著個性色彩的活生生的書信成爲研究者瞭解彼時歷史的一扇最佳的窗口，而從會員通信中所窺見的「五四」知識份子的另一種交往，也是對中國知識份子研究的一種豐富。《小說月報》「通信」欄與《小說世界》「編者與讀者」欄，一雅一俗的兩份文學期刊的通信欄風格迥異：從討論的主題來看，《小說月報》重學理，《小說世界》重感受；從讀者反應來看，《小說月報》以批評爲主，《小說世界》以肯定爲主；從編者的態度來看，《小說月報》嚴肅超前，《小說世界》親切平易。

第一節　煊赫一時的《新青年》「通信」欄

　　《新青年》[註1]在中國現代文學史、思想史以及新聞傳播史上都具有舉足輕重的地位，學術界也從各個視角對《新青年》做了大量、充分的探討和研究，但是，作爲《新青年》的一個重要的金牌欄目——「通信」欄，與它所蘊涵的

<hr>

〔註 1〕　本文的《新青年》指《新青年》月刊，創刊於 1915 年 9 月 15 日，終刊於 1922
　　　　年 7 月 1 日，共 9 卷 54 期。不涉及後來的《新青年》季刊和不定期刊。《新
　　　　青年》第 1 卷時稱《青年雜誌》，第 2 卷起改名《新青年》。

重大的學術價值和意義相比，目前學術界所給予的關注和研究還是遠遠不夠的。

一、欄目概況

　　1915 年 9 月 15 日，《新青年》在創刊號中發表社告「特闢通信一門」，「以為質析疑難發抒意見之用。凡青年諸君對於物情學理有所懷疑，或有所闡發，皆可直緘惠示。本誌當儘其所知，用以奉答，庶可啓發心思，增益神志。」〔註 2〕實際上，《新青年》的「通信」欄是在之前報刊通信欄的基礎上發展起來的，尤其對於《甲寅雜誌》可謂一脈相承。〔註 3〕《新青年》的「通信」欄中發表了多篇讀者來信，反覆揭示其對《甲寅雜誌》的繼承關係。如第 2 卷第 1 號「貴陽愛讀貴志之一青年」在來信中指出「唯《甲寅雜誌》多輸入政法之常識，闡明正確之學理，青年輩受惠匪細。然近以國體問題，竟被查禁。而一般愛讀該志者之腦海中，殆為涸源中絕（邊遠省份之人久未讀該志矣），饑餓特甚，良可惜也。今幸大志出版，而前之愛讀《甲寅雜誌》者，忽有久旱甘霖之快感，謂大志實代《甲寅雜誌》而作也。」〔註 4〕在第 2 卷第 2 號中，讀者王醒儂在來信中寫道：「《甲寅雜誌》說理精闢，其真直為當世獨一無偶。昔被查禁，今出版與否尚不可知……獨惜吾輩青年，失此慈母也。繼續之任，不得不望於大志負之。」〔註 5〕第 3 卷第 3 號署名為「安徽省立第三中學校學生余元濬」的來信同樣指出「前秋桐先生之《甲寅》出版，僕嘗購而讀之，奉為圭臬。以為中華民國之言論界中當為首屈一指，不謂出僅十冊，而秋桐先生遽以國事故，不克分身及此，僕當時為不歡者累月。然不料繼《甲寅》而起者，乃有先生之《新青年》。《新青年》僕於今歲始得而

〔註 2〕　「社告」，載《青年雜誌》第 1 卷第 1 號，1915 年 9 月 15 日。

〔註 3〕　關於《甲寅》和《新青年》之間在人事譜系、欄目設置、內容傾向等方面的傳承關係，已有不少研究，可參見王觀泉《陳獨秀與〈新青年〉說述》，載《魯迅研究月刊》1999 年第 12 期。劉桂生《章士釗與〈甲寅月刊〉和〈新青年〉》，載《百年潮》2000 年第 10 期。閻銳武《〈甲寅雜誌〉與〈青年雜誌〉的淵源關係》，載《河北師範大學學報（哲學社會科學版）》2001 年第 3 期。楊琥《〈新青年〉與〈甲寅〉月刊之歷史淵源》，載《北京大學學報》2002 年第 6 期。李怡《〈甲寅〉月刊：五四新文學運動的思想先聲》，載《中國現代文學研究叢刊》2003 年第 4 期。

〔註 4〕　貴陽愛讀貴誌之一青年致記者，「通信」欄，載《新青年》第 2 卷第 1 號，1916 年 9 月 1 日。

〔註 5〕　王醒儂致獨秀，「通信」欄，載《新青年》第 2 卷第 2 號，1916 年 10 月 1 日。

讀之，乃知爲《青年雜誌》之改名。但不識彼時先生亦主任該志否？若然，則僕棄此不讀而終日爲無謂之欷噓，僕之運誠嗇矣。先生之言論風采，曾於《甲寅》見其一斑，其爲一般人士所公認者，似不勞僕再爲贊譽。」〔註6〕在《新青年》的「通信」欄中人約共有 10 封左右的讀者來信談及《新青年》對《甲寅》的繼承。不管這些來信是眞的讀者來信，還是編輯的託名，都表明《新青年》的不迴避態度。如此張揚這一繼承關係，首先表明《新青年》確實是模倣《甲寅》，具有一脈相承的辦刊思想；其次，也源於《甲寅》是當時具有相當影響的刊物，剛出道的《新青年》希望借助《甲寅》擴大影響，引起讀者的關注。儘管有《甲寅雜誌》「通訊」欄的珠玉在前，《新青年》的「通信」欄依然是報刊通信欄中運作得最爲成功的。

從欄目設置上看，「通信」欄是《新青年》中固定的專欄，而且也是在改爲季刊之前貫穿始終的唯一的一個欄目。從創刊至終刊的 9 卷 54 期雜誌中，除了其中的 8 期空缺外，〔註7〕其餘 46 期皆設有通信欄。從欄目所占的比重來看，每期的「通信」欄中都刊載了大量的通信，最多的一期，如第 3 卷第 3 期，就刊載了 25 封通信。在設有通信欄的 46 期中刊發通信總數多達 382 封，各期通信數的具體情況詳見下表：

《新青年》「通信」欄通信數量統計表

卷　　數	來　信　數	覆　信　數	合　　計
第 1 卷	14	14	28
第 2 卷	39	32	71
第 3 卷	40	35	75
第 4 卷	19	23	42
第 5 卷	29	36	65
第 6 卷	26	28	54
第 7 卷	8	5	13
第 8 卷	12	9	21
第 9 卷	7	6	13
合　　計	194	188	382

〔註6〕 安徽省立第三中學校學生余元濬致陳獨秀，「通信」欄，載《新青年》第3卷第3號，1917年5月1日。

〔註7〕 《新青年》中沒有通信欄的 8 期分別爲第 1 卷第 5 號、第 6 卷第 5 號、第 7 卷第 1、2、4 號和第 8 卷第 4、5、6 號。

　　為了更加清楚直觀地反映通信欄的發展情況，請見下面繪製的通信欄發展趨勢圖：

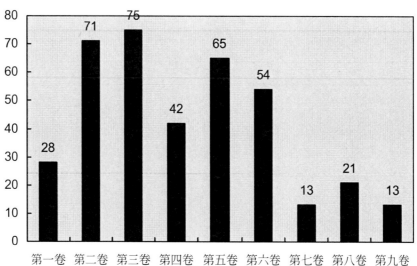

　　從中可以看出「通信」欄的發展情況大致可以分為四個階段：

第一階段：第 1 卷，通信欄處於初創期，通信數量相對較少；

第二階段：第 2～3 卷，通信欄處於高峰期，較之第 1 卷通信數量明顯巨
　　　　　增，在第三卷達到最高峰；

第三階段：第 4～6 卷，通信欄處於平穩發展期；

第四階段：第 7～9 卷，通信欄處於衰落期，欄目中通信數量大幅度減
　　　　　少，在第 7 卷、第 9 卷跌至最低谷。

　　從上表中亦可以看出「通信」欄的起落情況與《新青年》雜誌的發展走向是十分吻合的，作為《新青年》重要組成部分的「通信」欄直接體現著《新青年》的興衰變化，二者可謂息息相關：一方面《新青年》作為「民初乃至整個 20 世紀中國影響最大的思想文化雜誌」〔註8〕的巨大影響力與號召力，促進了「通信」欄的繁榮與發達；另一方面，「通信」欄作為報刊中「最生動最豐富的部分之一」，也為《新青年》的發展發揮了舉足輕重的作用。下面將按照「通信」欄發展的四個階段進行分別論述。

〔註8〕 陳平原《思想史視野中的文學——〈新青年〉研究（上）》，載《中國現代文
　　　學研究叢刊》2002 年第 3 期。

二、初創期

　　1915 年 9 月 15 日，《青年雜誌》創刊於上海，陳獨秀集編輯、組稿、主撰於一身，撰稿人以安徽籍人士占絕大數，呈現出明顯的地域色彩。初創期的「通信」欄同《青年雜誌》一樣，處於「蟄伏研求」階段，尚未顯現出自家特色。欄目中不僅通信數量、篇幅相對較少（詳見下表）。而且通信內容也以「質析疑難」爲主，但編者熱心的回覆，契合了「盡心灌輸」青年須知的新知識與新立場，誠心「與青年商榷將來所以修身治國之道」的欄目定位，強化了欄目的重要性，也吸引了越來越多的讀者對欄目的關注。

《青年雜誌》「通信」欄第 1 卷通信數量、篇幅統計表

號　數	來 信 數	覆 信 數	篇幅（頁）
第 1 號	2	2	2
第 2 號	5	4	2
第 3 號	4	4	4
第 4 號	3	3	2
第 5 號	0	0	0
第 6 號	3	3	5
合　計	14	14	15

　　創刊號中共刊登了兩封來信。第一封來信署名王庸工，信的開頭寫道：「別後聞在滬主持青年雜誌，必有崇論閎議，喚醒青年。」這既是讀者對刊物的期望，同時也是編者對刊物定位的重申，與社告中宣佈的「本誌之作，蓋欲青年諸君商榷將來所以修身治國之道」的宗旨是一致的。接著信中闡述了自己的看法：「惟近有驚人之事，則北京楊度諸人發起籌安會，討論國體問題是也。以共和國之人民，討論共和國體之是否適當，其違法多事，姑且不論。倘討論之結果，國體竟至變更，則何以答友邦承認民國之好意，何以慰清帝遜位之心，何以處今總統迭次向國民之宣誓？更可懼者，此邦官民，對於吾國國體變更，莫不欣欣然有喜色。口中雖不以爲然，心中則以此爲彼國取得利益莫大之機會，幾如歐戰發生時同一度態，此誠令吾人不寒而慄者也。」最後點明了該信的寫作意圖「切望大誌著論警告國人，勿爲宵小所誤。國民幸甚。國家幸甚。」〔註9〕這封信的眞實程度向來受到學者的懷疑，限

〔註9〕 王庸工致記者，「通信」欄，載《青年雜誌》第 1 卷第 1 號，1915 年 9 月 15 日。

於史料目前尚不能確定這封信是否為編者托寫。但是通過來信開頭的「別後聞在滬主持青年雜誌」的語句以及來信結尾處的「(後略)」字樣,可以看出編者想努力呈現的是來信的真實性。不過,無論來信的真偽,編者將其在創刊號中予以刊登,都具有一定的示範意義。編者在回信時雖然再次重申了雜誌「改造青年之思想,輔導青年之修養」的宗旨,並且強調「批評時政,非其旨也」,但是對來信中談到的國體變更的理由卻一一闡述並逐條否決:「按籌安會諸人所持國體變更之理由:一曰,共和國家,不若君憲國家之易致富強。使此理而果真也,則西班牙、意大利之富強,應駕法、美而上。予覺諸人主張君憲,猶屬過崇歐化,不若辜鴻銘之勸歐人毀壞憲章,改奉中國孔子春秋尊王之教,更覺切中時弊也。一曰,按諸中國歷史國情,前此未有民主,今之共和,倉卒定之,未經國民之討論也。竊以事物變更,必有其朔,亦未聞何國之共和,乃國民從容討論之所改定也。一曰,人民程度,不適共和,欲救中國,厥惟君憲。立憲非君主不可,君主非立憲不可。竊以立憲政治,非易業也。人民程度,果堪立憲,而謂之不適共和,誠所不解。救中國非君主不可,謹聞命矣。公等皇皇,當不逾三月。惟『非立憲不可』五字,望楊度勿忘今日之言。」〔註10〕更有意味的是,這期雜誌的《國內大事記》欄目中刊登的第一篇文章即為陳獨秀的《國體問題》。在第 1 卷第 3 號中,編者又在回覆讀者李平的來信時引申道「惟舉國上下,不許吾人以言論之自由,心知之而已,莫能吐也,希足下諒之。」〔註11〕那麼,編者言在此而意在彼,借回答讀者來信來品評時事的意圖就不言而喻了。而在第 2 卷第 1 號中,編者又發表了「貴陽愛讀貴志之一青年」的來信:「唯《甲寅雜誌》多輸入政法之常識,闡明正確之學理,青年輩受惠匪細。然近以國體問題,竟被查禁。而一般愛讀該志者之腦海中,殆為洞源中絕(邊遠省份之人久未讀該志矣),饑餓特甚,良可惜也。今幸大志出版,而前之愛讀《甲寅雜誌》者,忽有久旱甘霖之快感,謂大志實代《甲寅雜誌》而作也。」〔註12〕信中明確指出《甲寅雜誌》「以國體問題,竟被查禁」,由此不難想像創刊號中的「批評時事,非其旨也」這樣的話語背後所隱藏的潛臺詞。另一封來信署名章文治,主要

〔註10〕記者復王庸工,「通信」欄,載《青年雜誌》第 1 卷第 1 號,1915 年 9 月 15 日。
〔註11〕記者復李平,「通信」欄,載《新青年》第 1 卷第 3 號,1915 年 11 月 15 日。
〔註12〕貴陽愛讀貴誌之一青年致記者,「通信」欄,載《新青年》第 2 卷第 1 號,1916 年 9 月 1 日。

是諮詢學校問題:「皖省自二次革命後,學校全毀,韓使來稍規復十之一二。今韓去李來,學界又恐此殘喘莫保,青年學子,悵無所之。滬上學校如林,何者最優?希示一二,即當負笈往遊也。餘續白。」〔註13〕編者的答覆也比較具體:「滬上學校,率有規模,非內地可比。究以外人設立者,校規較善,而畢業可期也。就中以德人之同濟學校,美人之約翰書院,法人之震旦學院,最知名。三校尤以同濟之科學最精,分醫工二科,預科二年,正科三年。預科之前,尚有德文學校,學程四年。上海北京皆有之,中學畢業生,且能聽德文講義者,亦可考入預科也。」〔註14〕創刊號中的兩封來信是頗具代表性的:前者爲「發抒意見」,闡明觀點,並就教於編者;後者爲「質析疑難」,屬於事物諮詢,這正好契合了「本誌特闢通信一門,以爲質析疑難發抒意見之用」的欄目定位。但第 1 卷通信欄的內容在整體上還局限於後者,以讀者諮詢編者答疑爲主,詳見下表:

《青年雜誌》「通信」欄第 1 卷內容分析表

來信者	主 要 內 容	來信性質	期 數
王庸工	國體問題	討論	第 1 號
章文治	滬上學校問題	咨詢	
李平	法文學校及李石曾譯書問題	咨詢	第 2 號
王珏	自修書籍問題	咨詢	
吳勤	邏輯學書目問題	咨詢	第 3 號
李平	建議雜誌開闢介紹書報欄	建議	
李大魁	佛法問題	咨詢	
黃劍花	李石曾留法儉學會問題	介紹、建議	
穗	拳術問題	咨詢	第 4 號
沈偉啟	英文自修相關書報問題	咨詢	
張永言	對前刊文的討論;美國教育問題	討論、諮詢	
張永言	諮詢古典主義、理想主義、寫實主義、自然主義的差異問題;對前刊文的討論	諮詢、討論	第 6 號
姚孟寬	建議翻譯著作;諮詢西學研求之方、實用之道及當讀之書。	建議、諮詢	
輝選	有關科學衛生的 6 個問題	咨詢	

〔註13〕章文治致記者,「通信」欄,載《青年雜誌》第 1 卷第 1 號,1915 年 9 月 15 日。
〔註14〕記者復章文治,「通信」欄,載《青年雜誌》第 1 卷第 1 號,1915 年 9 月 15 日。

　　從上表中可以看出通信欄中諮詢性質的來信占到 90%以上,從「滬上學校如林,何者最優」之類的對學校的諮詢,到「欲閉戶自修」「又苦乏相當書籍」之類的對書籍的諮詢,可以看出當時青年對新學的濃厚興趣。讀者輝邏提出的問題則近乎「小兒科」:

> 一、吸灰塵有何害於衛生?二、常見人顏色鮮豔而有血色,頗為可愛,此果何法使之然歟?三、手指足趾上使爪因何自行脫落?四、異族結婚,後嗣多慧健,究為何故?五、運動後不即入浴乃防何種危險?六、現時各種體操繁多,究以何種於身體之康健上為最適當,可否請示其法?〔註15〕

這些問題在今天看來是再簡單不過的科學衛生常識,讀者如此鄭重地向編者提問,從側面反映出「五四」青年在科學知識上的貧乏以及對科學知識渴求。如上述第六個問題即對「體操」的疑問,就不是個別情況,當時的魯迅和周作人似乎有過同樣的疑惑。我們可以參考一封魯迅寫給周作人的信:「來信有做體操之說,而我當時未聞,故以電話問知,得長井答云:先生未言做伸伸開之體操,只須每日早晝晚散步三次(我想晝太熱,兩次也好了),而散步之程度,逐漸加深,而以不ツカルル為度。又每日早晨,須行深呼吸,不限次數,以不ツカルル為度,此很要緊。至於對面有疑似肺病之人,則於此間無妨,但若神經ノセイ,覺得可厭,則不近其窗下可也(此節我並不問,係彼自言)云云。汝之所謂體操,未知是否即長井之所謂深呼吸耶,寫出備考。」〔註16〕長井是日本醫院的醫護人員,從「我當時未聞,故以電話問知」,可知即使周作人、魯迅這樣的精英知識份子在當時對體操也知之甚少,而信末的「汝之所謂體操,未知是否即長井之所謂深呼吸耶」,說明魯迅在當時將體操誤認為「深呼吸」。精英知識份子如此就更不用說一般的讀者大眾了。再以《晨報副刊》為例,彼時就不乏對上述科學常識進行探討的文章,如《科學與吃飯》、《科學與常識》、《說衛生》、《體操的解釋》等等。其中一篇題為《衣服》的文章,不僅列舉了衣服調節體溫、防禦塵埃、防禦外傷、被覆裸體的諸多功能,甚至介紹了通氣度、溫潤、吸濕作用、染色、污染、形狀等科學知識。〔註17〕時人對科學常識的認知

〔註15〕輝邏致記者,「通信」欄,載《青年雜誌》第 1 卷第 6 號,1916 年 2 月 15 日。
〔註16〕參見魯迅 1921 年 8 月 13 日致周作人的信,《魯迅書信集》(上卷),人民文學出版社,1976 年,第 36 頁。
〔註17〕余幼塵《衣服》,載《晨報副刊》1922 年 7 月 29 日。

水平由此可見一斑。而且《新青年》「通信」欄在此後也刊發了不少讀者提倡科學、體育等問題的來信。〔註18〕所以，通信欄中這些看似毫無意義的諮詢，將其串起來，恰恰爲今天的研究者從多角度多側面瞭解「五四」，提供了一種可能性。通信欄中很多被忽略、被遮蔽的歷史經驗和細節的發掘有利於對歷史複雜性與差異性的呈現和展示。正是在這一意義上，通信欄成爲「五四」研究中不可逾越的重要部分。

相對於讀者以「學生」的身份提出各種問題，編者則扮演著「老師」的角色不厭其煩地——回答問題。雖然不少問題瑣碎駁雜，甚至尚嫌幼稚，但編者似乎毫不介意，十分耐心地對來信的提問進行回答。以讀者輝遲的上述問題爲例，編者的回答就十分詳盡具體：

（一）人身最要之營養曰血，血之新陳代謝機關曰肺，故肺之衛生不可不謹也。大凡人身及他種動物，其機能愈發達而爲重要之器官者，愈易受病焉。例如女子之乳房及生殖器機關，極爲發達而亦極易受病。男子之腦較爲發達，而受病者亦較多也。他如家畜中，馬以善走稱，而足部特發達，然馬病多在足。羊以毛貴，而多生皮膚病。豕以多脂爲上，多得貧血之症。是其器管愈發達，而受刺戟之感益靈敏，靈敏即病之原也。肺臟爲空氣中之動物，唯一營養機關。人缺飲食尚可生存至一星期之久，若無空氣，雖數分鐘不能存也。血液之小循環，（即靜脈回血由心臟之肺動脈入肺）排除舊瓦斯，gas，而吸收新鮮空氣。設空氣灰塵中，含不潔有毒之微生物，吸入肺臟，致起種種惡症。其最危險者爲肺結核，我國所稱爲癆病是也。歐美日本各國公共遊戲及建築物，特設痰盂，即預防癆病微生物，混入空氣襲人肺臟也。其他病菌由空氣傳染者極多，癆症特一例耳。普通之空氣灰塵，亦決不能使其盡絕，亦不致有害衛生。證之土木工人，及兵士生活可知矣。或曰空氣中之灰塵，既不能使之絕，而人生百年，每一時須吸空氣數千斛，灰塵入肺，而不致塞滿者何也。曰是誠絕妙之問，而造物者亦有絕妙設備，非常人所能識者。蓋動物喉部及氣管支部之粘膜細胞，有向上運動之力，曰氈毛運動。

〔註18〕如《新青年》第 2 卷第 3 號「通信」欄中讀者李平、潘贊化等的來信。

灰塵入氣管，由氈毛運至咽喉，咳吐而出，是即痰也。

（二）顏色鮮豔。不外多浴使皮膚潤潔。多吸新鮮空氣使血液清潔。其他化妝之品，徒飾外觀。然亦非男子所宜爲者。

（三）手甲足甲自行脱落之説，恐不確。余嘗見病足者，甲長二寸餘。外人譏中國人不運動，攝取我國長手甲者相片。有長至四五寸者，或因外界挫折，或勞動者終日磨減，不然似無自落之理。

（四）異族結婚，愚所最主張者也。其理由不外優劣相補而已。吾國亦有同姓相婚。其生不藩之説。中國之婚禁偏重男姓，而外國並母性而亦禁之。例如中國中表俗多爲婚，而歐美亦稱爲血族也。蓋中國之禁同姓相婚，乃出於倫理之見解。西洋之禁血族結婚，乃出於生理之見解。凡一族有一族之優劣之點，一姓有一姓優劣之點。以同族同姓優點加同種之優點則固優，以同樣之劣點更加劣點，則劣甚矣。此理至明者也。故異族異姓相婚，實爲人種進化之大原因也。

（五）運動後心臟鼓動，血行甚速，入浴亦然。恐生血充腦部卒然昏倒之病。他無危險也。

（六）運動一道，愚酷好之。吾國之拳法、日本之劍術、歐美之體操法，皆略有研究。惟人各有志。如徒欲運動筋血，強健身體，則以極易行之徒手體操爲善，老少男女皆可行也。即中國舊式之八段景亦可。必欲於運動之中，含求技之意，則爲術至不一也。〔註19〕

之所以將上述覆信内容全部摘引，意在説明編者對讀者提問的悉心答覆。不僅如此，編者與讀者之間還你尊我讓、相敬如賓。如上述通信中，讀者在來信的開頭便讚美道：「自貴雜誌出版以來，風行全國，遺澤後進，曷勝欽佩。茲見貴刊有通詢答問一欄。不竟雀躍而請教益焉。」〔註20〕編者則謙虛地表示「來示殊獎，愧甚。承詢各節，於生理衛生極有關係。愚於斯學，本未深造，年來世亂學荒，益未能詳告，茲謹就所見共研究之幸甚。」〔註21〕讀者

〔註19〕記者復輝遷，「通信」欄，載《新青年》第1卷第6號，1916年2月15日。
〔註20〕輝遷致記者，「通信」欄，載《青年雜誌》第1卷第6號，1916年2月15日。
〔註21〕記者復輝遷，「通信」欄，載《新青年》第1卷第6號，1916年2月15日。

虛心地求教，編者謙恭地回答，這使得欄目中洋溢著和諧的氣氛。編者對來信的詳細回覆也鼓舞了讀者通信的熱情，如讀者李平繼在第 2 號來信中提出問題後，在第 3 號再次出現在「通信」欄中，信中首先對編者的回覆表示了肯定，「刻於貴志二號，得讀覆言，爲述滬上法文學校，及克達二氏之學說，諄諄不倦，足見記者之熱心教誨。」〔註 22〕接著提出了自己的建議，「望貴誌特闢介紹書報欄，意味青年閱讀之南針」。〔註 23〕編者當即答覆道：「一俟擬定範圍，自當勉力以副尊望」。〔註 24〕並最終從第 3 卷第 3 號開始，開闢了「書報介紹」欄，專門介紹「西文書報」。編者的努力爲「通信」欄樹立了有問必答、有求必應的美好形象，爲欄目之後的發展打下了堅實的基礎。

三、高峰期

第 2 卷起《青年雜誌》更名爲《新青年》，〔註 25〕並宣佈成立「新青年社」，雜誌封面上標出「陳獨秀主撰」字樣。1916 年底，陳獨秀至北京大學任教，編輯部也於 1917 正式遷至北京。一校一刊的結合使《新青年》突破了地域的侷限，依託北京大學的人才優勢，雜誌在作者、讀者隊伍上都呈現出人才濟濟、門庭若市的局面。這一時期「通信」欄的發展也達到高峰期，通信的數量和篇幅較之以前成倍增加，詳見下表：

《新青年》「通信」欄第 2～3 卷通信數量、篇幅統計表

		第 1 號	第 2 號	第 3 號	第 4 號	第 5 號	第 6 號	合計
第 2 卷	來信數	8	5	7	4	9	6	39
	覆信數	7	4	6	4	6	5	32
	篇幅（頁）	10	7	8	9	8	13	55
第 3 卷	來信數	8	5	14	2	7	4	40
	覆信數	8	4	11	2	7	3	35
	篇幅（頁）	24	13	28	10	13	21	109

〔註 22〕 李平致記者，「通信」欄，載《青年雜誌》第 1 卷第 3 號，1915 年 11 月 15 日。
〔註 23〕 李平致記者，「通信」欄，載《青年雜誌》第 1 卷第 3 號，1915 年 11 月 15 日。
〔註 24〕 記者復李平，「通信」欄，載《青年雜誌》第 1 卷第 3 號，1915 年 11 月 15 日。
〔註 25〕 《青年雜誌》更名爲《新青年》的眞實原因，據汪原放敘述，是因爲《青年雜誌》與上海青年會主辦的《上海青年》刊名雷同，該會因此致函益群書社，要求其改名。參見汪原放《回憶亞東圖書館》，學林出版社，1983 年，第 32 頁。

　　除了普通讀者外,很多知名人士也加入到了「通信」欄的討論中來,文化名人所具有的號召力壯大了「通信」欄的聲勢,提升了「通信」欄的知名度,更爲重要的是,他們的思考促進了對問題的研究和深化,使通信欄顯示出不同於以往的問題意識。這其中的一個著名人士就是胡適。胡適的《文學改良芻議》向來被視爲中國現代文學的開端之作,而其文中的核心主張——「八事」,其實最早見之於《新青年》的「通信」欄。第 2 卷第 2 號的通信欄中刊載了胡適的來信,在這封來信中他提到了後來成爲文學革命綱領意見的「八事」主張。「八事」主張得到了陳獨秀的高度重視,他馬上給予了回信,對「八事」主張進行了相關討論,並發出邀請「此事務求足下賜以所作寫實文字,切實做一切改良文學論文,寄登《青年》,均所至盼。」於是,胡適再三斟酌,將他的「八事」加以修改、整理,於是有了《新青年》第 2 卷 5 號上的那篇著名的《文學改良芻議》。緊接著陳獨秀又發表了《文學革命論》。由「八事」的相關討論到胡適的《文學改良芻議》再到陳獨秀的《文學革命論》,以及其後的一系列相關討論,這些討論促進了思考的深入與成熟,共同創造了文學革命的歷史。這一過程也成爲彰顯通信欄討論功能的經典個案。

　　在內容上,鑒於第 1 卷「通信」欄中偏於事務諮詢的傾向,在第 2 卷第 1 號陳獨秀即表示:「本誌出版半載,持論多與時俗相左,然亦罕受駁論;此本誌之不幸,亦社會之不幸,蓋以眞理愈辯而愈明也。……以後如有析理辯難之文見賜,必當照錄,以資討論,否則無取焉。」〔註 26〕表明陳獨秀開始有意識地試圖削弱「通信」欄目在前一個時期的「事務諮詢」色彩,轉而爲「析理辯難」的「討論」,以期「眞理愈辯而愈明」。因此,這一時期通信欄中的討論涉及的話題各種各樣,欄目功能也逐漸由「質析疑難」爲主的諮詢轉爲「發抒意見」爲主的討論,從而拓展了「通信」欄的言論空間。除了上述的文學革命的相關探討,這一時期的另外一個重要討論主題即孔教和舊道德問題。從表格中,不難看出通信欄中進行的大量討論。

《新青年》「通信」欄對孔教和舊道德問題討論統計表

來　信　者	覆　信　者	期　　　號
常乃悳	陳獨秀	第 2 卷第 4 號
吳虞	陳獨秀	第 2 卷第 5 號

〔註 26〕「社告」,載《新青年》,第 2 卷第 1 號,1916 年 9 月 1 日。

常乃悳	陳獨秀	第 2 卷第 6 號
蔡元培	陳獨秀	第 3 卷第 1 號
傅桂馨	陳獨秀	第 3 卷第 1 號
常乃悳	陳獨秀	第 3 卷第 1 號
淮山逸民	陳獨秀	第 3 卷第 1 號
俞頌華	陳獨秀	第 3 卷第 1 號
常乃悳	陳獨秀	第 3 卷第 2 號
L.T.M	陳獨秀	第 3 卷第 2 號
劉競夫	陳獨秀	第 3 卷第 3 號
俞頌華	陳獨秀	第 3 卷第 3 號
毛義	陳獨秀	第 3 卷第 3 號
李杰	陳獨秀	第 3 卷第 3 號
錢玄同	陳獨秀	第 3 卷第 4 號
《新青年》愛讀者	陳獨秀	第 3 卷第 5 號
吳虞	陳獨秀	第 3 卷第 5 號

這一時期的編讀關係依然十分融洽，讀者踴躍來信，編者則熱心回覆。其中讀者畢雲程與陳獨秀之間的對話就頗具代表性，第 2 卷的「通信欄」中第 1 至第 4 號每期均有畢雲程的來信，其中她在第 2 號的來信中坦率地說出自己的看法，即認爲陳獨秀的思想中有「悲觀主義」的傾向，這與陳獨秀的自我定位大相徑庭，因此陳獨秀在回信中寫道「僕最反對悲觀主義者也，且自信青年雜誌未嘗作悲觀語。」〔註27〕畢雲程接著覆信對其進行了一番「心理分析」：「先生之於悲觀，心雖非之，然以先生識見之高卓，而視普通社會之卑污齷齪、苟安旦夕，自不覺悲觀之念油然而生。此雖僕之妄言。試觀先生自謂『僕無狀，執筆本誌將一載，不足動青年毫末之觀聽』。此數語，蓋爲先生悲觀之念之泉源也。」〔註28〕在畢雲程的心理分析下，陳獨秀不僅坦然承認了自己的悲觀主義，更引發了對於自己心路歷程的一段告白：「僕誤陷悲觀罪戾者，非妄求速效，實以歐美之文明進化，一日千里，吾人己處於望塵莫及之地位，然多數國人猶在夢中，而自以爲是。不知吾之道德政治工藝甚至於日用品，無一不在劣敗淘汰之數。雖有極少數開明之士，其何救於

〔註27〕獨秀復畢雲程，「通信」欄，載《新青年》第 2 卷第 2 號，1916 年 10 月 1 日。
〔註28〕畢雲程致獨秀，「通信」欄，載《新青年》第 2 卷第 3 號，1917 年 11 月 1 日。

滅亡之命運迫在目前，蓋若烈火焚居及於眉睫矣。急不擇語，咎又奚辭。惟既生斯土，聊盡我心。一息尚存，寸心不懈。此可告於愛我責我之良友者也。」〔註 29〕隨後，畢雲程再次回信加以勉勵：「以今日時局之艱危，僕豈敢妄以爲樂觀。（僕身居工商界十年，所感之苦痛，較先生尤甚。）特僕意無論時局危至若何地位，吾人之精力一日未絕，必須與此艱危之環境奮戰……」〔註 30〕這些眞摯、坦誠的往來通信一方面爲讀者呈現了一個迥異於以往慷慨激昂的駁斥康有爲、「敬告青年」的另一個更加眞實的陳獨秀，另一方面編者與讀者之間的這種平等交流也彰顯了通信欄平等對話的特徵。而讀者常乃悳以後學身份與陳獨秀辯論時，竟然顯得比陳獨秀更加冷靜，彷彿陳獨秀才是年少氣盛的年輕人。總體說來，這一時期讀者對刊物的評價仍以褒揚爲主：「備讀大志造福青年無任崇仰，又闢通信一門以爲讀者析疑辯難之助，用意良盛。」〔註 31〕「貴雜出版以來，吾青年界得一良友。提携指導，不可謂不勤矣。」〔註 32〕「讀公文而不翻然悟者，其必天下之喪心病狂者矣。」〔註 33〕……還有讀者成爲了通信欄的「常客」頻頻光顧，如讀者李平，在第 1 卷的通信欄中刊登了他的兩封來信，在第 2 卷中又有他的 3 封信，而且他題爲《新青年之家庭》的文章還刊登在「讀者論壇」中，可見其對《新青年》的關注度。

四、平穩發展期

　　這一時期的《新青年》進行了兩項重要的調整：第一，自第 4 卷第 1 號起，雜誌改組爲北大的「同人刊物」，「所有撰譯，悉由編輯部同人，公同擔任，不另購稿」；〔註34〕第二，刊物的編輯方式也發生了變化，一改先前的陳獨秀獨立「主撰」。自第 4 卷第 1 號起開始實行編輯集議制，由北大同人組成的編輯部同人共同編輯。自第 6 卷起，改行輪流主編制，由陳獨秀、錢玄同、高一涵、胡適、李大釗、沈尹默輪流編輯。所謂「眾人拾柴火焰高」，由同人共同經營的《新青年》，銷售量發生了翻天覆地的變化，最初連贈送交換加起來不過一千份，這

〔註 29〕獨秀復畢雲程，「通信」欄，載《新青年》第 2 卷第 3 號，1917 年 11 月 1 日。
〔註 30〕畢雲程致獨秀，「通信」欄，載《新青年》第 2 卷第 4 號，1917 年 12 月 1 日。
〔註 31〕師程葛致記者，「通信」欄，載《新青年》第 2 卷第 1 號，1916 年 9 月 1 日。
〔註 32〕淮山逸民致記者，「通信」欄，載《新青年》第 3 卷第 1 號，1917 年 3 月 1 日。
〔註 33〕劉競夫致陳獨秀，「通信」欄，載《新青年》第 3 卷第 3 號，1917 年 5 月 1 日。
〔註 34〕「本誌編輯部啓事」，載《新青年》第 4 卷第 3 號，1918 年 3 月 15 日。

時最高竟達一萬五六千份。〔註35〕此時的《新青年》無論是在知名度還是影響力方面，都與之前不可同日而語。這一時期的「通信」欄也隨之進入了平穩發展期，並隨著雜誌的發展進行了欄目的相關調整，展現出不同的面貌。

《新青年》「通信」欄第4～6卷通信數量、篇幅統計表

		第1號	第2號	第3號	第4號	第5號	第6號	合計
第4卷	來信數	3	4	3	4	2	3	19
	覆信數	3	4	3	4	2	7	23
	篇幅（頁）	13	12	10	20	6	8	69
第5卷	來信數	3	7	2	5	6	6	29
	覆信數	3	7	3	4	8	11	36
	篇幅（頁）	6	26	10	22	22	26	112
第6卷	來信數	7	7	5	2	0	5	26
	覆信數	7	8	4	2	0	7	28
	篇幅（頁）	14	25	9	12	0	20	80

首先，從第4卷第1號起編者根據書信的主要內容給每組通信冠以標題，從而使「通信」欄中討論的問題一目了然。這種主題化的做法，使通信欄的欄目特徵更加清晰，不僅方便了讀者的閱讀，也促進了欄目的繁榮。來往通信在內容上體現出更加鮮明的主題意識，第4卷的通信欄平均每號有3個不同的主題，到了第5卷第6卷平均每期有6個不同的主題，最多時達到8個。並且很多通信都是一信多覆，如第4卷第6號中對張厚載關於新文學與中國舊戲的討論，便有胡適、錢玄同、劉半農、陳獨秀四人的回信，充分顯示出同人編輯的優勢，推動了討論的發展以及通信欄的繁榮。

其次，在內容方面更趨於學術化，4卷以前的那些青年話題、時政話題已經少之又少，隨之增加的則是諸如新韻、漢字索引、注音字母、羅馬字、修辭學之類的學術性話題。通信內容的變化也導致了來信者的變化，以往的讀者來信明顯減少，這一時期的通信主要集中於編輯同人及朋友之間。這都使得原來的編讀互動場所變為同人的內部論壇。從中可以看出欄目定位的變化，編者已不滿足於對青年的「改造」與「輔導」，轉向選擇與同等知識水平

〔註35〕戈公振《民國初期的重要報刊》，張靜盧輯注《中國近現代出版史料》（近代二編），上海書店出版社，2003年，第315～316頁。

者進行「對話」。新文化人的這一自我調整體現在他們主持的雜誌出版方面，則更加注重學理研究，使之成為「學者社會之雜誌」（蔡元培語）整個欄目漸顯學術化的傾向，理性化、學理化的語言逐漸取代了偏於感性化的、富於個性的語言。這一時期，通信欄討論的主題集中在世界語問題、文學改革問題，國語和白話問題，其中國語和白話問題仍是承接上一階段的討論焦點。

主題之一：對世界語問題的相關討論統計表

篇　　名	來信者	覆信者	期　　號
Esperanto	錢玄同		4 卷 2 號
論 Esperanto	孫國璋	錢玄同、陶履恭	4 卷 4 號
論 Esperanto	區聲白	陶履恭	5 卷 2 號
論 Esperanto	孫國璋	陳獨秀	5 卷 2 號
反對 Esperanto	朱有昀	胡適	5 卷 4 號
中國文字與 Esperanto	姚寄人	錢玄同	5 卷 5 號
中國文字與 Esperanto	胡天月	錢玄同	5 卷 5 號
中國文字與 Esperanto	區聲白	錢玄同	6 卷 1 號
Esperanto	周祜	錢玄同	6 卷 2 號
Esperanto 與現代思潮	凌霜	錢玄同	6 卷 2 號

主題之二：對文學改革問題的相關討論統計表

篇　　名	寫信人	覆信人	期　　號
新文學之運用	俞慧殊	劉半農	4 卷 3 號
中國今後之文學問題	錢玄同	陳獨秀	4 卷 4 號
論文學改革的進行程式	盛兆熊	胡適	4 卷 5 號
新文學問題之討論	朱經	胡適	5 卷 2 號
新文學問題之討論	任鴻雋	胡適	5 卷 2 號
革新文學及改良文學	朱我農	胡適	5 卷 2 號
附答黃覺僧君折衷的文學革新論	—	胡適	5 卷 3 號
文學上之疑問三則	張效敏	吳敬恒、錢玄同、胡適	5 卷 5 號
漢文改革之討論	張月鐮	錢玄同	5 卷 5 號
文學革命與文法	周祜	錢玄同	6 卷 2 號
對於文學改革之意見二則	彝銘氏	錢玄同	6 卷 2 號
改良文學與更換文字	張耘	胡適	6 卷 3 號
關於新文學的三件要事	潘公展	錢玄同	6 卷 6 號

主題之三：對國語和白話問題的相關討論統計表

篇　　名	寫信人	覆信人	期　號
論小說及白話韻文	胡適	錢玄同	4 卷 1 號
新文學與新字典	沈兼士	錢玄同	4 卷 2 號
四聲	李錫餘	錢玄同	4 卷 2 號
句號符讀	錢玄同	—	4 卷 2 號
注音字母	吳敬恒	錢玄同	4 卷 3 號
論「漢字索引制」及西洋文學	林玉堂	錢玄同	4 卷 4 號
新文學與中國舊戲 〔註36〕	張厚載	胡適、錢玄同、劉半農、陳獨秀	4 卷 6 號
論句讀符號	慕樓	胡適	5 卷 3 號
文字改革與國語報紙	朱壩	陳獨秀	5 卷 6 號
答 Y.Z.君	—	劉半農	5 卷 6 號
橫行與標點	陳望道	錢玄同	6 卷 1 號
新文體	查釗忠	錢玄同	6 卷 1 號
修辭學的題目	黃介石	陳獨秀	6 卷 1 號
英文「she」字譯法之商榷	錢玄同	周作人	6 卷 2 號
白話詩的三大條件	俞平伯	胡適	6 卷 3 號
同音字之當改與白話文之經濟	陳懋治	胡適、錢玄同	6 卷 6 號
寫白話與用國音	郭惜黔	錢玄同	6 卷 6 號
中文改用橫行的討論	錢玄同	陳大齊	6 卷 6 號

　　從上面的表格中，我們可以清晰地看出通信欄對相關問題的討論過程，分享他們對於問題思考的感受與經過，很多重要問題正是在這種交流碰撞中中逐漸展開和發展的。

　　再次，編讀之間的關係發生了巨大轉變。這一時期刊登的讀者來信以反對意見居多，即使普通讀者也很少象之前那樣以「學生」的身份虛心請教。來信中出現了不少尖銳的批評聲，有的甚至直言不諱「鄙人近來細閱大志，似乎三卷之內容，不若二卷。而二卷新青年，猶不若一卷之青年雜誌也。進化公例，恒後來居上，而貴志反之」。〔註37〕還有讀者毫不客氣地批評道：「貴

〔註36〕張厚載與胡適、錢玄同、劉半農、陳獨秀對中國舊戲的相關討論，除了對舊戲的態度外也談到了白話改革和創作的問題。

〔註37〕顧克剛致陳獨秀，「通信」欄，載《新青年》第 3 卷第 5 號，1917 年 7 月 1 日。

誌的通信欄,不過一個雄辯場罷了,沒有一些商榷的事情,我想我們中國正有無數青年男女,要與諸君商榷種種要事,你們可以新開一欄麼?」〔註 38〕讀者不客氣,編者更不客氣。那個在第 1 卷中對諸如「滬上學校如林,何者最優」的問題都願意耐心、詳細回答的陳獨秀,那個唯恐自己的答覆不能讓讀者滿意而一再強調「儻不當尊意,尚望再示」〔註 39〕的陳獨秀,一反之前的謙恭態度,變得言辭尖銳、火氣十足。對於反對言論,陳獨秀提出了不同的應對原則:

> 本誌自發刊以來,對於反對之言論,非不歡迎,而答詞之敬慢,略分三等:立論精到,足以正社論之失者,記者理應虛心受教。其次則是非未定者,苟反對者能言之成理,記者雖未敢苟同,亦必尊重討論學理之自由,虛心請益。其不屑與辯者,則爲世界學者業已公同辨明之常識,妄人尚復閉眼胡說,則唯有痛罵之一法。討論學理之自由,乃神聖自由也;儻對於毫無學理毫無常識之妄言,而濫用此神聖自由,致是非不明,真理隱晦,是曰「學愿」;「學愿」者,真理之賊也。〔註 40〕

陳獨秀將反對之言論分等對待的策略看似合情合理,卻在實際操作中難以做到,因爲很多言論難以如此精確的劃爲等級,在陳獨秀看來是天經地義的常識的問題,在他人看來卻是需要討論的,所以往往會導致「必不容反對者有討論的餘地」之類的偏激言論。反映在通信欄中,陳獨秀的有些答覆火藥味十足,如第 5 卷第 6 號中對讀者愛真的回答,便明顯偏離了編者應有的中立立場。與之相比,錢玄同更是有過之而無不及,對不同的意見動輒冷嘲熱諷,如第 5 卷第 1 號的「通信」欄,他在給戴主一的回信中甚至使用了「野蠻人」、「尊屁」、「糞」等粗語。

但是,輪流編輯的實施使欄目中編者的回覆呈現出不同的風貌。此時,編輯同人中的胡適接演了前幾卷中的陳獨秀扮演的角色,態度溫文爾雅、謙恭有加。同樣是批評的來信,如第 5 卷第 1 號的「通信」欄中汪懋祖便毫不

〔註 38〕 Y.Z.致記者,「對於新青年之意見種種」,「通信」欄,載《新青年》第 5 卷第 3 號,1918 年 9 月 15 日。

〔註 39〕 記者復李大魁,「通信」欄,載《青年雜誌》第 1 卷第 3 號,1915 年 11 月 15 日。

〔註 40〕 獨秀復崇拜王敬軒者,「討論學理之自由」,「通信」欄,載《新青年》第 4 卷第 6 號,1918 年 6 月 15 日。

客氣地批評了《新青年》「如潑婦罵街」、「似不容人以討論」的霸道作風，但是胡適卻在回信裏誠懇地接受了批評，並表示：

> 此種諍言，具見足下之愛本報，故肯進此忠告。從前我在美國時，也曾寫信與獨秀先生，提及此理。那時獨秀先生答書說文學革命一事，是「天經地義」，不容更有異議。我如今想來，這話似乎太偏執了。我主張歡迎反對的言論，並非我不信文學革命是「天經地義」。我若不信這是「天經地義」，我也不來提倡了。但是人類的見解有個先後遲早的區別。我們深信這是「天經地義」了，旁人還不信這是「天經地義」。我們有我們的「天經地義」，他們有他們的「天經地義」。輿論家的手段，全在用明白的文學，充足的理由，誠懇的精神，要使那些反對我們的人不能不取消他們的「天經地義」，來信仰我們的「天經地義」。所以本報將來的政策，主張儘管趨於極端，議論定須平心靜氣，一切有理由的反對，本報一定歡迎，決不致「不容人以討論」。〔註41〕

第6卷第4號中面對藍公武提出的《新青年》隨意謾罵、「令人看了生厭」的批評，胡適在回信中再次引用了上述回答，並明確表示自己主張平等討論的態度。通信欄中同人態度的差異由此可見一斑。當然，陳獨秀、錢玄同二人的偏激之詞不排除有製造輿論的考慮（詳見第四章第三節的相關論述），此處的關注點不在於對二者態度的評價，而在於通過同人的巨大差異揭示出欄目編輯的多元性與包容性，而《新青年》對那些刺耳聲音的刊載本身就顯示出一種包容性。同人輪流編輯體現出不同的編者的風格，從而形成了有效的互補：儘管陳獨秀說「必不容反對者有討論之餘地」，但實際上，通信欄內卻展開了討論，而且容納了不同的意見。在陳獨秀、錢玄同等人常與讀者「對罵」的情況下，胡適的「特殊」姿態，使得很難用封閉與開放、霸道與平等這些截然對立的措詞來簡單評價這一時期的「通信」欄。因此，劉半農在給 Y.Z.君的回信中會堅稱「本誌的通信欄，本來是『商榷』性質，並不專是『雄辯』」。〔註42〕

〔註41〕胡適復汪懋祖，「讀新青年」，「通信」欄，載《新青年》第5卷第1號，1918年7月15日。
〔註42〕劉半農復 Y.Z.，「對於新青年之意見種種」，「通信」欄，載《新青年》第5卷第3號，1918年9月15日。

五、衰落期

這一時期的《新青年》發生了第二次轉型。1920 年，陳獨秀返回上海，雜誌社也隨之遷回上海，作者陣容髮生變化，李漢俊、李達、陳望道等社會主義者加入到作者和編輯的行列。同人間開始出現分裂，先前的「集體討論－個人主編」改爲陳獨秀獨立主編。1920 年 9 月，從第 8 卷第 1 號起，刊物正式改爲上海共產主義小組的機關刊物。這一時期的通信欄急劇萎縮，首先，在數量和篇幅上大量減少，而且前後 8 期出現欄目的空白，在欄目的整個發展過程中跌入最低谷，詳見下表：

《新青年》第7～9卷「通信」欄通信數量統計表

	第 1 號	第 2 號	第 3 號	第 4 號	第 5 號	第 6 號	總計
第 7 卷	0	0	6	0	3	4	13
第 8 卷	11	6	4	0	0	0	21
第 9 卷	0	2	4	4	0	3	13
總　　計	47						

其次，內容上也發生明顯轉變。隨著《新青年》從綜合性的思想評論刊物向專門宣傳馬克思主義思想的政論刊物過渡，通信欄逐漸萎縮。之前的有關文學革命的討論這時竟然一篇都沒有，轉爲「工人底時間工資問題」（7 卷 6 號）、「工人教育問題」（8 卷 2 號）、「馬克思主義與中國無產階級」（9 卷 4 號）等問題的討論，意識形態色彩越來越濃厚。而且編者的回覆也較少，而且很多來信沒有回覆，覆信率之低是前所未有的。即使回了信，信中也往往寥寥數語，心不在焉。值得一提的是，在《新青年》第 7 卷第 6 號的最後一頁有一個《新青年》1 至 5 卷的再版廣告，在這個廣告中特意提到《新青年》開手就設置「通信」一欄，「因爲通信可以隨便發表意見。所以那通信欄裏眞有許多好材料現在也還是不能不看的」。〔註43〕這也從一個角度說明了「通信」欄目對辦刊者自身的重要性。但時過境遷，發達一時的通信欄已經逐漸萎縮，「學術講究寬容、開放與自由；政治則而要信仰、認同，甚至獻身」，〔註44〕已成爲上海共產主義小組的機關刊物的《新青年》使得本應眾聲喧嘩、百家爭鳴

〔註43〕「最後一頁」，載《新青年》第 7 卷第 6 號，1920 年 5 月 1 日。
〔註44〕閻小波《南學會：空間、結構、功能及影響——讀〈中國近百年政治史〉（1840—1926）》，載《中國圖書評論》2006 年第 10 期。

的通信欄失去了存在和發展的土壤，並最終伴隨著《新青年》的終結而成爲歷史的煙雲。

　　作爲金牌刊物的金牌欄目，《新青年》「通信」欄從欄目的設置、內容、編輯到文體形式都具有鮮明的特色與重要的影響。第一，通信欄中內容極其豐富，大到文學如何改良、孔教是否該批，小到《金瓶梅》如何評價，橫行與標點是否當行，還有世界語的提倡、英文「She」字譯法之商榷等，幾乎涵蓋了「五四」新文化的各個子命題。可以說，通信欄是整個刊物的靈魂，對這些重要問題的討論都是在通信欄中提出並展開的，〔註 45〕顯示出鮮明的問題意識。第二，通信欄是主撰及編者部同人合力經營的品牌欄目，所謂「眾人拾柴火焰高」，編輯部同人的參與一方面保證了通信欄的正常運行，使欄目一直能夠保持回信與來信同步刊發甚至一信多覆的狀態；另一方面，編輯部同人之間不同的編輯理念又可以形成互補，既容納了感性、偏激的言論，又於眾聲喧嘩中展露了思想的鋒芒，從而爲欄目中營造了多重對話的言論空間，使之成爲《新青年》「最生動最豐富的部分之一」。第三，通信欄文體初露鋒芒，《新青年》「通信」欄不僅提供了多元差異的對話語境，並因此催生出新的文章體式「通信」。如陳平原教授所指出的，「通信」作爲一種「思想草稿」，〔註 46〕既允許提出不太成熟的見解，又便於彼此意見的交流，成爲「五四」時代的一種對話方式。最後，也是最爲重要的是《新青年》「通信」欄所引發的「暈輪效應」，《新青年》「通信」欄的成功，不僅改變了通信欄的邊緣地位，而且極大地促進了「五四」時期報刊通信欄的繁榮，爲其後通信欄的發展提供了豐富的經驗。通信欄的兩大內容——質析疑難與發抒意見，成爲日後報刊通信欄發展的兩大趨勢：以質析疑難爲主的通信欄發展成爲信箱之類的諮詢板塊；而發舒意見爲主的通信欄則發展成爲了眾聲喧嘩的言論版。

第二節　同聲相應的《少年中國》「會員通訊」欄

　　「會員通訊」是《少年中國》月刊的一個重要欄目，這些通信雖然超出了月刊會務消息的範圍，但是在會員思想探討、學習交流以及情感聯絡等方

〔註45〕中共中央馬克思、恩格斯、列寧、史達林著作編譯局研究室編《五四時期期刊介紹》（第 1 集上），三聯書店，1979 年，第 40 頁。
〔註46〕陳平原《思想史視野的文學——〈新青年〉研究（下）》，載《中國現代文學研究叢刊》2003 年第 1 期。

面卻發揮了至關重要的作用。如果說其他報刊的通信欄主要反映的是精英知識份子與普通讀者的對話，那麼《少年中國》的「會員通訊」欄則成為「五四」精英知識份子之間的一份對話備忘錄。會員間飽含著深情的通信，記錄下了生活在那個年代的知識份子對理想的追求與探索，反映了知識份子群體間互相切磋、砥礪學行，同聲相應、同氣相投的深厚友誼，也再現了他們心中曾有過的孤獨與苦悶、彷徨與困惑的銘刻著時代烙印的心路歷程。這些充滿著個性色彩的活生生的文字成為今天的研究者瞭解彼時歷史的一扇最佳的窗口，而從會員通信中所窺見的「五四」知識份子的另一種交往，也是對中國知識份子研究的一種豐富。

一、欄目概況

少年中國學會於 1918 年 6 月 30 日，由王光祈、曾琦、李大釗、周無、雷寶菁、陳愚生、張尚齡等七人在北京發起，於 1919 年 7 月 1 日正式成立。它是「五四」時期影響最大、會員最多、分佈最廣、歷史最長的重要社團，《少年中國》（月刊）作為少年中國學會的機關刊物，於 1919 年 7 月 1 日在北京創刊，1924 年 5 月停刊，共出四卷，每卷 12 期。內容主要分為兩大部分：一是會員所寫的自然科學、文學、社會學和哲學論著；另一部分是會務報告、會務消息和會員通訊。「會員通訊」是《少年中國》月刊的一個重要欄目，每期都刊發了大量的會員通信，4 卷共計刊發通信 152 封，詳見下表：

《少年中國》「會員通訊」欄通信數量統計表

	第 1 卷	第 2 卷	第 3 卷	第 4 卷
第 1 期	9	5	2	3
第 2 期	20	6	2	5
第 3 期	8	6	1	3
第 4 期	2	1	3	1
第 5 期	5	2	3	3
第 6 期	10	3	3	2
第 7 期	5	2	0	3
第 8 期	0	1	3	1
第 9 期	4	2	2	0

第 10 期	1	2	0	0
第 11 期	7	2	0	0
第 12 期	5	1	3	1
合　計	76	33	22	21

　　《少年中國》的「會員通訊」欄限於發表學會會員之間的通信，[註47]
欄目名稱雖然爲「會員通訊」，但從具體內容上看，除了眞正意義上的關於少
年中國學會的會務通訊，如雜誌的內容、叢書的翻譯與出版、組織的發展、
活動的開展等等，更多的則是會員之間暢談理想、砥礪學行、傾訴感情的對
個人生活、學習及情感狀態的記載，猶如個人心路歷程的記錄。宗白華在《少
年中國學會回憶點滴》中特別提到「據聞讀者尤愛看會務消息及會員間的通
信」，黃仲蘇也專門談及「會員間來往通訊，討論修養、科學、政治活動及一
般社會問題之函件，載在《少年中國》月刊者，皆親切感人，尤爲當時一般
青年所爭誦者也。」[註48] 這些通信雖然超出了月刊會務消息的範圍，但是
在會員思想探討、學習交流以及情感聯絡等方面卻發揮了至關重要的作用。

二、「創造的想像」

　　少年中國學會的會員有一個共同點就是都滿懷著改造社會的理想熱誠，
「會員通訊」中就刊載了很多會員間交流思想的通信，這裡以其中討論的一
個重要主題——「小組織」的提倡與建構爲例。這是一個充滿了創造力的烏
托邦想像，《少年中國》的會員們對其進行了極其認眞的思考與討論。爲了突
出這一主題，《少年中國》在第 2 卷第 2 期中特意將相關會員通信冠以「討論
小組織的問題」的標題，左舜生、王光祈與宗白華是其中的重要參與者。

　　1919 年 7 月，少年中國學會南京會員左舜生在《時事新報》上發表了題
爲《小組織的提倡》的文章。在這篇文章中，左舜生針對「觀得人格的價值，
要設法增高他，並且永遠保全他不墮落」、「出了學校，再想向學術上努力，
求同志的互助」、「覺得現在生活方法的不良，要實行改善」、「想下死工夫與

〔註47〕《少年中國》第 2 卷第 4 期的會員通信中曾對此作過專門討論：「此間同人以
　　　　爲『會員通訊』欄不必登入非會員之信。若有對會外通信必須登者，可另開
　　　　『通訊』一欄。」但是也有例外，如第 1 卷第 4 期中刊登了署名爲「MR」的
　　　　讀者致少年中國學會全體成員關於婦女問題的一封長信。
〔註48〕黃仲蘇《王光祈與少年中國學會》，王光祈先生紀念委員會編《王光祈先生紀
　　　　念冊》，文海出版社，1936 年，第 3 頁。

惡勢力奮鬥到底」的諸君,提出了「小組織」的倡議。左舜生設想的「小組織」是「由少數同志組織的一種學術、事業、生活的共同集合體」。這一集合體需要具備以下幾個條件:(1)團員的收入爲共有財產;(2)團員應有獨立生活的能力;(3)團員不限男子;(4)團員間要互有人生觀的瞭解,精神上要歸一致;(5)團員對家庭須不負經濟的責任;(6)團員可從事職業、潛修學問或社會事業。左舜生希望通過「小組織」的試驗來彌補現代人「愚昧」、「生計的艱難」、「缺少精神修養」的三種缺陷。

文章發表後,「小組織」成爲眾多知識青年的新話題,《時事新報》副刊「學燈」開闢專欄刊載各種各樣的觀點、質疑和爭論。《少年中國》月刊也將其作爲「一個很有趣味的問題、又是一個改革生活很重要的問題」,以「討論小組織問題」爲專題在會員通信欄展開討論。王光祈在幾天後便給左舜生寫了一封長信,較之左舜生寬泛、模糊的構想雛形,王光祈在這封信中則以無比的激情憧憬著未來,描繪了一幅田園牧歌式的理想畫卷:

> 我們先在鄉下租個菜園,這個菜園離城市不要太遠,亦不要太近,
> 大約四五里路爲最宜。這個菜園不要太大,亦不會太小,只要夠我
> 們十餘人種植罷了。菜園中間建築十餘間房子,用中國式的建築法,
> 分樓上樓下兩層、樓上作我們的書房、閱報室、辦公室、會客室、
> 藏書室、遊戲室等等。樓下作我們的臥室、飯廳等等。園子西南角
> 上建築一個廚房。東北角上建築一個廁所,房子後身砌上一個球場。
> 園子周圍挖下一條小溪,溪邊遍植柳樹,柳樹旁邊就是竹籬,竹籬
> 裏頭就是我們的菜園子。〔註49〕

除了菜園子,王光祈還設想建一個平民學校,「附近農家子弟均可以到學校讀書,不納學費。我們還要常常到那些農家和他們誠誠懇懇的周旋,每逢星期,還要聚集他們開一個演說大會。散會之後,我們還要開演幻燈,或購置留音機器一架,使他們大家快活呀!」信中還詳細計劃了每日課程列表:(一)種菜兩鐘;(二)讀書三鐘;(三)翻譯書籍三鐘;(四)其餘鐘點均作爲遊戲閱報時間。在這封信中,王光祈不厭其煩地描繪著心中理想的生活學習圖景,細緻到了每一個細節。信的末尾更是以迫不及待的心情暢想著令人神往的美好未來:「我現在覺得我們新生活園裏的花兒草兒鳥兒蝶兒正在那裡盼望我

〔註49〕 若愚致左舜生,「討論小組織問題」,載《少年中國》第 1 卷第 2 期,1919 年
        8 月 15 日。

們，我們沒要再作紙上的空談了，趕快實行我們神聖的生活！」儘管如此，他所設想的「凡事徹底、毫無顧忌，埋著頭兒、大著膽兒，一直往前，決不受『衣食住』三位先生的牽制」的「最美最樂的自由世界」，依然是個可能永遠無法實現的烏托邦。很快，王光祈的「菜園」計劃就破產了，這從他與夏汝誠先生的通信中可以有所瞭解。（一）關於種菜。「每日只種兩鐘，當然不敷生活之用」，而且北京多天也不能種菜；（二）關於讀書，儻若真租下一個菜園子，不要說「讀書三鐘」、就是他們的生計也無法維持；（三）關於翻譯書籍，這同樣難以達到，少年中國學會的成員中外文能達到閱讀水平的，寥寥無幾；大多數學生連英文字母都不認識。「菜園」計劃的破產令王光祈痛心疾首，認為是「生平一樁極可恥的事」。他的想法也隨之發生了翻天覆地的轉變，由之前認為「我們奮鬥的地盤不在都市，而在農村」，轉而將目光投向了城市，開始設想「城市中的新生活」。

隨後，宗白華發表了《我的創造少年中國的辦法》一文，闡發了自己的「創造」觀並同樣提出十分詳盡的辦法。他認為小組織的提倡更多地表現為一種個體的生活方式，是不完整不徹底的，僅僅一個小組織一個菜園子是不夠的，而應該「脫離了舊社會的範圍，另向山林高曠的地方，組織一個真自由真平等的團體。」因為「中國地大物博，未開墾的山林同土地尚多，我們合一班同志，集了資本，尋找幾處未開闢的地方，創造森林，耕種平地，用最新式的農學方法同最新式的機器合力共作」。從而達到經濟獨立與文化獨立，完全脫去舊社會的惡勢力圈。然後，通過「從實業與教育發展我們團體的經濟與文化，造成一個組織完美的新社會。」並在做事餘暇，多作書印報，「發闡我們團體組織的辦法、生活的愉快，發行到舊社會中，使舊社會徹底覺悟自己的缺憾，欣羨我們的完備，自己想革新改進」。最後，通過宣傳與示範，「我們的社會組織分佈全國，使全國人民皆入於安樂愉快的生活，盡力於世界人類文化的進步。」不僅如此，還要「用我們的餘力幫助全世界的人都臻此境，以至於無疆之休。那時我們人生的責任，才可以勉強算是盡了」。宗白華的「三步走」計劃同樣條理清晰、詳盡周密，如他所言「我們現在雖不能實行，但是理想是事實之母，我既有了細密的辦法，就照了這個辦法一步一步的做去，總有達到的一日」。〔註50〕

〔註50〕宗白華《我的創造少年中國的辦法》，載《少年中國》第 1 卷第 2 期，1919 年 8 月 15 日。

　　「小組織」的提倡與實踐，深深地打上了「五四」的烙印。它閃爍著理想的光輝，體現了青年們「如初春，如朝日」般的激情和勇氣。在由王光祈起草的《吾黨今後進行意見書》中這樣寫道：「同人等欲集合全國有為的青年，從事專門學術，獻身社會事業，轉移末世風俗。……知改革社會之難而不可以徒托空言也，故首之以奮鬥繼之以實踐；知養成實力之需時而不可以無術也，故持之以堅忍，而終之以儉樸。務使全國青年志士，皆具先民敦厚之風，常懷改革社會之志，循序以進，懸的以趨。勿為無意識之犧牲，宜作有秩序之奮鬥。」「小組織」的提倡與實踐，就是這批有為青年付諸奮鬥與實踐的一項具體實績。雖然其中不乏烏托邦式的空想，某些行為在今天看來甚至有些不可思議，但對於少年中國學會的會員來說，卻並非虛幻縹緲的空想，而是「要組織起來去切切實實的做點事」，〔註51〕其所彰顯的會員們上下求索以經世致用的良苦用心，在越來越注重實用、注重眼前以及短期行為的當代社會尤為發人深省。

三、互相切磋、砥礪學行

　　「獨學無友，則孤陋而難成」，清代學者顧炎武在《與人書一》中強調了交流的重要意義，因為「久處一方，則習染而不自覺，不幸而在窮僻之域，無車馬之資，猶當博學審問，古人與稽，以求其是非之所在，庶幾可得十之五六。若既不出戶，又不讀書，則是面牆之士，雖子羔、原憲之賢，終無濟於天下。」〔註52〕事實上善於讀書治學的人大多交友廣泛，並在與朋友的討論交流中獲得收益，《少年中國》的「會員通訊」中就保存了不少會員之間交流學習心得、探討個人修養的通信。黃仲蘇曾說過少年中國學會「初非一種綱紀嚴整、規劃詳密、服從某一領袖、遵守某一主義之集團，而是一種追求光明的運動。會員莫不反對封建主義，崇尚進取，重視新知識，於各種新制度極感興趣，思想自由，不受約束，所持信仰亦不一致」。〔註53〕但是一大批學術精英聚集在一起，卻形成了一個「同聲相應，同氣相求」的學術團隊。從「會員通訊」欄的大量通信中，我們可以窺見「崇尚進取」、「思想自由」的新青年們在那個時代的求學過程與內心探索。

〔註51〕《改造聯合宣言》，「附錄」，載《少年中國》第 2 卷第 5 期，1920 年 11 月 15 日。

〔註52〕羊春秋、何嚴等編《歷代治學論文書信選》，嶽麓書社，1952 年，第 359 頁。

〔註53〕黃仲蘇《王光祈與少年中國學會》，載《傳記文學》第 35 卷第 2 期，轉引自左舜生等《王光祈先生紀念冊》，臺北文海出版社，1936 年。

　　首先，會員之間互相交換各自的情況，包括生活情況、學習進展等。如曾琦在回覆周太玄的信中詳細地交待了自己的近況以及對未來的打算：「我在前後病了三個月，眞是奄奄無有生氣，直到五月四日北京學生痛擊國賊的消息傳來，我才如飲了一付興奮劑。……至於我的行止本來已與潤璵等商定，仍回四川辦學辦報，實行曾文正（大處著眼小處下手）的辦法，從黑暗的方向打出光明來。但是接了太玄的信，知道巴黎也有我活動的餘地，又覺回川不如出國。」〔註54〕接著，他說明了「回川不如出國」的原因：「（一）因自己學問不足，還想力爭上游，求得眞實學問，才能使精神上愉快。（二）因川中尚在紛擾，回去未必能有所作爲。有此兩種原因，故決定變更前議，同夢九等一路來法。」〔註55〕再如王光祈在致時珍、鄭壽麟、吳屏諸君的信中，甚至詳細交待了每月570馬克生活費的分配，甚至列出了日用開銷的細目：「房金130馬克，早茶50馬克，午飯180馬克，晚飯150馬克，煤氣燈、服侍費、洗床鋪費，共60馬克，總共570馬克。」〔註56〕還交待了伙食情況：「早晨吃麵包、果子醬、牛奶，午飯以馬鈴薯爲主，外有湯菜兩樣（無麵包），晚飯亦已馬鈴薯爲主，亦有湯菜兩樣（仍無麵包），馬鈴薯可儘量吃飽，並無饑餓清醒，請諸兄勿慮」。〔註57〕末了還特意在括弧中加了一句「並且很好吃！」眞可謂事無鉅細、無所不談。鄭伯奇在寫給仲蘇的信中則總結了自己的思想變化：「我思想的動搖可以分爲三期：從去年九月到今正，可算第一期；從正月到陽春三月可算第二期；到現在正是第三期，但這期也快要過去了。」〔註58〕由此不難看出會員之間無話不談、親密無間的摯友情狀。

　　其次，會員之間互相交流治學方法。以曾琦致彭舉的一封信〔註59〕爲例，信中曾琦向彭舉提出了治學建議，認爲「吾人治國學，不當再用舊日章句腐儒

〔註54〕慕韓致太玄，「會員通訊」欄，載《少年中國》第1卷第1期，1919年7月15日。

〔註55〕慕韓致太玄，「會員通訊」欄，載《少年中國》第1卷第1期，1919年7月15日。

〔註56〕王光祈致時珍、鄭壽麟、吳屏，「會員通訊」欄，載《少年中國》第2卷第2期，1920年8月15日。

〔註57〕王光祈致時珍、鄭壽麟、吳屏，「會員通訊」欄，載《少年中國》第2卷第2期，1920年8月15日。

〔註58〕伯奇致仲蘇，「會員通訊」欄，載《少年中國》第2卷第1期，1920年7月15日。

〔註59〕曾琦致彭舉，「會員通訊」欄，載《少年中國》第2卷第5期，1920年11月15日。

之陳法，而應以科學方法整理之。」然後，曾琦介紹了自己在日本瞭解的研究方法，「弟往在東京，見日人之治漢學者，其見解之精確超妙，多非吾國老師宿儒所及。如『易與自然科學』『杜甫與彌耳敦』『諸子新譯』等書，直非吾國學者所能夢見，當時爲之驚歎不已」。究其原因，「皆緣彼邦漢學家，頗能通西文，解科學也」。反觀中國，「治國學者多不通西文，通西文者多不解國學」。因此曾琦提出建議：上策是「仍治英文，設法出國游學。將來能看西書，通一門科學，便可爲整理國故之助」；中策是「設法赴日本遊一二年。通日文後，一方面可看新書，一方面可購閱彼邦學者對於漢學之出版物，以資參考」；「若兩者皆有所不能，則不妨大購近時國內新出版物，以爲藉探世界學術門徑之一助」則爲下策。曾琦反覆強調「治國學不可徒處古本，必須廣閱新書」，以期「融會貫通，有所發明」。從曾琦的這封信中，我們不難體會會員之間互相促進、交流經驗的一片赤誠之心。而他所講到的治學方法，對今天的研究者仍然受用。李思純致宗白華的信中，則點評了周太玄、康白情和郭沫若的詩：

> 太玄是深思的人，他的詩洗淨了從前舊詩的精神面貌，他用細密的觀察，自然的詩筆，去寫出「自然」與「象徵」的詩，最近我往巴黎會見他，看見他的近作《一件事》，描寫的是鬧市中的一條狗，和月刊第九期登出的《黃蜂兒》，都是 Symbolish 的作品，我覺得要算我看見的新詩中最好的了。白情有詩人的天才，他的馳騁奔放，心花怒開，使人讀了非常爽快。他是膽大的，縱感情的，他尤工於景物的描繪，《桑園道中》、《暮登泰山》、《江南》等詩，雖有時借用舊詩的詞藻，但他的活鮮鮮的赤裸裸的神氣相骨，卻不是格律嚴謹的舊詩中所能有的。沫若君的，又別是一種了。他的詩，有偉大沉黑的神秘思想，我稱他爲『德國式的神秘主義』。他的《鳳凰涅槃》，命意和藝術都威嚴偉大極了。他的《天狗》一首，彷彿是一種不可思議的「宇宙力」，意志的 energy 的表象。他的作品有「哲學詩」的彩色，不可以 mysticism 輕視了他。〔註60〕

「奇文共欣賞，疑義相與析」，會員間由於彼此熟稔，其評論也更加直接、更加貼切，通信中洋溢著切磋探討的樂趣。

最後，會員之間以澄明的心靈互相勸勉，「平日務求言行一致，尤以虛僞，

〔註60〕 李思純致宗白華，「會員通訊」欄，載《少年中國》第 2 卷第 3 期，1920 年 9 月 15 日。

敷衍放縱，標榜諸惡習爲戒，聚首時每有辯論，無不面紅耳赤，據理力爭，事後則又握手言歡，不存芥蒂。」〔註61〕如已赴法留學的周無（太玄）在致慕韓（曾琦）的信中，勸他也到法國留學，並闡明了自己的理由：「一、求學在現在以國外爲住，茲不用說。更兼法國學術自由，於見之自由研究不限形式最爲適合。二、經濟一層即安坐讀書已不生問題，若願勞動勞動，尚可筆耕自給。同人長聚一處，得常收交換及分工的利益，思想及主張不致相差太遠。三、兄本有遊法志願。目下國內又無可致力，兼之所有聞見皆足增煩惱，及養病及祛愁計，亦大有益。」〔註62〕伯奇致仲蘇的信中則直接寫道「仲蘇，你的詩很清醇幽邃，望你努力去做」。〔註63〕少中會員彼此間坦誠直率、開誠佈公的評價和態度往往會成爲自我認知的一面「鏡子」。例如，田漢致仲蘇的信中就毫無忌諱地對他進行心理分析：「你莫不是一個『意弱思清多情失戀』的青年嗎？！……你說『近來心緒惡劣，常常有無以自慰的時候』，如是要求精神的慰安於智欲滿足之一途。你又說，『我眞被智識欲望騙使得苦了。』我把你這種心境用文學的話代表出來可知你是看不了現實 Reality 的醜態，想託庇於藝術之宮。」〔註64〕而且直截了當地提醒他不要成爲「The Victim of Circumstance」（環境的犧牲者）。曾琦致左舜生的信可謂對會員之間彼此勸勉的最好注解：

> 白華自言此次出國，得力於田壽昌兄之勸告，和我去年出國，得力
> 於太玄幼春的勸告一樣，我們的朋友，都喜歡互相勸勉。認爲是的，
> 便極力勸做；認爲非的，便極力勸改。絲毫不雜世俗敷衍的惡習。
> 的確是尋常的團體所少見的。我盼望大家保此「直道」，以存「正氣」，
> 庶幾不愧爲萬惡社會中的「保險團體」。〔註65〕

難得是諍友，正如愛因斯坦說，世間最美好的東西，莫過於有幾個頭腦和心地都很正直的嚴正的朋友——朋友間直言不諱、絲毫不雜世俗敷衍的互相勸

〔註61〕黃仲蘇《王光祈與少年中國學會》，王光祈先生紀念委員會編《王光祈先生紀念冊》，文海出版社，1936 年，附錄第 3 頁。

〔註62〕太玄致慕韓，「會員通訊」欄，載《少年中國》第 1 卷第 1 期，1919 年 7 月15 日。

〔註63〕伯奇致仲蘇，「會員通訊」欄，載《少年中國》第 2 卷第 1 期，1920 年 7 月15 日。

〔註64〕田漢致仲蘇，「會員通訊」欄，載《少年中國》第 1 卷第 9 期，1920 年 3 月15 日。

〔註65〕曾琦致左舜生，「會員通訊」欄，載《少年中國》第 2 卷第 3 期，1920 年 9月 15 日。

勉，正是學會會員們不斷前進的動力。

四、「把靈魂向對方敞開」

「有了朋友，生命才顯示出全部的價值。智慧，友愛，這是照亮我們黑夜的唯一的光亮」，對於羅曼・羅蘭（Romain Rolland，1866～1944）的這句話，少中學會的會員間有著更加深切的感受與體驗。少中學會的會員由於志同道合、聲氣相投而可以敞開心扉、真誠傾訴，他們之間的交流與交往也因此顯得更加親密無間。「會員通訊」欄中留下了很多感人至深的記載，這些通信就如實地記錄下了會員之間的互相傾訴與情感交流，他們在往來的書信中赤誠相待無所不談，互相鼓勵彼此撫慰，字裏行間所流露著的真實、坦誠、細膩、深厚的微妙情感令人動容。

首先，少中會員間的很多通信中都充滿了對朋友、友情的呼喚和珍惜：「這裡的朋友，不知什麼緣故。我終交不慣。他們以愈虛偽愈妙，像我這樣當然和他們『交』不起來的了。我要找像你和澤民這樣的人，簡直找不到。我恐怕在美國永遠是孤獨的人。」〔註66〕摯友難求的孤獨與苦悶躍然紙上，正如培根所說的友誼的一大奇特作用是：如果你把快樂告訴一個朋友，你將得到兩個快樂；而如果你把憂愁向一個朋友傾吐，你將破分掉一半憂愁。少年中國學會的會員們正是通過書信來傾訴情感、排遣苦悶以「使喜悅倍增，悲哀減一半」。因此，從很多簡單的書信中往往能讀出朋友之間最真誠的關心與牽掛：「你的身體尚未恢復元狀，我很擔心。你須得運動哦！！我聽說法國一般人對於運動不甚熱心，我想你們組織一個小旅行團在巴黎郊外，塞奴河邊散步散步或到 Fontaineblean 去領略自然風光，豈不很好？」〔註67〕不僅如此，會員間的很多通信中都充滿了獨語式的對自己真實情感的傾訴，用鄭伯奇的話說叫「吐心腑」。〔註68〕如王獨清在給鄭伯奇的信中談到自己曾經試圖自殺，自殺畢竟不是一件光彩的事，王獨清如此坦誠地告訴鄭伯奇，可見其對朋友的信賴。而鄭伯奇在回信中同樣坦誠相待，告知對方自己

〔註66〕張聞天《由美國寄來的一封信》，張聞天選集傳記組、張聞天故居、北京大學圖書館編《張聞天早期文集》，中共黨史出版社，1999年。

〔註67〕伯奇致慕韓，「會員通訊」欄，載《少年中國》第 2 卷第 1 期，1920 年 7 月 15 日。

〔註68〕伯奇致仲蘇，「會員通訊」欄，載《少年中國》第 2 卷第 1 期，1920 年 7 月 15 日。

也曾有過類似的經歷，並詳細描述了當時的內心想法：「暑假中，我懷抱著疑惑和煩悶，離了 M 町，我乘了一隻小汽艇，返在日本海的一小灣上，鏡一般明鏡的海，作蔚藍色與天空相映。……煩悶的迷雲依然重重壓在我的眉頭：我的心裏似乎在聽見 Lorelei 的歌唱。那時，我突然禁不住想跳下船去，心裏充滿了歡喜和說不出的甜味。我當時沒有投海，但是自殺的意味是十分有的。」〔註69〕《少年中國》「會員通訊」欄中刊載的鄭伯奇另一封寫給仲蘇的信中也交待了自己「苦悶」的近況，「仲蘇!你不是常來信說我不勤送稿子，說我『推忙躲懶』，實在我近來很苦悶，所以什麼事也沒精神去做……我近來這苦悶簡直是我思想的「總動搖」，所以什麼『自信』、『勇氣』都消沒了。好朋友!你能不對我掬一把同情之淚嗎?」〔註70〕正如若愚所說「我們生在這個萬惡社會之中，不但是要求學術上的進步，而且要求精神的快活，要不如此，可要立即得神經病，可要立刻上自殺的道上去了。」〔註71〕因此，這種苦悶尤需朋友的慰藉和安撫，需要有一種適當的方式來緩解排除，俾使內心的不安煥然冰釋。「我們不幸生在這天翻地覆水深火熱的現在的中國，再沒有甜蜜的溫暖的友情的結合，相倚相傍相接相慰，我們誰還能擔負這生的重荷呀!」〔註72〕可以說，友情是「會員通訊」欄中貫穿始終的中心線索。田漢在回憶與郭沫若通信交往的情景時，甚至認爲在通信中建立的友情，「其熱烈的程度只有在熱戀中的青年心理差可比擬」：「一封信發去後焦急地等待著他的回信，很快地厚厚的回信來了，在案頭，在被子裏，在江戶川的水邊，在戶山原的林下，興奮地讀了又讀，看了又看，趕忙又寫回信，爲著這而看書，爲著這而觀劇，爲著這而郊遊，一切爲著寫信。寫信一時成了我主要的功課。這是日本話所說的『手紙勉強』(爲著寫信用功)」。〔註73〕「其熱烈的程度只有在熱戀中的青年心理差可比擬」，可謂同人間深情厚誼的最形象的表述。

其次，友誼不僅滿足人的精神和心理需求，建立起和諧的人際關係，而

〔註69〕伯奇，「通信」欄，載《創造》季刊第 1 卷第 3 期，1922 年 11 月 25 日。
〔註70〕伯奇致仲蘇，「會員通訊」欄，載《少年中國》第 2 卷第 1 期，1920 年 7 月 15 日。
〔註71〕若愚與左舜生書，「討論小組織問題」，載《少年中國》第 1 卷第 2 期，1919 年 8 月 15 日。
〔註72〕鄭伯奇致會員同志諸君，「會員通訊」欄，載《少年中國》第 2 卷第 6 期，1920 年 12 月 15 日。
〔註73〕轉引自劉平《戲劇魂——田漢評傳》，中央文獻出版社，1998 年。

且逐步建立起自己的社交圈子。少年中國學會的會員們在通信中往往相互介紹著各自的新朋友，洋溢著「嚶嚶求友」之意。以伯奇致慕韓的一封信為例：

> 你問我王獨清如何，我給你用我從前介紹他給夢九時說一樣話：
> 「他是最好的朋友，我從來以弟視之，請你也以我待他的樣子去
> 待他！否！請你以待我的樣子去待他！」至於他的人如何，我引
> 夢九給我的信中的話來答你：「我與獨清底交情到他走底時候，感
> 情愈厚了，瞭解愈佩服伯奇之知人。」他此時怕已到巴黎了，你
> 們相處久了，自然會曉得。再請你順便告訴他一聲：「他托買的書
> 一兩天就付郵了，我不久給他有信呢。」……潤璵和時珍都請你
> 代我致意。時珍只好像有一面緣（幼椿在同濟過暑假的時候），但
> 我很佩服他，不久要和他通信。許楚僧君，聽朋友多對我講他好，
> 獨清還來信介紹過他，他現在也應在巴黎，我也很想和他通訊。
> 其次，宗白華君，不久也計劃到巴黎，我也許同他來往訊息，不
> 久就要來了。……太玄我也要給他寫信，……羅季則兄的信，年
> 假前後得到，現在還未回信對不起！煩你告訴他。……日本的會
> 員楊君歸國，芮君入廣島師範，沈懋德兄已畢業下半年來京都入
> 大學。我已和郭沫若兄通信幾個月了。他確有詩才，並且很想對
> 於文學上有所貢獻，你怕也很喜歡吧。〔註74〕

僅從這一封信中提及的其正在通信或即將通信的朋友就有十四位，即慕韓（曾琦）、王獨清、夢九（張尚齡）、潤璵（王光祈）、時珍（魏嗣鑾）、幼椿（李璜）、許楚僧、宗白華、太玄（周無）、羅季則、楊君、芮君、沈懋德、郭沫若。其中伯奇將王獨清介紹給慕韓，而王獨清則將許楚僧介紹給伯奇，可見其朋友圈的逐步擴大。而康白情在給魏嗣鑾的信中則將與朋友的交往歸為現代修養方式的一種：「我以為，我們是人，應該從事於人的生活。……我們要想成一個社會裏健全的人去征服社會改進社會，除非先把自己加入社會裏去陶冶過。……因此我的精神用乏了，便去找朋友談天或者約朋友逛園子。因為和好朋友往還，其回覆精神的功效和獨自靜養是一樣的……」。〔註75〕朋友

〔註74〕 伯奇致慕韓，「會員通訊」欄，載《少年中國》第 2 卷第 1 期，1920 年 7 月
15 日。
〔註75〕 康白情致魏嗣鑾，「會員通訊」欄，載《少年中國》第 1 卷第 3 期，1919 年 9
月 15 日。

的價值由此可見一斑，而這些真誠、坦率的通信，真正稱得上如蘇格拉底所提倡的「把靈魂向對方敞開，使之在裸露之下加以凝視」。

《少年中國》的「會員通訊」欄是頗具代表性的，如果說其他報刊的通信欄主要反映的是精英知識份子與普通讀者的對話，那麼會員通信則成爲「五四」精英知識份子之間的一份對話備忘錄。會員間飽含著深情的通信，既記錄下了生活在那個年代的知識份子心中曾有過的孤獨、苦悶、彷徨、困惑……，也記錄下了知識份子間如何互相支持、鼓勵，同聲相應、同氣相投，以及如何度過一段段苦悶時光的心路歷程。這些充滿著個性色彩的活生生的文字成爲今天的研究者瞭解彼時歷史的一扇最佳的窗口，而從會員通信中所窺見的「五四」知識份子的另一種交往，也是對中國知識份子研究的一種豐富。

第三節　風格迥異的《小說月報》「通信」欄與《小說世界》「編者與讀者」欄

1910 年 7 月，《小說月報》創刊於上海，由商務印書館主辦印行，爲鴛鴦蝴蝶派刊物。1921 年《小說月報》自第 12 卷第 1 號起由沈雁冰主編，全面改版成爲新文學刊物。「自從《小說月報》革新以後，我國才有正式的文學雜誌。」〔註 76〕兩年後，由鄭振鐸接任主編。1932 年，《小說月報》於「一‧二八」淞滬戰爭時停刊，先後共計 22 卷 262 期（包括增刊 4 期），是中國第一個大型新文學刊物。1923 年 1 月 10 日，《小說世界》在商務印書館編譯所所長王雲五的支持下創刊於上海，由商務印書館出版、發行。原爲周刊，自 1928 年第 17 卷第 1 期起，改爲季刊。周刊每季爲 1 卷，季刊每年爲 1 卷。從創刊至 1926 年 12 月停刊，共出版 18 卷，計 264 期。前 12 卷由葉勁風主編，後 6 卷由胡寄塵主編。

《小說世界》是商務印書館繼《小說月報》改組革新後出版發行的，究其原因主要有兩點：一是爲了籠絡鴛鴦蝴蝶派作家，如章錫琛在《漫談商務印書館》中寫道：「爲了籠絡這批文人，專事收容他們的稿件，別創《小說世界》半月刊，〔註 77〕由王雲五的私人葉勁風編輯。」〔註 78〕二是爲了辦

〔註 76〕葉聖陶《略談雁冰兄的文學工作》，孫中田、查國華編《茅盾研究資料》，中國社會科學出版社，1983 年。

〔註 77〕此處章錫琛記憶有誤，《小說世界》前 16 卷爲周刊，後兩卷改爲季刊。

〔註 78〕章錫琛《漫談商務印書館》，商務印書館編《商務印書館九十年——我和商務

一個一般人能夠看懂的通俗讀物，以彌補《小說月報》的不足。茅盾在《我走過的道路（上）》中寫道：「早在一九二二年夏初，王雲五對我和鄭振鐸說，他們（指他及商務當權者中間的死硬頑固派）想辦一種通俗刊物，名《小說》，並鄭重聲明：《小說月報》方針不錯，萬無改回來之理，但《小說月報》有很多學術性的文章，一般人看不懂，現在他們要辦個通俗性的《小說》，一面是要吸引愛看《禮拜六》一類刊物的讀者，為掃除這些刊物作釜底抽薪之計，一面也要給《小說月報》做個梯子，使一般看不懂《小說月報》的讀者由此而漸漸能夠看懂。」〔註79〕因此，《小說世界》的創刊既是對《小說月報》曲高和寡的一種互補，也是對其所流失的讀者市場的一種挽救。一雅一俗的兩份文學期刊都設置了通信欄，以此可見在文學報刊運作實踐中，編者與讀者良好的互動與對話在當時已經受到一定程度的重視。但是兩個欄目又表現出不同的風格。對二者進行比較研究，應該是一件非常有意義的工作。

一、欄目概況

改版後的《小說月報》自第 2 號起即開設了通信欄，欄目名稱初為「通訊」，從第 13 卷第 1 號起改為「通信」，並一直延續到第 14 卷。欄目中刊發了大量的往來通信，具體情況如下：

《小說月報》「通信」欄通信數量統計表

	1 號	2 號	3 號	4 號	5 號	6 號	7 號	8 號	9 號	10 號	11 號	12 號	合計
12 卷	0	3	0	0	0	0	0	7	4	0	0	5	19
13 卷	8	8	12	6	19	20	14	14	6	13	28	7	152
14 卷	6	6	8	3	7	9	8	10	24	14	13	18	127
合計	298

在欄目設置上，「通信」欄是《小說月報》改版後的固定專欄，特別是從第 13 卷起，每期都有大量的通信發表。在目錄編排上，編者根據通信內容對往來通信冠以標題（但從第 13 卷第 9 號起，取消了通信的標題），不僅方便了讀者的閱讀和討論，也凸顯了其作為獨立專欄的特徵。而且，編者幾

印書館》，商務印書館，1987 年，第 116 頁。
〔註79〕茅盾《我走過的道路（上）》，孫中田、查國華編《茅盾研究資料》（上），中國社會科學出版社，1983 年，第 247 頁。

乎對每封來信都給予回覆，回覆率相當高，其對欄目的重視程度可見一斑。

《小說世界》自第 2 卷第 9 期起，聽取讀者的意見開設了「編者與讀者」欄目，其下又分設了「交換」與「編輯瑣話」兩個子欄目，分別刊登讀者的來信與編者的「瑣話」。在該期編者特意交待了雜誌進行欄目調整的思路：

> 我們接到嘉興張秉嚴先生來函，請擴充『編輯瑣話』爲『社報』。舉凡『通訊』、『讀者論壇』、『世界文壇近聞』、『啓事』、『徵求』、『聲明』等均可附入。」我們很贊成，不過不能多佔本刊規定的篇幅，至多只能用一頁。但一頁的範圍，又不能多容什麼，因此排得很密，題名「編者與讀者」。至於張君所提舉的幾條，我們因爲種種的關係，稍爲有點更動。「通訊」和「讀者論壇」我們改爲「交換」，每條限一百字。凡本刊讀者諸君對於文藝、投稿、讀書、著述等等，有何種心得，用百來個字簡明寫出來，讓大家看看，以便交換知識。其餘暫不更動。〔註80〕

因此，爲了節約篇幅，欄目中的讀者來信沒有保留書信格式，往往祇是簡明的三言兩語。在欄目設置上，「編者與讀者」欄一開始處於明顯的附屬地位，每期僅有一頁的版面。而且爲了控制版面，該欄還對讀者來信進行字數限制，「每條限一百字」且「排得很密」。因此，該欄初期選登的讀者來信很少，每期往往只有兩三封。從第 3 卷開始，欄目中刊登的讀者來信數量逐漸多了起來，第 3 卷第 1 期時還因爲讀者來信較多而「將文壇雜訊停一期」。〔註81〕第 6 卷開始，該欄增設了「通訊欄」的子欄目用於發表編者對來信的簡短回覆。〔註82〕從第 10 卷起，欄目只保留了「編者瑣話」這一子欄目，而取消了發表讀者來信的「交換」欄。「編者與讀者」欄一直延續到第 12 卷第 13 期，到了第 13 卷，胡寄塵接手編輯《小說世界》後，欄目隨之被改爲「編者的報告」。

〔註80〕編者，「編者與讀者」欄，載《小說世界》，第 2 卷第 9 期，1923 年 6 月 1 日。

〔註81〕編者，「編者與讀者」欄，載《小說世界》第 3 卷第 1 期，1923 年 7 月 6 日。

〔註82〕「通訊欄」中只刊載了編者極爲簡短的回覆，而且沒有附讀者的來信，因此在第 7 卷第 3 期中有讀者來信表示不滿：「通訊欄內，所答覆的幾句話，太簡單些。並且我們不知所問的是什麼」，並向編者提議「請你用較小一號的字把所問的全刊上，並且多用幾句話去答覆。」參見《小說世界》第 7 卷第 3 期「編者與讀者」欄，1924 年 7 月 18 日。

《小說世界》「編者與讀者」欄通信數量統計表

	1期	2期	3期	4期	5期	6期	7期	8期	9期	10期	11期	12期	13期	合計
2卷	0	0	0	0	0	0	0	0	2	2	1	1	3	9
3卷	7	3	6	3	3	0	8	4	0	0	—	—	—	34
4卷	11	0	0	0	7	11	11	12	1	3	2	5	1	64
5卷	5	1	4	2	3	1	2	3	1	2	1	0	2	27
6卷	5	8	6	4	7	0	6	8	6	11	3	5	3	72
7卷	4	5	3	4	7	5	5	8	5	2	7	5	5	65
8卷	6	3	4	5	6	9	6	8	2	1	6	3		60
9卷	4	4	3	4	7	4	14	8	—	—	1	—	—	49
10卷	—	—	4	1	—	—	—	—	—	—	—	—	—	5
合計	382													

二、討論主題的差異

從討論的主題來看，《小說月報》「通信」欄大多是針對當時新文學創作中出現的一些重要問題進行相關討論。在這些討論中，進行得最爲激烈、探討得最爲充分的就是對「語體文歐化」和「自然主義」問題的相關討論。

1921 年 6 月 10 日，《小說月報》第 12 卷第 6 號的「文藝叢談」欄目分別刊發了沈雁冰的《語體文歐化之我觀（一）》與鄭振鐸的《語體文歐化之我觀（二）》。幾天後，《曙光》第 2 卷第 3 號上發表了劍三的《語體文歐化的商榷》一文，對語體文歐化表示贊同。6 月 30 日《京報》發表了傅凍花（傅東華）的《語體文歐化》一文，對語體文歐化提出反對意見。7 月 10 日，《文學旬刊》再次刊發了沈雁冰與鄭振鐸的上述兩篇文章，《小說月報》則發表啓事號召讀者對「語體文歐化」問題進行討論：

> 因爲有許多受時間拘留的先生們常常來信反對語體文的歐化，所以我們極希望大家來討論（請以書信式），我們當一律在本報「通信」欄內發表——不論贊成與反對，但不根據正規而作題外謾罵的書信卻不能登出。〔註83〕

隨後，《小說月報》的「通信」欄對「語體文歐化」的問題展開了大量探討，詳見下表：

〔註83〕「最後一頁」，載《小說月報》第 12 卷第 7 號，1921 年 7 月 10 日。

《小說月報》「通信」欄「語體文歐化」問題討論分析表

來信者	主　要　觀　點	期　號
周作人	「只要以實際上必要與否爲斷，一切理論都是空話。……在藝術的共和國裏，尤應容許各人自由的發展，所以我以爲這個討論，祇是各表意見，不能多數取決。」	12 卷 9 號
某先生	「別國一句平常話，我們卻說不清楚，或者非常含混，所以非『歐化』不可」「沒有討論的必要」	
李宗武	信中的議論和語體文歐化「有點不相關連」，將反對「歐化」誤認爲是反對「白話」。	
胡天月	「歐化」「細分析起來，一定有許多局部地小化」，討論者「只提了具體的『歐化』，恐怕是太大而無當了。」	12 卷 12 號
王砥之	「用古人的文法，來說今人的話，是不合理的；那麼用歐西的語法，來說中國人的話，就算合理嗎？……我國未來之語體文法，盡可研究改良，何必假歐化二字以起人的疑慮」	
何藹人	「語體文歐化有時是必要的」	
梁繩褘	國語歐化要考慮賞鑒者的水平，對於中等階級的人，「他們看不懂歐化的語體文」。	13 卷 1 號
趙若耶	歐化文「怎樣去歐化」，建議研究者提出「歐化的大綱」。	
呂冕韶	改造語法「總要從本國原有的白話書籍裏入手整理，外國語法只可做參考。設使要完全歐化，事實上也恐怕做不到；並且也莫須有」。	13 卷 2 號
呂一鳴	「語體文有歐化的必要，因爲中國的文法組織不完善」，「我對於語體文歐化一百二十分表同情的！」	13 卷 3 號
黃祖訢	「我讀了《小說月報》上通信欄的歐化討論，贊成得很。」	
徐秋沖	「(1) 中國原有的語體文文法，及不來歐文法的周到。(2) 歐文文法，既較華文法爲周；因爲我們自己創造一種較周的文法很難，故不如『歐化』的叨手」。	13 卷 4 號
胡適	「我是向來不反對白話文的歐化傾向的，但我認定『不得已而爲之』爲這個傾向的唯一限度。」	14 卷 4 號

再如對「自然主義」問題的相關討論，見下表：

《小說月報》「通信」欄「自然主義」問題討論分析表

來信者	主　要　觀　點	期　號
周贊襄	「現在的中國幼稚的創作界，……定要拘泥於西洋的作風，標榜某種主義，未免見狹。創作界任其自由的發展，這樣，才有眞的善的創作出現。」	13 卷 2 號
汪敬熙	「文學革命給現在的小說家加了些手銬腳鐐……這種新銬銬有三個。一是寫實主義或新浪漫主義，一是『人的文學』，一是重短篇小說。」「新文學應拋去一切的主義，一切的技術上的信條，而去描寫自己對於生活之眞摯的感觸。」	13 卷 3 號
王曾鑫	「先生們所提倡的寫實主義，我以爲是改革中國文學矯枉必過正的過渡時代的手段——必需的而又是暫時的——卻不能永遠是這樣。」	13 卷 4 號
周贊襄	「這種主義的作品給我感受的祇是黑色的悲哀，只有喚起我忘卻而不得的悲哀；……自然主義者描寫了人間的悲哀，不會給人間解決悲哀，不會把人間悲哀化嗎？」	13 卷 5 號
周志伊	「貴志今年樹起了自然主義的大旗，於文學前途確是一件好事。……自然主義文學大概含著機械論者與宿命論者底人生觀，視一切境遇爲不可抵抗的，這個於讀者的感應方面就有可討論之處。儻若文學眞能引導著人生，我以爲尤在現代底中國較好鼓舞青年們傾向破壞一方面，抵抗一切，……自然主義未免太是客觀，也許容易引導讀者發生無可奈何的感想吧。」	13 卷 6 號
呂芾南	諮詢「文學上的寫實主義與自然主義相異之點」。	
吳薄	《自然主義與中國現代小說》一文「對於中國現代的小說界下了一個很痛切的針砭，令人暢快之至。……現在全賴先生們在文壇上豎起新的旗幟來，一面儘量介紹一面努力創作，把一般讀者的心理慢慢地轉換過來，……深望此後將自然派諸鉅子的重要作品，多多介紹些進來，庶名符其實。」	13 卷 9 號

由上表不難看出，「語體文歐化」與「自然主義」作爲頗具學理性的論題，普通讀者還無法參與進來與之形成交鋒和對話，第 12 卷第 11 號中讀者李宗武將「歐化」理解爲「白話」，第 13 卷第 6 號中讀者呂芾南要求編者解答「文學上的寫實主義與自然主義相異之點」就是典型的例子。

除此之外，《小說月報》「通信」欄中討論的主題還包括翻譯文學書的討論、文學作品有主義與無主義的討論、怎樣提高民眾的鑒賞力等等，都是偏重於學理性的問題。改版後的《小說月報》作爲主動帶有現代性追求的啓蒙

文學期刊，誠如編者本人所說「雖不能說高深，然已不是對於西洋文學一無研究（或可說是嗜好耳）者所能看懂」〔註84〕的了。對於這些理論性較強的問題，眞正能參與進來討論的也往往都是精英知識份子，難怪讀者紛紛抱怨「有許多不能領悟的地方」。〔註85〕

　　以市民階層爲主要讀者對象的《小說世界》，其「編者與讀者」欄中刊登的則多是普通讀者具體的閱讀心得和感想。這從「編者與讀者」的稿約中可看出其欄目定位：「凡本刊讀者諸君對於文藝、投稿、讀書、著述等等，有何種心得，用百來字簡明寫出來，讓大家看看，以便交換知識」。〔註86〕爲了強調這一定位，編者在第 3 卷第 3 期的「編輯瑣話」中再次重申「我們這一欄裏面，除了罵人的文字外，只要有益讀者的小品，我們無不收登，最歡迎的，還是讀本刊各種文章的心得。不過不必過事讚揚，只要忠忠實實的將某篇文字的好處說出來就夠了。」〔註87〕因此，較之《小說月報》中抽象、艱深的理論探討，《小說世界》通信欄中的讀者來信顯得相對具體、感性、通俗，呈現出鮮明的個性化特徵。例如，《小說世界》第 2 卷第 9 期刊登了葉勁風的《北京的石頭》一文，引起了讀者的廣泛關注，「三星期以內，收到讀者諸君的來函，約有數十餘起」。〔註88〕讀者李定一在來信中對作品給予了肯定，認爲「《北京的石頭》一篇，熔鑄一切，誠足使人發深省，使中國覺悟，使『秘密條約』覺悟」。緊接著，他提出了自己的疑惑，一是「那個西人縱然錢多，終不會那樣蠢，以一千塊洋錢買那樣大小（如先生所說）一塊石頭。（實質的石前，不是寶貝，不是先生寓意的目地物。）未免離事實太遠，先生會自說不相信。」二是「北京的石頭，是北京全城的人的，不是趙大個人的所有權。他竟無意識的私自立契錢物兩交的賣了。」三是北京人「想收回這塊石頭的權力」，「一方面運動示威，一方面舉代表，向西人提議」，但由於已立契約而「沒法奈何這個西人的強橫霸佔」。〔註89〕讀者對作品提出自己的疑問，首先就表明了對作品的認眞閱讀，隨後欄目中刊登了葉勁風的覆信，信中詳細地道出了自己

〔註84〕茅盾致周作人，《茅盾全集》（第 36 卷），人民文學出版社，1997 年，第 37頁。

〔註85〕王砥之致沈雁冰，「怎樣提高民眾的文學鑒賞力？」，「通信」欄，載《小說月報》第 13 卷第 8 號，1922 年 8 月 10 日。

〔註86〕編者，「編者與讀者」欄，載《小說世界》，第 2 卷第 9 期，1923 年 6 月 1 日。

〔註87〕編者，「編者與讀者」欄，載《小說世界》第 3 卷第 3 期，1923 年 7 月 20 日。

〔註88〕葉勁風，「編者與讀者」欄，載《小說世界》，第 2 卷第 9 期，1923 年 6 月 1 日。

〔註89〕李定一，「編者與讀者」欄，載《小說世界》，第 2 卷第 9 期，1923 年 6 月 1 日。

的寫作思路並對讀者的疑問進行了回答。直到第 3 卷第 3 期，還有不少讀者在來信中關注《北京的石頭》，如「廣州謝恩良」寫道：「二卷九期《北京的石頭》那一篇，起初我只當他是滑稽小說，很平淡的看下，暗笑西人發癡，竟把石頭當古玩來看了。誰想讀至末尾數句，竟怔了一回！心頭也不住的亂跳，想那西人，並不是癡子，倒有些——恐怕神經過敏罷。」〔註 90〕讀者往往就《小說世界》中刊登的作品本身發表意見，因此比較有針對性，同時吸引了其他讀者的注意，留下了許多閱讀期待。如讀者「泰縣蕭星五」在來信中談到對《自鳴鐘》一文的閱讀感受：「第九期中陸律西先生《自鳴鐘》一篇，末了一段意思很好。最警闢的要算『譬如一個人，從呱呱墜地便是向老死寂滅的這條路上行走。……說是這一步不算數，也是不能了。』『……每逢到了一小時，更作大聲的警告，原是希冀他們醒悟的意思……。』禹惜寸陰，陶侃運甓，願我們少年諸君切不要把好光陰白拋棄了。」〔註 91〕再如「廣州一中梁肇贛」的來信：「《自鳴鐘》一篇，可為惰社會寫照之一，至於尾段說得『淋漓盡致』，令人讀之，猛醒不少，『有益世道之文』一語，可以當之。人生無常，人身難得，數十寒暑，一彈指間，便爾過去，苟不先確定『人生觀』，尋一個目的來，囫圇模糊，過此一生，豈不可憐！豈不可惜！」讀者的這些來信都是針對具體的作品、具體的文字發表自己的感想、感受，這些文字雖然沒有高深的哲理，卻言之有物；即使遠遠沒有到鑒賞的水準，也始終是一種真實的個人體驗。如果編者以「話語霸權者」的形象出現，則不僅否認了讀者的獨立思考，也褻瀆了讀者作為獨立個體的閱讀行為。閱讀原本就是一種個人行為，帶有強烈的個性特徵。讀者來信中這些充溢著激情、靈氣與悟性的鮮活的閱讀感受和體會，成為「編者與讀者」欄中最生動、最豐富的文字。

另一方面，不少讀者還在來信中表達了自己的文學觀。儘管在新知識份子眼中《小說世界》是專給「拖辮子和纏小腳的人們消遣消遣」〔註 92〕的雜誌，但是在《小說世界》的讀者來信中，它卻呈現出另一種風貌：

> 人人都說小說可當消遣，動不動總是說「小說是茶餘酒後的消遣品。」

〔註90〕廣州謝恩良，「編者與讀者」欄，載《小說世界》第 3 卷第 3 期，1923 年 7 月 20 日。

〔註91〕泰縣蕭星五，「編者與讀者」欄，載《小說世界》第 3 卷第 3 期，1923 年 7 月 20 日。

〔註92〕疑古（錢玄同）《「出人意表之外」的事》，載《晨報副刊》1923 年 1 月 10 日。

我看這句話有些喪心病狂。……如今的好小說，並不像以前的那種
誨淫導盜的東西。雖說也有幾部不成才的東西，我說那仍是十五世
紀的陳人做的。至於目前的一些高尚作品，那一篇不含著大道理，
那一篇沒有解釋人生問題的價值……〔註93〕

《小說世界》的宗旨，應是改良社會的，就是催促社會良善進步的
鞭策。〔註94〕

《小說世界》不是專門供給人家做無聊消遣品與精神上的安慰者
的，我想總要讀者得到一些知識與智慧罷。〔註95〕

讀者還對《小說世界》的發展提出了各種建議，例如有讀者認為「社會萬惡，人心日非」，而「諷世小說，足以喚醒世人」，因此「願《小說世界》多刊之」。〔註96〕還有讀者提議多登愛國小說，「那麼可以不知不覺中，引起一般人的愛國了！」〔註97〕對於譯述小說，《小說世界》的讀者同樣認為「讀了總是得不到甚麼興趣，實在莫名其妙」。〔註98〕讀者的認真討論從側面證明了《小說世界》積極的一面以及存在的價值，因此，將《小說世界》判定為「流毒中國青年」〔註99〕的雜誌是不公允的。

三、讀者反應的差異

《小說月報》的「通信」欄中雖不乏讀者的讚美之聲，如一些讀者在來信中稱《小說月報》為「小說界的木鐸」〔註100〕、「黑夜中的一顆明星」〔註101〕、

〔註93〕潯陽劉惠蘭，「編者與讀者」欄，載《小說世界》第 3 卷第 5 期，1923 年 8 月 3 日。
〔註94〕公安張耀卿，「編者與讀者」欄，載《小說世界》第 7 卷第 1 期，1924 年 7 月 4 日。
〔註95〕愛護小說世界者朱景舒，「編者與讀者」欄，載《小說世界》第 7 卷第 10 期，1924 年 9 月 5 日。
〔註96〕喻懌康，「編者與讀者」欄，載《小說世界》第 3 卷第 3 期，1923 年 7 月 20 日。
〔註97〕杭州虞介蕃，「編者與讀者」欄，載《小說世界》第 7 卷第 2 期，1924 年 7 月 14 日。
〔註98〕轟文卿，「編者與讀者」欄，載《小說世界》第 4 卷第 1 期，1923 年 10 月 5 日。
〔註99〕參見唐俟（魯迅）《唐俟君來信——關於〈小說世界〉》，「通信」欄，載《晨報副刊》1923 年 1 月 15 日。
〔註100〕譚國棠致記者，「文學作品有主義與無主義的討論」，「通信」欄，載《小說月

「黑暗之光」〔註102〕、「文學界的明星」〔註103〕等，但總體說來，「通信」欄中讀者提出了很多批評意見，主要集中在以下幾個方面：

首先，讀者對於《小說月報》革新這一事件本身看法不一，很多讀者在來信中提出批評和不滿。如讀者馬靜觀在來信中寫道：「看十二卷以後的《說報》的人，絕不是看《說報》十一卷以前的人。我有一個表兄，一個堂兄和好幾位同學，都死愛看十一卷以前的《說報》的，卻是十二卷一出，他們不是改過了，預定的都抱怨說『上當了』，從此不再定了。」〔註104〕編者沈雁冰也在致周作人的信中提到兩封對此不滿的讀者來信：

> 新近有個定《小說月報》而大失所望（今年起）的「老先生」，來信痛罵今年的報，說從前第十卷第九卷時真堪為中學教科書，如今是廢紙，原來這九、十兩卷便是濫調文字最多的兩卷也。更有一位老先生巴巴的從雲南寄一封信來痛罵，他說當今國家危亡之秋，那有心情看小說消遣，印小說已是不經濟的事，何況印這些看不懂的小說，叫人看一頁要費半天工夫，真是更不經濟。〔註105〕

老讀者不滿意，而新讀者又不瞭解，正如《民國日報‧覺悟》在介紹《小說月報》的第12卷第第1號時所指出的「伊現今雖然換了個靈魂，卻仍然容易被人蔑視」。〔註106〕革新後的《小說月報》可謂面臨著新老讀者群兩方面的雙重壓力。〔註107〕

其次，很多讀者反映《小說月報》中刊登的創作少，希望「每期多載創

報》第 13 卷第 2 號，1922 年 2 月 10 日。

〔註101〕浙江蕭山湯在新致雁冰，「自然主義的論戰」「通信」欄，載《小說月報》第13 卷第 5 號，1922 年 5 月 10 日。

〔註102〕王桂榮致雁冰，「怎樣提高民眾的文學鑒賞力」，「通信」欄，載《小說月報》第 13 卷第 8 號，1922 年 8 月 10 日。

〔註103〕保定王興剛致記者，「通信」欄，載《小說月報》第 14 卷 12 號，1923 年12 月 10 日。

〔註104〕馬靜觀致沈雁冰，「通信」欄，載《小說月報》第 13 卷第 11 號，1922 年 11月 10 日。

〔註105〕1921 年 9 月 21 日沈雁冰致周作人的信，參見《茅盾全集》（第 36 卷），人民文學出版社，1997 年，第 32 頁。

〔註106〕曉風《介紹〈小說月報〉12 卷 1 號》，載《民國日報‧覺悟》1921 年 2 月 3日。

〔註107〕如不少讀者在來信中建議《小說月報》改名，認為「用小說月報這個名目，卻正是有妨礙於發行的」。參見李掄元致雁冰，「通信」欄，載《小說月報》第 13 卷第 10 期，1922 年 10 月 10 日。

作」。改版後的《小說月報》刊登了大量的論文，但對於普通讀者來說，最喜歡讀的自然還是文學作品。因此「通信」欄中，不斷有讀者來信表示反對：

第13卷第4號上，讀者王強男在信中表示希望「能出一創作號」；〔註108〕

第13卷第5號上，讀者朱畏軒直言不諱「對於創作嫌少的失望」；〔註109〕

第13卷第9號上，讀者顧效梁再次提議「出創作研究號」；〔註110〕

第13卷第11號上，讀者張蓬洲，建議「每期多載創作」。〔註111〕

甚至編者本人也不得不承認「據實說，《小說月報》讀者一千人中至少有九百人不欲看論文。（他們來信罵的亦罵論文，說不能供他們消遣了！）」。〔註112〕

再次，對於《小說月報》中刊登的作品，特別是翻譯的作品，很多讀者反映「看不懂」。不少讀者紛紛發出感歎，認為改版後的《小說月報》「有許多不能領悟的地方」，〔註113〕「自恨智識有限，不能領悟佳作」。〔註114〕因此，鄭振鐸在接任主編後強調「翻譯的作品，於選擇最好的與最適宜於我們的以外，對於翻譯的藝術也擬十分注意，至少想做到沒有『看不懂』的所在」。〔註115〕總體說來，《小說月報》中的讀者反應以批評意見為主，而編者對這些批評意見的刊發，也顯示出欄目的開放性與編者的寬容性。

從1921年起，通俗小說出現了復興，普通讀者對於供消遣的閒書「特別歡迎。所以如《禮拜六》，《星期》，《晶報》之類的閒書，銷路都特別的好」。〔註116〕對這一時期《禮拜六》的發行情況，周瘦鵑曾作過十分形象的描述：

〔註108〕 王強男致沈雁冰，「語體文歐化問題和文學主義問題的討論」，「通信」欄，載《小說月報》第13卷第4號，1922年4月10日。

〔註109〕 朱畏軒致沈雁冰，「自然主義的論戰」，「通信」欄，載《小說月報》第13卷第5號，1922年5月10日。

〔註110〕 顧效梁致沈雁冰，「通信」欄，載《小說月報》第13卷第9號，1922年9月10日。

〔註111〕 張蓬洲致沈雁冰，「通信」欄，載《小說月報》第13卷第11號，1922年11月10日。

〔註112〕 茅盾致周作人，《茅盾全集》（第36卷），人民文學出版社，1997年，第31頁。

〔註113〕 王砥之致沈雁冰，「怎樣提高民眾的文學鑒賞力？」，「通信」欄，載《小說月報》第13卷第8號，1922年8月10日。

〔註114〕 湯逸廬致沈雁冰，「通信」欄，載《小說月報》第13卷第10號，1922年10月10日。

〔註115〕 鄭振鐸《明年的〈小說月報〉》，載《晨報副刊》1923年12月24日。轉引自賈植芳等編《文學研究會資料》（中冊），河南人民出版社，1985年，第509頁。

〔註116〕 鄭逸梅《記過去之青社》，芮和師、范伯群等編《鴛鴦蝴蝶派文學資料》（上

「每逢星期六清晨，發行《禮拜六》的中華圖書館門前，就有許多讀者在等候著，門一開，就爭先恐後地湧進去購買。這情況倒像清早買大餅油條一樣。」〔註117〕作爲通俗讀物的《小說世界》同樣受到讀者的追捧，著名作家錢鍾書、柯靈在當時都是《小說世界》的熱心讀者。〔註118〕「編者與讀者」欄中也刊發了很多充滿溢美之詞的讀者來信：

> 每逢星期日，別的事都不管，定要去商務印書館取回這本小說世界方肯罷休，取了之後，專心一致的展開來讀，每讀過一次，總使得我得了無限的感觸，增了許多的見聞。像這樣的作品，才算得有價值啊！所以我對於《小說世界》已是戀愛到極度了。〔註119〕

> （自從看《小說世界》以後）平白地增了許多見識，琳琅滿目美不勝收。……諷譏之作能警醒世人不少，而譯稿亦雅潔，愛不釋手。〔註120〕

> 《小說世界》啊，我很敬慕你，因爲你滿腹文章，能夠改良舊制的一切……〔註121〕

> （小說世界）眞可算是我的「良師密友」。〔註122〕

還有很多讀者「現身說法」，以自己的切身經驗形象地表達了對《小說世界》的珍愛：「我把《小說世界》社所贈送的小書，分類的收藏起來。就是童話管童話收藏，民眾文學管民眾文學收藏，這樣當送給朋友的時候，照著朋友的喜歡，很爲容易找尋。」〔註123〕「我每取到《小說世界》，就愼重其事的，用

册），福建人民出版社，1984年，第227頁。
〔註117〕劉納《嬗變》，中國社會出版社，1998年，第186頁。
〔註118〕楊絳在《記錢鍾書與〈圍城〉》一文中寫到，錢鍾書在中學時期曾「借了大批的《小說世界》、《紅玫瑰》、《紫蘿蘭》等刊物恣意閱讀」。參見《〈圍城〉附錄》，人民文學出版社，1980年，第353頁。柯靈也自述「小時候我看了不少《禮拜六》、《小說世界》之類的鴛鴦蝴蝶派雜誌」，參見《柯靈談「讀書要博但須選擇」》，黃嶽洲編《名人論讀書》，語文出版社，1990年，第133頁。
〔註119〕廣州梁肇乾，「編者與讀者」欄，載《小說世界》第3卷第3期，1923年7月20日。
〔註120〕寄滬主人鮑，「編者與讀者」欄，載《小說世界》第3卷第7期，1923年8月17日。
〔註121〕溥泉，「編者與讀者」欄，載《小說世界》第4卷第7期，1923年11月16日。
〔註122〕贛鐃任維元，「編者與讀者」欄，載《小說世界》第4卷第8期，1923年11月23日。
〔註123〕鄭有同，「編者與讀者」欄，載《小說世界》第3卷第3期，1923年7月20日。

上等蠟紙替他包裹封面和底頁，再用漿糊封著四頁的角上，就不散開了，然後才放心借給朋友們閱，因為不至於很美麗的封面畫上染著污漬了。」〔註124〕再如一封署名為「北京碎玉」的讀者來信，以幽默的語言盛讚自己喜愛的刊物，可謂別具一格：

> 我一看《小說世界》就要受許多煩惱，但是我總不會丟它；第一次我用頭針剔牙，看見一段滑稽畫，不妨把牙根戳破，吃不下飯；便足足看一頓《小說世界》，也算不幸中的大幸啊！第二次我看《小說世界》，小侄子來向我要錢，我順手給了他八個銅板。等到晚上小孩拉瀉了，我知道入了《小說世界》的迷，使那小孩把東西吃雜了。狠命把他往床上一擲，但是不到一刻鐘，我又忍不住看《野人記》泰山偷箭來了……〔註125〕

相隔兩期，欄目中刊載了另一封署名為「碎玉」的來信，此「碎玉」是否為彼「碎玉」，尚無法考證，但是兩封來信從語言風格上看十分相似，同樣幽默詼諧、妙趣橫生：

> 北京的灰塵很大，所以我每次出門都要穿兩雙襪子。這天我預備到我姑母家去，剛剛在穿襪子，忽然聽見叫送信，偏生奶媽都沒在前面，我自己連忙去接，滿擬是《小說世界》寄到了。剛剛飛跑到門前，只見姑母同表弟下車進來了。她老人家一看見我，大笑道：「小姐！您怎麼就穿上鴛鴦襪了。」我這時真是急得要哭了，受了姑母的取笑，又沒有得著《小說世界》，垂頭喪氣回到屋裏，隨手翻出了一本書來看，那個哈哈鏡又把我引笑了。〔註126〕

兩封來信都以幽默的風格記敘了個人生活中的趣事，從側面表達了對刊物的喜愛之情，這樣的讀者來信由於融入了個人的體驗和感受，而成為一種最好的分享。還有一位讀者在來信中提到，在教堂中，「聽見一位牧師，用《小說世界》的一篇『仁木』作譬喻，闡明宗教的道理」。〔註127〕甚至欄目中刊載的一些批評的來信，同樣也能讀出讚美的味道來，如讀者「負創」在來信中寫

〔註124〕濟吾，「編者與讀者」欄，載《小說世界》第3卷第2期，1923年7月13日。
〔註125〕北京碎玉，「編者與讀者」欄，載《小說世界》第3卷第3期，1923年7月20日。
〔註126〕碎玉，「編者與讀者」欄，載《小說世界》第3卷第5期，1923年8月3日。
〔註127〕潯陽劉惠蘭，「編者與讀者」欄，載《小說世界》第3卷第5期，1923年8月3日。

到「人人都說《小說世界》材料好，插圖又好。真是三個錢的火腿無批的。但是我偏偏要找一個漏洞出來。」〔註128〕雖然緊接著該讀者對報刊中的插圖提出了批評意見，但字裏行間仍然流露出對《小說世界》的偏愛之情。再如讀者「墨琴」的來信：「我每次接到《小說世界》，最注意的是葉勁風先生的佳作，看了實在捨不得放手」。但是，「先生總不能按期都有登刊，真正使我想煞」。〔註129〕這樣的「抱怨」，與其說是批評，倒不如說是變相的讚美，這一創意如今已屢見不鮮被廣泛地運用到了商品廣告中。

　　《小說世界》的「編者與讀者」欄確實刊載了大量的讚譽之詞，正如有讀者指出的「《小說世界》交換欄內刊佈的文字……不是說《小說世界》怎樣的完美，便是說《小說世界》怎樣的精製。說來說去，無非是些恭維的話頭」。〔註130〕與《小說月報》嚴格、挑剔的讀者相比，《小說世界》的讀者更像忠實的「粉絲」，他們對自己喜愛的刊物往往充滿著無條件的熱愛，感情「濃到了十二分」，〔註131〕在來信中使用過多的讚譽之詞也就不足為奇了。世界本來就是多元的，生活也是五顏六色、豐富多彩，讀者既需要「陽春白雪」的《小說月報》，又需要「下里巴人」的《小說世界》。從這一意義上，曾經給讀者帶來無數歡樂的《小說世界》，是無法從文學史上抹掉的。

四、編者態度的差異

　　從通信欄的開設到讀者徵文，再到各種吸引讀者參與的廣告的刊登，編者沈雁冰對讀者不能說不重視。但是「重視」不等於「迎合」，作為一個有使命感的編輯，沈雁冰在接手《小說月報》時就明確表示「文學不僅是供給煩悶的人們去解悶，逃避現實的人們去陶醉；文學是有激勵人心的積極性的。尤其在我們這時代，我們希望文學能夠擔當起喚醒民眾而給他們力量的重大責任」。〔註132〕因此，《小說月報》的編者表現出了明顯的超前性——無論是

〔註128〕負創，「編者與讀者」欄，載《小說世界》第3卷第3期，1923年7月20日。

〔註129〕墨琴，「編者與讀者」欄，載《小說世界》第4卷第8期，1923年11月23日。

〔註130〕上海汪植之，「編者與讀者」欄，載《小說世界》第4卷第11期，1923年12月14日。

〔註131〕「編輯瑣話」，「編者與讀者」欄，載《小說世界》第3卷第3期，1923年7月20日。

〔註132〕沈雁冰《「大轉變時期」何時來呢？》，載《文學》第103期，1923年12月31日。

語體文歐化的提倡，還是大量生僻的翻譯作品的刊登，以及對新派小說的引進與介紹等等，「雖不能說高深，然已不是對於西洋文學一無研究（或可說是嗜好耳）者所能看懂」〔註133〕的了──普通讀者已經很難跟得上編者的腳步。不少讀者紛紛發出感歎，認爲改版後的《小說月報》「有許多不能領悟的地方」，〔註134〕「自恨智識有限，不能領悟佳作」。〔註135〕從編輯技術的角度來說，沈雁冰與其說是一個文學刊物的編輯，不如說是一個帶有理想主義色彩的啓蒙主義者。他的目標在於引入新思想，改變和提高國民的思想水平，而不是如何使刊物更受讀者歡迎，獲取金錢利益。〔註136〕因此，他心目中的讀者定位迥異於作爲通俗雜誌的《小說世界》，他所期待的是被賦予了文明、睿智、不滿現實又渴望新知等特質的理想讀者，對於這樣的讀者，報刊所追求的自然應是如何「提高」他們的鑑賞水平，而不是如何「適應」讀者的鑑賞水平。

因此，《小說月報》的編者與讀者之間往往無法形成有效的互動。例如對語體文歐化問題的討論，在第 12 卷第 7 期編者即公開表示歡迎讀者以書信的形式參與討論，所有來信，不論贊成與反對，「當一律在本報通信欄內發表」。〔註137〕但兩個月後，除了周作人的一封短信外，僅收到三封讀者來信，其中一封「自稱是來討論這問題的」但是「細看內容卻一篇『文言與白話之優劣論』」，因此編者認爲沒有登出的必要。〔註138〕而登出的兩封來信，其中一封與所討論的問題還「有點不相關連」。〔註139〕再如編者曾多次公開徵求讀者的批評文章，一再表示「極歡迎讀者諸君對於本刊有所批評，尤歡迎批評本刊所登的創作」，但是「轉瞬五個月過去了，卻得不到外界的指教。只有吳守中君一篇是批評落華生的三篇創作的」。〔註140〕編者振臂高呼，應者卻是寥寥，

〔註133〕茅盾致周作人，《茅盾全集》（第 36 卷），人民文學出版社，1997 年，第 31 頁。
〔註134〕王砥之致沈雁冰，「怎樣提高民眾的文學鑒賞力？」，「通信」欄，載《小說月報》第 13 卷第 8 號，1922 年 8 月 10 日。
〔註135〕湯逸廬致沈雁冰，「通信」欄，載《小說月報》第 13 卷第 10 號，1922 年 10 月 10 日。
〔註136〕段從學《〈小說月報〉改版旁證》，載《新文學史料》2005 年第 3 期。
〔註137〕「最後一頁」，載《小說月報》第 12 卷第 7 號，1921 年 7 月 10 日。
〔註138〕記者，「語體文歐化討論」，「通信」欄，載《小說月報》第 12 卷第 9 號，1921 年 9 月 10 日。
〔註139〕參見《小說月報》第 12 卷第 9 號「通信」欄中讀者李宗武的來信，信中將反對「歐化」誤認爲是反對「白話」。
〔註140〕「最後一頁」，載《小說月報》第 13 卷第 5 號，1922 年 5 月 10 日。

我們不難想像編者的落寞與無奈。儘管如此,面對看不懂新文學作品、不喜歡閱讀論文的讀者,沈雁冰始終不願放棄啓蒙主義的立場,「不能因為一般人暫時的不懂而便棄卻」,〔註141〕他反覆重申自己的觀點:「萬萬不可專以民眾的鑒賞力為標準而降低文學的品格以就之」,〔註142〕「鑒賞能力是要靠教育的力量來提高,不能使藝術本身降低了去適應」。〔註143〕但是,正如魯迅在後來所指出的「但要啓蒙,即必須能懂。懂的標準,當然不能俯就低能兒或白癡,但應該著眼於一般的大眾。」〔註144〕《小說月報》編者與讀者之間的這種不可調和的矛盾,有研究者指出,更應看作是中國當時的客觀國情與知識份子想像中的現代性之間的對壘與交鋒。讀者作為一種不同於編者所想像的「理想讀者」形象,第一次面目清晰地呈現於編者的視野之中,而編者與讀者最終未能握手言和則表明,知識份子所設想的完美的中西合璧「現代性」夢想,終於由於讀者一環的缺失最終出現了裂縫。〔註145〕

「編輯瑣話」是《小說世界》「編者與讀者」欄下設的一個子欄目,每期都有編者一系列的「瑣話」發表,或是對讀者意見的回覆,或是對刊物內容的預告,或是對編輯意圖的解釋,不一而足。「編輯瑣話」在雜誌中占的篇幅雖不多,卻為讀者瞭解雜誌動態提供了一個視窗。同時,也正是通過這些「瑣話」,編者與讀者進行互動並逐步樹立起自己在讀者心目中的形象。與《小說月報》相比,《小說世界》的編者顯得更加親切。

一方面,編者表現出了對讀者來信的歡迎與重視,在「編輯瑣話」中編者多次強調「個人的精神有限,知識有限,總望讀者諸君,盡自己所要說的,都不吝金玉的說給我們聽。我們總是竭十二分的熱誠歡迎。」〔註146〕「編者對於諸君,無不存著十二分的友誼,決不敢託大。」〔註147〕「我們對於任何

〔註141〕沈雁冰《語體文歐化之我觀(一)》,載《小說月報》第 12 卷第 6 號,1921 年 6 月 10 日。

〔註142〕茅盾致張侃,「通信」欄,載《小說月報》第 13 卷第 8 期,1922 年 8 月 10 日。

〔註143〕茅盾致梁繩禕,「通信」欄,載《小說月報》第 13 卷第 1 號,1922 年 1 月 10 日。

〔註144〕魯迅《連環圖畫瑣談》,《魯迅雜文全編》(四),人民文學出版社,2006 年,第 429 頁。

〔註145〕參見董麗敏《想像現代性——重識沈雁冰與〈小說月報〉的關係》,載《學術季刊》2002 年第 2 期。

〔註146〕「編輯瑣話」,「編者與讀者」,載《小說世界》第 3 卷第 6 期,1923 年 8 月 10 日。

〔註147〕「編輯瑣話」,「編者與讀者」,載《小說世界》第 3 卷第 5 期,1923 年 8 月 3 日。

人的忠告,都竭十二分的熱誠歡迎。」〔註148〕對於讀者的意見,編者更是十分重視:「我們深知以前所出的各期,免不了有些錯誤的地方,諸君總是深深愛護,一條一條的指導我們,生恐少為有點差池。我們將諸君的忠告,都抄寫下來,現在已集成不同樣的有四十餘條。這些忠告日日懸在我們眼前,凡是力量能做到的,我們無不盡力做去,達到了一條的目的,我們才慎重的取消一條。」〔註149〕例如對讀者提出的「加創作的長篇」的要求,編者就很快作出反應,將先前決定續登的天遊先生譯的《黑白記》換成了小說《萬能術》,並在「編輯瑣話」中告知讀者〔註150〕,這與《小說月報》的編者形成了鮮明的對比。而且對於編輯過程中的一些困難,編輯以及時地以誠懇的態度向讀者吐露,希望得到讀者的諒解:

> 我們已收下的稿件很多,投稿諸君,常來函催問,為什麼不登載出來,我們不得不在這裡先告一個罪。我們不登,並非是不肯登,我們登一篇稿件,要費很多心思。長短要合宜,材料要均勻,先後也要分配,性質也要能調和適宜,才能登上。還有一層我們就是隨意登載,每次的篇幅也有限制。無論如何,總不能不積壓其他的稿件,所以望諸君見諒。〔註151〕

> ……雖有的答覆遲了,在我們還以為是極快極快的,因為我們平均每日至少要發幾十封答函。〔註152〕

這樣的文字讀者看到後應是會對編者有更多的理解吧。

另一方面,編者在「編輯瑣話」中將本期雜誌的重要內容、下期的目錄以及自己的編輯意圖及時告知讀者,以便讀者能有所瞭解。如「下期的目錄,大概可以預告的有天笑的《四等車》,是先生最近得意之作。小青的《貓眼兒》,是一篇離奇的偵探案。還有涵秋的遺稿《衣帶中的毒蠍》,描寫官場情狀十分

〔註148〕 「編輯瑣話」,「編者與讀者」,載《小說世界》第 3 卷第 8 期,1923 年 8 月 24 日。

〔註149〕 「編輯瑣話」,「編者與讀者」欄,載《小說世界》第 3 卷第 1 期,1923 年 7 月 6 日。

〔註150〕 「編輯瑣話」,「編者與讀者」欄,載《小說世界》第 3 卷第 8 期,1923 年 8 月 24 日。

〔註151〕 「編輯瑣話」,「編者與讀者」欄,載《小說世界》第 3 卷第 5 期,1923 年 8 月 3 日。

〔註152〕 「編輯瑣話」,「編者與讀者」欄,載《小說世界》第 3 卷第 8 期,1923 年 8 月 24 日。

到地。」〔註153〕同時，編者極力表明自己為雜誌作出的種種努力：「本刊雖然只出了二三十期，但改良增美的地方，確有幾種，想亦為讀者諸君所默認。不過編者是一個不肯坐守成法的人，腦筋中日夜在那裡轉動，如何能將這份雜誌弄得精美無疵。」〔註154〕更值得一提的是，編者總是以商量的口氣來征求讀者的意見，諸如「我們特製的插圖，不知讀者諸君以為如何」，〔註155〕「以後想每期只登兩種長篇，不知讀者諸君以為如何」〔註156〕等語句比比皆是，使讀者有了一種參與編輯的參與感。而且編者的語言樸實、口語化，語氣平和、誠懇，使編讀之間的交流更加輕鬆愉快，例如：「我們每次收到讀者諸君的來函，第一句總是說『貴刊編得精美極了』。但是我們卻沒有一天覺得滿意，時時都在這裡計劃『怎麼增加這份雜誌的精美』。現在又有幾種計劃，正在進行，不過編者有一種古怪的脾氣，凡事總不肯預先聲明，故此只得請諸君『等著瞧罷』。」〔註157〕這段文字不僅表現了編者謙虛的態度，文末的「等著瞧罷」更透著股「欲知後事如何，且待下回分解」的俏皮與幽默，無形中拉近了編者與讀者的關係，又留下了對下期雜誌的閱讀期待。正是通過一系列的對話，編者在讀者心目中逐漸樹立起誠懇、幽默、努力、一心為讀者的美好形象。

如果說《小說月報》的編者扮演著啓蒙老師的角色，那麼《小說世界》的編者更像是一個有求必應、恭敬如儀的朋友，逐漸與讀者建立起深厚的友誼。但是物極必反，刊物假如一味迎合讀者則不免降低了自身的品位。施蟄存就對此提出了批評：「對於以前的我國的文學雜誌，我常常有一點不滿意。我覺得它們不是態度太趨於極端，便是趣味太低級。前者的弊病是容易把雜誌的對於讀者的地位，從伴侶升到師傅。……後者的弊病，足以使新文學本身日趨於崩潰的命運，只要一看現在禮拜六派勢力之復活，就可以知道了。」

〔註153〕「編輯瑣話」，「編者與讀者」欄，載《小說世界》第3卷第1期，1923年7月6日。
〔註154〕「編輯瑣話」，「編者與讀者」欄，載《小說世界》第3卷第6期，1923年8月10日。
〔註155〕「編輯瑣話」，「編者與讀者」欄，載《小說世界》第3卷第5期，1923年8月3日。
〔註156〕「編輯瑣話」，「編者與讀者」欄，載《小說世界》第3卷第7期，1923年8月17日。
〔註157〕「編輯瑣話」，「編者與讀者」欄，載《小說世界》第3卷第5期，1923年8月3日。

〔註158〕《小說月報》與《小說世界》無疑分屬於上述的「前者」和「後者」。

　　當精英知識份子賦予了文學藝術作品諸多價值與意義的重負時，《小說世界》所代表的俗文學的興起就成為一種必然，特別是隨著社會的不斷發展進步，人們空閒時間的不斷增多，消遣與娛樂逐漸超越了「耽於玩樂」、「縱情享樂」的消極涵義，而成為了日常生活的必需品，因為「沒有消遣，即使貴為王侯，也是可憐蟲」。〔註159〕

〔註158〕編者，「編輯座談」欄，載《現代》第 1 卷第 1 期，1932 年 5 月 1 日。

〔註159〕法國 17 世紀最具天才的數學家、物理學家、哲學家布萊茲・帕斯卡爾（Blaise Pascal，1623-1662）在《思想錄》中一面指出了消遣和娛樂的消極影響，認為「它讓我們耽於玩樂，不知不覺就了此一生」，「人類無法逃避死亡，擺脱貧困和愚昧，乾脆無所顧忌，縱情享樂」；另一方面他也指出了消遣的必要性，即「沒有消遣，即使貴為王侯，也是可憐蟲」。

第四章　多重對話的交流機制

　　報刊通信欄的本質在於對話，「五四」報刊通信欄中的對話表現為顯著的多重性：對話參與者的多重性、對話觀點的多重性以及對話過程的多重性。不僅如此，在通信欄中，多重對話的交流方式得到了廣泛的認同，其背後所體現的現代新型的「對話」機制，成為約定俗成、不證自明的普遍法則。正是在這一意義上，「五四」報刊通信欄從內部賦予了這一言論空間存在的自我依據，從而創造了使資訊、觀點、思想得以產生、交流、傳播並被公眾接受的多重對話的交流機制。真正的對話應當是自由的、平等的、真誠的、寬容的、和諧的，在寬容和諧的傳媒生態環境中，堅持獨立的思想，彼此尊重包容，追求理性對話，這才是通信欄的終極價值和意義所在，它為重塑當代傳媒的言論生態環境提供了精神資源與價值參照。

第一節　傳播學視野下的對話理論

　　「對話」（dialogue），根據英國物理學家、思想家戴維‧勃姆（David Bolm）的考證，源自希臘語的「dialogos」，「dia」是指「通過」或「經由」（through），「logos」的含義是「語詞」或「語詞的含義」。〔註 1〕狹義上的對話，指人與人（也包括「自我」與「他我」）之間的一種平等、自由的交流；廣義上的對話則是人類生存的重要方式，涉及到人類的歷史與文明，橫跨哲學、宗教、文學、社會、教育等眾多領域。

〔註 1〕 David Bolm，*On Dialogue*，edited by Lee Nichol，London：Routledge，1996.

一、對話理論的提出與發展

對話作為一種重要的活動形式,最早可以追溯到古希臘以及中國的春秋戰國時代,對話在某種程度上已成為當時學者之間進行學術研討、思想交流和感情溝通的主要方式。「從歷史看,對話最盛行的時代,往往也就是思想最煥發的時代」,[註2] 正是這種時代的沃土培育出了對話文化。

最早提出對話概念的,則是俄國的文藝理論家巴赫金(M.M. Bakhtin,1895～1975)。在「哲學-美學」中,巴赫金提出了對話哲學的兩個核心概念——「超視」與「外位性」,並闡明了「我」與「他者」的關係和主體建構理論。巴赫金首先將研究的對象放在人類的話語(utterance/discourse)上,「人是作為一個完整的聲音進入對話。不僅以自己的思想,而且以自己的命運、自己的全部個性參與對話」。[註3] 話語之間始終處於一種積極的對話關係中,對話無處不在,「在每一句話、每一個手語、每一次感受中,都有對話的回響(微型對話)」。[註4] 於是,「對話關係成了人的社會存在的本質特徵」,[註5] 「一切都是手段,對話才是目的。單一的聲音,什麼也結束不了,什麼也解決不了。兩個聲音才是生命的最低條件,生存的最低條件」。[註6] 不容否認,巴赫金的對話理論帶有鮮明的烏托邦色彩:兩個平等獨立的主體,在超然的環境中,每一句對語都蘊含著積極的理解。這樣的對話在真實的人類社會中幾乎是不可能實現的,它迴避了影響對話的三個重要因素:對話者的交流能力或意願、人際距離、對話的外部環境。[註7] 因此,這樣的對話終將成為「一種孤芳自賞或者離群索居」。[註8]

1923 年,德國哲學家馬丁·布伯(Martin Buber,1878～1965)出版了專

〔註2〕 朱光潛《藝文雜談》,安徽人民出版社,1981 年,第 186 頁。

〔註3〕 〔俄〕巴赫金《詩學與訪談》,白春仁、顧亞鈴等譯,河北教育出版社,1998年。

〔註4〕 〔俄〕巴赫金《詩學與訪談》,白春仁、顧亞鈴等譯,河北教育出版社,1998年。

〔註5〕 白春仁《邊緣上的話語——巴赫金話語理論辨析》,載《外語教學與研究》2000年第 3 期,第 164 頁。

〔註6〕 〔俄〕巴赫金《陀思妥耶夫斯基詩學問題》,白春仁、顧亞鈴譯,三聯書店,1992 年,第 334 頁。

〔註7〕 參見《重讀巴赫金:關於對話理論的幾點思考》,
http://blog.sina.com.cn/s/blog_470535440100008c.html,2005-10～30

〔註8〕 Caryl Emerson. *The First Hundred Years of Mikhail Bakhtin*,New Jersey:Princeton University Press,1997,p.147.

著《我與你》，奠定了他所致力的關係思想研究。在這本代表作中他探討了人類相互關係的交往與對話問題，他將人類關係歸結為兩種基本的關係模式，即「我－你」關係和「我－它」關係。「我－它」的關係是一種以自我為中心去經驗和利用它者的關係，不可能構築真正的「對話」。當人們擺脫功利的「我－它」的工具關係，才可能進入審美的藝術的「我－你」關係。他認為，對話有三種類型：一是「真正的對話」，是「從一個開放心靈到另一個開放心靈之話語」。「無論是開口說話還是沉默不語——在那裡每一位參與者都真正心懷對方或他人當下的特殊的存在，並帶著在他自己和他們之間建立一種活生生的相互關係的動機而轉向他們」；二是「技術性的對話」，「這種對話單純是由客觀理解的需要所激起」；三是「裝扮成對話的獨白」，「在其中，即刻相遇的兩個或更多的人各以曲折、迂迴的方式與自己說話，但卻想像創作已逃脫了被人拋入自己打發時光之境的痛苦。」〔註9〕布伯的對話思想給人類傳播研究帶來了特殊的貢獻，在他的對話觀中，對話的前提是差異的存在，解決差異的最好方式是對話。對話要求平等而寬容的相互信任，對話幫助人建立良好而健康的交流關係。

此外，影響較大的對話思想家還有迦達默爾、海德格爾和哈貝馬斯等。伽達默爾（Hans－Georg Gadamer，1900～2002）將「對話」建構為人類存在、思維與經驗的普遍原型；海德格爾（Martin Heidegger，1889～1976）從現象學的角度出發將交流置於社會與歷史環境中，從而得出「從語言而來的說或許只能是一種對話」的結論；哈貝馬斯則致力於現實中有效的對話機制的建立，在他創立的交往理論體系中對話被視為一種方法論，作為達成現代交往的最為合理、最為有效的一種途徑。

二、對話理論的應用

1967 年，美國學者馬特森（F.W.Matson）和蒙塔古（A. Montagu）編輯出版了「第一本系統地嘗試用對話觀點研究傳播的著作」——《人的對話：透視傳播》（*The Human Dialogue：Perspectives on Communication*）。此後，對話理論被廣泛地運用到傳播領域的研究中。到 70 年代初，對話一詞已經作為傳播研究的新興關鍵字，成為改善人類交流，關注人類傳播質量的獨樹一幟的表達。其中影響最大的是英國的物理學家、思想家戴維・勃姆。

〔註9〕〔德〕馬丁・布伯《人與人》，張健、韋海英譯，作家出版社，1992 年，第31 頁。

　　勃姆從 1970 年代開始關注對話問題，他組織了戴維・伯姆對話小組，對人類的交往、思維和文化展開了深入而實際的研究，並通過自身的實踐提出了一種嶄新的對話理論，即近二三十年來西方社會廣爲推崇的「勃姆對話」（Bohmian Dialogue）。在其專著《對話》一書中，勃姆描述了人類在擁有傳播技術後，依然面臨的不能溝通的傳播窘境。他反對把傳播視爲「單純的資訊傳播」，他認爲交流的意義在於人們通過對話共同創造一個更大的人類認識空間，創造出一些人們前所未見的新思想新行爲。因此，他把「對話」引入了傳播概念中，提出「傳播是意義的流通與構建」，是交流雙方互相關聯的對話，因此「對話」成爲構建理想傳播的一種基本方式，在對話中人們不僅可以就雙方差異進行商討，形成共同的一致的認識，而且對話的雙方可以在對話中「求同存異」，將不同的意見充分集中與分享，共同創造新的思想。

　　勃姆的「傳播創造新思想」的對話觀是在「傳播是資訊的傳輸、互動、共用」的傳統觀點之上，加入了「對話」的含義，他與布伯都強調個體傳播者的獨立存在，認爲傳播是個體交往者建立人際關係的根本方式，是人發生與發展親密關係的社會根基。約翰・斯圖爾特在布伯的思想基礎上，將對話觀點引入人際傳播研究，提出對話式的傳播關係是一種理想的人際關係類型的觀點。應當說，對話抓住了人類傳播的本質，人類的思想可以通過對話得到傳播、擴散。對話可以推動思想的共用，差異的交流。對話強調對人的尊重，在對話中，人與人可以調整人際關係的緊張狀態，處理人際危機，解決差異，提升人格的力量。對話賦予傳播新的品質。對人類發展健康的傳播關係，對話具有日益重要的精神價值。〔註10〕

　　隨著新資訊傳播技術的出現與迅猛發展，人類對技術的依賴與日俱增，對傳播技術的未來也充滿希望和憧憬。這對當代研究者敲響了警鐘，技術不是萬能的，人與人之間的對話一旦變成了「技術與技術的對話」就失去了對話的意義，技術的意義在於作爲一種手段如何積極地促進意見的充分表達和流通，從而最終「創造新思想」。

第二節　多重對話的交流機制

　　通信欄中的對話交流表現爲多重性：一是對話參與者的多重性，二是對

〔註10〕參見王怡紅《人與人的相遇——人際傳播論》，人民出版社，2003 年，第 78 頁。

話觀點的多重性，三是對話過程的多重性。在通信欄中，多重對話的交流方式得到了廣泛的認同，其背後所體現的現代新型的「對話」機制，成為約定俗成、不證自明的普遍法則。

一、對話參與者的多重性

通信欄中的多重對話首先表現在對話參與者的多重性，通信欄的欄目設置本身即是對平等、開放的對話環境與空間的一種營造，其帶來的參與感保證了論壇的活力，容納並鼓勵了讀者的一得之見，從而有效彌補了報刊傳媒定向傳播的單一性。

對話區別於獨語，強調對話個體的價值，巴赫金在《陀思妥耶夫斯基詩學問題》中即強調思想對他者的依賴性：「思想不是生活在孤立的個人意識之中，它如果僅僅留在這裡，就會退化以至死亡。思想只有同他人別的思想發生重要的對話關係之後，才能開始自己的生活，亦即才能形成、發展、尋找和更新自己的語言表現形式，衍生新的思想。人的想法要想成為真正的思想，即成為思想觀點，必須是在同他人另一個思想的積極交往之中。這他人的另一個思想，體現在他人的聲音中，就是體現在通過語言表現出來的連接點上，思想才得以產生並開始生活。思想（根據藝術家陀思妥耶夫斯基對它的觀察）並非是一種主觀的個人心理的產物，而『固定居住』在人腦中；不是這樣，思想是超主觀的，它的生存領域不是個人的意識，而是不同意識之間的對話交際。」〔註11〕在巴赫金看來，每個人都是獨立的存在，每個人都有獨立的價值，「真理只能在平等的人的生存交往過程中，在他們之間的對話中，才能被揭示出一些來（甚至這也僅僅是局部的）。」〔註12〕每個聲音都以自己的獨立存在呈現出來，「互不混淆，互不同化，彼此在一個平面上不停地傾聽著，從而構成了真正的對話關係」。〔註13〕有了這個前提，才可能有人與人之間的平等對話，才可能有思想與思想之間的平等對話。與對話相反的是獨語，它反映的是一種封閉的、統一的、不變的關係，從學理上說，獨語是霸權和暴力對「他者」或「另類」的壓制。對話既是目的，又是方式，它強調對話參

〔註11〕〔俄〕巴赫金《詩學與訪談》，白春仁、顧亞鈴等譯，河北教育出版社，1998年，第114頁。
〔註12〕〔俄〕巴赫金《文本・對話與人文》，河北教育出版社，1998年，第372頁。
〔註13〕周憲《20世紀西方美學》，南京大學出版社，1999年，第357頁。

與者的投入。對話的雙方既是言說者,也是傾聽者,既是參與者,也是思考者,對話雙方的互動是對話得以進行的基礎。

通信欄在欄目設置上即是對平等、開放的對話環境與空間的一種營造。一方面通信欄使持有不同觀點甚至不同立場的知識份子之間有了對話的平臺。特別是對於「五四」時期的同人報刊來說,通信欄成爲容納異己思想的一個集散地,大多數報刊的通信欄都明確表示尤其歡迎不同的、甚至相對的意見。因此,偏激如錢玄同者對於「期期以爲他的文章實在不足以汙我《新青年》」的張厚載,會依然大度地表示「如其通信,卻是可以」,〔註 14〕可見同人心目中通信欄的開放程度。而陳獨秀雖然篤信「白話爲文學正宗」,並堅持認爲「必不容反對者有討論之餘地」,〔註15〕但在《新青年》的「通信」欄中他卻刊發了有關白話文問題的眾多的討論通信,甚至不惜創造一個子虛烏有的「王敬軒」以引出眞正的反對者的參與。當然,同時也要看到「五四」通信欄開放的有限性,如上述的張載厚的文章,其中刊載於《新青年》第 4 卷第 6 號通信欄內的《新文學及中國舊戲》一文,便同時附有胡適、錢玄同、劉半農和陳獨秀四人對他的批駁性的跋語。另一篇《我之中國舊劇觀》雖是應胡適之邀撰寫,但在由胡適編輯的 5 卷 4 號中卻以「附錄」的形式附於傅斯年的《戲劇改良各面觀》之後,而傅斯年在這一期的《新青年》中還發表了另外一篇正式文章《再論戲劇改良》。同爲北大國文系學生的兩位同班同學在《新青年》享受的禮遇卻是天壤之別。不僅如此,張厚載發表在同期通信欄中的通信也被冠以《「臉譜」——「打把子」》的醒目標題,成爲了錢玄同批判立論的靶子。而所有的一切究其原因,就在於張厚載不像傅斯年那樣與《新青年》是同一個戰壕的戰友,他在一片聲討中國舊文化的喧鬧中指出中國傳統戲有抽象會意、指而可識等好處,不應被廢棄。由此可見,同人雜誌對於持不同立場的知識份子的開放是有限度的,也是有目的的。

另一方面,正是借助通信欄這樣的平臺,普通讀者可以與精英知識份子平等對話,通信欄所帶來的參與感保證了論壇的活力,容納並鼓勵了讀者的一得之見。讀者與編者之間的對話,一部分是讀者諮詢編者回答,屬於勃姆所說的「技術的對話」,即以資訊的交流與傳播爲主的對話;另一部分則是發

〔註14〕中國社會科學院近代史研究所中華民國史組編《胡適來往書信選》(上),中華書局,1979 年,第 25 頁。
〔註15〕獨秀復胡適,「通信」欄,載《新青年》第 3 卷第 3 號,1917 年 5 月 1 日。

舒意見爲主的「眞正的對話」。對於普通讀者來說，通信欄的開設，爲占絕大多數的普通讀者提供了發言的渠道，並鼓勵了他們的思考與參與，從而打破了報刊傳媒的「獨語」狀態，爲「眾聲喧嘩」創造了條件。對於精英知識份子來說，通信欄則成爲其瞭解普通讀者的一扇窗口。在交流的關係中，沒有對話的傳播就是一種聲音的獨白。通信欄中的來往書信成爲讀者與編者、讀者與讀者之間的多重對話，有效彌補了報刊傳媒定向傳播的單一性。

二、對話觀點的多重性

通信欄中的多重對話突出表現在對話觀點的多重性，通信欄使眾聲喧嘩中的各種不同的觀點、意見多元共存，「交流」思想而非「統一」思想，其體現出的和而不同、求同存異的對話特徵，促進了思想的繁榮。

對話不同於辯論，它意味著對差異性的肯定與包容。尺有所短，寸有所長，任何人提出的觀點和理論都不可能是十全十美、毫無破綻的。差異是天然存在的，也恰恰因爲差異的客觀存在導致了對話的可能性與必然性。因此，對話不同於「辯論」：「辯論」總是想方設法提出理由、尋找根據，然後據理力爭來否定對方的意見。在古希臘便有著名的雄辯家伊薩烏斯（Lsaeus）與詭辯家萊什阿斯（Lysias）、伊索克拉特（Lsocrates），他們能說會道，口若懸河，辯論者的口才可能是一流的，但思想卻退居其次。這樣一來思想就容易消解於懷疑與對抗之中，從而使交流中斷。孟子就對他的弟子說「予豈好辯哉？予不得已也」（《孟子‧滕文公下》），申明自己因爲捍衛聖道而不得不與「邪說理辭」展開辯論的苦衷。「對話」則不求你輸我贏，不求說服他人，或者想方設法讓自己的觀點占上風，它的目的在於在對話的過程中去探索和發現眞知和灼見。因此，眞正的對話不要求每次都能得出涇渭分明的結論，而意在使對話的雙方彼此找出自己的偏頻或欠缺，從而達到溝通與補充的目的。英國戲劇大師蕭伯納說過，如果你有一個思想，我有一個思想，彼此交換，我們每個人就有了兩個思想，甚至多於兩個思想。「人們通過對話共同創造一個更大的人類認識的空間，創造出一些人類前所未見的東西。這個『新』的意義並非專指『一致』的看法，它可能是由對話本身自然而然生發出來的光束，照亮人的眼睛，讓人關注於問題背後的新的理解。」〔註16〕所以，較之「爭

〔註16〕參見王怡紅《人與人的相遇——人際傳播論》，人民出版社，2003 年，第 66 頁。

論」與「辯論」，「對話」對於人類交流、人類關係的建設以及思想的發展都
具有更多的適用性與建設意義。

通信欄作為言論空間的突出特徵即是對各種不同觀點、不同意見的容納
與包容，從而使眾聲喧嘩中的各種「聲音」能夠多元共存。文言與白話、破
與立、傳統與現代、舊與新、保守與激進……這些看似水火不容、南轅北轍
的言論，實際上卻互為補充、不可或缺，通信欄中的多重對話形象地體現了
「五四」時期多元觀點間的對立與互補。「五四是一條大河，支流眾多。由於
來自不同的源頭和經歷不同的地帶，它們便各各以不同的流向與流速，互相
融彙，互相衝突，推動著左右著運動的發展。」〔註 17〕如《新青年》同人中
陳獨秀的激進與胡適的寬容看似針鋒相對實則互為補充，再如當激進者對中
國傳統文化徹底否定，全盤西化時，保守者則致力於倡揚國粹，整理國故。
正是多元觀點彼此之間的對抗，形成了一種相互制衡的合力。通信欄中多元
觀點的並存，就是對「斷裂說」最有力的反駁，因為「五四」時期並非一家
獨尊，而是新舊文化相生相伴，共同建構了「五四」文化。

而對於通信欄中多元化的觀點，周作人則強調「討論衹是在各表意見，
不能多數取決」，〔註 18〕因此，「五四」時期所發生的許多對話和探討，無論
是發生在革新派內部還是發生在革新派與保守派之間，正如有學者所指出的
「都是沒有結論而只有探討的」。〔註 19〕「不能多數取決」體現了「五四」時
期知識份子的民主思想，早在 19 世紀時已有一些傑出的學者和政治家指出，
人數上的優勢並不意味著更大程度上的正義，斯賓塞則將「多數權利神聖」
視為一種迷信。「五四」時期的知識份子們也意識到了這一點，並將其運用到
了對民主政治的闡釋中，「民治不是多數政治，多數人所支配的政治不一定就
是民治」。〔註 20〕「交流」思想而非「統一」思想，通信欄體現出的和而不同、
求同存異的民主特徵，促進了思想的繁榮。

三、對話過程的多重性

通信欄中的多重對話還表現為對話過程的多重性。通信欄一方面再現了

〔註 17〕林賢治《五四之魂（上）》，載《書屋》1999 年第 5 期。

〔註 18〕周作人致記者，「通信」欄，載《小說月報》第 12 卷第 9 號，1921 年 9 月 10
日。

〔註 19〕林賢治《五四之魂（上）》，載《書屋》1999 年第 5 期。

〔註 20〕華聲《黨治與民治》，載《現代評論》第 6 卷第 134 期，1927 年 7 月 2 日。

思想生發、流動的過程，使討論與交流有迹可循，另一方面通信欄中的對話又激發了新的思考，引發了新的話題，促進了思想的發展。

對話是動態的言說，而思想的價值就在於流動，其處於流動中時所具有的價值往往比固定下來時要人得多，因爲人與世界意義的建造都是通過交流來完成的。伯姆在《論對話》中指出「對話彷彿是流淌於人們之間的意義溪流，它使所有對話者都能參與和分享這一意義之溪，並因此能夠在群體中萌生新的理解和共識」。而「對話之所以能產生理解，其重要的原因在於，交流所創造的意義不是水泥一般靜止不動。對話能使交流的意義在其間不停地流淌，從而不斷創造出能使彼此觀點接近的認識基礎」。〔註21〕對話作爲動態的言說，其思維本身即是問題之源，因此對話的過程就是爲思想的發展注入活力、提供動力的過程。

通信欄的多重對話，一方面使討論和交流有迹可循，從而促進了對話的深入展開。以《新青年》「通信」欄爲例，其中對孔教與舊道德問題、文學改革問題、國語和白話文問題以及世界語問題的大量探討，我們可以清晰地看到問題提出、發展、深化或偏離的過程。對話的進程很少是直線型的，而通常是循環式的和遞迴式的，其進展也常常出人意料。正是通過對話，才能認識到自己思維假定的侷限性，從而在對話群體中形成新的態度和新的眼光。從這一意義上說，通信欄的重要性不在於其中某封信涉及了什麼重大問題或率先提出了什麼重要觀點，而在於所記錄的多重對話的過程——觀點意見的提出、形成、碰撞與修訂，讀者與編者之間的對話與交往都在通信欄中得以完整地呈現。

另一方面，通信欄中的多重對話引發了很多新的話題、新的思考。如胡適在《新青年》「通信」欄中提出的「八事」主張，引發了其後的《文學改良芻議》和《文學革命論》就是一個典型的例子，這裡不再贅述。再如《新青年》關於世界語問題的探討便起因於一封讀者來信，第2卷第3號的「通信」欄中刊發了讀者T‧M‧cheng的來信，他在信中詢問世界語究竟可不可以學，學後有什麼用。陳獨秀在覆信中發表了自己對世界語問題的看法，並引起了錢玄同的相關討論，而陳獨秀與錢玄同二人的討論又引起了「對世界語夙抱懷疑觀」的陶孟和的注意，其後世界語學者孫國璋的加入更是掀起了討論的高潮，從而引發了對世界語問題的大量探討。這些對話和交流，使世界語得

〔註21〕David Bolm，*On Dialogue*，edited by Lee Nichol，London：Routledge，1996，p4。

到了廣泛的傳播，讓更多的知識份子開始瞭解、學習世界語。1920 年，胡愈之、巴金、陸式楷、斯托帕尼等人重建了上海世界語協會。1921 年，北京大學中文系將世界語列為正式課程。與此同時，北京大學還成立了世界語研究會，蔡元培校長親任會長。「思維本身乃是問題之源」，通信欄再現了思想生發流動的過程，這些未經打磨的「思想的草稿」所具有的文獻與學術的雙重價值值得研究者重視。

第三節　重塑寬容和諧的言論生態環境

「五四以來，寫文章一開口就罵人，不是你打倒我，就是我打倒你，滿篇殺伐之氣，否則是譏笑刻薄，因此全無好文章。」錢穆在《中國文學中的散文小品》中的這段話雖然說得有些絕對，卻在一定程度上反映出了「五四」時期較為普遍的「罵人」現象。以《小說月報》與《小說世界》為例，儘管兩份雜誌一俗一雅有諸多差異，但都不約而同地提到「罵人」的問題：《小說月報》在「最後一頁」中指出「我們極希望大家來討論，……不論贊成與反對；但不根據討論正規而作題外謾罵的書信卻不能登出」；〔註 22〕《小說世界》的「編輯瑣話」也強調「凡是含有研究價值的教言，我們極歡迎而肯相與討論。如若僅為謾罵快意的，那末請恕不理之罪」，〔註 23〕從中不難想像「五四」時期罵人想像的盛行，而魯迅更為直白地說「罵人是中國極普通的事」。〔註 24〕正是在這樣的背景下，報刊通信欄中的多重對話顯得格外珍貴，因為觀點、立場各異的知識份子之所以能參與到通信欄這一公共空間中，就是由於他們認同了通信欄所建構的這種多重對話的交流機制。真正的對話應當是自由的、平等的、真誠的、寬容的、和諧的，這就需要報刊傳媒堅守獨立、尊重、理性的基本原則，以建構寬容和諧的言論生態環境。

一、堅守獨立原則，杜絕黨同伐異

正如密爾頓在《論出版自由》中指出的，真理是通過各種觀點、意見和思想的公開辯論和自由競爭獲得的，不是權利賜予的。〔註 25〕獨立是構成對

〔註 22〕「最後一頁」，載《小說月報》第 12 卷第 7 期，1921 年 7 月 10 日。

〔註 23〕編者，「編者與讀者」欄，載《小說世界》第 7 卷第 1 期，1924 年 7 月 4 日。

〔註 24〕魯迅致呂蘊儒，「通訊」，載《豫報副刊》1925 年 5 月 6 日。

〔註 25〕〔英〕約翰·密爾頓《論出版自由》，吳之椿譯，商務印書館，1987 年，第

話的基本的前提條件，對話者自身不僅要擁有獨立的地位，而且要真正擁有
獨立的意識，進而具備獨立思考、獨立觀察和獨立考證的能力，這也是建構
生態言論環境的基本前提。而堅守獨立原則，首先即要杜絕黨同伐異的行為。
因為這種偏袒同黨、攻擊異己的行為往往會導致惡語相向，甚至動用武力，
必然破壞對話中的「獨立」。

　　《語絲》通信欄中曾發表了陶孟和題為《寬容之難》的來信，信中認為
「迫害是世界人類的通病，一種普遍的罪惡，恐怕很難或者永遠不能汰除。
其中「宗教思想的寬容或者可以希望慢慢的有進步」，但是政治思想的寬容，
「大概在今日之國家制度，政府制度繼續存在的時候，永遠是不能得到的」。
〔註26〕周作人在回信中對這一觀點表示了贊同，他認為「寬容或者永久祇是
一個理想，……宗教思想的寬容是沒有的，政治思想的寬容是更沒有的了」。
〔註27〕周作人在信中還特別舉了舒新城的例子，在成都高師教書的舒新城，
由於講授新思想、新文學而為舊派勢力所不容，「教員校長公呈督軍派兵協同
學生到處搜捕」，從而感歎中國新舊勢力之間達成寬容理解如此之難。舒新城
讀到後，遂發表了一封名為《誰能寬容》的來信，信中認為成都高師的先生
們請兵搜捕自己並捕拘自己的友人固然是不寬容，但是自己對他們同樣無法
做到寬容。「人類的隔膜，一日未去盡，誰都不能寬容誰」，「寬容祇是一個偌
大的畫餅，果真要拿來充饑，還得努力把它變成真的餅」。〔註28〕周作人對上
述觀點提出了不同意見，他認為，雖然「我們的確也不能寬容他們」，但是「我
們的不寬容是反抗，而他們的不寬容是壓迫」。寬容並不意味著忍受，「不濫
用權威去阻遏他人的自由發展」是「寬容」，而「任憑權威來阻遏自己的自由
發展而不反抗」則是「忍受」。〔註29〕《語絲》通信欄中對寬容問題的探討，
其實涉及到了言論生態建設的一個基本問題，即堅守獨立原則。

　　堅守獨立原則，對於權力者而言，意味著對異己思想的寬容，不能黨同
伐異，言論空間中的對話不能引進政治力量，「筆墨官司不要倚仗筆墨以外的
力量解決」，〔註30〕從而為百家爭鳴創造一個寬鬆的言論生態環境。王光祈的

　　　33頁。
〔註26〕陶孟和《寬容之難》，「通信」欄，載《語絲》第34期，1925年7月6日。
〔註27〕周作人復陶孟和，「通信」欄，載《語絲》第34期，1925年7月6日。
〔註28〕舒新城《誰能寬容》，「通信」欄，載《語絲》第37期，1925年7月27日。
〔註29〕周作人復舒新城，「通信」欄，載《語絲》第37期，1925年7月27日。
〔註30〕陳漱渝《戰鬥的作者應該注重於「論爭」──讀〈中國現代文學論爭史〉》，

一段話令人警醒：「不論其所主張者爲任何主義，而揚言只有我的主義可以救國，其他均當排斥，不許別人懷疑，不讓別人批評，那我到死都是反對的！……蘇俄當局排斥異已，一再清黨，便是玩的這套把戲。……我不信世間有超人，小之一國，大之世界，決不容許『思想包辦』！……將來回國應做的事很多，『誓死擁護思想自由』乃是我國現已確定的方針之一……」；〔註31〕堅守獨立原則，對於個體而言，就意味著高揚「獨立之精神，自由之思想」，富貴不能淫，貧賤不能移，威武不能屈。獨立的精神氣質是「五四」傳統中最爲耀眼的閃光點，胡適對此作了兩點注解：「一是獨立思想，不肯把別人的耳朵當耳朵，不肯把別人的眼睛當眼睛，不肯把別人的腦力當自己的腦力；二是個人對於自己思想信仰的結果要負完全責任，不怕權威，不怕監禁殺身，只認得眞理，不認得個人的利害。」；〔註32〕堅守獨立原則，對於報刊傳媒而言，意味著對自由對話的言論生態環境的建構，「不依傍任何黨派，不迷信任何成見，用負責任的言論來發表我們各人思考的結果」。〔註33〕梁啓超早在《〈國風報〉敍例》中就指出健全的輿論必須具備的五個要素之一即公心，不能以個人或黨派的私心來判斷是非。〔註34〕羅家倫在討論「公共輿論」的建設問題時也提出「報紙公開」的原則，認爲報刊「不但不能受政府或社會的干涉，而且不能爲私人所獨佔，爲黨派作機關」。〔註35〕報刊的第一個職務便是供給各方平等發表言論的機會，「新聞既爲國民之言論機關，社外一切來件，但須所記不虛，言之有理，不應問其屬何黨派，及與本報主旨嚮背，而予以刊出，供世人討論，給各方平行待遇。」〔註36〕打破「一言堂」，倡導百家爭鳴，這正是作爲多重對話的報刊通信欄的價值所在。

二、秉持尊重原則，避免意氣用事

胡適在爲科玄論戰作總結的《〈科學與人生觀〉序》中寫道：「我們總希望

載《魯迅研究月刊》2000年第2期。
〔註31〕黃仲蘇《王光祈與少年中國學會》，載《傳記文學》第35卷第2期，轉引自左舜生等撰《王光祈先生紀念冊》，臺北文海出版社，1936年。
〔註32〕胡適《好政府主義》，載《晨報》1922年11月17日。
〔註33〕《引言》，載《獨立評論》第1號，1932年5月22日。
〔註34〕梁啓超《〈國風報〉敍例》，載《國風報》第1期，1910年2月20日。
〔註35〕羅家倫《輿論的建設》，載《新潮》2卷3號，1920年4月1日。
〔註36〕徐寶璜《新聞紙之性質與價值》，《新聞學》，中國人民大學出版社，1994年，第111頁。

作戰的人都能尊重對方的人格，都能承認那些和我們信仰不同的人不一定都是笨人與壞人，都能在作戰之中保持一種『容忍』（Toleration）的態度；我們總希望那些反對我們的新信仰的人，也能用『容忍』的態度來對我們，用研究的態度來考察我們的信仰。我們要認清：我們的真正敵人不是對方；我們的真正敵人是『成見』，是『不思想』。我們向舊思想和舊信仰作戰，其實祇是很誠懇地請求舊思想和舊信仰勢力之下的朋友們起來向『成見』和『不思想』作戰。」〔註37〕言論生態環境的建構一方面需要有自由、開放的言論空間作為保障，以供給各方平等對話的機會；另一方面，自由伴隨著責任，在享受自由對話的同時，應給予對話者最基本的尊重，「我不同意你說的每一個字，但是我願誓死捍衛你說話的權利」，諷刺、謾罵甚至人身攻擊都應該堅決避免。

對話的過程一旦意氣用事就很難心平氣和地探討問題，而變成了沒有技術含量的「抬槓」和「嘔氣」，因此「做學問切不可動感情，一動感情，只看見人家的錯，就看不見自己的錯處」。〔註38〕比如沈雁冰在談到與創造社所展開的論爭時就承認「對於《創造》及郁、郭二君，我本無敵意，惟其語言太逼人，一時不耐，故亦反罵」，從而演變為一場無謂的意氣之爭。陳獨秀對於「閉眼胡說」的「不屑與辯者」，同樣強調「唯有痛罵之一法」。〔註39〕這種「正義的火氣」，在胡適看來，「就是自己認定我自己的主張是絕對的是，而一切與我不同的見解都是錯的。一切專斷，武斷，不容忍，摧殘異己，往往都是從『正義的火氣』出發的」。〔註40〕《新青年》通信欄中曾刊載了讀者戴主一的一封來信，對編者的這種態度提出了批評：「『通信』一門，以為辯難學術，發抒意見之用，更屬難得。尚有一事，請為諸君言之；通信既以辯論為宗，則非辯論之言，自當一切吐棄；乃諸君好議論人長短，妄是非正法，胡言亂語，時見於字裏行間，其去宗旨遠矣。諸君此種行為，已屢屢矣；而以四卷三號半農君覆王敬軒君之言，則尤為狂妄。……足見記者度量之隘。」〔註41〕該信儘管用語犀利，但提出的

〔註37〕胡適《〈科學與人生觀〉序》，歐陽哲生編《胡適文集》，北京大學出版社，1998年，第163頁。

〔註38〕胡適《容忍與自由》，載《自由中國》第20卷第6期，1959年3月16日。轉引自胡頌平編《胡適之先生晚年談話錄》，新星出版社，2006年，第5頁。

〔註39〕陳獨秀復崇拜王敬軒者，「討論學理之自由」，「通信」，載《新青年》第4卷第6號，1918年6月15日。

〔註40〕胡適《胡適日記全編》（卷八），曹伯言整理，安徽教育出版社，2001年，第787～788頁。

〔註41〕戴主一致《新青年》諸君，「駁王敬軒君信之反動」，「通信」欄，載《新青年》

意見還是比較中肯的，只不過錢玄同在回信中卻糾結於對方在信中的用詞：「來書中如『胡言亂語』，『狂妄』，『肆無忌憚』，『狂徒』，『顏之厚矣』諸語，是否不算罵人？幸有以教我！」〔註42〕再如第5卷第6號中讀者愛真的來信：「自從四卷一號知道五卷二號，——四卷以前我沒有讀過。——每號中，幾乎必有幾句『罵人』的話，我讀了，心中實在疑惑得很！《新青年》是提倡新道德（倫理改革）、新文學（文學革命）和新思想（改良國民思想）的。難道『罵人』是新道德、新文學和新思想中所應有的麼？《新青年》所討論之四大事項中，最末一項曰：『改良國民思想』。可見先生等已承認現在國民思想的不良。然而先生等遇見了不良思想的人，每每便要痛罵。這是什麼道理呢？這恐怕與改良國民思想有些相反罷？……」〔註43〕應該說該讀者提出的批評不無道理，祇是在語氣上有些「強硬」，尤其是最後的幾句話更是有些「難聽」，顯得咄咄逼人：「先生看了這封信，以為這是奴隸根性的話，不要臉面的話，涼血動物的話，那麼，請先生把這封信踐之，踏之，可也！撕之，焚之，可也！上坑時當他草紙用可也！否則，還請先生示我以詳細的教言！」因此，陳獨秀在回信中毫不客氣地給予了批評的批評，而對該讀者信中的主要內容「五毒」卻沒有做任何評論：「尊函來勸本誌不要『罵人』，感謝之至。『罵人』本是惡俗，本誌同人自當有則改之，無則加勉，以答足下的盛意。但是到了辯論真理的時候，本誌同人大半氣量狹小，性情直率，就不免聲色俱厲，寧肯旁人罵我們是暴徒是流氓，卻不願意裝出那紳士的腔調，出言吞吐，至使是非不明於天下。因為我們也都抱了『掃毒主義』，古人說得好，『除惡務盡』，還有什麼客氣呢？鄙人現有兩句話請問足下：（一）玄同先生說『謬種』，說『妖孽』，固然是罵人；而足下說『毒氣』，說『毒物』，是不是罵人呢？（二）足下列舉毒物五種，因為我們罵人，也在這五種範圍以內；但不知罵人的毒是歸那一種呢？足下既然厭惡那五種毒物的熱度，一天高似一天；又抱了掃毒主義，那是好極了。但是奉勸足下：以後就是有人把毒氣噴到你臉上，千萬不要『罵人』，要緊，要緊。」〔註44〕無獨有偶，《現代評論》的「通信」

　　　第5卷第1號，1918年7月15日。

〔註42〕錢玄同復戴主一，「駁王敬軒君之反動」，「通信」欄，載《新青年》第5卷第
　　　1號，1918年7月15日。

〔註43〕愛真致獨秀，「五毒」，「通信」欄，載《新青年》第5卷第6號，1918年12
　　　年15日。

〔註44〕獨秀復愛真，「五毒」，「通信」欄，載《新青年》第5卷第6號，1918年12

欄中也發表了一封讀者來信，信中用諷刺反語的手法，對於西林《批評與罵人》一文提出的「批評的時候罵人，是正當的行為」的觀點提出了質疑。西林在回信中解釋了自己文中「罵人」的涵義之後，緊接著寫道：「張歆海先生是反對罵人的，他如果知道譏笑刻薄是罵人，他的這封信也不會這樣的寫法了罷？」〔註45〕不難看出，對話的雙方一旦斤斤計較、意氣用事，則不免咬文嚼字、反唇相譏，互揪小辮子，這樣一來必然偏離了討論的主題，而喪失了對話的意義。正如藍志先所感歎道的：

> 在歐美各國，辯論是真理的產婆，愈辯論真理愈出。而在中國，辯論卻是嘔氣的變相，愈辯論論旨愈不清楚，結局只能以罵人收場。……本來通信一門是將彼此辯論的理由給一般人看的，並不是專與某甲某乙對罵用的，就便罵得很對，將某甲某乙罵一個狗血噴頭，與思想界有什麼好處呢？難道罵了他一頓，以後這人就不會有這樣的主張了麼？卻反令旁觀者生厭，減少議論的價值。〔註46〕

「意氣之爭，宗派之見，只會把刊物引向歧途——在中國現代文學史、期刊史上，這樣的教訓和由此付出的代價，真是太多也太沉重了！」〔註47〕因此，真正的對話應秉持互相尊重的原則，避免意氣用事。梁啟超曾指出思想交流過程中應有的涵養：「所見不合，則相辯潔，雖弟子駁難本師，亦所不避，受之者從不以為忤」；「辯話以本問題為範圍，詞旨務篤實溫厚，雖不肯枉白己意見，同時仍尊重別人意見；有盛氣凌輭，或支離牽涉或影射譏笑者，認為不德」，如此方是「正統派之學風」，方是真正的對話之道。胡先驌在《論批評家之責任》中進一步強調了對話雙方對差異的包容與尊重：「夫他人之議論，不能強以盡同於我也，我之主張，恐亦未必全是也。故他人議論之或不當也，盡可據論理以折之。且彼與我持異議者，未必全無學問，全無見解，全無道德也。即彼所論或有未當，亦無容非笑之、謾罵之不遺餘力也。」〔註48〕這與清代史學家錢大昕強調的「議論須平允，詞氣須謙和，一事之失，無妨全體之善，不可效宋儒所

年 15 日。
〔註45〕張歆海、西林，「批評與罵人」，「通信」欄，載《現代評論》第 1 卷第 4 期，1925 年 1 月 3 日。
〔註46〕藍志先答胡適書，「討論」，載《新青年》第 6 卷第 4 號，1919 年 4 月 15 日。
〔註47〕劉增人《試論茅盾系列文學期刊——中國現代文學期刊考察報告之一》，載《文學評論》2004 年第 4 期。
〔註48〕胡先驌《論批評家之責任》，載《學衡》第 3 期，1922 年 3 月。

云，一有差失，此餘無足觀耳」〔註49〕的觀點可謂如出一轍。「千慮容有一失」，這種包容的氣度與風範，值得當今學者借鑒。

三、遵循理性原則，反對變駁爲習

《新青年》第3卷第3號的「讀者論壇」中刊登了一篇題爲《偏激與中庸》的文章，文中寫道：

> 夫偏激者何？堅信一己所獨到之見，積極猛進。眞理所在，則赴之如赴戎行。不特以身赴之，且號召與共利害有關之人以同赴之，其所號召之言，容有過當，然皆確有所見者是也。中庸者何？不問時勢之適否，不問事理之是非，而惟持一中立調和之態度。成則居其功，敗則不任其責。其所主張雖或有近於是者，然要皆折中兩間，非自心之確有所見者是也。……夫中庸，美德也。然使中庸不能成事，則中庸爲無用矣。偏激，惡德也，然使偏激能成事，則偏激爲有功矣。〔註50〕

應該說，這種觀點是很具有代表性的，早在1903年劉師培就作《論激烈的好處》一文，認爲「天下的事情，沒有破壞，就沒有建設」，〔註51〕而惟有用激烈的手段才能喚醒和鼓動中國的民衆，並署名「激烈派第一人」。《小說月報》的讀者也認爲「在現代底中國，較好有以鼓舞青年們傾向破壞一方面，抵抗一切，庶於建設底目的，有較易達到底可能。」〔註52〕「五四」時期作爲狂飆突進的時代，偏激的言行表現得尤爲突出。以白話文的提倡爲例，陳獨秀甚爲堅定地表示：「獨於改良中國文學當以白話爲正宗之說，其是非甚明，必不容反對者有討論之餘地；必以吾輩所主張這爲絕對之是，而不容他人之匡正也。」〔註53〕對此，錢玄同認爲「此等論調雖若過悍，然對於迂繆不化之選學妖孽與桐城謬種，實不能不以如此嚴厲面目加之」。〔註54〕魯迅也說自己「總要上下四方尋求，得到一種最黑、最黑、最黑的咒文，先來詛咒一切反

〔註49〕錢大昕《答王西莊書》，《潛研堂文集》（卷35），《嘉定錢大昕全集》（第9卷），江蘇古籍出版社，1997年，第603頁。
〔註50〕胡哲謀《偏激與中庸》，載《新青年》第3卷第3號，1917年5月1日。
〔註51〕劉師培《論激烈的好處》，載《中國白話報》第6期，1904年3月1日。
〔註52〕周志伊致記者，「自然主義的懷疑與解答」，「通信」欄，載《小說月報》第13卷第6號，1922年6月10日。
〔註53〕獨秀復胡適，「通信」欄，載《新青年》第3卷第3號，1917年5月1日。
〔註54〕錢玄同致獨秀，「通信」欄，載《新青年》第2卷第6號，1917年2月1日。

對白話，妨害白話者。即使人死了眞有靈魂，因這最惡的心，應該墮入地獄，也將決不改悔，總要先來詛咒一切反對白話，妨害白話者。……只要對於白話文來加以謀害者，都應該滅亡」〔註54〕更有意味的是，錢玄同不但咒罵反對者，還怕反對者不罵而特意虛擬了一個被罵者以供咒罵。作爲學生輩的傅斯年在回顧其追隨《新青年》創辦《新潮》雜誌，挑戰傳統勢力時，有這樣一段自我批評：「我們有點勇猛的精神，同時有個武斷的毛病。要說便說，說得太快了，於是乎容易錯。觀察研究不能仔細，判斷不能平心靜氣」。〔註56〕陳平原教授就此指出「說到『平心靜氣』，不只《新潮》做不到，《新青年》做不到，晚清以降眾多提倡革新的報章，全都沒有眞正做到。一是國勢危急，時不我待；二是大家都還沒掌握好大眾傳媒的特點，說話容易過火。」〔註57〕只不過，「說話容易過火」，並不一定是因爲「沒掌握好大眾傳媒的特點」，筆者認爲「五四」時期報章文字的偏激，很大程度上恰恰是傳媒知識份子利用了大眾傳媒的特點而採取的「變駭爲習」的輿論策略。辱罵和恐嚇誠然不是戰鬥，很多時候卻是引發戰鬥的導火線，「雙簧信」就充當了這樣的導火線。

「變駭爲習」由梁啓超最先倡導，1902年他在《新民叢報》上發表了《敬告我同業諸君》一文，文中提出：

> 報館者，救一時明一義者也。故某以爲報館者既認定一目的，則宜以極端之議論出之，雖稍偏稍激焉而不爲病，何也？吾偏激於此端，則同時必有人焉偏激於彼端以矯我者，又必有人焉執兩端之中以折衷我者，互相倚，互相糾，互相折衷，而眞理必出焉；若相率爲從容模棱之言，則舉國之腦筋皆靜，而群治必以沉滯矣。夫人之安於所習而駭於所罕聞，性也，故必變其所駭者而使之習焉，然後智力乃可以漸進。某說部嘗言：有宿逆旅者，夜見一婦人，摘其頭置案上而梳掠之，則大驚。走至他所，見數人聚飲者，語其事，述其異，彼數人者，則曰：是何足怪，吾人皆能焉，乃各摘其頭置案上以示之。而客遂不驚。此吾所謂變駭爲習之說也。〔註58〕

〔註54〕魯迅《朝花夕拾·〈二十四孝圖〉》，《魯迅全集》（卷二），人民文學出版社，1981年，第251頁。
〔註56〕傅斯年《〈新潮〉之回顧與前瞻》，載《新潮》第2卷第1號，1919年10月。
〔註57〕陳平原《思想史視野的文學——〈新青年〉研究（下）》，載《中國現代文學研究叢刊》2003年第1期。
〔註58〕梁啓超《敬告我同業諸君》，載《新民叢報》第17期，1902年10月2日。

梁啓超的想法看似頗有道理實則經不起推敲,原因在於「變駁爲習」的實現需要不同的言論來「糾偏」,即「吾偏激於此端,則同時必有人爲偏激於彼端以矯我者,又必有人爲執兩端之中以折衷我者」,通過這些言論之間「互相倚,互相糾,互相折衷」的合力方才能達到最終「眞理」。但是,眞理越辯越明是有前提條件的,即雙方都要以求眞求實爲目的,即便如此,在對「眞理」的追求過程中也極易出現偏差,更何況還有意識地「偏激」呢?而且,這種在對話之前心中已有定論的精英立場也是對受眾主體性的一種忽視與否定。在實際操作過程中,「變駁爲習」還很容易變相地成爲報刊吸引讀者的一種炒作手段。偏激的言論無疑更容易引人側目達到宣傳的效果,對此胡適在後來的回憶中也承認「當時若沒有陳獨秀『必不容反對者有討論之餘地』的精神,文學革命的運動決不能引起那樣大的注意。」〔註 59〕但正如胡先驌所批評到的「夫負批評之責任者,其言論足以左右一般青年學子,豈容作一二有激之言乎?」〔註 60〕這些激烈的言辭衹是特定歷史時期的產物,在特殊的歷史條件下或許能所向披靡,發揮出一般文章起不到的摧枯拉朽的作用,「但在正常的學術討論中,我們還是應該堅持理性、平等、自由的原則。爲了學術的進步繁榮,上述原則是不應該輕易動搖的」。〔註 61〕

　　「浮詞誇誕,立言之不誠也」,〔註 62〕報刊傳媒作爲輿論機關尤應發揚求眞的精神,追求理性對話,發表意見要力求全面、客觀、準確,「雖稍偏激」亦不在提倡之列,更要警惕那些富有煽動性的言論。胡適在《獨立評論》一周年回顧時曾強調說:「我們不說時髦話,不唱時髦的調子,只要人撇開成見,看看事實,因爲我們深信只有事實能給我們眞理,只有眞理能使我們獨立。有一位青年讀者對我們說,『讀《獨立評論》,總覺得不過癮!』是的,我們不供給青年過癮的東西,我們只妄想至少有些讀者也許可以因此減少一點每天渴望麻醉的癮。」〔註 63〕梁啓超本人後來亦對這種「變駁爲習」、「指甲趨乙」的欺騙性的宣傳手法進行了反思,並在《〈國風報〉敘例》中指出了健全

〔註 59〕 中國社會科學院近代史研究所編《五四運動回憶錄(上)》,中國社會科學出版社,1979 年,第 157 頁。
〔註 60〕 胡先驌《論批評家之責任》,載《學衡》第 3 期,1922 年 3 月。
〔註 61〕 陳漱渝《戰鬥的作者應該注重於「論爭」——讀〈中國現代文學論爭史〉》,載《魯迅研究月刊》2000 年第 2 期。
〔註 62〕 陳獨秀《我之愛國主義》,載《新青年》第 2 卷第 2 號,1916 年 10 月 1 日。
〔註 63〕 胡適《獨立評論的一周年》,載《獨立評論》第 51 號,1933 年 5 月 21 日。

輿論的五要素，其中之一即爲「節制」，認爲要「導之以眞理」，不能「拔之以感情」，更不能「迎合佻淺之性，故作偏至之論」，〔註64〕這對於當代大眾傳媒來說尤其具有借鑒價值。

　　通信欄不僅容納了眾聲喧嘩的多重對話，而且某種程度上改變著人們論事說理的方式——在寬容和諧的傳媒生態環境中，堅持獨立的思想，彼此尊重包容，追求理性對話，這才是通信欄的終極價值和意義所在，它爲重塑當代傳媒的言論生態環境提供了寶貴的精神資源與價值參照。

〔註64〕梁啓超《〈國風報〉敘例》，載《國風報》第 1 期，1910 年 2 月 20 日。

第五章　通信欄的編讀交往

　　交往是人們運用語言或非語言符號交換意見、傳達思想、表達感情和需要等交流過程，是人類特有的需求，包括物質交往和精神交往。報刊通信欄中的多重對話在本質上就是編者與讀者之間的一種精神交往。首先，通信欄的開關培養了讀者與報刊之間的互動，促進了不同於傳統的「現代讀者」的生成。其次，「五四」通信欄的繁榮離不開編者的策劃、組織與引領，它是編者意圖與編輯方針的集中體現。通信欄的設立凝結著編者的苦心經營，編輯對通信欄的重視直接促進了欄目的發展和繁榮。再次，通信欄的發達是編者與讀者互動的結果，通信欄的對話背後正體現了編者與讀者之間的交往關係：由啟蒙與被啟蒙的師生關係，到平等對話的朋友關係，再到「讀者就是編者的衣食父母」的買賣關係，通信欄中所體現的編讀之間角色的變遷，正是中國普通知識份子發展的一個縮影。最廣大的普通讀者作為知識份子的大多數，通過「通信欄」這一獨特的視角來研究其成長歷程，可以得出一些有別於以往以文學研究為視角的新成果，以期能拓展和豐富對「五四」知識份子的研究成果。

第一節　讀者與通信欄

　　傳統的文學研究是把作家、作品看作一個獨立自足的體系，文學史就是作家與其創作的作品活動的歷史。接受美學引進了文學活動的另一極——讀者，1967 年，漢斯・羅伯特・姚斯（Hans Robert Jauss，1921～）在康斯坦茨大學發表了一篇題為《研究文學史的意圖是什麼、為什麼？》的演說，指出：「在作者、作品與讀者的三角關係中，讀者絕不僅僅是被動的部分，或者僅僅作出一種反應，相反，它自身就是歷史的一個能動的構成。一部文學作品

的歷史生命如果沒有接受者的積極參與是不可思議的。因爲只有通過讀者的傳遞過程,作品才進入一種連續性變化的經驗視野之中。」〔註1〕接受美學把讀者的期待視野看作對作家創作的重要制約因素,並認爲文學的歷史生命繫於讀者。在一定意義上,讀者才是文學作品的眞正完成者。「只有接受,作品在文學中的歷史生命,才能通過文學作品和大眾的積極的相互作用,在各方面內容的開放系列中,展示作品的結構。」「接受美學理論」不僅是思維方式的重大變化,更爲文學史的研究提供了一個全新的視角。

一、報刊通信欄與現代讀者的生成

中國近現代報刊的出現改變了中國傳統文學的傳播手段和渠道,它不僅傳播時效快,而且資訊量大、影響面廣,使文學在生產、傳播、接受等諸方面都發生了現代性的變革。其中的重大變革之一,便是形成了區別於傳統讀者的「現代讀者」。

誠如亞瑟・海・舒茲伯格所言「有負責的報紙,還要有負責的讀者。」現代讀者的一個突出特徵就是參與性。1853 年,麥都思在已成爲英國殖民地的香港創辦了一份名爲《遐邇貫珍》(*The Chinese Serial*)的中文月刊。其中設有「近日雜報」(創刊號的目錄則寫爲「近日各報」)的新聞欄。除了刊載地方新聞和國際新聞外,還登載了好幾篇中國讀者的來稿。例如,1855 年第八號、第九號分別刊登了《賭博危害本港自當嚴禁論》(*Against a proposal to license gambling house in Hong Kong*)等中國讀者的來稿。《遐邇貫珍》中的讀者來稿與《察世俗每月統計傳》中的讀者「告疑」有著顯著的不同,它發表的是讀者自己的批評意見,正是在這一意義上,堪稱「中文報刊史上最早出現的『讀者之聲』」。〔註2〕此後,報刊通信欄的設置成爲發表讀者來信的專欄。通信欄的開闢以及對普通讀者來信的發表,培養了讀者與報刊之間的互動,使讀者眞正參與到文學生產中,促進了不同於傳統的「現代讀者」的生成。以前的讀者是被動接收的一方,對作家的作品往往只能被動接受,而缺少公開發表和反饋意見的途徑;現代報刊中讀者來信欄目的設置則爲讀者提供了言語的「公共空間」,使普通的

〔註1〕 〔德〕漢斯・羅伯特・姚斯《走向接受美學》,參見中文版《接受美學與接受理論》,周寧、金元浦譯,遼寧人民出版社,1987 年,第 24 頁.
〔註2〕 〔新〕卓南生《中國近代報業發展史(1815~1874)》,中國社會科學出版社,2002 年,第 83 頁。

讀者第一次有了自己的話語權力，能在文學領域發出自己的聲音。雖然，這種「聲音」要受到各方面的牽制，有時還非常微弱，但畢竟是一種歷史的進步。正如伍爾芙所述：「作爲讀者，我們依舊有我們自己的責任，甚至有我們自己的重要性。我們提出的標準，我們作出的判斷，會怕然融入空氣中，變成作家們寫作時呼吸的空氣的一部分。於是，一種影響力便由此產生，即使永遠不可能形諸文字，但它實實在在對作家產生了作用。」〔註3〕

　　其次，由於報刊媒介的盈利性質，使報刊不得不重視讀者的意見和反饋，這使得以刊載讀者來信爲主的通信欄有了設置的必要。讀者的閱讀需求、期待視野在很大程度上對文學雜誌的辦刊方向起了一種潛移默化的導向作用。茅盾曾經說過，「開始『人辦雜誌』的時候，各種計劃、建議都很美妙，等到眞正辦起來了，就變成了『雜誌辦人』」。從「人辦雜誌」到「雜誌辦人」，其中來自讀者方面的制約無疑是重要原因之一。讀者是報刊消費的主體，是報刊生存與發展的前提和基礎。報刊對讀者的服務功能越強、讀者的參與程度越高、編讀之間的時空距離越近，報刊的社會影響力就越大。因此，刊載讀者來信的通信欄作爲溝通讀者的一個基本方式，一方面，在欄目中，讀者有機會對報刊中的內容發表不同看法，從而增加了報刊對讀者的吸引力；另一方面，報刊通過讀者來信，加強了讀者與報刊的聯繫，既顯示了對讀者的尊重，利於從文學市場的角度吸納各種有益的資訊，作爲調整編刊思路的重要依據，又培養了讀者對報刊的感情，很多讀者因爲頻繁的通信往來而成爲報刊的鐵杆「粉絲」。以《時務報》爲例，當其在經濟上有困難時，熱心讀者紛紛慷慨解囊，兩年內竟收到捐款兩萬元之多，相當於報社總收入的三分之一。因此，時至今日，讀者來信在各大報刊中幾乎成爲必不可少的固定專欄。

　　再次，通過對通信欄中的讀者來信進行考察，我們還發現這些讀者來自全國各地。不少報刊通信欄在刊載讀者來信時，似乎爲了證實讀者的眞實性，均在讀者的署名前標以地名，例如「上海汪植之」、「北京碎玉」、「廣州謝恩良」、「普池青山允明」、「浙江餘姚澔山陳介候」等等。這使得發表來信的讀者的地域分佈情況得以體現。一代有一代的文學，一代也有一代的讀者，通過對其橫向與縱向的分析考察，我們不僅可以明晰「五四」時期讀者整體的閱讀期待、審美觀念等特徵，還可以發現不同地域的讀者之間存在的個體差

〔註3〕　〔美〕佛吉尼亞・伍爾芙《我們應當怎樣讀書》，《伍爾芙隨筆全集》（第1卷），
　　　　中國社會科學出版社，2001年，第478頁。

異。例如《時務報》的主要讀者群，就分佈於江、浙、皖、湘、鄂、川等長江流域以及直隸、廣東一帶。〔註4〕讀者來信所表現出的地域不平衡發展，體現出不同區域的教育水平、經濟發展的巨大差異。對這些方面的考察和研究，不僅是對以往的文學史敘述的豐富，而且有助於梳理出近現代社會審美觀念和價值觀念的變化更叠的軌跡，有待於研究者進一步研究。無論何時，讀者都是不可或缺的一元，「雖然他們的數量有陞降，但始終對文學抱有巨大的熱情；他們的閱讀標準、趣味、流派、走向，一直激勵著廣大作家，推動著他們的創作。」〔註5〕因此，讀者的力量是研究者不容忽視的重要部分，只有把他們的存在考慮進來，才是完整的文學發展史。

二、由「接受者」到「參與者」

對於普通讀者來說，他們往往習慣性地處於「接受者」的地位，被動地接受作品、資訊和觀點。受眾是在新聞傳播流程中「受」的一端的讀者、聽眾、觀眾的總稱，傳統的傳播學概念中「傳者」與「受者」的主要區別在於，前者以教化、制約為主，後者則有條件地順從、認同之。但是，「任何有效的傳播都依賴於受眾對傳媒、傳播者的互動。沒有受眾的參與、協同，傳播媒介和傳播者的傳播行為都會因無所歸宿，而變的毫無意義。」〔註6〕要使傳播的資訊完全為受眾接受，必須使受眾由被動接受向主動接受轉化。主動接受的程度越高，傳播的效果就可能越好。受眾的主動接受，可以理解為受眾的主動反饋，傳者依據這些反饋決定再次傳播的內容和形式。這種傳者與受眾互動的傳播形式，可以成為雙向傳播引導模式。〔註7〕而傳者與受眾的雙向傳播，表現在媒介上，最為典型的就是報刊通信欄的設置。現代報刊興起後，「所謂朝甫脫稿，夕即排印，十日之內，遍天下矣」，報刊文章成了「時代寵兒」，〔註8〕於是一些讀者也「不禁技癢難熬，擬投稿」。〔註9〕以《時務報》為例，當時很多讀者致函《時

〔註4〕 參見廖梅《汪康年：從民權論到文化保守主義》，上海古籍出版社，2001年，第78頁。

〔註5〕 參見《人民文學》主編李敬澤在「紀念改革開放30周年‧中國文學30年歷程懇談會」上題為《作家與讀者：共同的創造》的講話。http://cul.jschina.com.cn/gb/jschina/culture/node19885/node19896/userobject1ai2055553.html，2008-10-13

〔註6〕 鄭興東《受眾心理與傳媒引導》，新華出版社，1999年4月，第28頁。

〔註7〕 吳庚振《新聞評論學》，河北大學出版社，2001年。

〔註8〕 陳平原《學問家與輿論家》，載《讀書》1997年第11期。

〔註9〕 秋郎（梁實秋）《編輯者言》，載《時事新報‧青光》1927年6月2日。

務報》並附文稿時，都異口同聲地表示是幫「友人」轉投的。如身處桐城的馬叔聞將友人趙秋枰的《行新法必去三蠹議》投寄，身在「嶺東」的姜公亮也將友人的文稿《許可權說》轉投給《時務報》。〔註10〕可見，向報刊投稿還未成為當時讀者中普遍的文化習慣行為。

　　因此，通信欄的開闢顯示出重要的意義，它為普通讀者提供了發表疑問或意見的「公共空間」，使讀者的角色從「接受者」發展為「參與者」。讀者第一次享受到自己的話語權力，能夠參與到公共空間中發出自己的聲音。儘管這種「聲音」要受到各方面的牽制，有時還非常微弱，但畢竟是一種歷史的進步，是前所未有的創舉。因此，通信欄的開設受到讀者的熱烈歡迎，很多讀者來信表示對通信欄的讚賞之情。如「通信一門，尤足使僕心動。因僕對於耳目所接觸之事物，每多懷疑莫決。師友中亦間有不能答其質問者。今貴雜誌居然設此一門，可謂投合人心應時之務。」〔註11〕「見貴刊有通詢答問一欄不竟雀躍。」〔註12〕「備讀大志造福青年無任崇仰，又闚通信一門以為讀者析疑辯難之助，用意良盛。」〔註13〕此外，對於初次投稿的讀者，還有著種種在編者看來不成問題的問題，如《時事新報》的讀者來信：

　　　主筆先生偉鑒：

　　　　鄙晚生向閱□□報，自本月起改閱貴報，青光一欄，尤為心折。內有小說新聞軼事閒談，不拘一項，如食雜糧，甚合晚生胃口。不禁技癢難熬，擬投稿貴報，但初次出馬，不知一切內容如何？投稿次數有無限制？報酬有若干？如不登，可否退回？信封上是否即是如此寫法？投稿需要幾分郵花？稿紙以何種為宜？……均請先生示及，不厭求詳，至要至要。專此奉答。

　　　並叩

　　暑祺

　　　　　　　　　　　　　　　　　　　晚生□□□頓首拜〔註14〕

〔註10〕《馬叔聞函》、《姜公亮函》，上海圖書館編《汪康年師友書劄》（2）（4），上海古籍出版社，1986～1989年，第1573、3573頁。參見潘光哲《〈時務報〉和它的讀者》，載《歷史研究》2005年第5期。

〔註11〕張永言致記者，「通信」欄，載《青年雜誌》第1卷第4號，1915年12月15日。

〔註12〕輝遇致記者，「通信」欄，載《青年雜誌》第1卷第6號，1916年2月15日。

〔註13〕程師葛致記者，「通信」欄，載《新青年》第2卷第1號，1916年9月1日。

〔註14〕秋郎（梁實秋）《編輯者言》，載《時事新報·青光》1927年6月2日。

如此不厭其煩地諮詢投稿的相關情況——內容、投稿次數、報酬、是否退稿、信封寫法、郵資、稿紙——請求編者「示及，不厭求詳」並且強調「至要至要」，讀者迫不及待的心情躍然紙上。James W. Carey 認為，報紙與其他媒體扮演的角色是「建構與維繫一個井然有序而又意義無窮的文化世界」，在他看來，閱報的最重要效果，並不是讀者可以得到各式各樣的事實資訊，而是他或她可以「作為觀察者，參與一個各種力量相互競逐的世界」。〔註15〕讀者對大眾傳媒也包含著雙重的要求：「不僅要求從大眾傳媒中學習社會角色，而且要求通過大眾傳媒表現自己，並獲取社會的承認。在現代社會中，人們要表現自己，反映自己在扮演角色中的需求、願望、體會、經驗和問題，求得社會的理解和支持，都不得不借助於人眾傳媒的理解、同情和支持，都不得不借助於大眾傳媒這座個人通向社會的最便捷的橋樑。」〔註16〕而通信欄的設立，無疑是滿足受眾需求的最好的方式，通信欄的意義在於它使讀者在不知不覺逐漸培養出了一種「我也想說」的興趣，培養了讀者主動思考的能力，鼓勵並強化了讀者的主體意識，促使其由「接受者」到「參與者」的角色轉變。

三、歧義的「讀者」

本雅明（Walter Benjamin，1892～1940）曾指出「越來越多的讀者——首先是個別地——變成了作者。這肇始於日報向讀者開闢了『讀者信箱』。現在，幾乎沒有一個參與勞動的歐洲人原則上會沒有機會在某一個地方發表勞動經驗、煩惱、新聞報導或諸如此類的作品。由此，區分作者和讀者就開始失去了根本意義。這種區分只成了一種功能性的、對具體情形的區分。讀者隨時都準備成為作者，他作為內行就具有了成為作者的可能。」〔註17〕報刊的讀者因為閱讀報刊並對報刊通信欄目做出反應而寫信，這些書信經報刊通信欄發表便成為了作品，讀者也相應地變成了作者。而實際上，幾乎每一個作者都是首先作為一名讀者而存在的，而且終其一生都不會放棄閱讀。所以，此

〔註15〕James W. Carey, Communications as Culture, pp. 18-20，轉引自 Jeremy D. Popkin, "Media and Revolutionary Crises," in Jeremy D. Popkin（ed.）, Media and Revolution: Comparative Perspectives, Lexington, Ky.：University Press of Kentucky, 1995, p. 23。

〔註16〕鄭興東《受眾心理與傳媒引導》，新華出版社，1999 年，第 69～70 頁。

〔註17〕〔德〕本雅明《機械複製時代的藝術作品》，王才勇譯，中國城市出版社，2002 年，第 44 頁。

處的「讀者」是為了敘述方便而採用的一種並不確切的說法，因為在通信欄中發表書信的「讀者」經過文學生產過程已經轉變成了「作者」，或者在此之前就已經是「作者」。

接受反應文論視域中的「讀者」，分為兩大類，即實際讀者與假想讀者。在報刊通信欄中發表來信的讀者同樣可以分為上述兩大類。第一類是實際讀者，即從事閱讀活動的具體的讀者，具體又分為普通讀者和專業讀者。普通讀者指那些相對來說文化程度較低、知識面較窄、文化視野較褊狹、藝術素養較欠缺、接受能力較薄弱的讀者。如《新青年》「通信」欄中詢問「吸灰塵有何害於衛生」、「滬上學校何者最優」的讀者無疑屬於此類。而《時事新報・青光》的讀者甚至向編者諮詢「有何妙法，能使賤內恢復天足，且不覺痛苦」。〔註18〕這些問題就從側面反映出了提問者的知識水平。但是，在「五四」時期教育尚未普及、知識普遍匱乏的時代，這些敢於在通信欄中發表意見的讀者仍然是那個時代的「知識份子」，他們追求上進，踴躍地參與到公共空間中並大膽地發出自己的聲音。《小說世界》中的讀者就在來信中寫道：「我是一個讀者，自然也有一份權力，寫一段交換的話。」〔註19〕讀者自覺地將這種參與視為自己的「權力」，可見其思想的進步。這部分讀者構成了報刊接受中最基本的群體，對他們的考察有利於我們更加真實、準確地把握當時的歷史真相，包括時代潮流、社會心理、審美取向、價值觀念等等。

專業讀者則指那些有著較高文化程度、知識面較寬、文化視野較開闊、具有較高雅的審美情趣與一定的文學分析接受能力的讀者。這類讀者對文學接受的要求比較高，他們期待文學文本具有較大的思想容量、較高尚的情志和較高雅的審美享受。「五四」報刊通信欄中就不乏專業讀者的身影，如魯迅、胡適、沈雁冰、郭沫若、郁達夫、成仿吾、茅盾、鄭振鐸等，從文學生產的角度看，他們有的是編者，有的是作家；從在新文化運動中所扮演的角色看，他們有的是倡導者，有的是重要的參與者。這些「五四」精英知識份子的加入，不僅壯大了通信欄的聲勢，而且他們對問題的提出和討論，使得通信欄在建立之初便顯示出不同於以往的問題意識，拓展了通信欄的話語空間。

第二類是假想讀者，此處的假想讀者不同於接受反應文論中根據文學文

〔註18〕秋郎（梁實秋）《編輯者言》，載《時事新報・青光》1927 年 6 月 2 日。
〔註19〕長沙翠蓮，「編者與讀者」欄，載《小說世界》第 3 卷第 5 期，1923 年 8 月 3 日。

本的預期效果得以實現假想出來的讀者，而是相對於實際讀者而言的，是報刊編者根據某種需要而摹仿讀者的口吻書寫讀者來信，從而虛擬出來的莫須有的讀者。與實際讀者不同，假想讀者是一個純粹虛構的讀者。在這方面美國的費尼斯·巴納姆（Phines Barnuln，1810～1891）可謂炮製讀者來信的始祖。巴納姆首先在報紙上發表文章說他所在馬戲團的一名黑人女奴海斯在100多年前曾養育過美國第一任總統喬治·華盛頓將軍。這一「新聞」激起了美國社會的巨大轟動，引起了公眾巨大的興趣。然後，巴納姆使用不同的筆名製造各種「讀者來信」，有的來信說巴納姆的所謂「海斯」故事祇是一個騙局，有的來信則說巴納姆發現了海斯是一大功勞。這些莫須有的讀者來信人為地引起了一場巨大的爭論，而巴納姆作為這一騙局的製造者則大獲其利，他每周可以從希望一睹海斯風采的美國人那裡獲得1500美元的門票收入。巴納姆熟練地利用大眾傳媒的影響力，無中生有，編造神話。而他在製造「新聞」、愚弄公眾之後，又善於審時度勢、推波助瀾，使事件朝著他希望的方向發展。因此，人們把整個巴納姆時期稱為「公眾受愚弄」時代。

中國報刊發展史上也有一個關於假想讀者的典型範例，這就是現代文學史上著名的「雙簧信」。1918年，錢玄同以王敬軒的名義，類比舊派人物口吻，以舊文學體裁給《新青年》的編者寫了一封信，發表在第4卷第3號的「通信」欄中。信中王敬軒對《新青年》作了種種荒謬可笑的指責，其後由另一位編委劉半農在「通信」欄中，針對其反對白話文的觀點逐一地進行批駁。「雙簧信」的輕蔑態度與過激言辭，激起了舊派文人的惱怒，也引起了讀者的關注，並在客觀上推動了新文學發展的進程。儘管如此，「雙簧信」的虛假性依然備受非議，胡適就明確表示對「雙簧信」的不滿，將其視之為「輕薄」之舉，並以為「憑空閉戶造出一個王敬軒」〔註20〕而不屑於與之辯論。「十七年」文學史中也不乏編者篡改甚至偽造讀者來信的例子。如1951年《文藝報》的編輯馮雪峰以「讀者李定中」的名義發表題為《反對玩弄人民的態度，反對新的低級趣味》的來信，呼應《人民日報》對蕭也牧的批判。對此，胡風曾使用「製造讀者」的概念，批判那些以「讀者」的名義編造的「成為新意識形態發動群眾運動的主要工具」〔註21〕的不真實的讀者來信。〔註22〕他在中

〔註20〕 中國社會科學院近代史研究所中華民國史組編《胡適來往書信選》（上），中華書局，1979年，第24頁。

〔註21〕 謝泳《「文藝學」如何成為新意識形態的組成部分？——以1951年〈文藝報〉

國文聯主席團和中國作協主席團擴大會議上的發言中提出質疑，認爲「《文藝報》對於不同意自己的意見的讀者，一開始就採取了輕視以至拒絕的態度，把同意自己的讀者組織成一個通訊員網，發行了一個內部刊物《通訊員內部通報》。……《文藝報》發行了四五萬份，對這樣廣大的讀者不相信，卻製造了兩三百個『親信』的讀者，向他們發號施令，這不是成了一個獨立王國麼？」〔註23〕這樣的讀者來信無疑已淪爲輿論製造的工具和手段。

在市場經濟的當代，報刊爲了追求轟動效應，吸引讀者的「眼球」，更是無所不用其極，炮製「讀者來信」成爲眾多宣傳炒作手段中的一種。如《中國記者》雜誌刊載的《「讀者來信」應拒絕造假》〔註24〕一文中就揭露了北京某著名報紙利用讀者來信來製造話題、炒作話題的過程，並發出了拒絕假冒的「讀者來信」的呼聲。《三聯生活周刊》的編輯苗煒也在博客裏「給自己雜誌寫讀者來信」，信末赫然署名「北京趙小帥」。〔註25〕聯想到《三聯生活周刊》中那些堪稱經典的讀者來信，往往就上期封面故事做點睛之筆的評斷以及帶有「生活圓桌」味道的針砭時弊的文字，無怪乎有人質疑這些讀者「素質也高得有點邪乎了」。時至今日，傳媒對經濟利益的追求及從業人員道德責任感的缺失，使得假想讀者比比皆是。讀者來信做假似乎成了傳媒行業的「潛規則」，許多媒體的讀者來信都是「自產自銷」，包括廣播和電視讀的聽眾觀眾來信、念的手機短信等等，都是眞眞假假難以分辨。這樣的讀者來信不過是報刊傳媒利用受眾心理以讀者的名義進行二次傳播的工具罷了，其自身價值大打折扣。

利用假想讀者炮製子虛烏有的讀者來信，雖然從報刊宣傳策略的角度看確實效果顯著，但其愚弄公眾的方式無論如何都是不值得提倡的。況且，假作眞時眞亦假，眾多「苦心經營」的假想讀者的存在使得報刊通信欄中讀者來信的眞實性難以考證，這不僅加大了讀者來信研究的難度，也在很大程度上損害了讀者來信的價值。作爲媒體及從業人員，無論何時，都要堅守眞實的原則與道德的底線，對讀者來信進行「打假」，應是整個傳媒行業刻不容緩、

一場討論爲例》，載《南方文壇》2003 年第 4 期。

〔註22〕胡風《關於解放以來的文藝實踐情況的報告》，《胡風全集》（第 6 卷），湖北人民出版社，1999 年，第 124 頁。

〔註23〕胡風《在中國文聯主席團和中國作協主席團擴大會議上的發言》，載《文藝報》1954 年第 22 號。

〔註24〕卞冬磊《「讀者來信」應拒絕造假》，載《中國記者》2004 年第 11 期。

〔註25〕參見苗煒的博客，http://miaowei.net/logs/16161939.html，2005-1-23。

不容推卸的責任，也是媒體重塑建立在自身誠信機制和道德規範上的媒介公信力的一個重要舉措。

第二節　編者與通信欄

　　作為通信欄的主持者，編者的工作概而言之即「編輯」。「編輯」一詞最早見於《魏書・李琰傳》：「修撰國史，前後再居史職，無所編輯」，意為收集材料，整理成書，隨著現代報刊傳媒的興起，編輯一詞也被賦予了新的涵義，根據《辭海》的解釋，「編輯指新聞出版機構組織、審讀、編選、加工、整理稿件等工作」。〔註26〕具體說來，編者一方面以發刊詞、按語、跋語等，構成對作者創作的直接誘導和干預；另一方面，又以稿件特色、廣告宣傳、欄目編排等，發展、鞏固自己的讀者群，對讀者的期待視野施加影響。〔註27〕正如日本學者金平聖之助在《美國雜誌 100 年：建立永續的雜誌王朝》的前言中所寫到的「在長年觀察之中，我留下最深刻的印象乃是『一本不同凡響的雜誌背後，必有位不同凡響的主編。』」〔註28〕作為通信欄的主持者，編者承擔著對欄目的策劃、組織與引導功能，可以說，沒有編者的努力付出，就不會有「五四」通信欄的繁榮景象。

一、編者對通信欄的策劃

　　欄目是透視報刊的窗口，是凸現報刊個性的重要因素，同時也是報刊生存與發展的基石，通信欄的開設離不開編者的成功策劃，它是編者意圖與編輯方針的集中體現。讀者是一切編輯工作的出發點和歸宿，認真閱讀並正確處理讀者的來信，不僅能瞭解讀者多方面的需求，從讀者的批評與建議中獲取改進編輯工作的啓發，而且有利於增進讀者對編者以及報刊的親和力與認同感。

　　而將編者與讀者的通信往來以專欄的形式在報刊中固定開設以求廣開言路，這一創意則來自於一位重要的編者——章士釗，他對通信欄的引入、重視

〔註26〕《辭海》同時還有一個說明，「編輯是指從事編輯工作的人員」，即本文所指的編者。

〔註27〕劉增人《試論茅盾系列文學期刊——中國現代文學期刊考察報告之一》，載《文學評論》2004 年第 4 期。

〔註28〕〔日〕金平聖之助《美國雜誌 100 年：建立永續的雜誌王朝》，鍾獻文譯，三思堂文化事業有限公司，1995 年。

與實踐，直接影響到了其後的金牌欄目《新青年》「通信」欄，成為「五四」報刊通信欄當之無愧的首創者。而且，自章士釗起，通信欄便與編者緊密聯繫在一起，由於當時報刊尚未設有專門的欄目主持人，因此，編者對欄目的重視與否便直接影響到欄目的興衰，通信欄也深深地打上了編者的烙印。當年章士釗離開《民立報》之後，通信欄隨之被取消。鄭振鐸接替沈雁冰主持《小說月報》後，由於很多讀者「致雁冰」的來信而使通信欄在 14 卷得以暫時保留，但自 15 卷起該欄還是難逃被取消的命運。再如《小說世界》也因編者的更叠而導致欄目的取消。通信欄的設置意味著編者的大力投入，僅回覆讀者來信一項就相當繁瑣，需要大量的時間和精力。如邵力子主持的《民國日報》副刊《覺悟》，其「通訊」欄中每天都要刊發三篇左右的讀者來信，還要附上編者的回信。一個月下來，通信欄中刊發的往來通信數往往達一百篇之多，這無疑加大了編者的工作量。鄒韜奮主持《大眾生活》期間，每天都要收到一百多封讀者來信，光是閱讀這些來信每天就要花掉半天時間，再加上親自執筆回信，所花費的時間、精力可想而知，鄒韜奮就自言要「用全副精神」。而且，在一般人的眼裏，編者的這些隻言片語的回信，相對於完整的文章來說，價值並不高。因此，這樣一件費力不討好的工作令很多編者望而卻步。

欄目的策劃與設置是最能體現報刊風格的部分之一，在這方面，以陳獨秀主持的《新青年》「通信」欄最為成熟，該欄因為精妙的創意和準確的運作而成為了刊物中最生動最豐富的部分之一，成為了金牌雜誌的金牌欄目，這裡就不再贅述（參見第二章）。而優秀的編者總能使欄目打上自己的烙印，形成獨特的編輯風格。如上述的《民國日報》主筆邵力子，早在 1907 年就東渡日本學習新聞學，其後又在上海師範學院和復旦大學授課，「新聞學的專業背景，使邵力子對報界的變化發展尤為敏感；豐富的新聞從業經驗，使他對媒介現象有極強的洞察力；而學術研究經驗則提高了他從事媒介批評的學理性。」〔註29〕其主持的《民國日報‧覺悟》的「通訊」欄不僅針對讀者來信發表了大量的回信，而且以平易親切的風格讓人印象深刻，讀者在來信中對編者一律都是「力子啊！」「力子啊！」親熱地呼喚著，平添了幾分見字如面的家常感，使該欄目極具親和力。總體說來，編者對欄目的策劃，包括以下兩個部分：一是版面結構的設置，如《新青年》自第 4 卷起，將往來通信冠以標題，有的還列出綱要登在刊物的封面上，這樣不僅方便了讀者的閱讀，也使得欄目特徵更加清晰；二是欄

〔註29〕雷躍捷《媒介批評》，北京大學出版社，2007 年，第 186 頁。

目內容的組織，與版面結構相比，往來通信主題的選擇、組織更能吸引讀者的
參與，這就涉及到了編者對欄目的組織能力。

二、編者對通信欄的組織

　　西方出版者有句名言說，編者的責任就是在合適的時間、合適的地點、
以合適的方式把合適的內容提供給合適的讀者。對於通信欄，編者的責任即
是通過對欄目的組織以實現欄目的優化利用。

　　首先，編者對通信欄的組織表現在對話題的選擇和取捨上。對於普通讀者
來說，由於所處環境、教育背景、性格愛好等的眾多不同，而在來信中談到的
話題也會表現得十分廣泛，這就需要編者對話題進行必要的選擇與取捨。「五四」
時期的報刊編者大多爲精英知識份子，作爲學者型編輯他們關注的也往往是時
代發展過程中的前沿問題，因此報刊通信欄中討論的多是當時的熱點問題、焦
點問題。換句話說，也正是通過通信欄中的大量探討使得這些問題成爲熱點和
焦點，通信欄中的眾多討論直接影響到了「五四」時期思想與文化的發展。陳
獨秀對文學革命的提倡並在通信欄中反覆探討便是極爲成功的一例，《新青年》
第 2 卷第 2 號上，胡適在來信中提到了「欲言文學革命，需從八事入手」的八
事主張，這封信引起了陳獨秀的高度重視，他在回信中極力邀請胡適作進一步
的探討，「指陳得失，衍爲一文，以告當世，其業尤盛。」〔註30〕相隔幾天，陳
獨秀再次致信胡適，希望其能將關於文學改革的意見發表出來：「文學改革，爲
吾國目前切要之事。此非戲言，更非空言如何如何？《青年》文學欄意在改革
文藝，而實無辦法。吾國無寫實詩文以爲模範，譯西文又未能直接喚起國人寫
實主義之觀念，此事務求足下賜以所作寫實文字，切實作一改良文學論文，寄
登《青年》，均所至盼。」〔註31〕可見，文學革命的提倡與實踐，離不開陳獨秀
的組織之功。而以白話文作爲文學革命的突破口更顯出了編者的獨到慧眼，「白
話文的討論——既有理論意義，又有可操作性，將理想與現實如此巧妙地縫合
在一起，眞是千載難逢的機遇。」〔註32〕《新青年》的「通信」欄中對白話文
及相關問題進行了大量的探討，如朱經所說「通信一門所論，大半是『中國今

〔註30〕獨秀復胡適，「通信」欄，載《新青年》第 2 卷第 2 號，1916 年 10 月 1 日。
〔註31〕1916 年 10 月 5 日陳獨秀致胡適信，《陳獨秀文章選編》（上），生活‧讀書‧
　　　　新知三聯書店，1984 年，第 143 頁。
〔註32〕陳平原《思想史視野中的文學新青年研究（上）》，載《中國現代文學研究叢
　　　　刊》2002 年第 3 期。

後之文字問題』」，〔註33〕這些討論，不僅促進了讀者對白話文的接受，也使通信欄大放異彩受到特別關注。

其次，編者對通信欄的組織表現在對話題的組織上。有了好的話題，還需要編者的因勢利導、著意推出，不斷深化所探討的話題。對於重要話題，更是會在此後的報刊上接連不斷地提及，以達到層層渲染的效果。如《小說月報》「通信」欄為深化對「語體文歐化」問題的探討，便由編者不遺餘力、不厭其煩地多次號召讀者加入討論。而為了使問題得到更加深入地探討，編者在對欄目的組織上往往會著意呈現不同觀點之間的交流、碰撞與爭鳴。這種多元並存的編輯方式對讀者心理所起的微妙變化，有學者指出「許多篇觀點不同、利益背景不同、論據和邏輯不同的言論放在一起的時候，他們各自具有的那種對讀者的強勢、支配力，受到了相互抵消，言論本身受到了弱化，而讀者——一個在不同觀點之間評判取捨的認識主體，則不期然得到了提升。這也是一個給言論『除魅』的結構。」〔註34〕在具體操作上，有的欄目重在對讀者間不同意見的展示與爭鳴，有的欄目重在編者與讀者間的批評與反饋。無論如何，都是為了營造眾聲喧嘩的「場效應」，使得欄目更具人氣和活力。但是，編者意圖的實現還有賴於讀者的支持和參與，沒有讀者的回應，編者就只能唱「獨角戲」。《新青年》「通信」欄中所上演的「雙簧戲」，就是寂寞的先行者為了吸引讀者的參與而不得不樹立的靶子。鄭振鐸在《中國新文學大系》的「導言」中曾專門交待了雙簧戲的起因：「從他們打起了『文學革命』的大旗以來，始終不曾遇到過一個有力的敵人們。他們『目桐城為孽種，選學為妖孽』，而所謂『桐城，選學』者也卻始終置之不理。因之，有許多見解他們便不能發揮盡致。舊文人們的反抗言論既然竟是寂寂無聞，他們便好像是盡在空中揮拳，不能不有寂寞之感。……所謂王敬軒的那一封信，便是要把舊文人們的許多見解歸納在一起，而給以痛痛快快的致命的一擊的。」〔註35〕後來，《新青年》依託北京大學的人才優勢，欄目在作者與讀者隊伍上方呈現出人才濟濟的局面。因此，編者還要注意經營自己的人脈資源，並對其進行有效的整合。優秀的編者往往通過積極約稿與作者保持一定的書

〔註33〕 朱經致胡適，「新文學問題之討論」，「通信」欄，載《新青年》第5卷第2號，1918年8月15日。

〔註34〕 馬少華《言論版的秘密》，載《新京報》2003年11月13日。

〔註35〕 鄭振鐸《〈中國新文學大系·文學論爭集〉導言》，趙家璧主編《中國新文學大系》，上海良友圖書印刷公司，1935年。

信聯繫、對讀者來信及時回覆、積極溝通，逐漸積累起豐富的「人脈」資源，從而保證充足的稿源和來稿質量。

三、編者對通信欄的引領

傳播學先驅麥克盧漢（Marshall.H.Mcluhan，1911～1980）指出，傳播媒體本身就是第一道「篩檢程式」（filter），而記者和編輯則在其中扮演著重重把關的「守門人」（gatekeeper）角色。於通信欄來說，編者同樣擔負著守門人的責任，以達到對欄目方向的引領。

編者作爲守門人，除了擔負著對大量的稿件進行必要的「過濾」與「篩選」的組織功能外，還往往採用「編輯輔文」的方式，來引導報刊的走向。所謂的編輯輔文，指輔之於文本正文的編者話語，它雖然在報刊中處於輔助位置，但往往言簡意賅、筆墨精粹，對於讀者接受文本具有非常重要的指導意義。如宗白華在主編《時事新報》副刊《學燈》時，就頗善於利用編輯輔文來引導讀者投稿，1919 年 12 月 8 日《學燈》刊發了王光祈的《城市中的新生活》一文，文後便附有這樣的「編輯按語」：「王君此篇意思及辦法皆極好，讀者諸君對於此事若尚有所討論者，請贈稿本欄，願代爲發表。」〔註 36〕通信欄中，很多讀者在來信的時候心中就有一種期待或懸念，希望看到編輯者對自己的來信作出回應。因此，編者對於來信往往要作些要言不煩的回應，一方面爲了更好地促進欄目的互動和交流，另一方面，則通過對讀者來信的這些回覆來表明自己的觀點和立場。編者的這些覆信就屬於重要的「編輯輔文」，即編者通過這些覆信來表達編輯意圖。如《新青年》初期的通信以對學校、書籍的諮詢爲主，編者很快發表聲明：「以後如有析理辯難之文見賜，必當照錄，以資討論，否則無取焉」，〔註 37〕及時地將通信欄的重心由諮詢引向討論。再如《小說月報》「通信」欄中編者發起對語體文歐化問題的探討時寫道：「因爲有許多受時間拘留的先生們常常來信反對語體文的歐化，所以我們極希望大家來討論」，〔註 38〕其主張語體文歐化的傾向性就十分明確。麥克盧漢指出西方報紙流行的「讀者投書」（letter-to-editor）方式，或「讀者來信欄」（letters column），基本上都是輿論的製造或引導。同樣，報刊通信欄中雖然

〔註 36〕「編輯按語」，載《時事新報・學燈》1919 年 12 月 8 日。
〔註 37〕「社告」，載《新青年》第 2 卷第 1 號，1916 年 9 月 1 日。
〔註 38〕「最後一頁」，載《小說月報》第 12 卷第 7 號，1921 年 7 月 10 日。

「眾聲喧嘩」，卻並沒有因為多種聲音的對峙而顯得紊亂，就源自編者的引領之功。而 1940 年代田漢主編的《戲劇春秋》中甚至專門開設了一個欄目，發表編者對投稿者的覆信。編者在這些信中對那些投寄劇本的讀者提出詳細、中肯的意見，用於指導讀者的戲劇創作，這種認真負責、審視不倦的精神值得今天的編輯工作者學習和反思。

　　另一方面，編者作為「開導風氣者」，還肩負著引領先進文化傳播方向的重任。1930 年代徐訏準備辦《天地人》雜誌時，朱光潛曾給他寫過一封長信指出「在現代中國，一個有勢力的文學刊物比一個大學的影響還要更廣大更深長……你們編輯者實在負有一種極重大的責任……你們是青年所敬仰的先進作者，你們的筆桿略一搖動，就有許多人跟著你們想，讀你們愛讀的書，做你們所愛做的文章。你們是開導風氣者。」〔註 39〕對於通信欄來說，編者的引領作用就表現在對讀者的看法觀點進行適時地總結與批評，從而避免低水平的重複，使通信欄作為多重對話的言論空間的價值和意義得以彰顯。因此，編者對於讀者來信的處理需要分別對待，如《小說月報》的編者就明確告知不同類別的讀者來信的不同待遇：「一種出版物的通信欄，其範圍總不外（1）記者答覆讀者的詢問，（2）讀者與讀者間的通訊，（3）讀者對於學術界出版界的感想……等等數種。在（1）的時候，記者照例應答覆，（2）（3）便不必定須記者附綴數語。近來本刊通訊欄中所發表的信，有很多不附回信的，就是為此。」〔註 40〕具體說來，一方面，對於一些常識性問題要有選擇地予以回答，如魯迅所指出的「只須將誠懇切實的討論，按期登載；其他不負責任的隨口批評，沒有常識的問難，至多只要答他一回，此後便不必多說，省出紙墨，移作別用。」〔註 41〕對此，《時事新報・青光》的編者就採用了一種輕鬆幽默的處理方式：「青光每天接到投稿，至少在五十件左右。在下雖然有志上進，卻也未能——從頭至尾的拜讀。有些投稿先生似乎深知我的不長進的毛病，往往在稿上批明『要稿』二字，更有批註一行小字：『請你看完一遍』。……稿件既多，不能不有個取捨。……愛讀《青光》的先生們常常有來信詢問一切，有的也很有趣，但是若要求答覆，則記者實在不能應命。記者

〔註 39〕　朱光潛《論小品文（一封公開信）——給〈天地人〉編者徐先生》，《朱光潛全集》（第 3 卷），安徽人民出版社，1987 年。
〔註 40〕　「最後一頁」，載《小說月報》第 13 卷第 10 號，1922 年 10 月 10 日。
〔註 41〕　唐俟《渡河與引路》，「通信」欄，載《新青年》第 5 卷第 5 號，1918 年 11 月 15 日。

的時間雖不特別可貴，但是記者不是吃飽飯以後就坐在報館裏，一封一封的答起來，眞有點來不及。這一點要請來函的先生們原諒原諒。」〔註42〕編者略帶調侃的話語既是對讀者來信的一個交待，又避免了斷然拒絕的「生硬」，爲編讀之間保留了一份輕鬆的對話空間。另一方面，對於讀者來信中的提出的疑問，編者應作出客觀回應，如《覺悟》的編者在答覆讀者來信時就寫道：「我明知你癡夢未醒，對於我這個答案，要大大失望；但這是無何奈何的事……仍希望你在修養上十分努力，不要再把這件事放在心上。」〔註43〕編者不能一味肯定甚至迎合讀者，否則就失去了編讀對話的意義。而對於讀者的欣賞與閱讀，編者也同樣負有引導的責任，特別是對於一些超前的、尙未流行的創作應給予必要的解說和分析，如《小說月報》的編者就針對讀者認爲《阿 Q 正傳》「似是太鋒芒了，稍傷眞實。諷刺過分，易流入矯揉造作，令人起不眞實之感」〔註44〕的觀點，特別發表了自己的看法：「至於《晨報附刊》所登巴人先生的《阿 Q 正傳》雖只登到第四章，但以我看來，實是一部諷刺小說，實未爲至論。阿 Q 這人，要在現社會中去實指出來，是辦不到的。但是我讀這篇小說的時候，總覺得阿 Q 這人很是面熟，是呵，他是中國人品性的結晶呀！」〔註45〕編者通過發表自己的閱讀感受來引導讀者的閱讀，藉以提高讀者對作品的理解與鑒賞能力，這種編輯批評值得研究者重視。

編輯活動是編輯主體對精神文化產品（編輯客體）的選擇、加工，並使精神文化產品達到增殖的文化實踐活動。從欄目的策劃到組織到引導，「五四」通信欄的繁榮離不開編者投入的大量心血，編者對欄目的有效編輯一方面促進了讀者的參與和互動，使其成爲雙向傳播的一種好形式；另一方面又使許多重要的問題在這裡得以探討，保證了報刊的辦刊宗旨在技術層面上得以順利實現。

第三節　編讀交往中的角色轉換

編者與讀者是報刊通信欄中的主體，通信欄的發達正是二者互動的結果，由啓蒙與被啓蒙的師生關係，到平等對話的朋友關係，再到「讀者就是編者的衣食父母」的買賣關係，通信欄中所體現的編讀之間角色的變遷，正

〔註42〕秋郎（梁實秋）《編輯者言》，載《時事新報》1927 年 6 月 2 日。
〔註43〕力子《情場失意人的痛苦》，「通信」欄，載《覺悟》1920 年 5 月 29 日。
〔註44〕譚國棠致記者，「通信」欄，載《小說月報》第 13 卷第 2 號，1922 年 2 月 10 日。
〔註45〕記者復譚國棠，「通信」欄，載《小說月報》第 13 卷第 2 號，1922 年 2 月 10 日。

是中國普通知識份子發展的一個縮影。最廣大的普通讀者作爲知識份子的大多數，通過「通信欄」這一獨特的視角來研究其成長歷程，可以得出一些有別於以往以文學研究爲視角的新成果，以期能拓展和豐富對「五四」知識份子的研究成果。

一、啓蒙與被啓蒙的師生關係

「今時實無教育可言，求教育而有實效者，報章其一也」，〔註46〕在知識相對貧乏閉塞的「五四」時期，報刊成爲讀者獲得資訊的重要途徑。以《新青年》爲例，毛澤東在回憶中談到「《新青年》是有名的新文化運動的雜誌，由陳獨秀主編。當我在師範學校做學生的時候，我就開始讀這一本雜誌。……有很長一段時間，每天除上課、閱報以外，看書，看《新青年》；談話，談《新青年》；思考，也思考《新青年》上所提出的問題。」〔註47〕惲代英更是說「我們素來的生活，是在混沌的裏面，自從看了《新青年》漸漸的醒悟過來，眞是像在黑暗的地方見了曙光一樣」，〔註48〕可見報刊在當時的重要地位以及對讀者的重大影響。因此，報刊通信欄中的編讀交往有時處於非對稱性交流狀態。

人類的交流活動可以分爲兩類：一類對稱性交流，表現爲主體與主體間的相互交流，雙方都是自由的交流主體，其特徵是交流的雙向性或多向性。另一類是非對稱性交流，表現爲資訊的單向傳輸特徵，在這種傳輸中，往往一方爲輸出者，另一方爲接收者。輸出者將資訊編碼後輸入資訊通道，接收者將資訊解碼後接受，並將反應反饋給輸出者。資訊溝通的一般模式如下：

資訊溝通模式圖

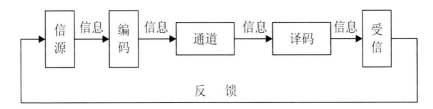

〔註46〕 王醒儂致獨秀，「通信」欄，載《新青年》第2卷第2號，1916年9月1日。
〔註47〕 〔美〕埃德加・斯諾《西行漫記》，董樂山譯，三聯書店，1979年，第125頁。
〔註48〕 武昌中華大學中學部「新聲社」，「通信」欄，載《新青年》第6卷第3號，1919年3月15日。

具體而言，讀者以學生的心態，向刊物虛心請教學習、生活中的種種疑難困惑；編者則扮演著「傳道授業解惑」的師者角色，悉心回答讀者的種種問題。

《時事新報・青光》的編者曾講到過一些關於讀者來稿的趣事：

> 青光的篇幅很小，而來稿甚多，……有的是寫在焦黃的一塊草紙上面，在下素來是敬惜字紙的，所以這張稿子如不登載，亦決不移作他用。有的是寫在日曆紙的背面，黑漆漆的一片蠅頭小楷。有的是在巨幅上面寥寥數位，碗口般大小，這種稿件無論放在什麼地方都要占很多的空間。有些稿件寄來不用信封，用紙層層包裹，裹成一個春卷似的，剝皮的時候又不敢莽撞，因爲在未打開之先，誰也不知裏面藏著什麼嬌貴的東西。還有從好幾千里外用雙掛號寄來一個小獨幕劇或是跌打燙傷的藥方，作者的謹慎誠懇的態度比他的尊著更足以令我欽佩了。〔註49〕

從讀者這些「五光十色」的來稿方式中，不難想像當時讀者的素質與水平。羅家倫在《今日之世界新潮》一文中更是明確指出中國民眾缺少「智識」，〔註50〕，而西方文化的進入，更是給中國以巨大的震蕩與影響。面對一下子襲來的歐風美雨以及各種思潮、紛亂的新生事物，普通讀者一時還難以應接，迫切需要向有智識者討教。王光祈曾說道，「現在一般人都張開口撐著手，向著『提倡新思想』的人要飲食吃，但是『新人物』把外國的餅乾啤酒，極力運輸進來，一般人還是面有饑色。」〔註51〕因此，通信欄的設置原本就是針對普通讀者而言的。如《青年雜誌》創刊號的社告中就明確表示「凡青年諸君對於物情學理有所懷疑，或有所闡發，皆可直縅惠示。本誌當儘其所知，用以奉答，庶可啓發心思，增益神志。」〔註52〕很多報刊的通信欄中發表的讀者來信都明顯侷限於「質析疑難」方面。如《覺悟》的讀者向編者諮詢的諸多問題：「力子呀！要請你想個法子，怎樣可以使得妯娌們永遠和睦，兄弟們永遠親愛呢？」〔註53〕「我底家庭，很是黑暗的，要怎麼樣

〔註49〕秋郎（梁實秋）《編輯者言》，載《時事新報》1927年6月2日。
〔註50〕羅家倫《今日世界之新潮》，載《新潮》第1卷第1號，1919年1月1日。
〔註51〕王光祈致時珍白華，「會員通訊」欄，載《少年中國》第1卷第3期，1919年9月15日。
〔註52〕「社告」，載《青年雜誌》第1卷第1號，1915年9月15日。
〔註53〕味辛《妯娌怎能相安？》，「通訊」欄，載《覺悟》1920年5月20日。

奮鬥才好呢？請你指教。」〔註54〕「我現今四十二歲了，還是一個沒有娶過妻的鰥夫！……力子呀！你快快發些慈悲心腸，代我想一個對待女子的妙法，來救救我罷！」〔註55〕《曙光》的讀者則婚姻自由問題向編者求救，希望編者能夠「想個法子，來救救我這一個走途無路的可憐朋友！」讀者在信中多次強調「這就是青年死生一大關頭！」希望編者能「生個法子救濟救濟他，不但我感激，他感激，就是與他同境同病的青年，也是感激先生的！」〔註56〕更有甚者，如《時事新報》的讀者問道：「請問先生，有何妙法，能使賤內恢復天足，且不覺痛苦。」〔註57〕面對這樣千奇百怪的問題，無怪乎編者要感歎「難於回答」了。但無論如何，讀者的來信諮詢都表現出了對編者的信任與依賴，形象地說明了在讀者心目中，編者是無所不知、無所不曉的「老師」。《新青年》的通信欄中也記錄了讀者形形色色的問題，這裡就不再重複，這些問題涉及到了文學、社會、人生、科學、青年教育等方方面面。在知識尚未普及、資訊不發達的時代，通過書信向報刊編者諮詢疑難可能已是當時較爲「先進」的方式了。但是，通過讀者來信諮詢的這些問題，以及編者科普性質的解答，不難看出編讀之間所處的師生關係。讀者對自己鍾愛的刊物也總是滿懷感激與崇敬，如《開明》的讀者寫道：「誰也知道《開明》是讀者們的良友，導師！……我自從和她行握手禮後，受著她的指導，得益真也說不出許多哩。」〔註58〕而1940年代，當北京《時報》的「某夫人信箱」欄目大受歡迎時，如果街頭巷尾爭起某個問題，只要誰說一句「這個看法是『某夫人信箱』說的」，那麼問題就無需再爭論下去了，欄目的權威性由此可見一斑。

　　不對稱交流往往使得通信欄中的一些討論和對話難以有效展開，這就需要編者的組織與引導，而編者對待讀者的提問與回答的正確態度，則會強化和鼓勵讀者的參與意識，這在心理學上被稱之爲被霍桑效應（Hawthorne effect）。〔註59〕如陳獨秀對於讀者李大魁關於佛法問題的來信，在給予了詳

〔註54〕學仁《不要看輕種田飼蠶的女子》，「通訊」欄，載《覺悟》1920年5月24日。

〔註55〕鰥夫《一個滑稽的「鰥夫」》，「通訊」欄，載《覺悟》1920年5月26日。

〔註56〕曹靖華來信，「通訊」欄，載《曙光》第1卷第4號，1920年2月。

〔註57〕秋郎（梁實秋）《編輯者言》，載《時事新報·青光》1927年6月2日。

〔註58〕陳鶴《我希望于「開明」如此》，「讀者的意見」欄，載《開明》第1卷第12號，1929年6月10日。

〔註59〕霍桑效應（Hawthorne effect）是心理學上的一種實驗者效應。20世紀20-30年

盡地回答之後，就特意強調「儻不當尊意，尚望再示，以發愚昧，不盡欲言」。〔註 60〕因此，通信欄的一個重要作用就是培養了讀者的問題意識與參與精神。美國著名傳播理論家詹姆斯・W・凱瑞（James W. Carey）認為，報刊與其他媒體扮演的角色是「建構與維繫一個井然有序而又意義無窮的文化世界」，在他看來，閱讀報刊最重要的效果，並不是讀者可以得到各式各樣的事實資訊，而是他或她可以「作為觀察者，參與一個各種力量相互競逐的世界」。〔註61〕通信欄的設置使讀者在不知不覺中完成了由「接受者」到「參與者」的角色轉變。很多作者就是從「五四」報刊通信欄中走出來的，某種意義上通信欄成為讀者的一個實習基地。如當時年僅 18 歲的巴金曾給《文學旬刊》編者寫信表示對鴛鴦蝴蝶派文學的不滿，這封信被刊載於《文學旬刊》第 49 期的「通信」欄，同時還附有編者的答覆對他的意見表示贊同，巴金在晚年也多次強調「我是從讀者成為作家的」。〔註 62〕《新青年》「通信」欄更是充分見證了讀者蛻變，很多來信者日後成為著名作家、學者等各個領域的精英知識份子。如當年還是學生的王統照也曾致書《新青年》，這封來信被刊載於第 2 卷第 4 號的「通信」欄中，陳獨秀在覆信中贊曰：「來書嫉時憤俗，熱忱可感，中學校中有如此青年，頗足動人中國未必淪亡之感！」〔註63〕這也成為日後成為作家的王統照正式發表文字的開始。詳見下表：

代，美國研究人員在芝加哥西方電力公司霍桑工廠進行的工作條件、社會因素和生產效益關係實驗中發現了實驗者效應，稱霍桑效應。實驗的第一階段是從 1924 年 11 月開始的工作條件和生產效益的關係，設為實驗組和控制組。結果不管增加或控制照明度，實驗組產量都上升，而且照明度不變的控制組產量也增加。另外，有試驗了工資報酬、工間休息時間、每日工作長度和每週工作天數等因素，也看不出這些工作條件對生產效益有何直接影響。第二階段的試驗是由美國哈佛大學教授梅奧領導的，著重研究社會因素與生產效率的關係，結果發現生產效率的提高主要是由於被實驗者在精神方面發生了巨大的變化。參加試驗的工人被置於專門的實驗室並由研究人員領導，其社會狀況發生了變化，受到各方面的關注，從而形成了參與試驗的感覺，覺得自己是公司中重要的一部分，從而使工人從社會角度方面被激勵，促進產量上升。

〔註60〕陳獨秀復李大魁，「通信」欄，載《青年雜誌》第 1 卷第 3 號，1915 年 11 月 15 日。

〔註61〕James W. Carey, *Communications as Culture* 轉引自 Jeremy D. Popkin ed. *Media and Revolution: Comparative Perspectives*, Lexington, Ky:University Press of Kentucky, 1995, p.23.

〔註62〕巴金《核時代的文學》，《巴金全集》（第 16 卷），人民文學出版社，1991 年，第 751 頁。

〔註63〕陳獨秀復王統照，「通信」欄，載《新青年》第 2 卷第 4 號，1916 年 12 月 1 日。

《新青年》「通信」欄寫信者身份分析表

寫信者	書信發表情況	身　　份
舒新城	第 2 卷第 1 號	寫信時爲湖南高等師範學校英語科學生，後爲教育界名人，少年中國學會會員。
畢雲程	第 2 卷第 1 號 第 2 卷第 2 號 第 2 卷第 3 號 第 2 卷第 4 號 第 2 卷第 5 號	寫信時爲商務印書館排字工人和校對員，後一直從事文化出版工作。
王統照	第 2 卷第 4 號	寫信時爲山東省立第一中學學生，後參加編輯《曙光》，爲「文學研究會」發起人之一，著名作家。
常乃悳	第 2 卷第 4 號 第 2 卷第 6 號 第 3 卷第 1 號 第 3 卷第 2 號	寫信時爲北京高等師範學校學生，後爲著名歷史學家、教育思想家、哲學家，「著作等身」。
葉挺	第 2 卷第 6 號	寫信時爲湖北陸軍第二預備學校學生，後成爲著名將領，中國人民解放軍的創建者之一。
張崧年	第 5 卷第 4 號	寫信時爲北京大學數學系學生，後成爲《新青年》主要撰稿人，1918 年 11 月，與陳獨秀，李大釗創辦《每周評論》。

二、平等對話的朋友關係

誠如比喬爾所言「報紙是一般人的教師，比黃金還值錢」，但是讀者並不甘心永遠作「學生」，對於報刊通信欄，他們同樣希望能夠有表現自己的機會從而獲得社會的認可。對於編者來說，「在中國社會上，知識高一分；煩惱必定大一份」〔註64〕，同樣需要與讀者的交流。鄒韜奮曾把眾多的讀者來信比喻成報刊的「維他命」，認爲它們幫助編者瞭解社會動向和讀者的思想，有利於報刊編輯部製定正確的宣傳計劃，並坦言讀者來信使他得到許多益處。〔註65〕茅盾在《民主報》創刊號上即提出，「希望它有一個《讀者信箱》」，並強調「社論可以不必天天有，然而《讀者信箱》必須每天都開放。」〔註66〕以讀者爲友，成爲很多

〔註64〕晴霓致靜君女士信，「通信」欄，載《曙光》第 1 卷第 2 號，1919 年 12 月。
〔註65〕俞月亭《韜奮論編輯工作》，山西人民出版社，1986 年，第 45 頁。
〔註66〕茅盾《祝民主》，載《民主報》1946 年 2 月 1 日。

編者的主動追求,如《現代》的編者不僅將自己的編輯意圖隨時告知讀者,還誠懇地向讀者徵求意見:「在我個人正在計劃著『下一卷本誌應如何革新』的時候,我敬在這裡向本誌的愛讀者徵詢一點高見。讀者諸君對於第一卷的本誌有什麼意見嗎?對於下卷的本誌有什麼希望嗎?唯有讀者與編者的合作,才能使一個雜誌日有發展,我相信如此。」〔註 67〕編者開始有意識地尋求讀者的合作,這時編者與讀者之間也相應地表現為對稱性交往,雙方都是自由的交流主體,不再侷限於單純的你問我答,而逐步形成平等的交流與對話。

具體說來,首先讀者在來信中常對刊物的文字、編輯、廣告等各個方面提出自己的建議。如《婦女雜誌》中刊載的讀者來信就認真地將雜誌 3 卷自第 1 號起至 4 號中的誤排之字──錄出;還有的讀者在來信中對報刊的排版問題提出批評意見,如認為「《文學》的印刷的排、列太不適宜了」,接著提出了自己的意見「想它的排列統統照著《嚮導週報》的樣子」。〔註 68〕還有讀者對刊物中刊載的廣告提出了自己的看法,希望刊物「以後千萬別等登一些亂七八糟騙人心廣告」〔註 69〕……對於讀者的這些建議,編者總是表現出極大的興趣,並在以後的編輯工作中對這些建議悉心採納,以期不斷改進和提高。如針對《文學》第 89 期署名「永嘉徐奎」的來信中提出的「希望諸先生多下些嚴正的批評的文字發表」的意見,編者就在覆信中答覆道:「來信所提各條,我們都想勉力做去;……和本刊做長久朋友的讀者,請耐心等著,我們一定勉力以求不副厚望。」〔註 70〕讀者的建議成為報刊不斷改進的動力與源泉。

其次,通信欄集中體現了讀者、作者、編者三者之間的文學交往。報刊傳媒作為文學的傳播中介,通過對文學資訊的選擇、組合與改寫,引導著文學的發展趨向,而作家與讀者的趣味反過來又影響著媒體的傳播策略,作者、編者、讀者在複雜的三邊互動中構成了一個獨特的文學場域。〔註 71〕通信欄則成為了集中體現這一文學場域的一個縮影,通信欄中刊載了大量讀者對作品的鑒賞評論之類的往來通信。「文學作品的鑒賞不僅不是可有可無的,『低層次』的,它恰恰就是所有文學研究活動最堅實的根基。」〔註 72〕作品的閱讀過程就是發現

〔註 67〕編者,「編輯座談」欄,載《現代》第 1 卷第 5 期,1932 年 9 月 1 日。
〔註 68〕鑫齡,「通訊」欄,載《文學》第 90 期,1923 年 10 月 1 日。
〔註 69〕劉鄭同,「通訊」欄,載《文學》第 98 期,1923 年 11 月 26 日。
〔註 70〕永嘉徐奎,「通訊」欄,載《文學》第 89 期,1923 年 9 月 24 日。
〔註 71〕黃發有《文學傳媒研究的意義與方法》,載《渤海大學學報》2007 年第 1 期。
〔註 72〕李怡《十餘年來文學閱讀的回顧──小引》,《閱讀現代──論魯迅與中國現

和建構作品意義的過程，作品通過讀者的閱讀鑒賞其蘊含的文化價值才得以實現。如讀者黃紹衡就在來信中坦誠地表達出自己對作品的看法：「周作人先生的《西山小品》(1)《一個鄉民的死》(2)《賣汽水的人》二篇，我看了覺得平平淡淡，沒有什麼趣味，……四號《被殘的萌芽》一篇，雖不無可取，但據我觀察的結果，這篇卻犯著些描寫地錯誤的毛病……」〔註73〕再如「普池青山允明」的來信，以簡短的語言指出自己喜愛的作品及其特點：「兩期月報中的作品惟落華生君的《空山靈雨》與《蜘蛛綴網》我異常愛讀。此外與近人創作界，我尤愛魯迅君的東西。他的作品我唯讀過《阿Q正傳》與《故鄉》兩篇，但覺得諷刺體的作品，最能發人深省。作者對於社會滿腔的隱憂令我深深感動。」〔註74〕作品的閱讀鑒賞往往帶有更多的主觀性和個人色彩，因此讀者的這些評論總是顯得較為感性。還有的讀者對空洞的評論文字表示了不滿，「浙江餘姚滸山陳介候」在來信中指出：「我閱批評冰心女士作品的一類文章，極不能滿意。對不對，且勿論。如全篇所寫：『……深妙……哲理……奇特……真奇特……最奇特了……』這一類文字，究竟如何深妙？如何奇特？豈可謂之批評麼？」〔註75〕這樣的即興式的評論言簡意賅，直截了當，雖然有些尖銳，但其鑒賞力是很準確的。很多讀者還在來信中寫下了因讀到某篇文章而引發的相關感想。如《曙光》雜誌「通訊」欄中刊登的讀者對《戀愛的犧牲》一文的感想：「我讀了你的《戀愛的犧牲》不覺引起我一個很大的感想！我想現在社會上淒涼愁慘，欺詐虛偽，不自由，不平等，不人道，不自然的種種現象，我可以說都是舊式婚姻問題的罪惡！都是舊式婚姻問題所醞釀變化生出來的！因為婚姻問題，是人的終身大事！若婚姻不滿意，則人生精神上的真正樂趣，已喪失十之八九，所以許多青年男女，因婚姻問題不滿意，便灰心喪氣，失業墮落，釀成許多惡疾，自殺，這就是社會幸福根本動搖！這不是構成萬惡社會的主要元素嗎？」〔註76〕作品的價值正是由讀者在閱讀鑒賞過程中得以實現的，讀者的評論與感受常常會對作者、對刊物產生重要影響，如伍爾芙所說：「作為讀者，……我們提出的

代文學》，西南師範大學出版社，2002年。

〔註73〕黃紹衡致雁冰，「批評創作的三封信」，「通信」欄，載《小說月報》第13卷第6號，1922年6月10日。

〔註74〕普池青山允明致記者，「通信」欄，載《小說月報》第13卷第10號，1922年10月10日。

〔註75〕浙江餘姚滸山陳介候致記者，「通信」欄，載《小說月報》第13卷第11號，1922年11月10日。

〔註76〕曹靖華致宋介，「通訊」欄，載《曙光》第1卷第4號，1920年2月。

標準，我們作出的標準，我們作出的判斷，會悄然融入空氣中，變成作家們寫作時呼吸的空氣的一部分。於是，一種影響力便由此產生，即使永遠不可能形諸文字，但它實實在在對作家產生了作用。」〔註77〕而編者則放下身架，作一個積極的溝通和解釋者，及時將讀者的這些意見轉達給作者，其中有的來信又得到原作者的回應，從而形成相關的作品評論和文學論爭。

再次，通信欄中還刊登了不少讀者商榷與爭鳴的來信。如《現代評論》第 2 卷第 47 期讀者董時進的來信就針對該刊第 2 卷第 43 期陶孟和的《國民經濟的獨立》一文提出了商榷意見，認為「有幾處欠妥當的地方，他的見解有幾處和我的見解正相反的地方」，「他的『經濟獨立最嚴格的定義』就不透徹」。〔註78〕對於讀者的意見，作者也表示出大度，認為「董先生來信批評我的文章，我極感謝。董先生所下經濟獨立的定義較為周密，我也贊同。我的文章或者有許多『不透徹』、『籠統』的地方，若果還有『不通』的話，我真要慚愧的無地自容。董先生大約是一位專門的經濟學者，對於我那篇沒有價值的文章居然肯『浪費筆墨』，更是本刊所欣幸的」。〔註 79〕還有讀者在來信的開篇就直言不諱「請原諒我不會說客氣話」，〔註80〕這與之前動輒表示「頃讀大志，精旨名理」〔註81〕的讀者來信，可謂天壤之別。

值得一提的是，通信欄中編者與讀者之間往往互相親切地稱呼對方的「名」而將「姓」省略，如「獨秀」（陳獨秀）、「雁冰」（沈雁冰）、「振鐸」（鄭振鐸），「力子」（邵力子）、「冕韶」（呂冕韶）、「贊襄」（周贊襄）「本直」（史本直）等等，這樣親切的稱呼在無形中拉近了編者與讀者之間的距離。「在傳統中國，士大夫內部也有自己的交往規則，它基本上是以師生和功名秩序所形成的等級關係。但在公共領域這樣一種新的交往方式之中，傳統的等級關係漸漸打破，會產生一種精英之間的平等觀念，乃至最後發展為國民和公眾這樣完全現代的平

〔註77〕〔英〕佛吉尼亞·伍爾芙《我們應當讀書》，《伍爾芙隨筆全集》（第 1 卷），中國社會科學出版社，2001 年，第 478 頁。

〔註78〕董時進致記者，「國民經濟的獨立」，「通信」欄，載《現代評論》第 2 卷第 47 期，1925 年 10 月 31 日。

〔註79〕陶孟和復董時進，「國民經濟的獨立」，「通信」欄，載《現代評論》第 2 卷第 47 期，1925 年 10 月 31 日。

〔註80〕錢文珍致編輯，「新作家與所謂『成名作家』」，「社中談座」欄，載《現代》第 3 卷第 5 期，1933 年 9 月 1 日。

〔註81〕吳勤致記者，「通信」欄，載《青年雜誌》第 1 卷第 3 號，1915 年 11 月 15 日。

等性的自我理解。」﹝註82﹞通信欄提供了一個讀者與編者平等對話、自由交流
的言論平臺。對於普通讀者來說，其他的欄目往往是一種單向的發佈，讀者沒
有發言的機會。而在通信欄中，讀者有了與編者對話的機會，可以暢所欲言，
與刊物形成互動，實現自己的閱讀價值；對於編者來說，通過對讀者來信的回
覆，他們的觀點、意見很容易就見諸報端，同時以通信的方式，在形式上更加
自由，不必考慮文章寫作的固定套路和學術規範，在內容上更加隨意，少了許
多條條框框的限制。而且，通過通信欄有的讀者與編者之間還建立了日常交往，
如在《新青年》「通信」欄第1卷中發表過來信的讀者李平，不僅成爲了刊物的
忠實讀者，而且在第2卷第2號的來信中提出請求「頗擬得記者一面，未稔許
可否？」﹝註83﹞對此，編者欣然答應「抵滬時希以住址見示，以便約期詳見」。
﹝註84﹞隨後在第2卷第3號的來信中李平「不勝雀躍」地告知了地址，並將自
己的朋友、一位體育家介紹給編者認識。編者覆曰：「承介紹張先生甚感，餘待
面談。」﹝註85﹞可見編讀之間隨著彼此的交流而不斷熟悉，並逐漸建立了朋友
的關係。而當代報刊更是提出了「讀者是我師，我是讀者友」﹝註86﹞的口號，
編讀之間亦師亦友密不可分。

三、「讀者就是編者的衣食父母」的買賣關係

作爲編輯的巴金曾說過「讀者」是自己的「衣食父母」，藉以表達對讀者
的尊敬與重視：

> 我過去搞出版工作，編叢書，就依靠兩種人：作者和讀者。得罪了
> 作家我拿不到稿子；讀者不買我編的書，我就無法編下去……搞好
> 和作家和讀者的關係也就是我的奮鬥專案之一，因此我常常開玩笑
> 說：『作家和讀者都是我的衣食父母。』我口裏這麼說，心裏也這麼
> 想，工作的時候我一直記住這兩種人。﹝註87﹞

﹝註82﹞許紀霖《近代中國的公共領域：形態、功能與自我理解——以上海爲例》，載
《史林》2003年第2期。
﹝註83﹞李平致記者，「通信」欄，載《新青年》第2卷第2號，1916年10月1日。
﹝註84﹞記者復李平，「通信」欄，載《新青年》第2卷第2號，1916年10月1日。
﹝註85﹞獨秀復李平，通信」欄，載《新青年》第2卷第3號，1916年11月1日。
﹝註86﹞《讀者是我師　我是讀者友——〈新聞通訊〉編輯室致讀者》，載《傳媒觀察》
1992年第3期。
﹝註87﹞李濟生、李小林編《巴金六十年文選》，上海文藝出版社，1986年，第236
頁。

在經濟流通過程中，報刊作為一種供讀者消費的商品必須通過市場交換才能實現它的社會效益和經濟效益，因此以消費者的身份進入市場的讀者注定要受到前所未有的重視。沒有哪一家報刊敢怠慢讀者，失去了讀者，也就失去了生存的活力。

報刊為了拉住作為上帝的讀者，往往會採用各種方式加強與讀者互動，以期吸引讀者。例如上海小報頗為流行過選花榜的活動，李伯元曾在《遊戲報》上發起了選舉「花榜狀元」的活動，很快贏得讀者的青睞，成為「上海自有近代報紙以來由報館所舉辦最成功的社會活動」，報紙的銷售量也隨之提升至「當時上海新聞界還沒有哪家報紙達到德國發行數位」。〔註88〕之後，《花天日報》、《花世界報》、《閒情報》、《娛言報》、《采風報》等都跟風舉行過類似的「花榜狀元」活動，把參加活動的選舉票印在報紙上，投票者把選票從報紙上裁下來，填上所選者的名字送到報館去。這樣要想獲得選票就必須購買報紙，從而增大了小報的發行量。徵文也是報刊吸引讀者的一個重要方式，《民立報》曾刊登「共和建設」的徵文通知，希冀讀者建言獻策，「條陳將來種種進行之必要，及共和建設之原則方法」，並附「當選者第一名贈銀一千元，第二名贈銀五十元，第三名贈銀十元」〔註89〕的承諾。《東方雜誌》創刊的當年也舉行了一次論文徵選活動，除了在物質上獎勵優秀文章的作者外，雜誌還將他們的文章在雜誌上發表。這樣的活動一直延續到今天，使一大批原先默默無聞的新人從這裡起步。此外還有讀者調查問卷、書友會等等，而眾多方式中，開設通信欄則是報刊聯繫讀者、溝通讀者、吸引讀者的一個最為常見、最為持久、也最有有效的重要方式，如《小說月報》的讀者就要求「多載互相討論的通信」。〔註90〕在這樣的定位下，讀者往往成為報刊的品評者。很多讀者在通信欄中對報刊提出了尖銳的批評意見，如《曙光》的讀者「今亮」的一封來信：

> 一卷三號現在為什麼還不寄來？這種雜誌，本是月刊，三號出版日期，當距二號一月，才對。現在延期很久，你們究竟怎樣？我狠不懂！你們要曉得失信是文化運動的障礙，為什麼？要看曙光底人時常來拿……沒有，那個不懊惱回去呢？我很希望你們「按期出版」

〔註88〕 馬光仁主編《上海新聞史（1850～1949）》，復旦大學出版社，1996年，第1134頁。

〔註89〕 《本館徵文特別通知》，載《民立報》1910年11月8日。

〔註90〕 陳敬觀，「通信」欄，載《小說月報》第13卷第1號，1922年1月10日。

不要延誤。

> 你們辦曙光的目的原爲傳佈新思想……起見，爲什麼一卷一號買完
> 之後，不即聽他人所求，——從早再版——叫人要徹首徹尾的曉得
> 你們的新思想，苦無著眼，這豈不是你們違背自己的目的嗎？我雖
> 見二號的特別的啓事裏邊，說道：「本社尚無相當準備，再版日期，
> 須遲幾天，方能宣佈。」自一號出版到現在，將近三個月，難道作
> 長期之準備，還沒準備好嗎？這種疑問，盼望詳細答覆。〔註91〕

面對讀者的責備，編者絲毫不敢怠慢，一面致歉一面詳細解釋了刊物滯後的
原因，希望讀者諒解：「三號曙光，久已寄上，不日當可收到。出版日期，偶
有幾天延誤，都因我們同人牽於學生運動，有時忙得不能兼顧，所以不免延
誤幾天，這事你要原諒。曙光一號再版問題，所謂相當準備，純指經濟問題
而言。我們當學生的，經濟能力都很薄弱，一方面忙著籌畫繼續出版，一方
面又要預備再版的印刷費，實在有點來不及。不是我們故意延遲。現在催促
一號再版的很多，我們也很焦急。繼此，我們一定竭力籌畫一號從速再版，
以副諸君期望之雅。」〔註92〕而《小說月報》的讀者也同樣在來信中提醒編
者「出版期不可屢次愆誤」，〔註93〕已初步體現出讀者作爲消費者的維權意識。

對於編者來說，樹立和強化讀者意識是市場壓力之下必不可少的功課。
編者在報刊的編輯出版過程中，要自覺地把讀者的需求、購買力水平、接受
心理和審美情趣納入編輯活動之中。因此，通信欄的設置在很大程度上已衍
化成爲對讀者參與報刊的權利的一種尊重，正如《小說世界》中的讀者在來
信中提到的「我是一個讀者，自然也有一份權力，寫一段交換的話」，〔註94〕
讀者的參與成爲一種「權力」。隨著報刊讀者意識的提升，編輯系統中原有的
三元序列「作者－編者－讀者」已逐漸更新重組爲「讀者－編者－作者」。

最廣大的普通讀者作爲知識份子的大多數，通過「通信欄」這一獨特的
視角可以看出其成長的足迹。由啓蒙與被啓蒙的師生關係，到平等對話的朋
友關係，再到「讀者就是編者的衣食父母」的買賣關係，通信欄中所體現的
編者與讀者之間角色的變遷，正是中國普通知識份子發展的一個縮影。

〔註91〕何金亮來信，「通訊」欄，載《曙光》第 1 卷第 4 期，1920 年 2 月。
〔註92〕宋介復何金亮，「通訊」欄，載《曙光》第 1 卷第 4 期，1920 年 2 月。
〔註93〕陳敬觀，「通信」欄，載《小說月報》第 13 卷第 1 號，1922 年 1 月 10 日。
〔註94〕長沙翠蓮，「編者與讀者」欄，載《小說世界》第 3 卷第 5 期，1923 年 7 月
　　　 27 日。

第六章 通信欄的文體價值

　　通信欄書信作為經過革新後的現代書信在報刊傳媒中的一種應用，在文體學的角度屬於兼具書信文體與報章文體特徵的言論寫作。言論寫作是近代以來依託於報刊傳媒而形成的新型寫作方式，可以說，通信欄中的言論涉及到了「五四」時期中國政治、社會、思想、文化、文學等各個方面的問題。通信者在通信中提出看法、建議、主張或批評，展開多重對話與交流，逐漸形成了自覺的文體意識：第一，通信欄中的書信往來是介於「正式」與「非正式」之間的交流方式；第二，通信欄書信的書寫在於「覺世」而非「傳世」；第三，通信欄書信作為一種即席發言，屬於「思想的草稿」。具體說來，通信欄的文體特徵主要表現為內容上的言之有物，語言上的平易暢達，寫法上的縱意而談以及風格上的亦莊亦諧。通信欄書信雖然不屬於文學範圍，但是繁榮發達的「五四」報刊通信欄卻以豐富的創作實績，實實在在地構成了中國文學史上客觀存在、不容忽視的文體類型。不僅眾多的文人、學者在通信欄中發表了大量的書信，而且通信欄文體自身也包蘊著文學性的豐富內涵，並對其後的雜文、隨筆的創作產生了重要的影響。對創作實績豐富卻面目模糊的通信欄進行文體意義的解讀，不僅有利於其在文學史上地位的進一步彰顯，也對當代大眾傳媒語境下日益繁盛的言論寫作的發展大有裨益。

第一節　「五四」書信的革新與應用

　　書信，是人類文明生活中出現最早、流行最廣的一種實用性文體。所謂「三代政暇，文翰頗疏。春秋聘繁，書介彌盛」（《文心雕龍‧書記》），「五四」

時期作為我國政治風雲變幻最激烈、最迅速的時代，人們之間的書信往來尤為頻繁。以魯迅、胡適二人為例，1946 年出版的《魯迅書簡》共收錄書信八百餘封，且只占他生前所寫書箚的三分之一。楊霽雲在該書的《跋》中寫道：「在先生的日記中，可以看出先生一生的精力，幾有一大部分是消耗於信箚方面的。」胡適也在《嘗試集》的自序中記錄了自己與朋友「一日一郵片，三日一長函」〔註 1〕的頻繁通信往來。在胡適的遺稿中還保留了一份自 1918 年 8 月 21 日至 11 月 21 日的「來往信簿」，信簿中顯出短短三個月中來往書信就達 600 封之多，書信往來的頻繁程度可見一斑。這一時期文人書信集的出版也應運而生、風靡一時，其中影響較大的田壽昌、宗白華、郭沫若合著的《三葉集》（1920 年）、宋若瑜、蔣光慈合著的《紀念碑》（1927 年），陶知行的《知行書信》（1929 年），廬隱、唯建合著的《雲鷗情書集》（1931 年），魯迅與景宋的《兩地書》（1933 年），周作人的《周作人書信》（1933），朱湘的《海外寄霓君》（1934 年）、徐志摩的《愛眉小箚》（1936 年）、孔另境編的《當代文人尺牘鈔》（1936 年）等等，從中可以窺見這一時期人們彼此間書信往覆的密切程度。另一方面，從「五四」時期教授人們如何寫信的書信教科書的大量出版中亦可看出時人對通信的大量需求。僅商務印書館發行的就有《白話書信》、《通俗新尺牘》、《酬世文柬指南》、《新撰學生尺牘》、《新撰女子尺牘》、《新撰普通尺牘》、《新撰商業尺牘》、《商業文件舉隅》、《增注寫信必讀》、《增廣尺牘句解》〔註 2〕等之多。這些書信教科書在商務印書館發行的報刊中大作廣告，以提高銷路。這些指導書一方面滿足了社會的不同需求，另一方面也促進了書信的使用與普及。而這一時期頻繁的信箋、信封廣告更是書信發達的一個佐證，如《太平洋》上刊載的「機制信封」〔註 3〕、「美國信箋信封」〔註 4〕廣告等，可謂借通信需求的東風應運而生。

〔註 1〕 胡適《〈嘗試集〉自序》，夏曉虹編《胡適論文學》，安徽教育出版社，2006 年，第 141 頁。

〔註 2〕 參見《太平洋》第 3 卷第 8 號中的書信廣告。

〔註 3〕 「機制信封」的廣告詞為「信封為日用必需之品，近來商學各界事物日繁，需用更殷。敝館特從美國定購製造信封機器多架，業也到中。無論中式西式、或大或小，均可製造。本館復選購合與毛筆寫字、墨水隨筆乾而又極堅純潔白之紙，專製中式信封，形式雅觀且可久藏不致脫膠。如荷訂製，格外歡迎。定價低廉，約期交貨，迅速無誤。」載《太平洋》第 2 卷第 4 號。

〔註 4〕 「美國信箋信封」的廣告詞為「君欲購精美之信箋信封乎？本館發售中西信箋信封，製作精美，久承各界歡迎。茲又向美國著名紙廠定製信箋信封各數十種，

一、書信的現代革新

從上述的大量書信教科書的書名中，即可看出這一時期書信的一個顯著特點，即「新」。以上海亞東圖書館發行、高語罕編著的《白話書信》爲例——該書於 1921 年 1 月出版，曾風行一時，是當時上海亞東圖書館出版的三種暢銷書之一，〔註5〕僅當年就印行三版，達九千冊。先後共印過二十版，發行量超過十萬冊以上——它在《少年中國》雜誌上的宣傳廣告中特意強調了該書的如下特點：

1、文體的革新
2、用語的革新
3、格式的革新
4、表爽直的態度，達深厚的感情，適合於平民主義的精神。
5、不但教授一般書信的知識，並啓發青年文學的興趣，引導他們順應時代的思潮。〔註6〕

從中不難看出「五四」書信的多方面革新，較之古代書信，「五四」書信的現代變革主要表現在以下幾個方面：

第一，格式、用語的簡化。書信在長期的交際關係中形成了特有的格式、用語等各種繁文縟節和程式化的寫作特點。尤其是古代書信在寫作中要謹守體現尊卑差別和等級高低的各種規範，即古代書儀中的「法定」規則。而「五四」時期的書信在寫作格式和用語上明顯簡化。《新青年》第 3 卷第 5 號的「讀者論壇」中刊登了一篇題爲《改良文學之第一步》的文章，文中以書信的寫作爲例來談文學的改良：「僕與友人馮若飛來往手箚，皆純用白話體，自以爲心所欲言者，無不可達之處。非若以文藻飾者，故意引經據典，反失其本意也。僕最厭今人寫信其於起首必書敬啓者某某仁兄大人，或茲有懇者等字樣。其於收尾必書肅此敬請某安，紙短情長，餘容後述等字樣。既不能連結上下文，又爲千篇一律，此等又臭又爛之客套語，惟俗人始能寫出之，亦惟俗語始能糾正之。」〔註7〕頗有趣味的是，該作者一方面極力批判「此等又臭又爛

大小俱全，式樣最新，所用紙張均係上品。並備有粉紅信封及素信封，以供慶吊之需。另有紙夾一種，爲夾信箋信封之用，亦係新進出品，極爲精巧。如蒙惠顧，取價從廉，藉副盛意。商務印書館發行」，載《太平洋》第 3 卷第 2 號。

〔註5〕　另外兩種是胡適的《嘗試集》和陳獨秀的《獨秀文存》。
〔註6〕　參見《少年中國》第 2 卷第 6 號中的《白話書信》廣告。
〔註7〕　易明《改良文學之第一步》，載《新青年》第 3 卷第 5 號，1917 年 7 月 1 日。

之客套語」,認爲「惟俗人始能寫出之」;而另一方面,在該文的結尾處作者卻寫道:「僕不敏願執鞭以從諸君子之後,茲以課忙未能枚舉,俟他日有暇,當詳論之,以質於諸君子之前,幸垂教焉」。這與他之前所批判的「其於收尾必書肅此敬請某安,紙短情長,餘容後述」的客套之詞並無二致。可見,書儀作爲書信文化的一部分,短時間內還無法徹底消除。實際上,很多「五四」知識份子的私人通信中依然保留著古代書信的書寫格式,如魯迅寫給母親的信便遵循著單擡以顯尊敬、側書自稱以示謙卑的書儀規範。而林語堂在《論語錄體之用》一文中則明確表示:一人修書,不曰「示悉」,而曰「你的芳函接到了」,不曰「至感」「歉甚」,而曰「很感謝你」「非常慚愧」,便是嚕哩嚕蘇,文章不經濟。〔註8〕不過總體說來,「五四」時期書信中以前陳陳相因的古文程式化套語逐漸被簡化,而書信的一些基本格式和用語則被保留了下來,成爲書信文化的一部分。

第二,內容的豐富。「五四」書信的革新還表現爲內容的豐富,古代書信的寫作多限於家人和師友,在內容上相對單一。而「五四」時期作爲風雲突變的年代,各種新思潮、新文化的興起,使書信在內容上也隨之發生顯著變化。以《白話書信》的編寫爲例,該書在內容上劃分爲四大類:家庭書信、社交書信、工商書信、論學書信。作者認爲這些書信「每篇皆含有社會極切要、亟待解決的問題,或描寫社會的眞相,抉出人心的隱秘。時或有戲曲的趣味;時或有小說的意思;時或有詩歌的情感。」如講「家庭書信」,便涉及婦女平等和婚姻自由。講「社交書信」,即論社會的不平和政局的黑暗。談「工商書信」則講勞工痛苦和資本剝削。在「論學書信」部分,又旁及馬克思、恩格斯的《共產黨宣言》和社會主義主張。眞正實現了該書在廣告中所宣傳的「不但教授一般書信的知識,並啓發青年文學的興趣,引導他們順應時代的思潮」。正因如此,《白話書信》被國民黨審查機關列爲禁書,「嚴予禁毀,以絕流傳」。〔註9〕總體說來,隨著「五四」時期書信往來的頻繁,其在內容上也獲得了極大的豐富,逐漸成爲日常生活中不可或缺的一個組成部分。

第三,語言的變革。語言是人類進行有效溝通和交流的重要前提,「五四」時期的兩個重要命題——白話文的革新與世界語的提倡,從本質上講都是爲了能夠實現有效的交流和溝通。用白話文取代僵死了的古文就是因爲舊有的

〔註8〕 林語堂《論語錄體之用》,載《論語》第26期,1933年10月1日。
〔註9〕 魯迅在《《且介亭雜文》後記》附錄的國民黨禁書目錄中就報刊《白話書信》。

語言在現代化的進程中已成爲交流的障礙，承擔不了交流思想感情的任務，正如魯迅所說「中國雖有文字，現在卻已和大家不相干，用的是難懂的古文，講的是陳舊的古意思，所有的聲音，都是過去的」。〔註10〕而白話文的提倡則使得交流有了一個共同的形式基礎，同樣的道理，白話書信通俗易懂的特點更有利於通信者之間的交流與溝通。

巴金的代表作《家》中有一段關於白話書信的描寫：

她（琴）高興地提起筆寫了下面的一封短信：

「倩如姐：

今天我底表哥告訴我說『外專』已經決定明年秋季招收女生了。我決定將來去投考。你底意思怎樣？你果然和我同去嗎？希望你不要顧慮。無論如何我們必須堅決地奮鬥，給後來的姊妹們開闢一條新路，給她們創造幸福。

有暇請到我家裏來玩，我還有話和你詳談。家母也歡迎你來。

蘊華。××日」

她寫好了信，自己讀過一遍，然後填上日期，又加上新式標點。白話信雖然據她的母親說是「比文言拖長了許多，而且俗不可耐」，但是她近來卻喜歡寫白話信，並且寫得很工整，甚至於把「的」「底」「地」三個字的用法也分別清楚。她爲了學寫白話信，曾經把《新青年》雜誌的通信欄仔細研究過一番。〔註11〕

從中不難看出白話書信在當時的廣泛影響，隨著《新青年》對白話文的提倡，以及通信欄的示範作用，寫作白話書信也逐漸成爲青年人的一種風尚。

二、報刊傳媒語境下的書信應用

「五四」時期，書信不僅承擔著傳統書信的傳遞資訊、交流感情的功能，還在現代報刊傳媒中得到了廣泛地應用。首先，公開信成爲學術交流的一種新興形式。作爲「通遠邇於一脈，繼往來以無窮」的交流溝通的一種有效手段，在書信往來中提出思想見解，或者進行相關論爭，可謂由來已久。到了清末，由於資產階級民主革命的興起，資產階級民主主義和民族主義思想也大量地表現在書信之中。以書信論政、以書信談救國救民之道的風氣大盛，這使書信成

〔註10〕魯迅《魯迅全集》（第4卷），人民文學出版社，1981年，第11～12頁。
〔註11〕巴金《家》，人民文學出版社，2000年，第28～29頁。

了政壇上批駁頑固守舊勢力的有力武器。更由於這個時期現代報刊的大量出現,過去不可能有的公開信這一嶄新形式也開始出現了。它兼有書信和政論兩種文體的特徵,比一般的書信有著更多的讀者和更大的影響。〔註12〕「五四」時期對很多重要問題的討論,也往往採用公開信的形式,這些思想討論的書信在報刊上同步公開發表,從而引起了廣泛的爭鳴。

以「林蔡之爭」爲代表的守舊派與新文學陣線的論爭,便是以兩封公開信作爲發端的。1919 年 3 月,林紓在《公言報》上發表了給蔡元培的書信《致蔡鶴卿太史書》,對白話文運動大張撻伐。隨後,蔡元培發表了回信《復林琴南書》,重申了「思想自由、相容並包」的原則,李大釗、魯迅等隨後也發文譴責「國粹家」的歷史倒退行爲,從而激起了新文學陣線義無反顧的抗爭。再如問題與主義的相關論爭,同樣開端於公開信的發表。1919 年 7 月 20 日,《每周評論》第 31 號,胡適發表了《多研究些問題,少談些「主義」!》,李大釗當時正在昌黎五峰山,看了胡適的文章,也馬上寫了《再論問題與主義》一文,用書信的形式寄交胡適。私人書信通過現代報刊這一傳播平臺,在客觀上放大了個體行爲的意見效應,激發了更爲廣泛的社會關注和公眾參與,進而形成一定的公共輿論壓力,引起了強烈的反響。值得注意的是,這一時期的很多公開信,雖然矛頭直指,卻多採用「詞微而義婉」的寫法,書信中所使用的尊稱與敬語固然是書信格式的一種客套,但又包含著對交流溝通的願望,彼此間互相尊重、存異己的氣度,更是迥異於章炳麟《駁康有爲論革命書》式的戰鬥檄文。當代學術界也有不少以公開信的形式來商討學術問題的文章,袛是這些公開信往往語言刻薄,極盡嘲笑諷刺之能事,火藥味十足,硬是將正常的學術論爭變成了咬文嚼字的筆墨官司,這是應引以爲戒的。

其次,以「通信」作廣告,是這一時期書信的一個妙用。例如《婦女雜誌》第 2 卷第 3 號中的藥品「人造自來血」的廣告,便以《蘇州王靜貞女士通信》爲題:

上海五洲大藥房主人大鑒:

余今者有一至可喜之事也,余昔有咯血之疾,至去年歲底多食雞醋之屬,以致舊病復發,乃經陳醫生指點用自來血治之。服將半打果然見功,吐者不吐矣。不特此也,面黃肌瘦之態以豐滿矣。由

〔註12〕葉幼明等編《歷代書信選》,湖南人民出版社,1980 年,第 9~10 頁。

是獲益不敢忘德，爰志數位，以便後之同病者有所路徑耳。此請署
安並頌

　　　　　　　　　　商業進步
　　　　　　　　　　七月二十號發〔註13〕

整個廣告便是一封患者寫給產品生產者的書信，以書信的形式來宣傳產品，
借助的正是書信爲「心聲之獻酬」〔註14〕的私密性特徵，從而增強虛構廣告
的眞實感。這一創意在當代很多商品的廣告中被廣泛使用，以加強產品的宣
傳效果。

　　再次，以書信作爲報刊、欄目的發刊詞或爲書代序，也是這一時期書信
的一個特殊用途。如《娛閒錄》創刊號上便以一封友人來信作爲發刊詞。編
者寫道：「各報出版，例有發刊詞，或宣言書，本錄係日報外所增刊，固無需
此也。茲友人來簡，頗能道出本錄主旨，特載篇首，用以代序。」〔註15〕

某某先生執筆：

　　　　頃奉手箚，知尊社諸公，將以日刊之暇，更錄雜撰，命曰娛閒。
　　嗟乎，今之時，何時乎？天災人禍，相逼而來，愁歎之聲，比戶相
　　應。以諸公悲憫之懷，不知所謂娛者安在，而所謂閒者何爲乎？僕
　　曩者日周旋於諸公之間，每一語及家國之憂，身世之感，則諸公未
　　嘗不扼腕而太息，愀然而深悲。而朝夕所以自鞭策，以企夫古人憂
　　決之域，而儲他日無窮之用者，恒？俛焉日有孜孜，而不敢自逸。
　　以僕昔之所見，推夫今之所聞，蓋有以知諸公之所謂娛者，其必有
　　至不娛者在，所謂閒者而其心乃天下之至不閒者矣。昔韓氏悲文窮
　　其詞曰，怪怪奇奇，不專一能，不可時施，祇以自嬉。諸公之於今
　　日，毋亦不得已而自嬉之時乎？且報紙者，又非徒以自嬉而已，語
　　其主義，蓋古之所謂吹萬者也吹萬之具。莊雅者難爲功，詼諧恒易
　　入。而言禁之密如今日，尤非滑稽如曼倩，寓言如莊生，常不足自
　　免於世而圖存。由是論之，則諸公之爲是錄，度其中必有至不獲已
　　之苦，有萬非正言莊論所能曲達者，蓋不但遊戲於斯文而苟以自悅

〔註13〕參見《婦女雜誌》第 2 卷第 3 號廣告。
〔註14〕劉勰《文心雕龍・書記》，周振甫譯《文心雕龍今譯》，中華書局，1986 年，
　　　　第 233 頁。
〔註15〕《束閣生來簡》，載《娛閒錄》第 1 冊，1914 年。

己也。執事聞之，其亦以爲知言否耶？僕杜門已久，斗室之中，正
苦無以自聊，得尊錄以佐飲，是所至快。而翰墨之緣，相絕已非一
朝，承索拙稿，乃百思而無以報命，空言奉覆，愧悚萬分，惟執事
曲宥之焉。某月日某白。〔註16〕

之所以用友人的書信作發刊詞，是因爲編者認爲友人的書通道出了自己的心
聲。借助於友人的書信，編者將自己不便說出的話可以和盤托出——「則諸
公之爲是錄，度其中必有至不獲己之苦，有萬非正言莊論所能曲達者，蓋不
但遊戲於斯文而苟以自悅己也。」——編者以友人書信的形式委婉地道出了
刊物的主旨，頗有新意。

　　最後，隨著「五四」時期書信的現代革新與廣泛應用，其獨特的文體優
勢被引入文學創作，而產生了一種新興的文學樣式——書信文學。書信體散
文在二十年代由周作人首倡後便風靡一時，書信體的傾訴性與眞實性特徵，
使作家在散文裏表現的個性更爲強烈，感情更加眞摯。「五四」報刊中便刊發
了很多作家以書信文體創作的散文、遊記等作品，如郭沫若的《海外歸鴻》（載
《創造》季刊第 1 卷第 1 期）、冰心的《寄小讀者通訊之一》（載《晨報副刊》
1923 年 7 月 25 日）、郁達夫的《海上通信》（載《創造周報》第 24 號）、成仿
吾的《江南的春訊》（載《創造周報》第 48 號）等等。這些書信體的作品，
實際上祇是借用了書信的結構，目的在於增強文章的眞實性，使行文更具親
切感。這一時期，書信體小說創作也形成了一股熱潮，正如郭沫若在其書信
體小說《Donna Carmela》的結尾中所說「書簡體的小說，近代是很流行的」。
〔註17〕「五四」報刊中刊載了大量的書信體小說，包括盧隱的《一封信》（載
《小說月報》第 12 卷第 6 號）、《或人的悲哀》（載《小說月報》第 13 卷第 12
號）冰心的《遺書》（載《小說月報》第 13 卷第 6 號）、郁達夫的《蔦蘿行》
（載《創造》季刊第 2 卷第 1 期）等。書信體小說借助書信的形式發掘了多
樣化的敘事角度和觀察視角，使小說呈現多維立體的眞實感。這一時期的報
刊中還有很多以書信文體創作的遊戲文，如《娛閒錄》第 11 冊中的《致娛閒
錄編輯部書》、《尖鞋上尖帽書》、《戲擬僑居青島前清諸大老公上日軍總司令
書》、《戲擬謀生娶花旦爲妾婚約》等等。

―――――――――――

〔註16〕《柬閣生來簡》，載《娛閒錄》第 1 冊，1914 年。
〔註17〕郭沫若《Donna Carmela》（《喀爾美蘿姑娘》），見《灰色的鳥》，創造社出版
　　　　部，1926 年，第 51 頁。

三、通信欄書信的「公」「私」之辨

　　通信欄的開設也是書信在現代報刊中的一大應用，通信欄中的書信採用了書信的格式但又不同於一般的書信，作為一種公共發表的書信，通信欄書信與一般的私人書信相比仍然存有很大差異。

　　對於「私人書信」目前學術界還沒有統一的界說，有研究者認為私人書信指「私人之間，多是作者與其親朋好友之間的往來信件，內容大到社會時事政治、工作學術研究，小到家庭子女教育、朋友之間的文宴酬唱以及人情世俗交往，不適用官方的文件、信函和涉及國家利益的文獻、書信」。〔註18〕私人書信的界定主要強調兩點，一是通信的對象為「親朋好友」，通信者之間往往比較熟悉、密切，因此感情更為眞摯和自然，往往沒有矯揉造作，更為隨意和坦誠；二是用於小群體通信雙方或小群體之間的資訊交換與情感交流。很多私人書信甚至不願意第三個人看到，因此寫信者無需考慮其他人的心理取向，「不必考慮到『公共寫作』的戒律、規範，可以卸下面具、隨意為之，記錄一己的日常生活和內心感觸，它比公開發表的作品更具有原發性和眞實性，為時代『公共寫作』所摒棄在外的那個多餘的、私隱的、不夠光明正人的自我可以在這種不打算公開面世的私人性寫作中苟延殘喘。」〔註19〕因此，私人書信較之公開書信：（一）語言更為質樸、不尚藻飾；（二）形式更為隨意、無一定之規；（三）情感更為眞切，講求「如面談」。但實際上，很多私人書信在寫作時仍然避免不了有意為文的傾向，正如魯迅在《孔另境編〈當代文人尺牘鈔〉序》中所調侃到的「寫信固然比較的隨便，然而做作慣了的，仍不免帶些慣性，別人以為他這回是赤條條的上場了罷，他其實還是穿著肉色緊身小衫褲」。〔註20〕尤其是一些名人、文人，他們往往在寫作時即預料到以後會被收藏或發表，如晉代書法家王獻之曾特地以優美的書法寫信給謝安，以為必然會得到謝安的保存，不料謝安在接信後，就在來信的背面隨便題寫作答，王獻之對此非常憎恨。唐代韓愈《昌黎集》中的頗多「伸縮吐納，備極悲涼」（林紓語）箋箚就是將其作為文章來寫的，王陽明《傳習

〔註18〕安玉萍、沙莎《私人書信作品發表權論析》，載《青海社會科學》2004年第6期。

〔註19〕耿傳明《「公共寫作」與「私人書寫」中的周作人》，載《新文學史料》2008年第1期。

〔註20〕魯迅《〈當代文人尺牘鈔〉序》，孔另境編《現代作家書簡》，花城出版社，1982年，第1頁。

錄》中也有很多堪稱著述的論學書信，而清代學人崇尚樸學，多以書信爲辨析學問之用，梁啓超在《清代學術概論》中即寫道「此類函簡，皆精心結撰，其實即著述也。此種風氣，他時代亦間有之，而清爲獨盛。」〔註 21〕這些近乎著述的書信常被友人傳抄，甚至交由他人閱讀和討論，「許多學者都借助這種方式可以得到學術界的中肯評價、認可和廣泛注意。許多資深學者通過書信交換的方式，如梁啓超所言，開始和需要解答疑難的學術新秀建立聯繫，與此同時，這些新秀也附帶呈上他們的新作」。〔註22〕如此一來，很多書信的私人性、眞實性便大打折扣。

現代報刊傳媒出現之後，書信看似有了更加明確的「公」與「私」的分野，即公開發表的書信爲公開書信，反之則爲私人書信。但是，嚴格地說，這種區分依然比較困難。有的書信雖然是寫給私人，用以私人交流的，但因爲收信者爲報刊的編者或文化名人，那麼寫信者對於自己的書信可能會被發表心中是有所考慮的。所以，魯迅在有的私人書信中會特別注明「此信不要發表」。〔註23〕鑒於這樣的情況，很多私人書信就算未經發表，實際上也與公開書信無異了。再如早年便暴得大名的胡適，其書信在寫作時便有意作爲傳世的著述，也應視同公開書信。還有一些書信雖然當時並沒有發表，但是日後卻可能由通信者本人親自篩選、審定並公開發表或收入文集中。通信者既然認爲這些書信有給第三者看的必要，書信中私人性的比重相對來說也是很小的。正如郭沫若自言「寫這些信的動機，我自己是很明白的，一多半是先存了發表的心，然後再來寫信，所以寫出的東西都是十二分的矜持。凡是先存了發表的心所寫出的信或日記，都是經過了一道作爲的，與信和日記之以眞而見重上大相矛盾。」〔註24〕因此，名人、文人的通信，尤其是他們成名之後的通信，其公私之分是很模糊的。如郭沫若晚年寫的書信，就全部由秘書留了副本。眞正毫無疑問地屬於私人書信的，恐怕還是那些至死都不願公之於眾的書信吧，如林徽因在去世之前毅然毀掉的那些，除了某些隱私不願讓外人知道外，更是對私人情感的一種忠實與尊重。正因如此，巴金會反對

〔註21〕梁啓超《清代學術概論》，上海古籍出版社，1998 年，第 64 頁。

〔註22〕〔美〕艾爾曼《從理學到樸學：中華帝國晚期思想與社會變化面面觀》，江蘇人民出版社，1997 年，第 140 頁。

〔註23〕參見魯迅 1925 年 10 月 19 日致李霽野信，《魯迅書信集》（上卷），人民文學出版社，1976 年，第 102 頁。

〔註24〕郭沫若《沫若書信集》，泰東圖書局，1933 年，第 2 頁。

私人書信的發表，並認為公開私人書信、出版作家的書信集是挖作家的祖墳。總體說來，我國對私人書信的界定還不明確，其是否受著作權保護，包括發表權、保護作品完整權、署名權、修改權以及對書信的使用權和獲得權的歸屬問題，尚未有明文規定。而文人對私人書信的使用權問題也相對輕率，如魯迅就曾在未經對方同意的情況下將私人書信公開引用入文，如 1930 年代的《答徐懋庸並關於抗日統一戰線問題》和《答托洛斯基派的信》。而 1950 年代，胡風與舒蕪在文藝思想上發生分歧時，同樣將私人通信用作政治上彼此指控的證據。〔註 25〕這些個案雖然不涉及法律上的問責追究，但卻要經受後人道德上的叩問。因此，對私人書信的界定、使用權、獲得權等問題的明確是十分必要的，對此不妨參考一下《義大利版權法》的相關規定：凡具有機密性質或涉及個人生活隱私的書信、書信集、家庭和個人便箋及性質類似的書寫物，未經作者及收信人的許可，不得發表、複製或用任何方式公諸於眾。另外，對於涉及到第三人的人身權利的書信作品的發表，還要徵得第三人同意。(《義大利版權法》第 93 條) 私人書信因為可能涉及到通信人及第三人的個人隱私，因此為了維護通信者以及第三人的權益，它的發表權和使用權都應受到嚴格的限制，必須徵得通信者以及第三人的許可方才有權發表和使用。在這方面，私人書信的權屬問題應引起相關研究者的重視，並期待國家早日出臺相關法規予以規範。

正是在這一意義上，通信欄中的書信，雖然是經過公開發表的書信，但是其私人性、真實性，在某種程度上並不讓與私人書信。具體來說，通信欄中的書信一部分是名人、文人與編者之間的通信，他們與編者大多相識，甚至是深交，因此這些通信相當於私人書信的公開發表；通信欄中另一部分也是占大多數的書信，則是普通讀者與編者之間的通信，這些寫給編者的書信，除了疑難諮詢和發抒意見的實用功能，還在很大程度上擔負著情感傾訴的功能。明代作家王思任在《陳學士尺牘引》中就寫到了書信在傳達心聲方面的顯著優勢：「有期期乞乞，舌短心長，不能言而言之以尺牘者；有志志昧昧，睽違勾邃，不得言而言之以尺牘者；有幾幾格格，意銳面難，不可以言言而言之以尺牘者。」〔註 26〕在讀者中頗有人緣的《覺悟》「通訊」欄中，就有不

〔註 25〕 參見吳永平《細讀胡風之〈關於舒蕪問題〉——兼及「將私人通信用於公共事務」問題》，載《江漢論壇》2005 年第 11 期。
〔註 26〕 王思任《陳學士尺牘引》，李鳴選注《王季重小品》，文化藝術出版社，1996

少讀者發表來信向編者傾訴自己的苦惱。這些書信與其說是求助,更大意義上是一種心靈的傾吐。「有許多話,是嘴上說不出來的。……寫信卻是談心的最有趣的方法。而且也卻是最神妙的!」〔註27〕因為有了通信欄這樣一種渠道,而得以將自己的苦惱、怨懟發泄出來。這些書信大多感情真摯,有的書信中更是說了很多不能對外人說的話。因此,這些來信實際上是公開書信的一種私人書寫,某種意義上其私人性與真實性並不亞於某些私人書信。

第二節 通信欄的文體意識

文體意識指「一個人在長期的文化熏陶中形成的對於文體特徵的或明確或朦朧的心理把握。」〔註28〕作為知識群體間多重對話的言論空間,「怎麼說」既是報刊通信欄作為獨立專欄的特色表徵,也關乎多重對話的有效實現。在通信欄的大量書信往來中,編者與讀者在有意無意中形成了對通信欄文體寫作的心理定位,表現出自覺的文體意識。如上述的巴金的《家》中覺琴給倩如寫的短信便與《新青年》「通信」欄中的書信在寫法上十分相似,因為「她為了學寫白話信,曾經把《新青年》雜誌的通信欄仔細研究過一番」。〔註29〕具體說來,通信欄的文體意識主要表現在以下三個方面:第一,通信欄中的書信往來是介於「正式」與「非正式」之間的交流方式;第二,通信欄書信的書寫在於「覺世」而非「傳世」;第三,通信欄書信作為即席發言,屬於「思想的草稿」。

一、介於「正式」與「非正式」之間的通信欄交流

書信作為思想交流的重要渠道之一,在中國的思想史與學術史上都發揮了重要作用。早在南北朝時期,就有沈約與陸厥的關於音韻問題的書信往來,彼此在通信中不斷修正著、豐富著自己的觀點與看法。清代學人崇尚樸學,以書信為辨析學問之用更是風行一時。通信欄中的書信交流的特殊性在於,將用於非正式交流的私人書信通過報刊傳媒予以正式發表,從而成為介於「正式」與「非正式」之間的交流方式。

年,第143頁。

〔註27〕顧詩靈《情人書簡》,新宇宙書店,1929年,第41頁。

〔註28〕陶東風《文體演變及其文化意味》,雲南人民出版社,1994年,第100頁。

〔註29〕巴金《家》,人民文學出版社,2000年,第29頁。

　　20世紀中葉，美國社會學家 H.門澤爾提出了著名的「正式過程」和「非正式過程」交流論，其後經過前蘇聯情報學家 A.H.米哈依洛夫的研究整理，形成了體系嚴密的「科學交流論」的研究。根據該理論，科學交流被劃分爲正式交流與非正式交流兩種。正式交流就是把科學思想、資訊和理論以書面的形式呈現給學術共同體，它由學術會議、期刊、書籍和評論文章組成。非正式交流則是個人之間的資訊交換，通常在「無形學院」內部進行，傳統的非正式交流的手段主要是私人通信。根據上述理論，通信欄中的書信往來則恰恰介於「正式」和「非正式」交流之間。一方面，通信欄書信因書信傳遞的私人性而具備了非正式交流的特徵；另一方面，這些書信又因公開發表而有了正式交流的性質，通信欄書信因此成爲介於「正式交流」與「非正式交流」之間的交流方式。

　　這一特殊性使通信欄中的書信交流具備了雙重優勢，一方面通過報刊傳媒的正式交流，通信者的意見觀點得以廣泛、快捷地傳播，從而爲更多人知曉，特別是從啓蒙的角度，便於讀者的廣泛接受，從而形成社會思潮。另一方面，由於書信的非正式交流特徵，使得通信欄的交流顯得相對隨意，通信者即便出現錯誤也往往不以爲恥，還常在以後的信件中主動檢討自己的輕率。而且，通信欄的隨意也爲原本正式、嚴肅的學術探討平添了幾分靈光一閃的睿智。如《語絲》中顧頡剛、胡適、俞平伯、錢玄同對《野有死麕》的卒章「女子設帨於門右」中「帨」字含義的探討，就與今天的學術文章有明顯的不同。這場討論首先源自顧頡剛發表於《歌謠周刊》的寫歌雜記，該文從民間歌謠的角度認爲《野有死麕》是一首寫男女性行爲的動態描寫，並將「帨」字譯爲佩巾。胡適對該譯法提出異議，認爲「『帨』似不是身上所佩……佩巾的搖動有多大的聲音？也許帨祇是一種門簾，而古詞書不載此義。」〔註30〕俞平伯則認爲，「帨」既非佩巾，亦非門簾。因爲「無論是門簾也罷，手帕也罷，搖來搖去，總不見得有多大的聲音」。進而認爲「卒章三句，乃是三層意思」，「一層逼進一層，然後方有情致；否則一位拒絕，或一口答應，豈不大殺風景呢？」〔註31〕錢玄同看了上述討論，表示贊同俞平伯的看法，並「貢獻」出十幾年前一位朋友用蘇州口語對這卒章三句的「意譯」。由此可見，通信欄中的討論與其正式刊發的文章相比，

〔註30〕胡適「《野有死麕》之討論」，「通信」欄，載《語絲》第31期，1925年6月15日。

〔註31〕俞平伯「《野有死麕》之討論」，「通信」欄，載《語絲》第31期，1925年6月15日。

雖有失嚴謹，但更顯眞誠、生動。作爲情報科學創始人之一的普賴斯（Derek John de Solla Price，1922～1983）指出，「科學論文變成它現在這個樣子，是大約在一個世紀以前才完成的。在這之前，存在著許多科學小品之類的出版物。這種小品文衹是提及某些已經取得的科學成果，或者對一些在其他地方已經完成並發表的觀察報告加以評論。」〔註32〕從這一意義上說，通信欄書信可謂現代學術論文的雛形。而且，以書信的形式發表一些爭鳴商榷的意見，對方在情感上會更容易接受，所以很多當代文人、學者對於擬在報刊中公開發表的商榷文章，依然樂於採用書信的形式。

二、「覺世」而非「傳世」

隨著現代報刊的興起，許多知識份子在報章上寫時文小說時往往使用「平易暢達，時雜以俚語、韻語及外國語法，縱筆所至不檢束」的報章文體，正如梁啓超所說「自報章興，吾國之文體，爲之一變，汪洋恣肆，暢所欲言，所謂宗派家法，無復問者」。〔註33〕這使得文章有了文集之文與報章之文的區分，而通信欄中的往來書信無疑屬於後者。

1922 年亞東圖書館出版的《獨秀文存》中輯錄了陳獨秀主持《新青年》時發表的文章，其中卷三通信中輯錄了《新青年》「通信」欄中陳獨秀與讀者之間的部分往來書信，陳獨秀在自序中這樣寫道：「亞東主人將我近幾年來所做的文章印行了。我這幾十篇文章，原沒有什麼文學的價值，也沒有古人所謂著書傳世的價值。但是如今出版界的意思，只要於讀者有點益處，有印行的價值便印行，不一定要是傳世的作品，著書人的意思，只要有點心得或有點意見貢獻於現社會，便可以印行，至於著書傳世藏之名山以待後人這種昏亂思想，漸漸變成過去的笑話了。我這幾十篇文章，不但不是文學的作品，而且沒有什麼有系統的論證，不過直述我的種種直覺罷了；但都是我的直覺，把我自己心裏要說的話痛痛快快的說將出來，不曾抄襲人家的說話，也沒有無病而呻的說話，在這一點，或者有出版的價值。在這幾十篇文章中，有許多不同的論旨，就此可以看出文學是社會思想變遷底產物，在這一點，也或者有出版的價值。既有出版的價值，便應該出版，便不必說什麼「徒災梨棗」等客套話。」〔註34〕在這

〔註32〕普賴斯《巴比倫以來的科學》，任元彪譯，河北科學技術出版社，2002 年。
〔註33〕梁啓超《中國各報存佚表》，載《清議報》第 100 號，1901 年 12 月。
〔註34〕陳獨秀《〈獨秀文存〉自序》，安徽人民出版社，1987 年，第 1 頁。

段話中陳獨秀強調了三點：第一，不是傳世的作品，但有貢獻於社會；第二，沒有什麼有系統的論證；第三，不曾抄襲人家的說話，也沒有無病而呻的說話。陳獨秀的這段話可看作是對通信欄中文字的一個最好注解，通信欄中的文字在數量上以簡短爲主，在寫法上相對隨意，目的在於說明事理，提出的問題也往往沒有深思熟慮，甚至不成章法。

總體說來，通信欄中的書信講求時效性、實用性，屬「覺世之文」而非「傳世之文」。1897 年，梁啓超在的《湖南時務學堂學約》中首次將文章分爲「覺世之文」與「傳世之文」：「傳世之文，或務淵懿古茂，或務沉博絕麗，或務瑰奇奧詭，無之不可。覺世之文，則辭達而已矣。當以條理細備，詞筆銳達爲上，不必求工也。」〔註 35〕「傳世之文」即傳統文人的詩文創作之類的文集文章，它往往強調美學價值，以求藏之深山、傳於後世；「覺世之文」則追求實用價值，在寫法上往往平易暢達、縱筆所至不檢束。梁啓超明顯更傾向於對「覺世之文」的認同，「吾輩之爲文，豈其欲藏之名山，俟諸百世之後也，應於時勢，發其胸中所欲言。……故今之爲文，只能以被之報章，供一歲數月之道鐸而已，過其時，則以覆瓿焉可也。」〔註 36〕1921 年梁啓超在致胡適的信中更加明確地說道：「學問之道，愈研究則愈感不足；必欲爲躊躇滿志之著作乃以問世，必終其身不能成一書而已。有所見則貢諸社會，自能引起討論；不論所見當否，而於世於己皆有益。故吾亦盼公之《（墨辯）新詁》，作速寫定；不必以名山之業太自矜愼，致同好者觖望也。」〔註 37〕著書作文的目的不在「傳世」，而在於「時勢」，強調文體的實用性。

更重要的是，通信欄的「覺世」特徵得到了廣泛的認同，如《曙光》的讀者便在來信中寫道：「以上信筆寫來已費工夫不少，我知道你們若看時也要將你們的寶貴光陰，費去一些。我的大意思是如上所說，不過隨便寫的實在是『拉雜』得很。還請你們見諒。至於所說的話，也不敢以爲是沒些瑕疵，而且必有許多不合的地方。好在我們不須客氣，這又不是『經世大文』也不關重要的。」〔註 38〕不過，因爲不是「經世大文」，通信欄中的文字往往不

〔註 35〕 梁啓超《湖南時務學堂學約》，《飲冰室合集·文集之二》，中華書局，1989年，第 27 頁。

〔註 36〕 梁啓超《〈飲冰室文集〉原序》，《飲冰室文集點校》（第 1 輯），雲南教育出版社，2001 年，第 1 頁。

〔註 37〕 胡適《胡適文存》（第 2 集第 1 冊），亞東圖書館，1924 年，第 252 頁。

〔註 38〕 劍三致范煜璪、李樹峻，「通信」欄，載《曙光》第 1 卷第 1 期，1919 年 11

被看重，如章太炎便否定了自己在報刊上發表的文章，認爲「斯皆淺露，其辭取足便俗，無當於文苑」（《與鄧實書》），由他手定的《章氏叢書》中就將通信欄甚至報刊中發表的文字一概刪除。對其他人的報章文字，他更是不屑一顧甚至認爲「若梁啓超輩，有一字入史耶？」實際上，通信欄的「覺世」特徵恰恰契合了現代知識份子的心知結構與精神追求，更適合討論問題，交流思想。正因如此，通信欄的「覺世」而非「傳世」的特徵反而成爲了通信欄的獨特價值所在，而事實上，通信欄並沒有因此影響它的「傳世」，對於陳獨秀的報章之文，蔡元培在《獨秀文存》第九版的序言中作了這樣的評價：「這部文存所存的，都是陳君在《新青年》上發表過的文，大抵取推翻舊習慣、創造新生命的態度；而文筆廉悍足藥拖遝含糊等病；即到今日，仍沒有失掉青年模範文的資格。」〔註 39〕「覺世」之文最終還是成了「傳世」之作。

三、「思想的草稿」

既然是介於「正式」與「非正式」之間的交流，是「覺世」而非「傳世」之文，通信欄中的往來書信往往被看成一種「即席發言」，一種「思想的草稿」。陳平原教授在《思想史視野的文學——〈新青年〉研究（下）》（載《中國現代文學研究叢刊》2003 年第 1 期）一文中，首次提出了「思想草稿」的概念，其後在訪談中他再次論及這一概念，認爲思想的草稿就是「有想法，但不成熟，還沒有定型，還在思考過程中」，「把尚不完整的思考說出來，吸引同道，一起來攻關」。〔註 40〕

首先，思想的草稿意味著對不成熟的甚至偏頗的意見與想法的包容。對於通信欄來說，凡是有一得之見，皆可在欄目中發表。在寫作上也不求面面俱到、完美無缺。因此「《新青年》上最爲激烈的議論，多以『通信』形式發表，如錢玄同之罵倒『選學妖孽，桐城謬種』、提倡《新青年》全部改用白話，以及主張『欲廢孔學，不可不先廢漢文』等（參見錢玄同發表在《新青年》二至四卷上眾多致陳獨秀、胡適的信）。每期《新青年》上的「通信」，都並非無關痛癢的

月 1 日。

〔註39〕 蔡元培《〈獨秀文存〉序》，《蔡元培全集》（第 6 卷），中華書局，1988 年，第271 頁。

〔註40〕 陳平原、查建英《陳平原訪談：關於八十年代》，載《社會科學論壇》2005年第 6 期。

補白，而是最具鋒芒的言論，或最具前瞻性的思考。」〔註41〕魯迅作文曾爲求論述的嚴謹性，而在文末贅筆補充道：「我所指摘的中國古今人，乃是一部分，別有許多很好的古今人不在內！」但同時他也意識到「這麼一說，我的雜感眞成了最無聊的東西了，要面面顧到，是能夠這樣使自己變成無價值。」〔註42〕在這方面，通信欄不求面面俱到，完美無缺。例如，《新青年》「通信」欄中，錢玄同曾對陳獨秀在覆讀者信中提出的「世界語爲今日人類必要之事業，惟以習慣未成，未能應用於華美無用之文學」〔註43〕提出批評，對此陳獨秀坦然承認自己所言「乃一時偶有一種膚淺文學觀念浮於腦裏，遂信筆書之，非謂全體文學，皆無用也……」。〔註44〕而錢玄同對於陳獨秀的這種「信筆書之」同樣表示了極大的理解，認爲「此當是先生一時之論」。〔註45〕正因如此，通信欄中容納了眾多的「原始」思想，前文也有重要論述，這裡就不再重複。

　　另一方面，思想的草稿意味著它爲「定本」所作的準備，因爲「一旦思考成熟，不衫不履的「通信」，便會成爲正襟危坐的「專論」。」〔註46〕可以說正是通過通信欄中的大量討論，引發了對問題的深入思考，而這些通信中的零星火花則成爲記錄思考過程的筍記。如《小說月報》中對自然主義的相關探討，沈雁冰就是在與讀者的互動中不斷獲得積累，他在覆讀者的信中說「我頗想把我的意見較系統的寫出來請大家批評」，〔註47〕隨後在下一期的刊物中就發表了《自然主義與中國現代小說》的長篇論文，文中特別針對通信欄中的讀者疑問展開詳細論述，——駁斥了讀者對提倡自然主義的懷疑。

　　1980 年代，陳平原、黃子平、錢理群三位先生在《讀書》雜誌上發表了以三人對談的方式探論學術問題的《「二十世紀中國文學」三人談》（《讀書》雜誌連載六期，分別爲 1985 年 10～12 期，1986 年 1～3 期），引起了各界的廣泛關注，也讓這種思想的草稿大放異彩。陳平原強調自己「更看好和《論

〔註41〕陳平原《思想史視野的文學——〈新青年〉研究（下）》，載《中國現代文學研究叢刊》2003 年第 1 期。
〔註42〕魯迅《忽然想到（一）·附記》，載《京報副刊》1925 年 1 月。
〔註43〕錢玄同致獨秀，「通信」欄，載《新青年》第 3 卷第 4 號，1917 年 6 月 1 日。
〔註44〕獨秀復錢玄同，「通信」欄，載《新青年》第 3 卷第 4 號，1917 年 6 月 1 日。
〔註45〕錢玄同致獨秀，「通信」欄，載《新青年》第 3 卷第 4 號，1917 年 6 月 1 日。
〔註46〕陳平原《思想史視野的文學——〈新青年〉研究（下）》，載《中國現代文學研究叢刊》2003 年第 1 期。
〔註47〕雁冰復志伊，「自然主義的懷疑與解答」，「通信」欄，《小說月報》第 13 卷第 6 號，1922 年 6 月 10 日。

「二十世紀中國文學」》〔註48〕同時發表的『三人談』，……不是說思想有多高深，關鍵是文體意識，還有醞釀這種文體的文化氛圍。以前，我們都是正兒八經地寫論文，現在改用談話的方式，發表『思想的草稿』這個值得注意」。〔註49〕聯想到1920年代的《三葉集》以及報刊通信欄中眾聲喧嘩中的多重對話，無論是用談話的方式還是是用通信的方式，其所體現的思想的對話與交流在本質上是一致的。

第三節　通信欄的文體特徵與影響

　　中國傳統的大文學概念使應用文體的特徵十分模糊，自魏晉時期，應用之文駢化的傾向日益顯著，唐宋古文家企圖扭轉這種風氣，卻反而加速了應用文體文學化的步伐，使其變得更加小巧精緻，從而失去了應用的品格。因此，「五四」時期陳獨秀提出了新的文體分類說，認為「文章分類，略為二種。一曰應用之文，一曰文學之文。應用之文，大別為評論紀事二類。文學之文，只有詩、詞、小說、戲、曲五種」。〔註50〕針對劉半農在《我之文學改良觀》一文中提出的「文學」與「文字」之分，陳獨秀又作了進一步闡述：「劉君以詩歌、戲曲、小說等列入文學範圍，是即余所謂文學之文也。以評論、文告、日記、信箚等列入文字範圍，是即余所謂應用之文也。」〔註51〕通信欄書信作為「應用之文」雖然不屬於文學範疇，但是繁榮發達的「五四」報刊通信欄卻以豐富的創作實績，實實在在地構成了中國文學史上客觀存在、不容忽視的文體類型。不僅眾多的文人、學者在通信欄中發表了大量的書信，而且通信欄文體自身也包蘊著文學性的豐富內涵，並對其後的文學文體如雜文、隨筆的創作產生了重要的影響。因此，對通信欄書信這一應用性文體的特徵進行探究應是一件很有意義的工作。具體說來通信欄的文體特徵主要表現為內容上的言之有物，語言上的平易暢達，寫法上的縱意而談以及風格上的亦莊亦諧。

〔註48〕黃子平、陳平原、錢理群《論「二十世紀中國文學」》，載《中國現代文學研究叢刊》1986年第1期。

〔註49〕陳平原、查建英《陳平原訪談：關於八十年代》，載《社會科學論壇》2005年第6期。

〔註50〕記者復沈藻墀，「通信」欄，載《新青年》第3卷第5號，1917年7月1日。

〔註51〕劉半農《我之文學改良觀》，載《新青年》第3卷第3號，1917年5月1日，陳獨秀在文後附識。

一、言之有物

「言之有物」作爲胡適提出的文學改良「八事」主張的第一條，在通信欄書信中得到了充分的體現。首先，通信欄在寫作上較之其他文章更具有針對性，具體說來，一方面，通信的對象具有針對性。書信與一般的文章不同，它是寫給某個人或某些人看的，有其特定的對象，通信欄中的書信雖然是要給「第三者」看的公開書信，但在寫信時仍然有一個實實在在的對象，如讀者的來信，大多數都是致編者。這使得寫起來更有針對性，便於感情的抒發，做到言之有物。如冰心在《冰心全集》的自序中強調「我覺得用通訊體裁來寫文字，有個對象，情感比較容易著實。」〔註52〕另一方面，通信欄書信在內容上有很強的針對性，往往是「有感而發」、「有爲而發」。從讀者的角度看，或者諮詢問題，或者發抒意見，總是針對一個具體的主題展開，因此信中的內容十分明確。從編者的角度看，在回信中要麼是對某個問題的回答，要麼是對某個具體意見的回覆，也總能做到有的放矢。因此，通信欄中一來一往的書信往往體現出鮮明的連續性和對話性（參見本書第四章第二節），這裡就不再重複。

其次，通信欄書信往往簡明扼要，與長篇大論形成鮮明對比。荷蘭學者安克威思特在《關於文體的定義：語言學和文體》中列舉了「文體」的定義，首要的一點即強調「以最有效的方式講恰當的事情」。〔註53〕在這點上，通信欄書信堪稱筆墨「經濟」。一方面，因爲通信欄書信往往都是「有感而發」，在信中或「指陳一事」或「闡發一事」，或「質析疑難」或「發抒意見」，因此中心相對明確。而且由於問題駁雜，很多讀者在信中常常是逐條羅列自己的意見和看法，如讀者史本直在來信中提出的對於《小說月報》的建議：「A.除去封面畫……B.卷首添載作者小照……C.每篇創作後面附注研究……」〔註54〕再如《新青年》的讀者I.T.M在信中就將「疑問數條，書呈左右」：「（一）足下云，舊社會之道德不墮落原於人口加增，經濟制度未及改良，富力失其平均，金錢造成罪惡。敢問改良經濟制度之道。（二）足下云，舊社會之道德不適用於現今社會，吾人當排斥之，而尊行眞理。請示其一二例。（三）國是未定，將使諸事業並進，抑

〔註52〕冰心《〈冰心全集〉自序》，徐沈泗、葉忘憂編選《冰心選集》，上海萬象書屋，1936年，第11頁。

〔註53〕安克威思特《關於文體的定義：語言學和文體》，轉引自童慶炳《文體與文體的創造》，雲南人民出版社，1994年，第60頁。

〔註54〕史本直致雁冰，「通信」欄，載《小說月報》第14卷第1號，1923年1月10日。

宜有所偏重。……但不知於目前中國求所以起衰之道，於稍偏之義，亦有所采否也。」〔註55〕而編者對上述意見和問題在回信中也同樣分條進行答覆，這樣的往來書信既有針對性，又顯得條理清晰。另一方面，現代報刊的出版周期較之以前大為縮短，某種程度上顛覆了傳統寫作「息心靜氣，窮十年或數年之力，以成一巨冊，幾經鍛煉，幾經刪削，藏之名山，不敢遽出以問世」〔註56〕的特點，如陳獨秀主持《新青年》「通信」欄時的很多回信都是寫於該信發表的當天，而邵力子主持《覺悟》「通訊」欄時平均每天要回覆三封讀者來信，其中 1920 年 5 月一個月間的往來書信就達兩百封之多。加之通信欄書信多是「有為而發」，具有很強的針對性，所以對寫作的時效性也有一定要求，自然更不允許像鴻篇巨製那樣有經過漫長時間的積累和沉澱。

再次，通信欄書信在篇幅上往往比較簡短。因為上述的「有感而發」、「有為而發」，因此在寫法上「與其繁也，毋寧其簡；覺世之文與其簡也，毋寧其繁」，〔註57〕通信欄書信大多簡潔明瞭，而很少拖泥帶水。而且，基於報刊篇幅的整體考慮，很多欄目會對字數提出具體要求，如《小說世界》的「編者與讀者」欄的稿約中就明確指出「凡本刊讀者諸君……有何種心得，用百來字簡明寫出來」，〔註58〕《小說月報》對於創作批評類的文字就要求「每篇字數大約在三四百字以下」，並加以說明：「因字數過多，則不能多等」。〔註59〕對此，《現代》的編者也同樣強調「一個話說得太長，那便把別人說話的機會也奪去了」。〔註60〕因此，冗長復遝的來信往往難逃被編者「剪輯」的命運，甚至被棄用，而保留在通信欄中的書信所呈現的大都是短小精悍的「形象」。

「言之有物」一掃中國古代文學內容空疏、無病呻吟的積弊，對現代報刊的發展產生了廣泛影響，如《語絲》在《發刊辭》中就強調，要在這個刊物上以「簡短的感想和批評」的形式，「發表自己要說的話」。〔註61〕再如 40

〔註55〕 I.T.M 致記者，「通信」欄，載《新青年》第 3 卷第 2 號，1917 年 4 月 1 日。
〔註56〕 寅半生《〈小說閒評〉敘》，載於《遊戲世界》第 1 期，1906 年，轉引自陳平原、夏曉虹編《二十世紀中國小說理論資料》（第 1 卷），北京大學出版社，1997 年，第 200 頁。
〔註57〕 楚卿《論文學上小說之位置》，載《新小說》第 1 卷第 7 期，1903 年 5 月。
〔註58〕 編者，「編者與讀者」欄，載《小說世界》，第 2 卷第 9 期，1923 年 6 月 1 日。
〔註59〕 「最後一頁」，載《小說月報》第 14 卷第 1 號，1923 年 1 月 10 日。
〔註60〕 編者《獨白開場》，載《現代》第 4 卷第 1 期狂大號，1933 年 11 月 1 日。
〔註61〕 《發刊詞》載《語絲》第 1 期，1924 年 11 月 17 日。

年代的《萬象》，編者陳蝶衣在闡述編輯方針時也特別指出「我們要想使讀者
看到一點言之有物的東西」。〔註62〕不僅如此，「五四」時期新興的文體，如
隨感錄、小品文等大都追求言簡意賅，強調屬於一己的心得、感悟，可見「言
之有物」這　文體特徵的廣泛影響。

二、平易暢達

　　梁啓超在總結風行一時的「新文體」的特徵時特別強調「務爲平易暢達」，
〔註63〕現代報刊作爲大眾傳播的媒介，不僅需要面向大眾全面、及時、準確地
傳達各類資訊，同時還要就各類問題發表意見傳達思想，這就爲文體的發展提
出了新的要求，而通俗易懂、平易暢達則是其中最基本的前提條件，也是精英
知識份子與普通大眾對話與溝通的「語言」條件。正如徐寶璜在《新聞學》中
所強調的「新聞紙爲一般人之讀物，且一部分忙碌之人，故其文字宜以最明淺
爲主。敘事應流利通暢，條理分明，使閱者一見即明白如話」〔註64〕因此，「以
通俗之文推行書報」「以助覺民之用」〔註65〕逐漸成爲時代的共識。而通信欄的
開設原本就是爲了搭建與普通讀者交流的平臺，平易暢達的文體要求就顯得格
外突出。

　　通信欄書信的「平易暢達」表現在兩個方面，一是通信欄書信大都強調可
讀性，「言論要以淺顯明白曉暢爲主，可以讀之不厭」〔註66〕遣詞造句往往明白
曉暢、通俗易懂，「猶恐文義太頤，不能盡人而解」，很少有詰屈聱牙、晦澀難
懂的艱深之文；二是通信欄書信延續了書信文體「如面談」的特徵往往顯得平
易近人、感性親切，而很少有板起面孔的獨斷與霸道。不妨將通信欄中的書信
與刊載在報刊中的正式文章做一個比較分析，以陳獨秀爲例，他作爲正式文章
的《敬告青年》在論證上多用鋪排，顯得感情充沛，慷慨激昂，如「竊以少年
老成，中國稱人之語也；年長而勿衰（Keep young while growing old），英、美
人相勖之辭也，此亦東西民族涉想不同、現象趨異之一端歟？青年如初春，如
朝日，如百卉之萌動，如利刃之新發於硎，人生最可寶貴之時期也。青年之於

〔註62〕《編輯室談話》，載《萬象》第 1 期，1941 年 7 月。
〔註63〕梁啓超《清代學術概論》，中國人民大學出版社，2004 年，第 206 頁。
〔註64〕徐寶璜《新聞紙之性質與價值》，《新聞學》，中國人民大學出版社，1994 年，
　　　　第 112～113 頁。
〔註65〕劉光漢《論文雜記》，載《國粹學報》第 1 年第 1 期，1905 年 1 月 20 日。
〔註66〕林語堂《文章五味》，載《論語》第 5 期，1932 年 11 月 16 日。

社會，猶新鮮活潑細胞之在人身。新陳代謝，陳腐朽敗者無時不在天然淘汰之途，與新鮮活潑者以空間之位置及時間之生命。人身遵新陳代謝之道則健康，陳腐朽敗之細胞充塞人身則人身死；社會遵新陳代謝之道則隆盛，陳腐朽敗之分子充塞社會則社會亡。」〔註67〕該段不僅語言華麗，而且運用了排比、設問、比喻等多種修辭方法，從而在整體上形成了大氣磅礴、汪洋態肆的氣勢。與之相比，通信欄中的回信則顯得較為樸實平易，不飾修飾。這恐怕與陳獨秀對應用之文與文學之文的心理定位有關，他在回覆胡適的信中即多次提到二者的區別，認為「文學之文與應用之文不同，上未可律以論理文，下未可律以普通文法，其必不可忽視者，修辭學耳。」〔註68〕「鄙意文學之文必與應用之文區而為二，應用之文但求樸實說理紀事，其道甚簡。而文學之文，尚須有斟酌處」。〔註69〕此後在回覆讀者常乃惪的信中又進一步指出：「應用之文以理為主，文學之文以情為主」。〔註70〕可以說，「應用之文但求樸實說理紀事」〔註71〕是陳獨秀對通信欄文體特徵的一種理解與定位，不過通信欄書信也正因為這份樸實平易而顯得感性、真實，如《覺悟》「通訊」欄中的不少通信如拉家常般，極富親和力，從而在無形中拉近了編者與讀者的距離。因此，從交流傳播的角度來說，通信欄書信更容易為讀者所接受。

平易暢達可謂通信欄作為言論寫作的隱形要求，只不過，如果說精英知識份子是因為要考慮到讀者的接受而有意識地寫得平易的話，那麼對於普通讀者來說則是一種「本色演出」。加之他們寫信多是因為有感而發、有為而發，所以在語言運用上同樣以達意為主，顯得平易暢達。不過需要補充的是，對於某些青年學子來說，通信欄書信的寫作如同等待老師評閱的「習作」，如前所述眾多原本籍籍無名的青年學子通過通信欄而嶄露頭角，這種示範作用使通信欄在某種意義上成為普通讀者展示自己思想、才華的一個「展臺」，甚至是「晉升的階梯」。〔註72〕在這樣的心理支配下的書信往往精雕細琢、有意為

〔註67〕陳獨秀《敬告青年》，載《青年雜誌》第 1 卷第 1 期，1915 年 9 月 15 日。

〔註68〕獨秀復胡適，「通信」欄，載《新青年》第 2 卷第 2 號，1916 年 10 月 1 日。

〔註69〕陳獨秀 1916 年 10 月 5 日致胡適信，《陳獨秀文章選編》（上），生活‧讀書‧新知三聯書店，1984 年，第 142 頁。

〔註70〕獨秀復常乃惪，載《新青年》第 2 卷第 4 號，1916 年 12 月 1 日。

〔註71〕陳獨秀 1916 年 10 月 5 日致胡適信，《陳獨秀文章選編》（上），生活‧讀書‧新知三聯書店，1984 年，第 142 頁。

〔註72〕章清在《民初「思想界」解析——報刊媒介與讀書人的生活形態》一文中，對民初讀書人與報刊媒介的關係作了深入的分析，指出報刊在某種意義上「構

文，自然就不以「平易暢達」爲追求了。

平易暢達的語言形式對新文學的發展產生了深遠的影響，陳獨秀在《文學革命論》中提出的「三大主義」之一即爲推倒雕琢的阿諛的貴族文學，建設平易的抒情的國民文學。沈雁冰也提出掃除貴族文學的面目，放出平民文學的精神。「五四」時期俗文學日益成爲與雅文學分庭抗爭的「另一隻翅膀」，豐富並發展了現代文學。但值得注意的是一味地強調通俗化也是不足取的，有學者即指出了其給文學發展所帶來的弊端，即通俗化、大眾化而導致的相對忽視文學形式的探求以及文學性的提高，〔註73〕這是應引以爲鑒的。

三、縱意而談

縱意而談指通信欄書信在行文上的隨意揮灑、不拘一格。朱光潛曾將古代書信風格的演變分爲三個主潮：古文派、駢儷派和帖簡派。所謂古文派，像樂毅《報燕惠王書》，司馬遷《報任安書》，楊惲《報孫會宗書》，馬援《與楊廣書》以及韓愈、柳宗元、歐陽修、王安石諸古文家的作品所代表的，這派作品在文體上以駢爲主，嚴肅有如正式著述，宏肆有如長江大河，一瀉千里；所謂駢儷派，像曹丕《與吳質書》，邱遲《與陳伯之書》，鮑照《登大雷岸與妹書》，梁簡文帝《與蕭臨川書》，祖鴻勳《與陽休之書》，庾信《爲蕭愨與婦書之》類所代表的。這派作品在文體上以駢爲主，鏤金繡彩，備極精工，情稱其文時風致亦復翩翩可喜，辭溢於情時易流爲浮華俗濫；所謂帖簡派，像曹操，王羲之、蘇軾、黃魯直諸人作品所代表的。這派作品與前兩派的最大異點在隨時應機，無意爲文，稱心而言，意到筆隨，意盡筆止。就文體說，它隨興所至，時而駢，時而散，時而嚴肅，時而詼諧，不拘一格。〔註74〕在這三派中，通信欄中的書信無疑更貼近隨興所至、不拘一格的帖簡派。

具體說來，通信欄書信在行文過程中，往往沒有嚴謹的結構，也沒有縝密的論證；既不拘泥於行文章法，也不嚴守什麼定規戒律；既可以肆意而談、

成了讀書人晉升的階梯」。楊琥的《〈新青年〉「通信」欄與五四時期社會、文化的互動》（李金銓主編《文人論政：知識份子與報刊》，廣西師範大學出版社，2008年）一文借用了「晉升的階梯」一說，並認爲《新青年》「通信」欄中所展示的讀者身份地位的提升，可謂這一論斷的典型例證。
〔註73〕此觀點參見楊春時、朱盈蓓《中國現代文學貴族精神的缺失與平民主義的偏向》，載《學術交流》2006年第9期。
〔註74〕朱光潛《談書牘》，載《文學雜誌》第3卷第1期，1948年5月。

無所顧忌，又能即興式地發表意見。很多寫信者都表明自己的意見觀點「拉雜不成統系」，這種隨意的書寫方式猶如自由交談、隨意自如，從而與嚴謹周密的長篇論文、正式文章形成鮮明的對比。當然這種隨意也是相對的，由於通信欄書信採用了書信的形式，所以在無形中也形成了一種模式。如讀者的來信大多是「三段式」，開篇稱讚報刊或編者，中間提出問題，結尾表達感謝或提出希望等等。

縱意而談的文體形式是對中國數千年來僵化、繁瑣的言述方式的一種解放和創新，並在現代雜文、隨筆的創作中得到集中發揮與豐富。周作人在《答伏園「〈語絲〉的文體」》一文中曾歸納了語絲文體的隨意性特徵：「大家要說什麼都是隨意，唯一的條件是大膽與誠意，或如洋紳士所高唱的『費厄潑賴』……我們有這樣的精神，便有自由言論之資格。」〔註 75〕魯迅在《三閒集·序言》中，給「雜感」下的定義即為「短短的批評，縱意而談」。〔註 76〕在談到散文的寫法時魯迅還強調「其實是大可以隨便的，有破綻也不妨。……與其防破綻，不如忘破綻。」〔註 77〕這與通信欄中縱意而談、自由揮灑的特點十分吻合，正是這種隨意與自由降低了欄目的門檻，也使得欄目中的多重對話得以展開，從而為讀者營造了一個相對輕鬆自如的言論空間。

四、亦莊亦諧

安德烈·莫洛亞（Andre Maurois，1885～1967）在《拜倫書信選》的緒言中曾指出「書信是沒有藝術的藝術，是藝術的極致」，〔註 78〕通信欄書信雖然無意成為傳世之作，但其具體寫作中無論是有意識的追求或是無意識的流露，依然表現出一定的文學色彩，如鄭伯奇致黃仲蘇的信中在談到自己的心境時寫道：「年假前後的心境，好像一條遊絲，在空中跳著舞著，讚美自然，仰望光明……」〔註 79〕王光祈在講述自己居住的 Trankfurt 郊外風光時

〔註 75〕周作人《答伏園「〈語絲〉的文體」》，載《語絲》第 54 期，1925 年 11 月 9 日。

〔註 76〕魯迅《〈三閒集〉序言》，《魯迅全集》（第 4 卷），人民文學出版社，1981 年，第 1 頁。

〔註 77〕魯迅《怎麼寫》，《魯迅全集》（第 4 卷），人民文學出版社，1981 年，第 24～25 頁。

〔註 78〕〔法〕安德烈·莫洛亞《〈拜倫書信選〉緒言》，〔英〕喬治·戈登·拜倫《拜倫書信選》王昕若譯，白話文藝出版社，1992 年。

〔註 79〕伯奇致仲蘇，「會員通訊」欄，載《少年中國》第 2 卷第 1 期，1920 年 7 月

寫道「惟開窗鄰野，可望數里之遙，皆係綠野平蕪，全係故鄉風味。竊歎十餘年來，終日在都市車馬擾攘之中，今忽得此鄉景，令人心曠神怡」。〔註80〕這樣的語句清新自然，充滿詩意，反映出了通信者的文學修養。不過，這種描摹環境、心境的內容在通信欄中的比重相對較少，占多數的還是以說理論事為主的言論寫作，因此總體說來通信欄中較少有冰心的《再寄小讀者》這樣的文學書信。但是，這並不意味著通信欄缺乏「文采」，通信欄的文采更多地表現為亦莊亦諧的文風。

　　林語堂對亦莊亦諧的文風頗為推崇，他在《文章五味》中指出「嘗謂文章之有五味，亦猶飲食。甜、酸、苦、辣、鹹淡，缺一不可。大刀闊斧，快人快語，雖然苦澀，常是藥石之言。嘲諷文章，冷峭尖刻，雖覺酸辣，令人興奮。惟鹹淡為五味之正，其味雋永，讀之只覺其美，而無酸辣文章讀之肚裏不快之感。此小品文佳作之所以可貴。大抵西人所謂『射他耳』（satire 諷刺）其味辣；『愛倫尼』（irony 俏皮）其味酸；『幽默』（humour 詼諧）其味甘。然五味之用貴在調和，最佳文章亦應莊諧雜出……」〔註81〕這種莊諧雜出的風格在《新青年》第 3 卷第 4 號中劉半農的奉答王敬軒書中展現得淋漓盡致，該信可謂嬉笑怒罵，諷刺幽默揶揄眾妙畢備，如「原來先生是個留學日本速成法政的學生，又是個『遁迹黃冠』的遺老，失敬！失敬！然而《新青年》雜誌社並非督撫衙門，先生把這項履歷背了出來，還是在從前『聽鼓省垣』，『聽候差遣』時在『手版』上寫慣了，流露於不知不覺呢，還是要拿出老前輩的官威來恐嚇記者等呢？」〔註82〕這種潑辣尖銳、嬉笑怒罵的文風可謂開一時風氣，如《新青年》第 3 卷第 5 號通信欄中的讀者來信就頗有劉氏之風：「鄙人近來細閱大志，似乎三卷之內容，不若二卷。而二卷新青年，猶不若一卷之青年雜誌也。進化公例，恒後來居上，而貴志反之。」〔註83〕再如，《現代評論》中的一篇讀者來信，同樣採用了諷刺反語的手法：「我病中念了西林的《批評與罵人》的文章，覺得很爽快，……大開了眼，懂了做文章的秘訣

<hr>

15 日。

〔註80〕王光祈致時珍、鄭壽麟、吳屏，「會員通訊」欄，載《少年中國》第 2 卷第 2 期，1920 年 8 月 15 日。

〔註81〕林語堂《文章五味》，載《論語》第 5 期，1932 年 11 月 16 日。

〔註82〕劉半農復王敬軒，《文學革命的反響》，載《新青年》第 3 卷第 4 號，1917 年 6 月 1 日。

〔註83〕顧克剛致陳獨秀，「通信」欄，載《新青年》第 3 卷第 5 號，1917 年 7 月 1 日。

了:就是要膽大,思想要新要奇,以致很怪狠乖的思想,更能動人,所以更好!……我們發表了一個極新極奇的文學批評主義,眞可祝可賀!」〔註84〕通信欄中這樣的來信還有很多,亦莊亦諧的文風深深地影響到了通信欄書信的寫作。

但是,諷刺幽默是一種否定,一種批判,同時也應是一種含著善意的規勸,因此,對於所戲謔之對象應給予充分的同情,「人有弱點,可以謔浪,己有弱點,亦應解嘲,斯得幽默之眞義。若尖酸刻薄,已非幽默,有何足取」。另外,諷刺幽默的背後應有自然新穎的立論爲支撐,「幽默非滑稽放誕,故作奇語以炫人,乃在作者說者之觀點與人不同而已。幽默家視世察物,必先另具隻眼,不肯因循,落人窠臼,而後發言立論,自然新穎。以其新穎,人遂覺其滑稽。若立論本無不同,故爲荒唐放誕,在字句上推敲,不足以語幽默」。〔註85〕所以,通信欄的本質在於通過多重對話而產生積極的影響,如本書第四章第三節中所探討的,一味冷嘲熱諷、譏笑戲謔,逞口舌之快則無益於對話與交流的展開。大眾娛樂時代,亦莊亦諧的風格受到大眾的歡迎與喜愛,文學中幽默詼諧元素的比重也前所未有的提高,通信欄的書信寫作提供了有益的經驗,即亦莊亦諧、莊諧並出方是文章之道。

「自報章興,吾國之文體,爲之一變,汪洋恣肆,暢所欲言,所謂宗派家法,無復問者」,〔註86〕在這方面,通信欄以及報刊傳媒不僅僅成爲意見發表的平臺和渠道,而且其文體特徵深深地影響到了幾代人的寫作思維與表達方式。周策縱先生在論及《新青年》所引起的廣泛影響時就指出「這不衹是由於它倡導了許多新奇大膽的思想,也由於它文體的效力和寫作技巧」。〔註87〕陳平原教授也注意到了通信欄對文體發展的重要影響,指出了《新青年》「通信」欄與其後的「隨感錄」欄在文體上的相通之處,並認爲「同是立說,『通信』卸下讜言莊論的面具,得以自由揮灑,甚至孤軍深入。這一點,類似日後大行其時的雜文」。〔註88〕通信欄書信可以說是「五四」時

〔註84〕西林,「批評與罵人」,「通信」欄,載《現代評論》第 1 卷第 4 期,1925 年 1 月 3 日。
〔註85〕林語堂《答李青崖論幽默譯名》,載《論語》第 3 期,1932 年 10 月 16 日。
〔註86〕梁啟超《中國各報存佚表》,載《清議報》第 100 號,1901 年 12 月。
〔註87〕〔美〕周策縱《五四運動:現代中國的思想革命》,周子平等譯,江蘇人民出版社,1999 年,第 75 頁。
〔註88〕陳平原《思想史視野的文學——〈新青年〉研究(下)》,載《中國現代文學研究叢刊》2003 年第 1 期。

期紛繁多樣的散文形式如隨感錄、雜文、語絲文體、小品文、隨筆等的雛形與練筆，其言之有物、平易暢達、縱意而談、亦莊亦諧的文體特徵，爲現代散文的發展注入了新的元素。

結　語

　　「在本世紀，具有重大開發和利用價值的歷史事件，大約當首推五四新
文化運動了。……惟憑一群知識者的努力，累積了巨大的精神能源。」〔註1〕
繁榮發達的報刊通信欄作爲「五四」時期的一大文化現象，在中國思想史、
文學史以及傳播史上都具有不可磨滅的重要價值。

　　從思想史的角度來說，「五四」通信欄如實地記錄下了一代知識份子對相
關問題的探討過程，這些思想的草稿不僅爲研究者更好地進入「五四」、觸摸
「五四」提供了大量鮮活的歷史細節，也爲研究公共空間中知識份子的主觀
能動性與創造性提供了新的思路。報刊通信欄寄託著「五四」知識份子對言
論空間的想像與開創，其體現出的自由、民主、開放、多元的「五四」精神
與觀念爲其後的知識份子提供了價值參考。從文學史的角度來說，「五四」通
信欄不僅建構了「五四」文學生長的文化生態環境，而且直接參與並推動了
「五四」新文學的發展，從話題的提出到大量的質疑辨難，「五四」時期通信
欄中展開大量文學問題的探討，而通信欄所體現的鮮明的文體意識與文體特
徵更是對其後的文學樣式的發展產生了直接影響。正是在這個意義上，通信
欄以其顯著的創作實績成爲「五四」新文學的一個重要組成部分，並爲文學
的發展做出了不可磨滅的貢獻。從傳播學的角度來說，「五四」通信欄容納並
培養了知識份子之間的多元互動與對話，並借助現代報刊的傳播優勢形成廣
泛的公共輿論，從而促進了「五四」思潮的傳播。「五四」新文化運動能夠發
展成爲一場全國性的運動，與眾多普通知識份子的參與和支持密不可分，在

〔註1〕　林賢治《五四之魂（上）》，載《書屋》1999 年第 5 期。

這方面報刊通信欄功不可沒。澳洲傳播學者奧斯邦（Dr. Graeme Osborne）曾指出「對於一個沒有特殊傳播理論的國家來說，一個最有效的、有力的開端是認眞研究本國的傳播史」，〔註2〕因此對報刊通信欄的歷史發展與沿革的相關考察也是對中國傳播學研究的一種豐富與發展。

1989年，國際醫學期刊編輯委員會（International Committee of Medieal journal Editors）在費城會議上達成了兩項一致意見，其中之一便是通訊欄的設置問題。委員會決定所有學刊「都要有刊載對已發表文章的評論、質問、批評的欄目。在這個欄目下，原作者可作出反應。通常（但非必要），這一欄可採取通訊的形式。」不僅如此，會議還特別強調「沒有這一欄，則是無視讀者對發表原作的同一雜誌上的文章作出反應的可能性。」〔註3〕在此，通信欄作爲一種言論交流的空間與平臺而受到重視，在這一點上，「五四」報刊通信欄可謂領先「國際標準」半個多世紀。

當代報刊通信欄的發展雖然呈現多元趨勢，但其受重視的程度還明顯不夠，整體上還被置於次要地位，甚至缺失。特別是當通信欄的功能由對話交往轉而變爲報刊的自我宣傳時，其所具有的價值和意義已經蕩然無存。隨著科學技術的迅速發展，「通信」的方式與手段也發生了巨大變革，由傳統的書信交流發展爲當代以電信爲主的多元方式，如短信、E-mail、QQ、MSN等。特別是互聯網的普及與發展，更是爲大眾搭建了一個更加開放與快捷的言論空間，但這並不意味著報刊通信欄價值的消失。一方面傳播的質量往往與傳播的速度成反比，網路空間並非完美無缺，在自由、開放的同時也導致了空間的無序與對話的雜亂，而眾多非理性的話語狂歡更使之偏離了對話的意義，並帶來諸多弊端與危害。另一方面，隨著數位技術的廣泛運用和網路傳播的迅猛發展，原本涇渭分明的上述媒介之間已經悄然興起一場新的融合，「媒介融合」（Media Convergence）無疑爲通信欄的發展提供了機遇和挑戰。因此，報刊通信欄作爲傳統媒介，其所開創的言論空間以及多重對話的言論機制依然具有重要價值和意義，而如何有效地引入對話機制，如何不預設目的地展開對話，如何做到在對話群體中共用意義，從而使對話的潛力和意義

〔註2〕 孫旭培《「傳播學研究中國化」的探索》，載《新聞記者》1997年第9期。
〔註3〕 International Committee of Medical Journal Editors，Statements from the Vaneouver Group .BrMedJ，1989，299：1394～1395轉引自本刊編樣部譯《對來稿的保密和通訊欄的作用》，載《編輯學報》1989年第4期。

得到彰顯，這不僅是報刊通信欄建設與發展的重要問題，也是當代言論空間建設，思想文化交流、知識份子交往以及傳播學研究中的關鍵所在。

　　通信欄研究不僅是一個十分宏富的論題，更是一個打著現實烙印的課題，近一個世紀後的今天再次回顧通信欄的歷史沿革，現代知識份子對言論空間的想像與開創，那種對自由表達的追求與崇尚，那種對個人意志和利益的尊重與肯定，那種對國家民族發展的激情與憧憬，縱然是「過渡階段的落日餘暉」依然閃爍著理想與奮鬥的光芒。穿越歷史的時空，尋找傾聽並回味著現代知識份子間的多重對話，心頭縈繞不去的是每一個有責任感的知識份子都必須面對的直逼靈魂的拷問——何為知識份子？知識份子何為？斯人已歿，這份思考卻永遠延續。

附　錄

附錄一　《新青年》「通信」欄一覽表

第 1 卷

通　信　主　題〔註1〕	來信者	覆信者	期　號
國體	王庸工	陳獨秀	1 號
諮詢滬上學校	章文治	陳獨秀	
諮詢學校及譯書	李平	陳獨秀	2 號
諮詢自修書籍	王珏	陳獨秀	
諮詢邏輯學書目	吳勤	陳獨秀	3 號
建議開闢書報欄	李平	陳獨秀	
諮詢佛教問題	李大魁	陳獨秀	
辦學問題	—	陳獨秀	
李石曾法文學校問題回答	黃劍花	—	
諮詢拳術問題	穗	陳獨秀	4 號
諮詢英文自修書報	沈偉啓	陳獨秀	
對前刊文的討論；美國教育問題	張永言	陳獨秀	
古典主義、理想主義、寫實主義、自然主義的差異問題；對前刊文的討論	張永言	陳獨秀	6 號
建議翻譯著作；諮詢西學研求之方、實用之道及當讀之書。	姚孟寬	陳獨秀	
科學常識諮詢	**輝暹**	陳獨秀	

〔註 1〕　《新青年》從第 4 卷起編者爲往來通信冠以標題，以提示通信的主要内容，因此，表格中第 4 卷～第 9 卷的「主題」採用了刊物中的原有標題。而第 1 卷～第 3 卷的「主題」，則由是筆者根據通信的主要内容擬定而成。

第 2 卷

通　信　主　題	來　信　者	覆　信　者	期　號
討論政黨政治	汪叔潛	陳獨秀	1 號
建議不必批評時政	貴陽愛讀貴志之一青年	─	
諮詢學校文體	何世俠	陳獨秀	
討論國語問題	沈愼乃	陳獨秀	
建議在青年界提倡社會服務	舒新城	陳獨秀	
建議設法推廣銷路	畢雲程	陳獨秀	
討論尊孔問題	陳恨我	陳獨秀	
討論德、智、體問題	程師葛	─	
告知來書已到	記者	─	
討論文學改革問題	胡適	陳獨秀	2 號
諮詢 Nobel 獎金問題	王庸工	陳獨秀	
建議增加介紹名著欄	王醒儂	陳獨秀	
建議「勿以現象悲觀而輟筆」	畢雲程	陳獨秀	
「擬得記者一面」	李平	陳獨秀	
法文專修學校介紹	一民	陳獨秀	3 號
討論世界語問題	T.M.Cheng	陳獨秀	
再論悲觀心理問題	畢雲程	陳獨秀	
討論早婚之弊	莫芙卿	陳獨秀	
討論青年體育問題	李平	陳獨秀	
對前刊文的討論與建議	陳蓬心	陳獨秀	
討論青年體育問題	潘贊化	─	
三論悲觀心理問題	畢雲程	陳獨秀	4 號
討論古文與孔教問題	常乃惪	陳獨秀	
討論「青年好學性之頹喪」	王統照	陳獨秀	
建議介紹西方學說，改造社會	孔昭銘	陳獨秀	
討論思想的新舊問題	畢雲程	─	5 號
建議邀請蔡元培撰文	李平	陳獨秀	
討論孔教問題	曄	─	
討論孔教問題	吳虞	陳獨秀	

討論孔教問題，建議闡揚「社會主義」	褚葆衡	陳獨秀	
討論青年教育問題	孫斌	—	
討論西洋文明問題	顧克剛	陳獨秀	
討論世界語問題	T.M.Cheng	陳獨秀	
討論早婚之弊	孔昭銘	陳獨秀	
討論國學與國文	程演生	陳獨秀	6號
討論覺悟問題	葉挺	陳獨秀	
討論國際時事	程振基	陳獨秀	
討論古文與孔教	常乃惪	陳獨秀	
討論新文學問題	陳丹崖	陳獨秀	
討論文學改革問題	錢玄同	陳獨秀	

第 3 卷

通　信　主　題	來　信　者	覆　信　者	期　號
討論文學改革問題	錢玄同	陳獨秀	1號
糾正前刊演說訛誤	蔡元培	陳獨秀	
討論孔教問題	傅桂馨	陳獨秀	
討論時弊	汪啓疆	陳獨秀	
討論儒教與家庭	常乃惪	陳獨秀	
討論道德問題	淮山逸民	陳獨秀	
討論早婚之害	莫芙卿	陳獨秀	
討論宗教與孔子	俞頌華	陳獨秀	
討論孔教問題	常乃惪	陳獨秀	2號
建議增設書報介紹欄	張嵩年	陳獨秀	
討論文學改革問題	曾毅	陳獨秀	
「垂詢三事」	I.T.M	陳獨秀	
討論文學改革問題	李濂鏜	—	
討論時弊	程某	—	3號
討論文學改革問題	胡適	陳獨秀	
討論孔教問題	劉競夫	陳獨秀	
討論教育問題	余元濬	陳獨秀	

建議討論青年婚姻問題	葉新民	一	
討論孔教問題	俞頌華	陳獨秀	
討論譯名問題	錢玄同	陳獨秀	
主張對德宣戰	李亨嘉	陳獨秀	
討論思想革新問題	胡晉接	陳獨秀	
討論文學改革問題	佚名氏	陳獨秀	
討論文學改革問題	張護蘭	陳獨秀	
討論孔教問題	毛義	陳獨秀	
提倡墨子學說	李杰	陳獨秀	
介紹《學藝》雜誌	蔡元培	一	
討論譯名問題	錢玄同	陳獨秀	4 號
討論文學改革問題	胡適	陳獨秀	
討論林政問題	李寅恭	陳獨秀	
討論孔教問題	《新青年》愛讀者	陳獨秀	
討論孔教問題	吳虞	陳獨秀	
討論政治思想	顧克剛	陳獨秀	5 號
討論革命問題	卓魯	陳獨秀	
討論文章分類問題	沈藻墀	陳獨秀	
應用文必良十三事	錢玄同	陳獨秀	
世界語	陶履恭	陳獨秀	
文字符號與小說	錢玄同	陳獨秀	6 號
讀書	馮維鈞	陳獨秀	
文字符號與小說	錢玄同	一	

第 4 卷

通 信 主 題	來 信 者	覆 信 者	期 號
論小說及白話韻文	胡適	錢玄同	
新文學與今韻問題	錢玄同	劉半農	1 號
自由戀愛	劉延陵	陳獨秀	

Espetanto	錢玄同		2 號
新文學與新字典	沈兼士	錢玄同	
四聲	李錫餘	錢玄同	
句號符讀	錢玄同	—	
注音字母	吳敬恒	錢玄同	3 號
新文學之運用	俞慧殊	劉半農	
文學革命之反響	王敬軒	劉半農	
中國今後之文字問題	錢玄同	陳獨秀	4 號
論 Esperanto	孫國璋	錢玄同	
		陶履恭	
		胡適（按語）	
論「漢字索引制」及西洋文學	林玉堂	錢玄同	
日本之文學興趣	T.F.C 生	—	
「三焦」—「丹田」	湯爾和	陳獨秀	5 號
論文學改革的進行程式	盛兆熊	胡適	
新文學及中國舊戲	張厚載	胡適	6 號
		錢玄同	
		劉半農	
		陳獨秀	
文字改革及宗教信仰	悔	錢玄同	
		陳獨秀	
討論學理之自由權	崇拜王敬軒者	陳獨秀	

第 5 卷

通　信　主　題	來　信　者	覆　信　者	期　號
文學革新與青年救濟	鄧萃英	錢玄同	1 號
讀新青年	汪懋祖	胡適	
駁王敬軒君信之反動	戴主一	錢玄同	
新文學問題之討論	朱經	胡適	2 號
		錢玄同	
新文學問題之討論	任鴻雋	胡適	
		錢玄同	

革新文學及改良文字	朱我農	胡適	
		錢玄同	
論 Esperanto	區聲白	陶履恭	
論 Esperanto	孫國璋	陳獨秀	
今之所謂「評論家」	劉半農	錢玄同	
論句讀符號	慕樓	胡適	3 號
對於《新青年》之意見種種	Y.Z.	劉半農	
反對注音字母	朱有昀	—	
反對 Esperanto	朱有昀	胡適	
對於朱我農君兩信的意見	—	錢玄同	4 號
「臉譜」－「打把子」	張厚載	錢玄同	
論《新青年》之主張	易宗夔	胡適、陳獨秀	
勸讀雜誌	張崧年	—	
渡河與引路	唐俟	錢玄同	
論中國舊戲之應廢	周作人	錢玄同	
文學上之疑問三則	張效敏	吳敬恒	
		錢玄同	5 號
		胡適	
漢文改革之討論	張月鐮	錢玄同	
中國文字與 Esperanto	姚寄人	錢玄同	
	胡天月	錢玄同	
文學改良與孔教	張壽朋	周作人	
		劉叔雅	
		陳獨秀	
鬼相之研究	莫等	王星拱	
		陳大齊	
		陳獨秀	6 號
保護眼珠與換回人眼	陳大齊	錢玄同	
五毒	愛眞	陳獨秀	
文字改革與國語報紙	朱墉	陳獨秀	
羅馬字與〈新青年〉	孫少荊	錢玄同	
答 Y.Z.君	—	劉半農	

第 6 卷

通　信　主　題	來　信　者	覆　信　者	期　號
橫行與標點	陳望道	錢玄同	1 號
「黑幕」書	宋雲彬	錢玄同	
中國文字與 Esperanto	區聲白	錢玄同	
新文體	查釗忠	錢玄同	
擺脫奴隸性	王禽雪	陳獨秀	
修辭學的題目	黃介石	陳獨秀	
美術革命	呂澂	陳獨秀	
拳術與拳匪	陳鐵生	魯迅	2 號
姚叔節之孔經談	S.F	錢玄同	
文學革命與文法	周祐	錢玄同	
Esperanto	周祐	錢玄同	
Esperanto 與現代思潮	凌霜	錢玄同	
英文「She」字譯法之商榷	錢玄同	周作人、錢玄同（連環信）	
對於文學改革之意見二則	彝銘氏	錢玄同	
白話詩的三大條件	俞平伯	胡適	3 號
論譯戲劇	T.F.C	胡適	
改良文學與更換文字	張耘	胡適	
日本留學生與日本文學	傅彥長	―	
歡迎《新聲》	武昌中華大學中學部「新聲社」	―	
貞操問題‧拼音文字問題‧革命家態度問題	胡適	藍志先	4 號
	周作人	藍志先	
	胡適	―	
梁巨川先生的自殺	梁漱溟	胡適	
鬼相與他心通	王撫五	陳大齊	
關於新文學的三件要事	潘公展	錢玄同	6 號
同音字之當改與白話文之經濟	陳懋治	胡適、錢玄同	
寫白話與用國音	郭惜黔	錢玄同	
中文改用橫行的討論	錢玄同	陳大齊	
請看姚明輝的《三從義》和《婦順說》	不平	錢玄同	
答袁潘昌君	―	周作人	

第 7 卷

通　信　主　題	來　信　者	覆　信　者	期　號
—	—	—	1 號
—	—	—	2 號
教育問題	虞杏村	陳獨秀	3 號
林紓與育德中學	臧俞海	陳獨秀	
婦女選舉權	明慧	陳獨秀	
—	—	—	4 號
基督教問題	包世傑	陳獨秀	5 號
喪禮的改革	任右民	—	
美國底社會近況	任鴻雋		
工人底時間工資問題	知恥	陳獨秀	6 號
工人教育與工作時間	章積和	陳獨秀	

第 8 卷

通　信　主　題	來　信　者	覆　信　者	期　號
兒童公育	楊鍾健	—	1 號
婦女・青年・勞動三個問題	費哲民	陳獨秀	
工作時間與工資	章積和	—	
基督教	悠我	—	
南洋華僑底近況	梁紹文	—	
哲學思想與化學工業	高銛	陳獨秀	
輓聯・壽聯・喜聯	楊重熙	陳獨秀	
勞動問題	知恥	陳獨秀	
男女同校問題	人社	陳獨秀	2 號
大學教授問題	趙仁鑄	陳獨秀	
工人教育問題	知恥	陳獨秀	
國家、政治、法律、	鄭賢宗	陳獨秀	3 號
勞動專政	柯慶施	陳獨秀	
—	—	—	4 號
—	—	—	5 號
—	—	—	6 號

附錄二　《小說月報》「通信」欄一覽表

第 12 卷

通　信　主　題	來　信　者	覆　信　者	期　號
翻譯文學書的討論	周作人	沈雁冰	2 號
討論創作	沈雁冰	—	
訂正四號內《印度短劇》上的錯字	許光迪	—	8 號
最近的法文學界	松年	沈雁冰	
安那其主義者的聲明	上海安那其主義者	沈雁冰	
批評創作	張維祺	郎損	
語體文歐化討論	周作人	記者	9 號
	某先生來信摘錄		
	李宗武		
語體文歐化討論	胡天月	記者	12 號
	王砥之	記者	
	何藹人	—	

第 13 卷

通　信　主　題〔註1〕	來　信　者	覆　信　者	期　號
語體文歐化問題	梁繩褘	記者	1 號
	趙若耶	沈雁冰	
英文譯的俄文學書	朱湘	沈雁冰	
	陳靜觀	記者	
語體文歐化問題	呂冕韶	記者	2 號
文學作品有主義與無主義的討論	周贊襄	沈雁冰	
	葹蘅	沈雁冰	
	譚國棠	沈雁冰	

〔註1〕本卷第 7、9、10、11、12 號的通信主題為筆者根據通信的主要內容擬定。

為什麼中國今日沒有好小說出現	汪敬熙	沈雁冰	
語體文歐化的討論	呂一鳴	沈雁冰	3號
	黃祖訢	沈雁冰	
小說月報的名稱	姚天寅	沈雁冰	
「反動力怎樣幫忙？」（附：式芬「評嘗試集」匡謬）	管毅甫	沈雁冰	
	馮蘊平	沈雁冰	
語體文歐化問題和文學主義問題的討論	徐秋沖	沈雁冰	4號
	王晉鑫	沈雁冰	
	王強男	沈雁冰	
自然主義的論戰	周贊襄	沈雁冰	5號
	長虹	—	
	湯在新	沈雁冰	
	徐繩祖	沈雁冰	
	郭國勳	六逸	
	黃祖訢	沈雁冰	
	史子芬	沈雁冰	
	朱畏軒	沈雁冰	
	周子光	沈雁冰	
	劉晉芸	沈雁冰	
譯名統一與整理舊籍	陳德徵	沈雁冰	6號
自然主義的懷疑與解答	周志伊	沈雁冰	
	王鍇鳴	劉逸（沈雁冰附志）	
	呂苹南	沈雁冰	
批評創作的六封信	黃紹蘅	沈雁冰	
	陳友荀	沈雁冰	
	許美塤	沈雁冰	
	李秀貞	沈雁冰	
	徐雉	沈雁冰	
	謝立民	沈雁冰	

討論「爲人生的藝術」	王敬熙	沈雁冰	7 號
對文壇的看法	萬良濬	沈雁冰	
對作品的鑒賞與評論	齊志仁	沈雁冰	
刊物指瑕	閱者	沈雁冰	
對作品的評論與討論	嘯雲	沈雁冰	
對刊物的建議	吳溥	沈雁冰	
討論「小說是寫的不是作的」、語體文歐化問題	湯在新	沈雁冰	
怎樣提高民眾的文學鑒賞力？	張侃	沈雁冰	8 號
	王砥之	沈雁冰	
	王桂榮	沈雁冰	
對於本刊的名稱與體例的討論	谷新農	沈雁冰	
	張戴華		
	蔣用宏		
	周尙文		
創作置疑	禹平	沈雁冰	
	程代新		
疑義諮詢	邵立人	沈雁冰	9 號
對小說創作的討論	吳溥	沈雁冰	
對刊物的希望與諮詢	顧效梁	沈雁冰	
推薦文章	朱畏軒	沈雁冰	10 號
討論自然主義問題	查士驥	沈雁冰	
討論文學的責任、作品評論	允明	沈雁冰	
建議改換刊名	李掄元	—	
對報刊的建議	馮瑾	沈雁冰	
對刊登戲劇的建議	湯逸盧	沈雁冰	
討論「他」字的應用	張友鶴	沈雁冰	
對創作批評的討論	陳介侯	沈雁冰	11 號
對作品的評論與探討	呂兆棠	沈雁冰	
對詩歌的評論	郭錫光	—	
對作品的評論與探討	毛邦達	—	

建議多發表青年的作品	謝采江	沈雁冰	
對於「看不懂」的討論	關芷萍	沈雁冰	
建議多譯小說	王志剛	沈雁冰	
討論刊物的改名問題、譯名的統一	黃紹衡	沈雁冰	
對刊物的幾點建議：橫行、改名	馬靜觀	沈雁冰	
討論刊物改名問題、建議介紹現代文學家	馬鴻軒	沈雁冰	
對刊物的建議	洪振周	沈雁冰	
對刊物的建議	張蓬洲	沈雁冰	
對刊物的建議	姚天寅	沈雁冰	
建議與諮詢	胡鏗倫	沈雁冰	
疑問諮詢	徐愛蝶	沈雁冰	
對冰心作品的評論	許美塤	—	
對《工人綏惠略夫》的評論與感想	陳哲君	—	
對文學的討論與批評	林文淵	沈雁冰	12 號
對詩歌創作的討論	衍孔	—	
對刊物的建議	CMC	沈雁冰	

第 14 卷

來 信 者	覆 信 者	期 號
施章	鄭振鐸	
旭光	鄭振鐸	1 號
史本直	鄭振鐸	
陳寬	鄭振鐸	
鵑外女士	鄭振鐸	2 號
潤生	鄭振鐸	
吳文祺	鄭振鐸	
陳宜福	鄭振鐸	
彭新民	鄭振鐸	3 號
楊鴻傑	鄭振鐸	
怺瓊	—	

胡適	—	4 號
宋春舫	—	
顧澤培	—	
錢玄同	顧頡剛	5 號
陳勝標	鄭振鐸	
蔡覺心		
W.C.Ching	鄭振鐸	
嚴既澄	鄭振鐸	6 號
石泉		
陳震	鄭振鐸	
寒冰	鄭振鐸	
陳寬	周建人	
劉眞如	鄭振鐸	7 號
郭子雄	鄭振鐸	
舒蕉	鄭振鐸	
李炘延	鄭振鐸	
耿濟之、宗岱	鄭振鐸	8 號
周宛英	鄭振鐸	
子芾	—	
何玉盦	鄭振鐸	
丁魚裳	鄭振鐸	
王嘉權	鄭振鐸	
南屛	—	9 號
陳修工	鄭振鐸	
史子芬	鄭振鐸	
毓良	鄭振鐸	
吳作	鄭振鐸	
王滌生	鄭振鐸	
中豪	樸園	

金毅夫	鄭振鐸	
呂振鐸	一	
沈兆瀛	記者	
土仲魯	鄭振鐸	
文倩	鄭振鐸	
陳斌、施文星	記者	
鳴濤	沈雁冰	
朱立人	沈雁冰代答	
張錦	記者	
思順	記者	10 號
孫一影	記者	
吳守中	鄭振鐸	
淒損	鄭振鐸	
朱鴻壽	顧頡剛	
嚴敦易	鄭振鐸	
兒匡	鄭振鐸	
孫百吉	鄭振鐸	11 號
徐文臺	鄭振鐸	
劉覺我	一	
胡鳳翔	鄭振鐸	
陳炎南	鄭振鐸	
趾青	鄭振鐸	
王興剛	記者	
崔維炳	鄭振鐸	
金毅夫	鄭振鐸	12 號
吳健	鄭振鐸	
海鼇	鄭振鐸	
施訥謹	鄭振鐸	
王子釗	記者	

附錄三　《現代評論》「通信」欄一覽表

期數	主題	通信者	日期
	―	―	1924.12.13
	讀章行嚴先生的《關於賄選案之談話》	Y.M	1924.12.20
	給國民黨黨員的一封公開信	李壽雍	1924.12.27
	「批評與罵人」	張歆海	1925.1.3
	廢督裁兵的第一步	熊十力	1925.1.10
	「輪迴教育」	莊澤宣	1925.1.17
	善後會議之推測	方善徵	
	英國退還賠款用途問題	胡勤業	1925.1.24
	教育家呢？訴棍呢？	黜邪	
	此路不通的現行教育	陳東原	1925.1.31
	溥儀的私產問題	許齋	
	覺悟與時機	楊袁昌英	1925.2.7
	大算帳	晨雞	
	關於庚款用途的幾個疑點	治熙	1925.2.14
	―	―	1925.2.21
	―	―	1925.2.26
	北京市政的幾個小問題	許齋	1925.3.7
		亦莊	
	二種中國現狀樂觀說	李春濤	1925.3.14
	上海報紙眞有自任爲輿論機關之誠意否？	葉元龍	1925.3.21
	女師大的學潮	一個女讀者	
	被搶一次	孫寶墀	1925.3.28
	時局的反照與《現代評論》的回音	羅家倫	1925.4.3
	中國經濟赤化問題	朱彬元	1925.4.11
	《時事新報》也配談 Fair Play 嗎	謝行暉	
	批評家與文學批評	羅家倫	1925.4.18
	吳稚輝與王爾德	羅家倫	1925.4.25
	一個四川人的通信	仲胡	1925.5.2
	新性道德與多妻――答陳百年先生	章錫琛	1925.5.9
	戀愛自由與一夫多妻――答陳百年先生	周建人	
	附志	章錫琛	

—	—	1925.5.16
二十一條後又來八條	江署生	1925.5.23
廣州政局現狀之解剖及其將來之推測	岫雲	1925.5.30
私立大學與庚子賠款	植初	
關於《意志自由與道德》的聲明	范壽康	1925.6.6
「東大風潮」的辨正	張奚若	
—	—	1925.6.13
讀《私立大學與庚子賠款》後	賈宗周	1925.6.20
「覺得的自由」與「由於自己本性的自由」	唐擘黃	
—	—	1925.6.27
關於滬案的上海通信	周佛海	1925.7.4
論翻譯答江紹原先生	田漢	
經濟絕交的可能性	擘黃	1925.7.11
—	—	1925.7.18
數理邏輯	張松年	1925.7.25
關於滬案的倫敦通信	胡善恒	
英人侵略雲南的實況	楊立賢	1925.8.1
排貨問題答楊端六先生	丁文江	1925.8.8
陝西問題	晨雞	1925.8.15
魏文侯與魏文帝	梁公毅	1925.8.22
數理邏輯－－答張松年先生	孫寶墀	
—	—	1925.8.29
排貨問題答丁文江先生	楊端六	1925.9.5
附唐有壬勸丁楊止爭附言		
結社出書與書報評論	裴復恒	
關於滬案謀最後勝利的方法	章警秋	1925.9.12
河南學生之愛國運動與考試問題	西	1925.9.19
「先救出自己來」	陸海防	
再論不平等律	裴復恒	
讀了任陳二教授的改良大學芻議以後	樊弘	1925.9.26
愛國運動與求學	劉治熙	
附胡適答白		
教授耶抑流氓耶	劍公	

	創作的翻譯	閒閒	1925.10.3
	上海的華民	章士驥	
	「給我點新鮮空氣」	顧昂若	1925.10.10
	又一個四川人呼籲之聲	鄭元瑞	
	洛陽人呼籲之聲	陳雲青	
	一封辨正的信	鄧平嚴	1925.10.17
	一個字的更正	有壬	
	說幾句話	郁達夫	1925.10.24
	辦教育之苦	張惕修	
	白話不毀，孰為文章	自署擘黃者	1925.10.31
	「國民經濟的獨立」	董時進	
	陶孟和附言	陶孟和	
	讀《廣東國民政府的形勢》之後	張民權	
	愛國運動——致周鯁生先生的一封信	葉含章	1925.11.7
	勞動階級與國民革命	劉治熙	1925.11.14
	學風之負責者	張友仁	
	中國的閥化	雲客	1925.11.25
	無窮小	西林	1925.11.28
	糊塗？黨見？	王日新	
	「國罵」的另一解	徐文臺	1925.12.5
	是李頻底渡漢江嗎	長弓	
	輸出原料問題	饒強生	
	武昌師大國文系的眞象	蔣鑒璋	1925.12.12
	海關行政實狀	林久都	1925.12.15
	制欲主義只有消極的效力麼	曲殿元	
	—	—	1925.12.26
	關於《咒甲寅》	梁明致	1926.1.2
	奉告東省同胞	楊汝楫	
	說幾句反革命的話（小百姓呼籲之一）	湘君	1926.1.9
	東三省人民眞無反口反張的擧動麼	於成澤	
	東三省的人民	蘇汝梅	1926.1.16
	秦代幣制問題	楊文渲	

關於譯尼采	姜超	1926.1.23
楊朱考再補勘誤	璧黃	
是非	葉含章	1926.1.30
罵出一段故事來	吉人	
日本侵略東三省情況	郝景盛	1926.2.6
致謝 DS 先生	新城	
關於中山先生論中國人口問題之我見	謝元範	1926.2.13
英美煙公司與山東煙葉	韓叔信	1926.2.20
清華學校的改革	朱敏章	1926.2.27
節欲說	梁明致	1926.3.6
再讀《關於譯尼采》	謝李香賓	
軍閥問題的討論	顏虛心	1926.3.13
中日關稅互惠條約	文屈軼	1926.3.20
首都流血與軍學階級衝突	許仕廉	1926.3.27
中國貨反被日本抵制住了	公宇	
中國貨反被日本抵制住了（續）	公宇	1926.4.3
美款退還的數目（來信）	中華教育文化基金董事會	
附言	雪艇	
汕頭人力車夫工會概況	方宜孫	1926.4.10
英人謀我的計劃	沅怕谿	
楊德群女士事件	西瀅	
駁陳西瀅在本刊六八期《閒話》中誣衊楊德群的信	女師大楊德群之五位同學	
中國政局之趨勢	梁明致	1926.4.17
美款退還的數目（續）	中華教育文化基金董事會	
中山先生論人口問題之討論	羅齊南	1926.4.24
「五九」和「五七」	孫百急	1926.5.1
廣東大學與人才供求問題	梁明致	1926.5.8
自由之眞諦	陳澤恩	1926.5.15
人口問題答羅齊南君	謝元範	1926.5.22
救濟難民	陳治安	1926.5.29
最近湖南學生的痛苦	陸海平	

掛外國旗的問題	王愼明	
一個小小的聲明	西瀅	1926.6.5
致陳西瀅的信	陳志潛	
戰爭期內的鐵道狀況	陳昌發	1926.6.12
利用中國水力問題	徐文臺	1926.6.19
人口問題的討論	西瀅	1926.6.26
廣州的近狀	劍脩	
專家與外行的問題	陳衡	1926.7.3
教會學校之註冊運動	王艮仲	
請教劉瑞恒先生	陳方之	1926.7.5
東三省的報紙	杜吉仁	1926.7.17
英人封鎖梧州記	梁明致	1926.7.24
福公司治下之河南人民	惡英	1926.7.31
「香港政府無誠意解決罷工」	羽必	
	高商	
南滿鐵路的作用	孫百急	1926.8.7
這就算是「中日親善」嗎	金宗武	1926.8.14
駁廣州近狀譚	梁明致	1926.8.21
閒話惹出的正經話	離塵	
讀了七十三期的《現代評論》	張顯元	1926.8.28
一個應有的經驗	徵蓬	1926.9.4
《唯物主義警鐘響了》一文改正	劉弄潮	1926.9.11
─	─	1926.9.18
一個聲明	李景漢	1926.9.25
─	─	1926.10.2
─	─	1926.10.9
廣州一弊	龍冠海	1926.10.16
法權會議的秘密	李思誠	
國民政府對外兩大勇敢舉動	梁明致	1926.10.23
一封信	江百老	1926.10.30
對於《食物選擇》一文的校正	薛培元	
四項加一捐和學生界的痛苦	高城生	1926.11.6

兩個月來在南昌目睹的慘象	劍脩	1926.11.13
南北局勢劇變後中外人士的態度	王日新	1926.11.20
怎樣解決我們的讀書問題	謝承平	1926.11.27
鬆口戰爭	梁明致	1926.12.4
—	—	1926.12.11
新銀輔幣	方宗鰲	1926.12.18
北京社會運動與基督教徒	許仕廉	1926.12.25
日本的文化侵略	執無	
—	—	1927.1.1
—	—	1927.1.8
—	—	1927.1.15
—	—	1927.1.22
—	—	1927.1.29
《詩人繆塞之愛的生活》	王獨清	1927.2.5
附識	記者	
中醫與西醫	牛榮聲	1927.2.12
爲英兵來華事敬告國人	吳振珠	1927.2.19
—	—	1927.2.26
社會科學與出版界	楊幼炯	1927.3.5
外僑在貨租購土地問題	梁明致	1927.3.11
「整理國故」與「打鬼」致彭浩徐	胡適	1927.3.19
附言	陳源	
英國出兵和上海問題	雲松	
—	—	1927.3.26
—	—	1927.4.2
—	—	1927.4.9
《中國的科學》	王崇植	1927.4.16
民眾運動與秩序	駱美輪	1927.4.23
《南方政潮的觀察》的反響	爾忘	1927.4.30
附寄公附言		
反響的反響	鏡銘	
關於南方政潮的內幕	羅任公	1927.5.7
附記者附言		

《關於南方政潮內幕》的反響	松心	1927.5.14
梅蘭芳與中國藝術	北魯	
重慶三月三十一事件	明彝	1927.5.21
共國之爭	熊保豐	
—	—	1927.5.28
路透社的聲明		1927.6.4
—	—	1927.6.11
科學研究問題	叔永	1927.6.18
國際婦女和平自由聯盟會寄給中國女子的一封信	陳衡哲	1927.6.25
—	—	1927.7.2
上海問題	陶孟和	1927.7.9
歐洲的最近局勢	彭基相	1927.7.16
《工業與農業》的質疑	袁家海	1927.7.23
烏煙瘴氣的清華學校	筆公	1927.7.30
勞資調節會的弱點	周鍾歧	1927.8.6
關於清華學校的幾封信	王季高等	1927.8.13
—	—	1927.8.20
—	—	1927.8.27
—	—	1927.9.3
—	—	1927.9.10
—	—	1927.9.17
我的共產嫌疑的證據	高一涵	1927.9.24
—	—	1927.10.1
國民黨統治下的學術	張知言	1927.10.8
—	—	1927.10.15
—	—	1927.10.22
—	—	1927.10.29
—	—	1927.11.5
關於東方圖書館的聲明	一、上海特別市教育局來函	1927.11.12
	二、東方圖書館來函	

新貴州	忿忿	1927.11.19
對於執監會議各方領袖應有的態度	桐孫	1927.11.26
─	─	1927.12.3
─	─	1927.12.10
─	─	1927.12.17
讀了《新貴州》以後－－致忿忿先生	平平	1927.12.24
─	─	1927.12.31
國民革命與民眾心理	前鋒	1928.1.7
附記者附言		
第一幕完場了	周鍾岐	1928.1.14
─	─	1928.1.21
─	─	1928.1.28
─	─	1928.2.4
讀《北方戰局中山西的地位》	蕭朗晃	1928.2.11
瞿趣林的戲法	彭基相	1928.2.18
今後之外交	梁明致	1928.2.25
─	─	1928.3.3
考試	趙鳳喈	1928.3.10
粵漢廣九鐵路接軌問題	梁明致	1928.3.17
「京師大學」的寫眞	餘生	1928.3.24
─	─	1928.3.31
最近的雲南	劉鍾明	1928.4.7
─	─	1928.4.14
河南的見聞	以義	1928.4.21
廢除臺伏問題	王愫維	
關於《新貴州》的一個辨白	王守衡	1928.4.28
越南華僑的困苦－－致《現代評論》記者	林仲平	1928.5.5
─	─	1928.5.12
關於《新貴州》的又一封信	黃齊生	1928.5.19
─	─	1928.5.26

	現在的對日問題	葉健行	1928.6.2
	一	一	1928.6.9
	敬告山東人	周鍾岐	1928.6.16
	一	一	1928.6.23
	上海臨時法院的易長問題	梁鋆立	1928.6.30
	一	一	1928.7.7
	一	一	1928.7.14
	一	一	1928.7.21
	一	一	1928.7.28
	學生軍問題	曾紀桐	1928.8.3
	解決四川問題的一個辦法	周開慶	1928.8.11
	一	一	1928.8.18
	一	一	1928.8.25
	一	一	1928.9.1
	一	一	1928.9.8
	一	一	1928.9.15
	交通大學的改組問題	孫寶墀	1928.9.22
	一	一	1928.9.29
	一	一	1928.10.6
	一	一	1928.10.13
	一	一	1928.10.20
	一	一	1928.10.27
	一	一	1928.11.4
	希望改景山爲北大學校園	憫仁	1928.11.11
	一	一	1928.12.22
	一	一	1928.12.22
	一	一	1928.12.22
	一	一	1928.12.29

附錄四　《新潮》「通信」欄一覽表

期　號	通　信　者		日　期
第1卷第3號	傅斯年致同社同學		1919.3.1
	誠吾致孟眞（傅斯年）		
	余裴山致傅斯年		
	傅斯年致余裴山		
	史志元致記者		
	傅斯年復史志元		
第1卷第4號	誠吾致孟眞（傅斯年）		1919.4.1
	傅斯年復誠吾（顧頡剛）		
	君左致記者		
	羅家倫答君左		
第1卷第5號	因明答諍	梁漱溟致陳嘉藹	1919.5.1
		陳嘉藹復梁漱溟	
		傅斯年復梁漱溟	
		陳嘉藹復馮友蘭	
	對於《新潮》一部分的意見	魯迅致孟眞（傅斯年）	
		傅斯年復魯迅	
	漢語改用拼音文字辦法的商榷	余裴山致記者	
		傅斯年復余裴山	
	對於《新潮》之評論	楊鍾健致記者	
		志希（羅家倫）復楊鍾健	
		傅斯年復楊鍾健	
		陳嘉藹復太虛和尚	
第2卷第2號	張繼致《新潮》諸君		1919.12.1
	羅家倫復張溥泉（張繼）		
	施存統致《新潮》諸君		
	羅家倫復施存統		
	潘介泉致徐子俊（徐彥之）		
	徐彥之復潘介泉		
第2卷第4號	蔡元培致志希（羅家倫）並附熊子眞致蔡元培書		1920.5.1
	羅家倫復熊子眞		
	何思源致徐子俊（徐彥之）與志希（羅家倫）		
	羅家倫（志希）復何仙槎（何思源）		
	傅斯年致社中同人		
	余平伯致社中同人		

附錄五　《少年中國》「會員通訊」欄一覽表

第 1 卷

寫　信　者	收　信　者	期　號
上海本會同人	北京本會同志	
北京本會同志	上海本會同人	
李劼人	王光祈	
周無	曾琦	
曾琦	周無、李璜	1 期
李璜	左學訓	
李璜	又玄	
黃日葵	王光祈、曾琦	
曾琦	許德珩、黃日葵	
王光祈	左舜生	
左舜生	若愚	
王光祈	黃藹女士	
王光祈	冰	
王光祈	斐山	
王光祈	夏汝誠	
王光祈	李貴誠	
黃仲蘇	王若愚	
王光祈	黃仲蘇	
宗白華	會中同志	
劉正江	王光祈、曾琦	2 期
孟壽椿	王光祈、曾琦	
劉正江	王光祈、曾琦	
王光祈	劉正江	
宗白華	田漢、易家鉞	
徐彥之	王光祈、曾琦	
周無	曾琦	
曾琦	周無	
康白情	王光祈、曾琦	
李大釗	王光祈、曾琦	

宗白華	編者	
魏嗣鑾	王光祈	
王光祈	宗白華、魏嗣鑾	
曾琦	會中同人	
康白情	魏嗣鑾	3 期
宗白華	康白情、陳寶鍔、黃日葵、周炳琳	
孟壽椿	曾琦	
許德珩	曾琦	
MR	諸會員	
王光祈	MR	4 期
李璜	王光祈	
魏嗣鑾	康白情	
康白情	魏嗣鑾	5 期
康白情	曾琦	
周無	王光祈	
南京分會同人	北京諸同志	
北京總會同人	南京分會諸同志	
上海分會同人	南京分會諸同志	
李璜	王光祈（一）	
李璜	王光祈（二）	
王光祈	周無、李璜、曾琦、段子燮	6 期
左學訓	康白情	
康白情	左學訓	
余家菊	康白情	
康白情	余家菊	
左學訓、宗白華	會中諸同志	
巴黎分會同人	北京本會諸同志	
巴黎分會同人	京滬本會諸同志	7 期
曾琦	王光祈	
左學訓	曾琦、周無、李璜	
一	一	8 期
田漢	黃玄	
黃玄	左舜生	
郭沫若	宗白華	9 期
郭沫若	宗白華	

寫　信　者	收　信　者	期　號
李璜	王光祈	10 期
曾琦	王光祈	11 期
左舜生	陳淯	
羅元愷	康白情	
康白情	羅元愷	
鄭伯奇	李璜	
惲代英	學會同人	
惲代英	全體同志	
曾琦	陳淯	12 期
李思純	王光祈	
曾琦	趙曾濤	
黃日葵	黃玄	
惲代英	夏敬隆	

第 2 卷

寫　信　者	收　信　者	期　號
曾琦	評議部諸同志	1 期
王光祈	會中諸同志	
鄭伯奇	黃玄	
鄭伯奇	曾琦	
鄭伯奇	惲代英	
魏嗣鑾	張尙齡、宗白華、左學訓、沈怡（一）	2 期
魏嗣鑾	張尙齡、宗白華、左學訓、沈怡（二）	
魏嗣鑾	張尙齡、宗白華、左學訓、沈怡（三）	
王光祈	李璜、周無、李劼人、何魯之	
王光祈	曾琦、胡助、李思純	
陳啓天	左學訓	
李思純	宗白華	3 期
許德珩	張尙齡、左學訓、黃玄、孟壽椿、黃日葵、康白情、宗白華、周炳琳	
李璜	左學訓	
曾琦	左學訓（一）	
曾琦	左學訓（二）	
余家菊	左學訓	

寫信者	收信者	期號
周無、魏嗣鑾、宗白華、王光祈	會中同人	4 期
曾琦	彭舉	5 期
曾琦	雷國能	
李璜	左學訓	6 期
田漢	左學訓	
鄭伯奇	諸會員	
李思純	康白情	7 期
曾琦	田漢	
楊效春	左學訓	8 期
劉仁靜	惲代英	9 期
惲代英	劉仁靜	
魏嗣鑾	左學訓、王崇植	10 期
周無	魏嗣鑾、王光祈、張尚齡、宗白華	
王光祈	惲代英（一）	11 期
王光祈	惲代英（二）	
惲代英	王光祈	12 期

第 3 卷

寫　信　者	收　信　者	期　號
周無	左學訓	1 期
曾琦	田漢	
蘇甲榮	南京大會出席諸公	2 期
康白情	學會諸同志	
康白情	魏嗣鑾	3 期
魏嗣鑾	康白情	4 期
楊鍾健	諸會員	
康白情	梁空	
佚名	會友	5 期
楊效春	惲代英	
惲代英	楊效春	
沈怡	左學訓	6 期
李璜	楊效春、左學訓	
楊效春	李璜	

寫　信　者	收　信　者	期號
－	－	7 期
魏嗣鑾	本會諸同志	8 期
宗白華	王光祈	
沈君怡	王光祈	
楊效春	左學訓	9 期
王崇植	會中同志	
－	－	10 期
－	－	11 期
王崇植	左舜生	12 期
康白情	惲震、王崇植、方珣	
劉國鈞	左舜生	

第 4 卷

寫　信　者	收　信　者	期　號
方東美	左學訓、陳啓天、王克仁、邰爽秋、李貴誠	1 期
李璜	楊效春、左學訓	
李璜	大悲、周無	
王光祈	左學訓	2 期
王光祈	諸會友	
趙崇實	李貴誠	
左舜生	趙崇實	
宗白華	左學訓、田漢	
余家菊	王克仁	3 期
余家菊	左學訓	
王崇植	左學訓、楊賢泓、沈澤民	
田漢	宗白華	4 期
余家菊	李璜	5 期
趙崇鼎	左學訓	
王崇植	左學訓	
沈怡	左舜生	6 期
劉國鈞	左舜生	

一	左學訓、田漢、鄧康、常道直、惲代英、楊賢江、惲震、梁空、劉仁靜、曹錕、李儒勉、沈昌、蔣錫昌、倪文宙、楊效春、楊鍾健、陳啓天	7 期
左學訓、田漢	南京諸會友	
惲代英、鄧康、左學訓、陳啓天	蘇甲榮、李大釗、陳仲瑜	
楊效春	余家菊、李璜	8 期
一	一	9 期
一	一	10 期
一	一	11 期
王光祈	蘇州會議參加者諸會友	12 其

附錄六 《覺悟》「通訊」欄一覽表
（1920.1～1921.12）

通　信　主　題	通　信　者	日　期
何立三先生	瞿愛棠	1920.1.6
丈夫和妻應有的資格	力子致祖基	1920.1.7
留法勤工儉學的近況	一	1920.1.8
夫妻資格表	王織夫致力子	1920.1.9
「之乎者也」的解釋	顧乃康	1920.1.10
學生與實業	任矜蘋致力子	1920.1.11
夫妻資格表的討論	孫祖基致力子	1920.1.13
改造注音字母的討論	沈德融、朱學鋤、閔可惠	1920.1.13
中國的婦女怎樣	女子界一悲觀者致力子	1920.1.16
做文章要審慎些！	陸思安致記者	1920.1.18
教職員學生的覺悟……廢止考試意見	楊開勁	1920.1.19
寒假中學生的愛國運動	吳亞伯	1920.1.27
男女解放問題	阮天眞	1920.1.29
勞工的進步	王自立自開封	1920.3.1
優待學生的理由	翠英、力子	1920.3.5
「性欲與禮教」的批評	阿彘	1920.3.5
優待學生問題	翠英、力子	1920.3.7

工讀互助團辦法的商榷	費哲民、彭璜	1920.3.8
性欲與禮教（三）	陶學勳	1920.3.8
優待學生問題（二）	翠英、力子	1920.3.9
優待學生問題（三）	秀水、力子	1920.3.11
工讀互助團底討論	費哲民致彭璜	1920.3.12
日本的文字獄	永明	1920.3.13
優待學生問題的辯論	秀水、力子	1920.3.16
工讀互助團底討論	彭璜致哲民	1920.3.16
改造農村的研究	唐山人社許元啓復陶樂勤的信	1920.3.17
關於「妻是否剪髮」的答覆	楚傖答吳存厚的信	1920.3.17
一個「辯論」的結束	秀水「讀季陶的論文」與季陶覆信；秀水致力子的信與力子的覆信	1920.3.19
社會的蛀蟲與社會蛀出來的……	進修、楚傖	1920.3.20
女子的人格	瘦鵑、玄廬	1920.3.20
女子剪髮與尼姑解放	覺夢、楚傖	1920.3.21
翻譯專門書籍的機會	周愴愴致先進的信	1920.3.22
人力車問題	沈叠千致馮述鸞的信	1920.3.22
工讀互助團的討論	B.T.君與肖子璋君往復的信	1920.3.23
一個人只用一個名字	高爾松等致季陶的信及其答覆	1920.3.24
借書翻譯的說明	周愴愴再致先進的信	1920.3.24
人力車問題	馮述鸞復沈叠千的信	1920.3.24
僕役的對待與稱呼	漢槎、力子	1920.3.25
辯論的法則	秀水致季陶、楚傖、力子	1920.3.27
兩件關於教育界的事	革故	1920.3.28
義務學校的規則與課程	金石壽、楚傖	1920.3.28
稱謂的改良	許廣圻、書憲、力子	1920.3.29
怎樣打破惡勢力	陳荇孫、楚傖	1920.3.29
女子著長衫的好處	朱榮泉	1920.3.30
「革名制」與「廢族姓」問題	哲民	1920.3.30
青年的兩個問題－－婚姻與遺產	許廣圻、力子	1920.3.31
不坐人力車問題	沈叠千再致馮述鸞的信	1920.3.31
實行單名制的疑問	公權、力子	1920.4.1

婚姻與人道	德名、力子	1920.4.4
決心剪髮的女子	助真致毛飛、楚傖	1920.4.4
廢姓的討論	阿鳧致力子	1920.4.4
「學徒解放」問題	佩香、力子	1920.4.5
青年的兩個問題	鶴齡、力子	1920.4.5
翻譯合作銀行論的通告	譚常愷	1920.4.5
少年商人覺悟中的痛苦	剛毅、力子	1920.4.6
實行「單名制」的又一疑問	傲霜、力子	1920.4.6
「願爲社會服務」的新尼姑	女尼妙圓	1920.4.6
婚姻自由與團體改造	爾松、力子	1920.4.8
學徒的痛苦和解放的必要	石壽、力子	1920.4.8
欺凌同類的怪現象	鍾稱、力子	1920.4.8
青年最煩悶的「婚姻問題」（一）	琪光、力子	1920.4.9
青年最煩悶的「婚姻問題」（二）	沈振、力子	1920.4.9
青年最煩悶的「婚姻問題」（三）	廣圻、力子	1920.4.9
「去鬚」問題	吳凱聲	1920.4.9
出版界的厄運	女界鐘社輝群	1920.4.9
爲何引用外國文？	王造時、力子	1920.4.10
婢女的苦況	廣圻、力子	1920.4.10
女界「先覺」究竟怎樣？	月蓮	1920.4.10
投向資本家底下的生產機關去	哲民、存統	1920.4.11
怎樣救濟商界青年？	玉峰、力子	1920.4.11
教員和學生在校外行禮問題	半庵	1920.4.11
怎樣可講自由結婚？	芝青、力子	1920.4.12
服裝問題	瀚谷	1920.4.12
做哥哥的都應如此	蘊璞、力子	1920.4.12
怎樣力爭「婚姻自由」？	竹銘、力子	1920.4.12
男女平等與基督教義	阿鳧、力子	1920.4.13
「工讀互助」的意義	張嘯廬、力子	1920.4.13
強制婚姻的害	陸元、力子	1920.4.15
爲什麼要縛乳	吳明	1920.4.15
迷信的打破	石壽、力子	1920.4.15

廢姓的討論	李綽、力子	1920.4.16
為寡婦呼援	革非、力子	1920.4.16
「鑽進工場裏去」的解釋	軼千、存統	1920.4.16
剪髮是自己的事	笑菱	1920.4.16
關於婚姻問題的信（一）	憤聲、力子	1920.4.17
關於婚姻問題的信（二）	志明、力子	1920.4.17
商人的地位	芝青、玄廬	1920.4.17
工人儲蓄的模範	文煥、力子	1920.4.17
「禮服」應絕對廢止	文彬、力子	1920.4.17
婚姻自由與經濟壓迫	沈九如、力子	1920.4.18
學徒的痛苦	佩香、力子	1920.4.18
怎樣脫離「掠奪階級」？	思立、玄廬	1920.4.28
復一個工人的信	阿瑞、玄廬	1920.4.28
舊家庭的壓迫	陸元、力子	1920.4.28
黑暗的婚姻	紅葉、力子	1920.4.28
勞動節底北京	大覺	1920.5.1
勞動界今天的態度	克明、力子	1920.5.1
學徒和勞動節	覺僧、力子	1920.5.1
好殘酷的日本留學生	樹德	1920.5.3
「自由戀愛」的誤解	江潮、力子	1920.5.3
「後母虐待子女」的救濟方法	馮志超、力子	1920.5.3
女子剪髮與「自決」	幼琴、力子	1920.5.3
解除婚約底討論	爭雄、力子	1920.5.3
力爭婚姻自由的青年	陸元、力子	1920.5.3
一封情場失意人的信	詠臺、力子	1920.5.4
為什麼同姓不可以結婚	原根、力子	1920.5.4
「求復自由」底女子	志明、力子	1920.5.4
戀愛底橫溢	拔德、力子	1920.5.5
「機器式婚姻」底痛苦	兒兒、力子	1920.5.5
火葬	冷霏、力子	1920.5.5
學徒底痛苦	裕昌、力子	1920.5.5
「同姓絕對不婚」底打破	蔣夢芸、力子	1920.5.5

做人究竟問什麼？	世衡、力子	1920.5.6
中學畢業生底恐慌	企明、力子	1920.5.6
舊社會底文明	金枝	1920.5.6
援救鄉村底失學女子	建民、力子	1920.5.6
「婦女縛乳」底解放	馮樹華、力子	1920.5.7
「名醫」底罪惡	石壽、力子	1920.5.7
婚姻與舊風潮	馮志超、力子	1920.5.7
婚姻與自決力	有材、力子	1920.5.7
對於「新婦女冶容」的憤激	力子致夏砥平	1920.5.7
「廢除婚姻制度」底討論	哲民、力子	1920.5.8
婚姻問題中很煩悶的男子（一）	力子、孤莖	1920.5.9
婚姻問題中很煩悶的男子（二）	王希立、小展	1920.5.9
婚姻問題中有覺悟的女子（一）	原根、力子	1920.5.9
婚姻問題中有覺悟的女子（二）	錫爵、力子	1920.5.9
同姓結婚問題的研究	望道、力子	1920.5.10
怎樣改良鄉村教育	華憲聲、力子	1920.5.10
怎樣安慰機械式婚姻底痛苦	仲毅、力子	1920.5.10
女學生求入大學的阻力	用先、力子	1920.5.10
虛偽的送禮	莫芙卿、力子	1920.5.10
犯罪底原因	立誠、力子	1920.5.11
救濟已結婚的男女青年	黃少谷、力子	1920.5.11
廢除婚姻問題的討論（一）	哲民、力子	1920.5.11
廢除婚姻問題的討論（二）	葆華、力子	1920.5.11
「反對早婚」的青年	文彬、力子	1920.5.12
胸襟太窄的女學生	張宗英、力子	1920.5.12
「廢除婚制」討論中的憤語	存統	1920.5.12
怎樣對付私生子	卞景趙、力子	1920.5.13
廢姓底辦法	李倬、力子	1920.5.13
「反抗強製成婚」底決心	拔德、力子	1920.5.13
主張廢除婚制的說明	哲明	1920.5.13
討論「同姓婚嫁問題」的同調	蔣夢芸致望道	1920.5.13
可憐的女子怎樣自救	金秀娟、力子	1920.5.14

兩個劊子手（禮教與經濟制度）	阿鳧、汪桂森、力子	1920.5.14
「廢除婚制」討論中的兩封信	葆眞致力子、哲民致存統	1920.5.14
求妻者的謬誤心理	鐸聲、力子	1920.5.15
「侮辱女子人格」的解釋	葆眞·存統	1920.5.15
打破婚制的同調	存統	1920.5.15
覺悟的軍人	芙航、力子	1920.5.16
對於女界底希望	李綽致葆眞	1920.5.16
「改革婚制」底商榷	胡世俊	1920.5.16
「守節」應當絕對打破	劍芝、力子	1920.5.16
結婚到底是什麼	翠英致力子、存統、哲民	1920.5.16
怎樣打破黑暗勢力？	陸元、力子	1920.5.17
戀愛底蟊賊	沈愚、力子	1920.5.17
官僚底威風	恨天、力子	1920.5.17
解決婚姻問題的意見	存統致李綽	1920.5.17
怎樣援救可憐的女子	一鷗、力子	1920.5.18
婚姻與政治	笑佛致李綽	1920.5.18
已覺悟的軍人的憤語	正成、力子	1920.5.19
怎樣調和學校裏的新舊？	陸元、力子	1920.5.19
怎好拿人比雞狗	包天憐、力子	1920.5.19
男女教員分闢教員室底疑問	競西、力子	1920.5.19
打破行輩制度	童理璋、力子	1920.5.19
廢除婚制問題的討論	笑佛、存統、哲民、力子	1920.5.20
妯娌怎能相安？	味辛、力子	1920.5.20
社會主義與自由批評	漢俊致樂勤	1920.5.21
辯論的態度和廢除婚制	存統致哲民	1920.5.21
廢除婚制問題的辯論	笑佛、李綽、可九	1920.5.22
覺悟的軍人	正成、濤雲	1920.5.22
模範縣的成績	恨天、力子	1920.5.22
廢除婚制問題的討論（一）	基致哲民、力子、存統	1920.5.23
廢除婚制問題的討論（二）	哲民、力子	1920.5.23
廢除婚制問題的討論（三）	柯慶施致力子、存統	1920.5.23
廢除婚制問題的討論（四）	一海致翠英	1920.5.23

廢除婚制問題的討論（五）	存統致笑佛	1920.5.23
廢除婚制問題的討論（六）	靜廬致存統	1920.5.23
怎樣勸導朋友覺悟？	惡紫、力子	1920.5.24
「同姓結婚」問題的研究	金枝、力子	1920.5.24
不要看輕種田飼蠶的女子	學仁、力子	1920.5.24
婚姻制的弊害	航黎、力子	1920.5.24
恢復婚姻自由	爾柏、力子	1920.5.24
「強國」的解釋（怎樣能擁護公理？）	天放致力子	1920.5.25
廢除婚制問題的辯論	存統致翠英、存統致基、存統致靜廬	1920.5.25
廢除婚制問題的辯論	李綽致翠英	1920.5.26
一個滑稽的鰥夫	鰥夫、力子	1920.5.26
怎樣擁護公理？強國應否提倡	天放、力子	1920.5.27
「提倡強國」的反對聲	李綽致天放	1920.5.28
廢除婚制問題的討論	贊平致存統	1920.5.28
有惡疾的男子怎能結婚？	東平、力子	1920.5.28
勸導「自願妾婢」的鄰女	一鷗、力子	1920.5.28
「青年投身工廠」須知	正成、力子	1920.5.28
廢除婚制問題的討論	存統致贊平、以太致力子	1920.5.29
情場失意人底痛苦	谷白、力子	1920.5.29
義務小學怎能發達？	世勳、力子	1920.5.29
「男女同學之批評」的批評	畊莘致力子	1920.5.29
可憐的女子	味辛、力子	1920.5.30
愛做白話文的青年	耕耘、力子	1920.5.30
「強國」應否提倡的辯論（一）	天放、力子	1920.5.31
「強國」應否提倡的辯論（二）	天放致李綽	1920.5.31
廢除婚姻問題的討論（一）	翠英致李綽、、存統	1920.6.1
廢除婚姻問題的討論（二）	翠英致一誨	1920.6.1
怎樣感化頑固人物	李恒、力子	1920.6.1
決心求學的女子	王光九、力子	1920.6.1
怎樣打破迷信	鄒斯經、力子	1920.6.1
「強國應否提倡」的辯論（一）	李綽、天放	1920.6.2
「強國應否提倡」的辯論（二）	翠英、天放	1920.6.2

實際的婚姻問題	嘉賓、力子	1920.6.2
眞理與決心	陸元、力子	1920.6.3
青年的孽障	一峰、力子	1920.6.3
賣女者非父也	冰俠、力子	1920.6.3
除魔	周凱、力子	1920.6.4
救婢	包天憐、力子	1920.6.4
「強權衛公理」的解釋（一）	天放致李綽	1920.6.5
「強權衛公理」的解釋（二）	天放致翠英	1920.6.5
怎樣解脫奴才的生活？	李綽	1920.6.5
攪入社會裏面去改造	鐵朗致存統	1920.6.7
「死」的問題	棟材、力子	1920.6.7
「過門守節」的慘狀	一民、力子	1920.6.7
「星期評論」停刊後的……	傲霜、玄廬	1920.6.8
推廣女學與男女同校	蕭道濟、力子	1920.6.8
男女同校的經驗談	心光	1920.6.9
強權衛公理的辯論	李綽致天放	1920.6.9
不署名問題	阿大	1920.6.10
很可笑的一件事	桎人、力子	1920.6.11
「廢除婚姻制度」的討論	祝志安	1920.6.12
男女性的道德與教育	義璋	1920.6.13
卒業是靠不住的	補聲、力子	1920.6.14
復陳耀華君（討論義務夜校辦法）	力子	1920.6.14
投身工場的困難	佳月、力子	1920.6.15
怎樣處置竊賊？	陸元、力子	1920.6.15
「女子剪髮」可強迫嗎？	陸善初、力子	1920.6.16
商友的煩惱	梅秋、力子	1920.6.16
告主張打賊的朋友們	他你我	1920.6.17
投身工場要有決心	佳月、傲霜	1920.6.18
處置盜賊的一個方法	爾柏	1920.6.19
「廣東」的反對者	李綽	1920.6.19
投身工場的希望	佳月致傲霜	1920.6.20
治盜要從大處著想	陸元	1920.6.20

有錢的人也要做賊	木林、力子	1920.6.20
教育界的黑幕	春生、力子	1920.6.21
發財與「命運」	馬旭棲、力子	1920.6.21
可憐的女子	其獨、力子	1920.6.21
日本的新思潮與新人物	東京通信社	1920.6.22
生活難	乾麟、力子	1920.6.23
無則加勉	桎人、力子	1920.6.23
頑舊的家長（一）	肖增金、力子	1920.6.24
頑舊的家長（二）	競西、力子	1920.6.24
說話的責任和聽話的度量	景青、力子	1920.6.24
蘇州機工的慘遇	有文、力子	1920.6.25
中國人為什麼用西文演劇	馬志超	1920.6.25
投考學校要注意	後覺	1920.6.26
女子的惡習	若狂、力子	1920.6.27
第三身女性代名詞底討論	憶萱、力子	1920.6.27
蘇州機匠罷工問題與輿論	孫壹衣、力子	1920.6.28
對於「賊」的感想	呂聰民	1920.6.28
青年底互助	青年半月刊社力子	1920.6.28
青年投考學校的困難	陸元、力子	1920.6.29
學校的官僚化	志超、力子	1920.6.29
錢莊底罪惡	格心、力子	1920.6.29
工人的血淚	古懷	1920.6.30
答吳芳吉君	力子	1920.6.30
反對白話文的校長	沈家蕃	1920.7.1
「不是中國人」的憤語	遺恨、力子	1920.7.2
代組織出版物者說話	德聚、侵強	1920.7.2
難道女子是無罪的犯人嗎？	周秀琴	1920.7.3
婚姻問題促進女子求學底疑問	金家鳳、力子	1920.7.4
資本家和紳士的罪惡	又明	1920.7.5
消夏社的組織	哂炎、力子	1920.7.6
荒謬絕倫之參觀美國教育談	璨、力子	1920.7.7
女子剪髮底商榷	他你我	1920.7.7

傳播新文化者應互相瞭解	德聚致侵強	1920.7.8
剪髮是女子自己底事	笑菱致他你我	1920.7.8
赤膊是否野蠻	仲柏、力子	1920.7.8
批評是人們的自由	遺恨致笑菱	1920.7.9
「侮辱女子人格」的否認	他你我	1920.7.10
「赤膊問題」的感想	忘我	1920.7.11
「自由批評」底批評	小我致遺恨	1920.7.11
奇怪的名字	童理璋	1920.7.11
「批評自由」底說明	遺恨	1920.7.12
男女不必分得這樣清楚	陸元	1920.7.12
「打破迷信」的困難	勉才	1920.7.12
女子應求高深的學問	頌甘、力子	1920.7.13
參觀女校成績的感想	覺我	1920.7.13
專設「書報批評欄」的要求	朱瘦桐、力子	1920.7.14
「勸告剪髮」的實效	王亞希	1920.7.14
剪髮全任女子自動的主張	C.M.致遺恨	1920.7.14
關於「商潮」	菊孫致白萍	1920.7.14
促進女子求學應從那裡做起？	金家鳳、力子	1920.7.15
「女子剪髮底商榷」的結束	笑菱、力子	1920.7.15
女子剪髮鼓吹的鼓吹	子元致矜蘋	1920.7.16
政局與出版界的感慨	冰坡、光漢致力子、楚傖	1920.7.17
短衣問題與工人自救	秀峰、楚傖	1920.7.17
彩票盛行與防止法	呂聰民	1920.7.18
徵求同志共譯社會主義著述	愴愴	1920.7.18
「他你我」的名字詰責	施錦秀致理璋	1920.7.18
一個學友會的組織與事業	T.C.Loh	1920.7.19
「美人身世」作什麼解啊？	志韜	1920.7.19
「美人身世」的命意	寄廬致志韜	1920.7.20
怎樣使未婚妻讀書	李國棟、楚傖	1920.7.20
再不要勸女子剪髮的憤語	雲英、力子	1920.7.20
書報批評的辯論	朱壽桐	1920.7.20
童養媳的可憐	孤帆、力子	1920.7.21

鄉村中文化運動的困難	一民、力子	1920.7.22
乞丐底生存權	遺恨、力子	1920.7.22
司閽者與富人的比較	戈仁、力子	1920.7.23
青年投身工場與求學問題（一）	軼湘	1920.7.24
青年投身工場與求學問題（二）	賢宗	1920.7.24
爲乞丐問題答遺恨君	黃華表	1920.7.24
怎樣喚醒「官迷」？	後生、力子	1920.7.25
婢女應速解放	心隱、力子	1920.7.25
怎樣使未婚妻讀書？	鄭國泮、力子	1920.7.25
促進「女子剪髮」底意見（一）	趙輝棟	1920.7.25
促進「女子剪髮」底意見（二）	雲英	1920.7.25
戀愛和學問	公憲、力子	1920.7.26
鄉村女子底寫眞	畊莘	1920.7.27
「富翁買賣婢女」的罪惡	耿仙	1920.7.27
暑假回家後的感想	爾松	1920.7.28
早婚應完全拒絕	鄭國泮	1920.7.28
「青年投身工場」底實驗談	正成	1920.7.29
「投身工場底資格」的說明	力子	1920.7.30
「平民憲法」底商榷	雙匕	1920.8.1
怎樣使「夫婿」做工？	黃沛庭	1920.8.1
商友底惡習	菊孫、力子	1920.8.2
強製定婚的罪惡	汪懷桐、力子	1920.8.2
賣人國	義璋	1920.8.3
婚姻問題的覺悟	東野	1920.8.4
奮鬥歟死歟？	淚人	1920.8.5
「妻的教育」與「訛婚」	胡劍青	1920.8.5
村董的罪惡	耿仙、力子	1920.8.6
克魯泡特金之主義只算半截底革命	光濤致雙匕	1920.8.6
「平民憲法」底商榷	蘇民望致雙匕	1920.8.8
詰問批難克魯泡特金者（一）	曾述致光濤	1920.8.9
詰問批難克魯泡特金者（二）	井囚致光濤	1920.8.9
苦學生底奮鬥	朱錫昌致淚人	1920.8.9

舊家庭的一幕	耿仙	1920.8.10
「平民憲法」的商榷	雙匕致蘇民望	1920.8.11
苦學生的希望	麗仁致錫昌	1920.8.11
可憐的校役	不平	1920.8.11
勞動界的衛生與「住」的問題	童理璋	1920.8.12
光濤答曾述的信	光濤	1920.8.13
「覺悟」的良友	郭增愷	1920.8.14
免費學校的披露	周世勳	1920.8.14
「勿做媒」的勸告	一方	1920.8.14
勞動者消遣者的良劑	唐海	1920.8.14
鄉間勞動界底情況	希平	1920.8.16
「無組織」的贊成者	鐵坡、生冰致曾述、井囚	1920.8.16
勸光濤君底話	M.L.	1920.8.17
社會中的變詐	楊青雲	1920.8.17
小三閥的害	一民	1920.8.18
社會的變詐（二）	蒼愴致難覺	1920.8.18
「公妻」說的解惑	威音致光典	1920.8.18
鄉村教育的腐敗	可九	1920.8.19
對於「浮蕩少年」的意見	悟難覺	1920.8.20
勸大家做實在的事	大冶	1920.8.22
學徒解放與平等精神	諷世、力子	1920.8.23
留美研究工業的機會（？）	馬最嘉、力子	1920.8.23
古董先生的迷信	公憲、力子	1920.8.23
「浮蕩少年」的寫真	德聚、力子	1920.8.24
爲什麼「不取白話文」？	義璋	1920.8.25
青年應自己增加工作	存統、力子	1920.8.26
警察底罪惡與鄉民底心理	奏星、力子	1920.8.27
女兒到底是不是「人」？	厭塵、力子	1920.8.29
每天在路上所見的感想	詠臺	1920.8.30
精神上的痛苦怎樣救濟？	苦心人、力子	1920.8.31
鄉村間底勞動與教育	陳德徽、力子	1920.9.1
喪禮的改革	樂三、力子	1920.9.1

脫離家庭的女子	鷺衫、力子	1920.9.2
將出世的「小朋友」	陳長庚、力子	1920.9.3
對於「星期評論」的希望	競西致玄廬	1920.9.3
認明「求學最要緊」的女子	鷺衫、力子	1920.9.5
廢娼運動怎樣了？	益棠、力子	1920.9.5
基督教與罰則	覺民、力子	1920.9.6
抵抗「強制婚姻」的青年	立青、清芬、力子	1920.9.6
改造社會與求學的方針	朱銳、力子	1920.9.7
敬告某公學的學生	一唱	1920.9.7
私生子	吳廣培、力子	1920.9.8
到鄉間辦白話報的經驗	梅生、力子	1920.9.9
婚姻自由與婦女解放	可憐蟲、力子	1920.9.9
研究哲學的入手方法	滄海寄萍致玄廬	1920.9.10
非法捕人	正成、力子	1920.9.10
「留美做工」的一個疑問	王文伯、力子	1920.9.12
打醮的惡果	肇民、力子	1920.9.12
一個受迫的女子	泛生	1920.9.13
「童話」的商榷	仲密緻陳長庚	1920.9.13
「農村改造」的商榷	周鈞	1920.9.14
忘記了提倡女子「剪髮」麼？	華駿	1920.9.14
無名赴法途中的信	無名致玄廬	1920.9.15
「兒童公育」的兩個論點	英武、力子	1920.9.15
「壓阻學徒求學」的經理	耐寒、力子	1920.9.16
反對古董式的校長	包天陰、力子	1920.9.16
若果美日戰爭到中國……	晉青	1920.9.17
怎樣能使教育普及？	景武	1920.9.17
遺產是否「贓物」？	李詠泉	1920.9.19
商友應聯合奮鬥	肇民	1920.9.19
關於重印「星期評論」的答覆	競西、玄廬	1920.9.20
力子答王無為的信	力子	1920.9.20
「禽獸生活」的解釋	等觀、M.U.	1920.9.21
「廢止死刑」的研究	顧詅癡、M.U.	1920.9.21

「浮薄少年」的寫眞	霞天	1920.9.22
一椿可憐的事	佐銘	1920.9.22
青年初到蘇州的觀察	陳德聚	1920.9.23
東京帝國大學與大學總長	晉青	1920.9.24
本欄應添「科學」一門的討論	陳廣沅	1920.9.26
小學生脫離私塾後的感想	錢庭椿	1920.9.26
力子致存統信	力子	1920.9.26
我們對廣義派應執的態度	淨生	1920.9.27
中秋日的感想	祖基	1920.9.28
留日工學練習生的眞相	季質	1920.9.28
怎樣能拒絕早婚	高翎	1920.9.29
喪禮的改革	力子	1920.9.29
答人問「共產黨宣言」的發行所	玄盧	1920.9.30
范壽康再致褚保時的信	范壽康	1920.9.30
秋假爲什麼要補放一天？	珀、力子	1920.10.1
爲什麼要自殺	鄭賢宗致謙之	1920.10.1
唉！南洋公學底校長（一）	張翔、力子	1920.10.3
唉！南洋公學底校長（二）	東立、力子	1920.10.3
怎樣養成一般人的讀書力？	義璋	1920.10.4
無獨有偶的工人苦！	痛心	1920.10.5
一位南洋公學學生的信	蔣鳳五	1920.10.5
天津學界底怪現象	天驥	1920.10.6
告南洋公學教職員	明曦	1920.10.7
告南洋公學學生	J.B.	1920.10.7
鄉村人底迷信	珀	1920.10.7
討論南洋校長問題的兩個要旨	力子致袁琴	1920.10.8
爲南洋公學學生打廚役事復盧於道	玄盧	1920.10.8
十六歲的男女不應講戀愛	雙寶	1920.10.8
「浮薄少年」的一個例證	Y.H.M.	1920.10.10
家庭問題中的「父債」問題	S.C.H	1920.10.11
不准學生看新書的女校長		1920.10.11
教育公開	芥侯	1920.10.12

杭州女職校的一件奇事	靄雲	1920.10.13
朱謙之解釋「自殺」的信	朱謙之	1920.10.13
留日學生黃裒底自殺	晉青	1920.10.14
奮鬥與互助	存統致謙之	1920.10.14
「學生捆打廚役風潮」的背景	韓潮、李大鵬、李大鷗	1920.10.17
「怎樣去生」的一個問題	賢宗致謙之	1920.10.18
致韓、李、李三君的信	A.C.Z	1920.10.19
對於黃裒自殺的感想	黃仲仁	1920.10.19
關於「杭州女職校奇事」的辯正	連瑞琦致靄雲	1920.10.19
聘世界學者講演的必要條件	鄒政堅	1920.10.21
「男女教育隔絕」底怪現象	吳江一	1920.10.21
對於「勞工神聖」的覺悟	韓潮致 A.C.Z	1920.10.21
「專政制羅素講話」的聲明	郭秉文	1920.10.22
「專科師範校長」底來信	吳夢非	1920.10.25
中國留日學生的現狀	裳蓉	1920.10.26
「勞工神聖」的討論	H.K.C	1920.10.26
王崇植君「南洋校長問題平議」正誤	梅生	1920.10.27
對於「開除學生」的反詰	陳蕭儀	1920.10.28
日本人宣傳方法底巧妙	晉青	1920.10.29
袁舜英自殺的解釋	竹林	1920.10.29
勞動者不肯受教育怎樣？	陳鼎元	1920.11.1
教育界怎樣糾正「復辟運動」？	張秋白	1920.11.2
快打破監獄式的教育！	星田	1920.11.2
「改善藝徒教育」的希望	孫克斯	1920.11.3
學校裏勞工底苦況	人木	1920.11.3
無名赴法後第二封信	無名	1920.11.4
監獄式學校裏也有覺悟者嗎？	惺萬	1920.11.4
對付「教育潮」的方法	吳谷峰	1920.11.7
譯書的質疑	王大均	1920.11.7
「神聖」二字底意義	安體誠	1920.11.7
「被動教育」的大出醜	渠一	1920.11.9
「運動會」的新評價	俞茭芬、陳可宣、趙之錚、張維琪	1920.11.10

「譯書質疑」的答辯	麟生	1920.11.11
浙江變了	效僧	1920.11.11
日本富豪佔領的地面	晉青	1920.11.12
「復古」的心理	吳之	1920.11.12
舊式婚姻的日暮途窮	奇愚	1920.11.14
學生和義務學校	Y.F.W	1920.11.15
社會主義者懲戒國家主義者	晉青	1920.11.16
覺悟青年的苦痛	痛之	1920.11.17
「救濟舊式婚姻」的一個商榷	怪君、雪存、緝明、迴剛	1920.11.18
日本勞工底新戰略	晉青	1920.11.19
舊式婚制激起的怨憤	化雨	1920.11.19
寡婦的自由	覺民	1920.11.22
戀愛與總解決	朱珍	1920.11.22
日本社會黨今日已如此	晉青	1920.11.23
關於「重婚」的辯論	怪君等四人	1920.11.24
勿輕視「上工」兩字	隱囚	1920.11.25
「救濟舊式婚制」的討論	力子	1920.11.25
利用機會	力子	1920.11.25
橫濱華僑學校底魔障	瑞生	1920.11.26
怎樣促小學教員覺悟	張辛生	1920.11.28
日美戰爭的預測	于樹德	1920.11.28
怎樣做「勞動者的同情」	采眞、望道	1920.11.29
改造學校應自己去做	無覺致瑞生	1920.11.30
「救濟舊式婚制」的第三次討論	怪君等四人	1920.12.1
日本的「洪水」	晉青	1920.12.1
覺悟後的痛苦與奮鬥（一）	文生	1920.12.2
覺悟後的痛苦與奮鬥（二）	痛之	1920.12.2
勞動界的苦痛	非非	1920.12.3
日本的洪水（二）	晉青	1920.12.5
讀「覺悟」者的覺悟觀	長恨	1920.12.5
「主張離婚」者底辯論	舜霸、更生	1920.12.6
日本社會黨對付警官底趣劇	晉青	1920.12.7

覺悟後應取的態度（一）	傲霜	1920.12.7
覺悟後應取的態度（二）	朱壽桐	1920.12.7
一個譯小說者底聲明	伯衛	1920.12.7
「國家觀念」底弊害	柴崗	1920.12.9
日本學生界的新潮	晉青	1920.12.10
女學生底不平鳴	朱舜葩等 11 人	1920.12.12
鄉民慘史	一我	1920.12.13
學界奇聞	黃陂人	1920.12.13
欺凌女子者的警鐘	一個被告的朋友	1920.12.14
「婢女解放」的釋疑	畏狹	1920.12.14
「考試」和「評分」底討論	陳德徽	1920.12.15
早稻田大學的曉明會	鳴田	1920.12.16
排字工人的覺醒	陳鼎元	1920.12.16
日本社會主義同盟的大成功	晉青	1920.12.17
謀生難	傑斌	1920.12.19
「學生意」底苦痛	沈文奎	1920.12.20
不自由的深坑	晉熙	1920.12.21
對於「女學生的不平鳴」	李季、袁振英、龔贊堯	1920.12.21
女學生仍然不平	朱舜葩等 11 人	1920.12.22
日本底女界底新潮	M.A.	1920.12.23
黃學韞自己的申述	黃學韞	1920.12.24
又一個「國學」題目	俠儒致洪熙	1920.12.24
陰歷年假中學生應做的事	陳贊青於唐山工校	1920.12.27
社會改造與婦女問題	念祖	1920.12.27
怎樣救濟娼妓	東固	1920.12.28
對於「社會改造與婦女問題」	東方、自出	1920.12.29
惡婚姻底感想	醒	1920.12.30
僥倖心與新青年	名元	1920.12.31
旅美雜感	珠含	1921.1.1
留法勤工儉學生底一封信	陳澤孚	1921.1.4
女子不應任人取捨	丙炎	1921.1.4
抗逆時代潮流的校長	宋姜坪	1921.1.5

脫離經濟壓迫的玄想	長恨	1921.1.6
女子通信權底兩面觀	一飛	1921.1.7
一件可笑的事	志伊	1921.1.9
又是浮蕩少年	冰梅	1921.1.9
專制家庭底一幕	景元	1921.1.10
也只好怪伊自己	醒	1921.1.10
職業介紹所	白蘋	1921.1.12
舊式婚制下面的慘事	不平	1921.1.13
東京三起洋服工人底罷工結果	晉青	1921.1.14
努力無分老少	楊述凝	1921.1.16
窮人只好苦到底嗎	一飛	1921.1.17
苦學徒偏有志求學	憐民	1921.1.18
離婚並不丟面子	希平	1921.1.19
人道之賊	不平	1921.1.20
鄉村文化運動底急要	胡士澄	1921.1.21
一個留美學生底通信	—	1921.1.24
廢考問題底商榷	宋我眞	1921.1.25
無名從法國寄來的信	無名	1921.1.26
一個落難的少年	雲飛	1921.1.27
美術上之脂粉問題的糾正	唐雋	1921.1.28
又一個覺醒的排字工人	羅鍾羽	1921.1.28
日本國立六大學校長會議	晉青	1921.1.30
棄兒底悲憤	雲飛	1921.1.30
沿海居民底痛苦	向榮	1921.1.31
青年底大痛苦	疊新	1921.2.1
工人對於教育的渴望	羅鍾羽	1921.2.1
一個知錯的家長	瞿自梅	1921.2.2
一列車的新兵和一個退伍的馬夫	夢非	1921.2.3
造孽錢害人	耿倔	1921.2.3
克魯泡特金逝世與森戶辰男出獄	晉青	1921.2.11
平民生計底苦痛	宋我眞	1921.2.11
舊式婚制底反響	宋我眞	1921.2.13

晉青君自述被日警檢查的經過	晉青	1921.2.14
禁書	一雄	1921.2.14
日本學潮底崩潰	晉青	1921.2.15
蘇州女師底剪髮潮	東方楚人	1921.2.15
日本礦山勞動者一萬人罷工	晉青	1921.2.16
押收新青年與判決黃藝博	T.T.	1921.2.16
父女感情與貧富	指光	1921.2.16
送書	非夢	1921.2.16
禁書底干支	F.T.	1921.2.16
一個黑暗的區教育會	季廉	1921.2.17
犯了什麼法	吉生	1921.2.17
很痛心的經濟壓迫	鼎元	1921.2.18
近代英國文學概觀底商榷	愈之	1921.2.20
最近的日本勞動運動	晉青	1921.2.20
近代英國文學概觀商榷聲中一個俗人底插嘴	V.D.	1921.2.21
關於婚姻的兩個疑問	郁士元	1921.2.22
答東方內近代英國文學概觀者愈之君	學願	1921.2.23
日本社會主義同盟成立以來	晉青	1921.2.24
不懂人格的女師校長	冷梅	1921.2.25
一個無根者消息	會悟	1921.2.27
一個團體對文化運動者呼籲	無錫五七團	1921.2.28
一個慘死的青年	無方	1921.3.1
愈之君第二次的辨解	愈之	1921.3.1
長工底痛苦（長工怨）	杏芳	1921.3.2
小學校應減輕寄宿生的納費	希平	1921.3.3
出版界底一個忠告	夏應佛	1921.3.4
一個書報社底請求	潮安書報社	1921.3.6
出版界底一個聲明	靜廬	1921.3.6
讀致浙女師辦事人書	思曉	1921.3.7
杭州女師範底詳情	余孤	1921.3.7
日本社會黨人消息	晉青	1921.3.8
東洋研究所產生於東京	晉青	1921.3.9

學校與家庭	愈文耀	1921.3.9
女子解放運動者底希望	惠芳	1921.3.10
權利和義務	無能	1921.3.10
日本某會旁聽記	鳴田	1921.3.11
給浙女師校長的信	—	1921.3.11
討論結婚的兩封信	我眞	1921.3.13
兩件可疑的事	夢葦	1921.3.13
又一封評論浙女師的信	耿仙	1921.3.14
奇怪的七百學生裸體搜查	晉青	1921.3.15
湖南女校底復古	夢葦	1921.3.16
教育會歧視女生	大千	1921.3.16
寧波人底覺悟	盧少川	1921.3.17
浙女師開除學生事件底同情者	平鳴	1921.3.18
東京鐘錶店工人大罷工	晉青	1921.3.18
日本農民底祕密團結	晉青	1921.3.20
教育界黑暗的原因	N. G.	1921.3.21
「一農教員毆打齋夫」底感想	澤華	1921.3.22
可憐的田鄰	趙椿霖	1921.3.23
日本社會黨人消息	晉青	1921.3.24
這是什麼世界	葉立	1921.3.24
日本學校男女同學底趨勢	晉青	1921.3.25
一個新團體徵求書報	寧波工商友誼會	1921.3.27
江蘇一農教員毆打齋夫底反響	涵民	1921.3.28
對於杭州教育界的希望	N.C.	1921.3.29
基督教與婦女	阿凫	1921.3.30
取締女生底荒謬	力子	1921.3.31
爲三月二十九問浙江人	大同	1921.4.1
敬告旅行的學生	下文	1921.4.3
廣肇人反對廣肇公所和新文化作敵的信	張景威等	1921.4.4
賣文者與社會組織	存統	1921.4.5
荒謬絕倫的強迫冥婚	邁英	1921.4.5
介紹巴黎中國書報社	—	1921.4.6

女子不應從夫姓	E.W.	1921.4.6
本欄舉行新思潮家講演會	本欄同人	1921.4.7
婚姻問題與自覺精神	述之	1921.4.8
日本平民們底住宅難	晉青	1921.4.10
工業教育不應守秘密	石魚	1921.4.11
遺產製與婚姻	指光	1921.4.11
最近的日本三大慘事	晉青	1921.4.12
商夥和學徒底苦況	益林	1921.4.12
習俗害人	冬雄	1921.4.12
對於比賽足球的感想	王元章	1921.4.13
浮蕩少年底真相	冀芳	1921.4.13
遊戲場中的真假學生	韓守信	1921.4.14
揀煤屑的婦人	趙邦鑠	1921.4.14
醜無可醜的浙江人	李行	1921.4.15
運動本旨是如此嗎？	時方	1921.4.17
一個覺悟的商人底談話	汪浩	1921.4.17
換了名字發表的芥菜子	猛濟	1921.4.18
勸人不反抗舊式婚姻的模範夫妻	純仁	1921.4.18
東京兩大火災與其貧民	晉青	1921.4.19
因求學出走的青年	程伯文	1921.4.20
天津人力車夫底總數	一之	1921.4.20
記過和開除在教育上的價值	一飛	1921.4.20
一農教員毆打齋夫底辯護者	掘隱生	1921.4.21
武人誘捕校長	天愁	1921.4.22
自由結婚與工商界	程伯文	1921.4.24
告 W.M.	心如	1921.4.24
天津教育界底黑暗	人權	1921.4.25
答月如底中國小說史大綱批評	靜廬	1921.4.26
外國博士底武斷	述之	1921.4.28
提倡神鬼學說的怪物	志南	1921.4.29
賣買式婚姻的罪惡	綺紋	1921.5.3
女子與勞動運動	鳳子	1921.5.4

一個被逼棄學的女子	逸	1921.5.4
賣買式婚姻的對付方法	朱理	1921.5.4
沒有讀書者的呼聲	李樹庭	1921.5.5
五四的蘇州	傲世	1921.5.5
反抗賣買式婚姻的同情者	枕薪等	1921.5.6
湖南勞動節遊街會	嘉本特	1921.5.8
這樣可以算得奮鬥嗎	逸民	1921.5.8
互助是不是自殺	警天	1921.5.9
經濟組織與自由平等	存統	1921.5.10
代議制破產的一證告女校裏的職員	蔣維嶽	1921.5.12
奉告喜歡買新出版物的同志	I	1921.5.13
討論沒有辯駁的價值的信	存統	1921.5.13
青年學子的婚姻問題	力子	1921.5.15
詩學過渡時代的一個問題	王詠麟	1921.5.16
日本社會主義同盟的第二戰紀	晉青	1921.5.17
太樸答存統的信	太樸	1921.5.18
詩韻問題	大白	1921.5.19
討論白話書信的一封信	梅生	1921.5.20
留法勤工儉學底過去與未來	無名	1921.5.22
日本三個勞動雜誌的特色	晉青	1921.5.23
北京學界底人格破產者	蒭西	1921.5.24
脫離少年中國的中國少年	蒭西	1921.5.25
破壞學生會的卑劣手段	赤人	1921.5.25
大阪電燈工人的罷工勝利	晉青	1921.5.26
廚子給學生的信	小元	1921.5.27
日本勞工的急進派	晉青	1921.5.28
爲遠東運動會放假的疑問	彰庵	1921.5.29
傭工人也應有點覺悟	傭工人	1921.5.30
嗚呼蘇梅和文章署名問題	正廠	1921.5.30
爲遠東運動會放假的討論	痛心、柳綠波	1921.5.30
摧殘平民教育的省議員	七師預科同人	1921.6.1
北京一件事底兩個教訓	蒭西	1921.6.2

遠東運動會招待員底辯明	君尙、熙明	1921.6.3
要求未婚妻讀書	張國興、馬利奎	1921.6.3
學生復廚子的信	浙江第六中學	1921.6.5
關於戲劇的說明	沈雁冰	1921.6.5
遠東運動會招待員受辱的疑問	陳蕭儀	1921.6.5
蕭伯納作品觀底作品觀	曉風	1921.6.6
日當局猛擊社會黨	晉青	1921.6.6
戲劇里第三身女性代名辭	大同	1921.6.7
文章不署名的討論	正厰	1921.6.7
校長可用武力解散學生嗎	吟秋	1921.6.8
奮鬥的時機到了	蔡夢弼、王潔	1921.6.9
開除學生底反對聲	一飛	1921.6.9
甘受婚制束縛的惡果	傲世	1921.6.9
寧波工商雜誌徵文	寧波工商友誼會	1921.6.9
文章署名的討論	漢冑	1921.6.10
被辱俄黨人已離日本	晉青	1921.6.10
投考學校者注意	王道生	1921.6.10
文章署名的討論	正厰	1921.6.12
奇怪的開除	天雨	1921.6.13
一封答覆對待夥友不平的信	葉祥麟	1921.6.13
湖北二師風潮底經過及其教訓	蕭楚女	1921.6.14
文章不署名的問題底討論	陳斯白	1921.6.15
對待夥友的討論	俊培	1921.6.15
文章署名底討論	漢冑	1921.6.16
告跪在已腐的死體底面前者	保時	1921.6.17
公園逐客的疑問	奇茂、錫章	1921.6.17
再復夥友待遇的信	葉祥麟	1921.6.17
一件爲婚姻而煩悶的事	爾柏	1921.6.19
夥友的不平聲	過來人	1921.6.19
讀俄國婚姻律者底要求	史維明	1921.6.19
俄國婚姻律譯者底答覆	燭生	1921.6.20
精神提不起了末段的懷疑	紹武	1921.6.20

東京工人底最近工價	晉青	1921.6.21
禮教先生如此	湘心	1921.6.21
青年底自殺與自衛	正廠	1921.6.22
婚制底破產	阿凫	1921.6.22
可痛的小賊	清醒	1921.6.23
公園逐客的討論	錫章、奇成	1921.6.24
讀阿凫通信的感想	樂天	1921.6.24
青年苦悶中自衛的方法	秀絺	1921.6.26
質陳獨秀先生	太樸	1921.6.27
婚制底罪惡底悲感	曉風、大白	1921.6.28
浙江底兩個實業機關	瀑華	1921.6.28
公園應絕對公開	臧	1921.6.29
對於文章署名的一點小意見	C.T.	1921.7.1
天津底女校如此	季揚	1921.7.1
關於婚制底罪惡感的兩封信	雙明	1921.7.3
一個女性底說話	一個女性鏡馨	1921.7.3
改定寒暑假時期的商榷	胡士魁	1921.7.3
文章署名和學術研究	王警濤	1921.7.3
答關於婚制罪惡感的兩封信	大白、曉風	1921.7.4
關於為婚姻而煩悶事的通信	抱樸	1921.7.4
河南女學界底暑假	宋仙	1921.7.4
答一讀者	編輯室	1921.7.5
杭州最近的兩種出版物和兩個團體	N.G.	1921.7.5
關於女性的禱祝	漢胄	1921.7.5
一個願署名鏡馨信後的女性	淑瑤	1921.7.6
大學生就行搶掠婚呵！	秋柳	1921.7.7
男性對於女性的罪惡	瀑華	1921.7.7
搶掠婚底解決法	記者	1921.7.8
天津底社會	林昌	1921.7.8
談無抵抗主義的兩封信	聞天	1921.7.10
關於為婚姻而煩悶事的通信底答辨	梅生	1921.7.10
一個女性所要求的平等	鏡馨	1921.7.12

我對於爾柏和抱樸爲婚姻而煩悶的兩封信的意見	湘園	1921.7.13
籌刊克魯泡特金遺著	華林	1921.7.14
中國描寫婦女問題的小說	希平	1921.7.15
一封答覆中國式的無政府主義者的信	正廠	1921.7.15
女性要用或一標準運動教育平等	怡怡	1921.7.17
論中國式的安那其主義答光亮	太樸	1921.7.17
女兒是貢獻品嗎？	如音	1921.7.17
我底一段煩悶史	爾柏	1921.7.18
看漢胄底迴學校裏去罷的感想	瀑華	1921.7.20
天津洗衣工人的罷工風潮	季揚	1921.7.20
又是一位要團結的女性	夏梅	1921.7.21
當塗女性底痛苦	鑄秋	1921.7.22
湖南長沙理髮工人底自由營業	H.T.	1921.7.22
小學教師底生活難	L.F.	1921.7.24
對於女兒是貢獻品嗎的意見	程起	1921.7.25
婦女問題與經濟問題	夏梅	1921.7.26
寡婦底悲哀	姚天寅	1921.7.26
可憐的伊	如音	1921.7.27
女性方面對社交公開的覺悟	怡怡	1921.7.28
下半年的浙江女師校	我君	1921.7.29
再與太樸論主義底選擇	光亮	1921.7.31
社交公開的兩面進行	枕薪	1921.8.1
惡家庭只有脫離的主張	德徵	1921.8.1
我和鄭振鐸君底麻煩	漢胄	1921.8.2
教育界最可怕的現象	空如	1921.8.4
來稿不能盡登的說明	力子	1921.8.4
對於學者的兩句話	胡竹林	1921.8.5
小學教育不好現象裏千百分一、二、三、	L.F.	1921.8.5
農民怎樣過活	土澄	1921.8.7
質南高日刊編輯涵江先生	小峰、枕薪	1921.8.7
救現在中國的對症良藥	力子	1921.8.8

內地的工人可憐	宋仙	1921.8.9
辭退職員中的人格問題	文生	1921.8.11
希望星期評論再版	競西	1921.8.11
鏡花緣底價值如何	竹	1921.8.12
辭退職員中的人格問題	文生	1921.8.15
四川女子剪髮潮	季霖	1921.8.16
浙女師竟又開除學生	湘玉	1921.8.16
豫豐紗廠工資的辨白	本心	1921.8.16
教育界的新恐慌	L.F.	1921.8.18
希望重印鏡花緣的是誰？	競西	1921.8.18
紗廠辭退職員的眞相	正非	1921.8.19
商業夜校分科選習的商榷	顧旭侯	1921.8.21
杭州教育界竟有這種怪事	湘玉	1921.8.22
杭州的種種	墨沼	1921.8.23
廢姓不必登報	力子	1921.8.23
內地風氣閉塞的一斑	恨生	1921.8.25
對於我假定是一個婦女的意見	陳學佳	1921.8.26
希望新聞界拒登淫書廣告	無明	1921.8.26
再說鄭州豫豐紗廠工資問題	宋仙	1921.8.28
迷信與教育	萬塵汰	1921.9.1
怎樣遏止人類底幸得心	靈芸	1921.9.2
女界底悲聲	擷英	1921.9.4
對於教育界的憤語	希平	1921.9.5
工人死得可憐	振常	1921.9.6
看女性怎樣奮鬥	雋民	1921.9.8
廣州市民大學批評	擎霄	1921.9.9
對於教育界的憤語	希平	1921.9.11
又一開除學生的黑幕	每生	1921.9.12
解除婚約問題	郭後覺	1921.9.12
校長與學生	娟如	1921.9.13
痛苦與新生命	華林	1921.9.15
介紹廣東省教育會雜誌	詠臺	1921.9.16

「普羅來太里亞」定義的商榷	普仁	1921.9.16
可笑可恨的買賣婚姻	彝	1921.9.16
有良心的教育家看啊	佩杜	1921.9.19
日本社會主義者被捕	鳴田	1921.9.20
人工配合法的婚姻	郭明德	1921.9.22
留東女子講求體育	伯焜	1921.9.22
俄國近狀及到俄國去的旅程	張民權	1921.9.23
日本社會主義者疑獄續聞	鳴田	1921.9.25
印刷工人缺乏團結力的疑問	鼎元	1921.9.25
介紹社會主義研究	C.T.	1921.9.27
剝奪青年教育權的夢想	C.F.	1921.9.27
浮蕩少年與學校專制	道海	1921.9.29
做和尚 自殺 對於浮蕩青年的憤慨	吳熙	1921.9.30
文明社會的一點灰色	白刃	1921.10.2
想做和尚者引起的悲觀	愴愴	1921.10.3
慎用愛情與免除痛苦	寧素	1921.10.4
又一個反對做和尚者	N.C.	1921.10.6
「性的教育」底急要	企笏	1921.10.6
學生分級惡鬥的怪聞	娟如	1921.10.7
創造光明的「明天」	家斌	1921.10.9
男女社交問題與教育	如心	1921.10.13
做媒婆的校長	正廠	1921.10.14
制度的人生	念腹	1921.10.16
粵漢鐵路職工實況一班	伯翔	1921.10.17
留法勤工儉學生底運命	董鴻才	1921.10.18
一個有決心的女子	立雪	1921.10.20
爲工人說話的一個教育家	高語罕	1921.10.21
爲世界語學會已故同志募建墓碑	—	1921.10.23
資本家蔑視別人底人格	易實君	1921.10.24
對於上海模範工藝廠的忠告	後覺	1921.10.25
蔑視女子人格的言論	始鴻	1921.10.27
爲蘇曼殊先生辯白	竹林	1921.10.27
男女同校要怎樣才有眞價值	求眞	1921.10.28

關於悲觀世界著者的爭辯	張靜廬	1921.10.30
掠奪婚與社會	苦學	1921.10.30
紹興社會狀況的一班	孫席珍	1921.10.31
對於悲慘世界的幾句話	我	1921.11.1
文化運動不普及的現象	瘦梅	1921.11.1
對於掠奪婚姻的感想	醒蒼	1921.11.3
怎樣扶助女子求學	秋君	1921.11.4
內地社會狀況一班	西山	1921.11.6
關於悲慘世界來歷的兩封信	錢玄同、仲密	1921.11.7
關於悲慘世界和章太炎白話文的說明	張靜廬	1921.11.8
關於悲慘世界的胡寄塵底信	寄塵	1921.11.8
怎樣援助失學的青年女子？	啓周	1921.11.10
教育界可怕的現象	陳畏如	1921.11.13
文學作品採用方言問題	陳文華	1921.11.14
青年求學的困難	唯非	1921.11.14
苦笑能否獲益的討論	鐘聲	1921.11.17
代橫濱華僑青年呼籲	蔭棠	1921.11.18
難道工人都是賊嗎？	鼎元	1921.11.20
向時代倒退的浙江省議員	下天	1921.11.20
教職員受苦的兩原因	冰血	1921.11.21
勞農界底病苦	子明	1921.11.22
浙江第六師範風潮眞相	陳宗芳	1921.11.24
浙江第六師範風潮眞相	陳宗芳	1921.11.25
工人底借鑒	金枝	1921.11.27
一個學校中兩件留學案的結果	張春浩	1921.11.28
安慶青年底墮落	馬國斌	1921.12.1
早婚問題	胡士魁	1921.12.1
中等學校兼收女生的辯論	能手	1921.12.2
職業教育界底暴君行爲	朱榮甫	1921.12.2
青年底病根	高語罕	1921.12.4
快活的小學生	愛光	1921.12.5
學校與風潮	陳宗芳	1921.12.6
常州要辦花捐了	嚴相濟	1921.12.8

又一個職業學校開除學生底哀聲	天寅	1921.12.8
一個不通的倫理試題	式玉	1921.12.9
中國公學風潮平息後的一封信	湖浩川	1921.12.11
再接再勵的蕪湖女學生	克瀛	1921.12.12
代童養媳呼號的哭聲	T.I.P.	1921.12.12
蘇省第四農校有設立的必要嗎？	胡士魁	1921.12.13
一個痛哭的新嫁娘	胡逢年	1921.12.13
告良心沒死的青年	吳德培	1921.12.15
青年底信條	湯元吉	1921.12.15
三青年冤獄底現狀	光濤	1921.12.16
學校佔有的可怕	劉祖沛	1921.12.18
做父母的一個模範	李振華	1921.12.18
歸國僑胞對陳德榮冤獄的痛憤	郭青傑	1921.12.19
由上海到香港者底感想	建時	1921.12.20
農業教育是否要呢？	季鍾和	1921.12.22
對於教育家殘酷行為的感憤	劉歎眞	1921.12.23
關於「蘇省第四農校有設立的必要嗎？」底聲明	胡士魁	1921.12.25
日本留學生應有的覺悟	佛突	1921.12.26
不願留級者底補救方法	鈞培	1921.12.26
幼年訂婚的惡果	君昭	1921.12.27
徐州各團體到哪裡去了？	陳蕭儀	1921.12.27
對於陳德榮冤獄的憤慨	李宗鄴	1921.12.29
實行新村計劃的一個通告	佩南等	1921.12.30

參考文獻

一、報刊史料

《獨立周報》「投函」欄、《甲寅》（月刊）「通訊」欄、《娛閒錄》「讀者來稿」欄、《新青年》、《婦女雜誌》「通信」欄、《太平洋》「通訊」欄、《每周評論》「通訊」「通信」欄、《新潮》「通信」欄、《民國日報·覺悟》「通訊」欄、《少年中國》「會員通訊」欄、《曙光》「通信」欄、《小說月報》「通信」欄、《文學旬刊》「通訊」欄、《晨報副鐫》「通信」欄、《創造》（季刊）「通信」欄、《學衡》「通訊」欄、《努力周報》「通訊」、「通信」欄、《小說世界》「編者與讀者」欄、《文學旬刊》「通信」欄、《文學》「通信」欄、《語絲》「通信」欄、《現代評論》「通信」欄、《甲寅》（周刊）「通訊」欄、《文化批判》「讀者的回聲」欄、《開明》「讀者的意見」欄、《讀書月刊》「信箱」、《文學》「來信與解答」欄、《文藝生活》「編者·讀者·作者」欄、《生活》「讀者信箱」欄等。

二、中文著作

A

阿英《晚清文藝報刊述略》，上海：古典文學出版社，1958 年。

阿英《晚清小說史》，北京：人民文學出版社，1980 年。

B

白潤生《中國新聞通史綱要》，北京：新華出版社，1998 年。

北京師範大學圖書館報刊部編《北京師範大學圖書館館藏中文珍稀期刊題錄》，北京：北京圖書館出版社，2002 年。

C

蔡銘澤《新聞傳播學》，廣州：暨南大學出版社，2004 年。

陳安湖《中國現代文學社團流派史》，武漢：華中師範大學出版社，1997 年。

陳方競《多重對話：中國新文學的發生》，北京：人民文學出版社，2003 年。

陳平原、山口守編《大眾傳媒與現代文學》，北京：新世界出版社，2003 年。

陳思和《中國現當代文學名著十五講》，北京：北京大學出版社，2003 年。

陳思和《中國新文學整體觀》，上海：上海文藝出版社，2000 年。

陳廷湘主編《中國現代史》，成都：四川大學出版社，2002 年。

陳萬雄《五四新文化的源流》，香港：香港三聯書店，1997 年。

陳玉堂編《中國近現代人物名號大辭典》，杭州：浙江古籍出版社，1993 年。

陳子展《中國近代文學之變遷》，上海：上海書店，1982 年。

陳子展《中國近代文學之變遷——最近三十年之中國文學史》，上海：上海古籍出版社，2000 年。

D

丁淦林等主編《中國新聞事業史新編》，成都：四川人民出版社，1997 年。

丁寧《接受之維》，天津：百花文藝出版社，1990 年。

丁守和主編《辛亥革命時期期刊介紹》，北京：人民出版社，1987 年。

丁守和主編《中國近代啟蒙主潮》，北京：社會科學文獻出版社，1999 年。

董麗敏《想像現代性——革新時期的〈小說月報〉研究》，桂林：廣西師範大學出報社，2006 年。

F

樊駿《論中國現代文學研究》，上海：上海文藝出版所，1992 年。

范伯群、湯哲聲編《中國近現代通俗文學史》，南京：江蘇教育出版社，2002 年。

范泉主編《中國現代文學社團流派辭典》，上海：上海書店，1993 年。

方漢奇、張之華《中國新聞事業簡史》，北京：中國人民大學出版社，1983 年。

方漢奇《中國近代報刊史》，太原：山西人民出版社，1981 年。

馮並《中國文藝副刊史》，北京：華文出版社，2000 年。

馮光廉、劉增人編《中國新文學發展史》，北京：人民文學出版社，1991 年。

馮光廉主編《中國近百年文學體式流變史》，北京：人民文學出版社，1999 年。

G

戈公振《中國報學史》，中國新聞出版社，1985 年。

H

何鎮邦《文體的自覺與抉擇》，北京：人民文學出版社，1995 年。

洪子誠《1956：百花時代》，濟南：山東教育出版社，1998 年。

洪子誠《問題與方法——中國當代文學史研究講稿》，北京：三聯書店，2002 年。

胡經之、張首映編《西方二十世紀文論選：讀者系統》，北京：中國社會科學出版社，1989 年。

黃瑚《中國新聞事業發展史》，上海：復旦大學出版社，2001 年。

黃修己編《中國現代文學研究方法論集》，北京：首都師範大學出版社，1994 年。

黃鎮偉編《中國編輯出版史》，蘇州：蘇州大學出版社，2003 年。

J

吉少甫編《中國出版簡史》，上海：學林出版社，1991 年。

賈植芳等編《文學研究會資料》，鄭州：河南人民出版社，1985 年。

賈植芳主編《中國現代文學的主潮》，上海：復旦大學出版社，1990 年。

賈植芳主編《中國現代文學社團流派》，南京：江蘇教育出版社，1989 年。

蔣伯潛《文體論纂要》，臺北：正中書局，1946 年。

蔣曉麗《中國近代大眾傳媒與中國近代文學》，成都：巴蜀書社，2005 年。

K

孔令鏡編《現代作家書簡》，北京：生活書店，1936 年。

孔慶東《1921：誰主沈浮》，濟南：山東教育出版社，1998 年。

曠新年《1928：革命文學》，濟南：山東教育出版社，1998 年。

L

樂正《近代上海人社會心態》，上海：上海人民出版社，1991 年。

李白堅《中國新聞文學史》，上海：上海大學出版社，2004 年。

李良榮《中國報紙文體發展概要》，福州：福建人民出版社，1985 年。

李龍牧《中國新聞事業史稿》，上海：上海人民出版社，1985 年。

李楠《晚清民國時期上海小報》，北京：人民文學出版社，2006 年。

李頻《編輯家茅盾評傳》，鄭州：河南大學出版社，1995 年。

李澤厚《中國現代思想史論》，北京：東方出版社，1987 年。

梁啓超《清代學術概論》，上海：上海古籍出版社，1998 年。

廖梅《汪康年：從民權論到文化保守主義》，上海：上海古籍出版社，2001

年。

林賢治《五四之魂：中國知識份子精神史》，桂林：廣西師範大學出版社，
　　2008 年。

林毓生等編《五四：多元的反思》，香港：香港三聯書店，1989 年。

劉家林《中國新聞通史》，武漢：武漢大學出版社，2006 年。

劉納《創造社與泰東書局》，桂林：廣西教育出版社，1999 年。

劉淑玲《大公報與中國現代文學》，石家莊：河北教育出版社，2004 年。

劉小楓《接受美學譯文集》，北京：三聯書店，1989 年。

劉增人《中國現代文學期刊史論》，北京：新華出版社，2005 年。

M

馬以鑫《接受美學新論》，上海：學林出版社，1995 年。

馬以鑫《中國現代文學接受史》，上海：華東師範大學出版社，1998 年。

馬永強《文化傳播與現代中國文學》，合肥：安徽大學出版社，2003 年。

茅盾《茅盾全集》，北京：人民文學出版社，1989 年。

N

倪延年、吳強《中國現代報刊發展史》，南京：南京大學出版社，1993 年。

倪延年《中國古代報刊發展史》，南京：東南大學出版社，2001 年。

P

潘樹廣編《中國文學史料學》，合肥：黃山書社，1992 年。

平心編《全國總書目》，上海：上海生活書店，1935 年。

Q

錢理群、封世輝、黃萬華等編《中國淪陷區文學大系・史料卷》，南寧：廣
　　西教育出版社，2000 年。

錢理群《1948：天地玄黃》，濟南：山東教育出版社，1998 年。

錢理群《精神的煉獄：中國現代文學從五四到抗戰的歷程》，南寧：廣西教
　　育出版社，1996 年。

秦紹德《上海近代報刊史論》，上海：復旦大學出版社，1993 年。

邱沛篁主編《新聞傳播百科全書》，成都：四川人民出版社，1998 年。

全國第一中心圖書館委員會、全國圖書聯合目錄編輯組編《1833～1949 全國
　　中文期刊聯合目錄（增訂本）》，北京：書目文獻出版社，1981 年。

R

芮和師、范伯群等編《鴛鴦蝴蝶派文學資料》，福州：福建人民出版社，1984

年。

S

商務印書館編《商務印書館九十年——我和商務印書館》，北京：商務印書館，1987 年。

宋原放、李白堅《中國出版史》，北京：中國書籍出版社，1991 年。

宋原放主編《中國出版史料》，山東教育出版社、湖北教育出版社，2001 年。

孫中田、查國華編《茅盾研究資料》，北京：中國社會科學出版社，1983 年。

T

唐海江《清末政論報刊與民眾動員：一種政治文化的視角》，北京：清華大學出版社，2007 年。

唐沅、韓之友編《中國現代文學期刊目錄彙編》，天津：天津人民出版社，1988 年。

陶東風《文體演變及其文化意味》，昆明：雲南人民出版社，1994 年。

童慶炳《文體與文體的創造》，昆明：雲南人民出版社，1999 年。

W

汪輝、陳燕谷主編《文化與公共性》，北京：三聯書店，1998 年。

王大明等編《抗戰文藝報刊篇目彙編》，成都：四川省社會科學出版社，1984 年。

王世剛主編《中國社團史》，合肥：安徽人民出版社，1994 年。

王衛平《接受美學與中國現代文學》，長春：吉林教育出版社，1994 年。

王文彬編《中國報紙的副刊》，北京：中國文史出版社，1988 年。

王曉明編《二十世紀中國文學史論》，上海：東方出版中心，1997 年。

王曉明主編《批評空間的開創：二十世紀中國文學研究》，上海：東方出版中心，1998 年。

王怡紅《人與人的相遇——人際傳播論》，北京：人民出版社，2003 年

吳庚振《新聞評論學》，保定：河北大學出版社，2001 年。

吳延俊《中國新聞傳播史稿》，武漢：華中理工大學出版社，1999 年。

伍傑主編《中文期刊大詞典》，北京：北京大學出版社，2002 年。

X

現代文學期刊聯合調查小組編《中國現代文學期刊目錄（初稿）》，上海：上海文藝出版社，1961 年。

蕭東發編《中國編輯出版史》，瀋陽：遼寧教育出版社，1996 年。

辛廣偉《臺灣出版史》，石家莊：河北教育出版社，2001 年。

熊復《中國抗日戰爭時期大後方出版史》，重慶：重慶出版社，1999年。

徐寶璜《新聞學》，北京：中國人民大學出版社，1994年。

徐乃翔、欽鴻編《中國現代文學作者筆名錄》，長沙：湖南文藝出版社，1988年。

許紀霖等《近代中國知識份子的公共交往（1895～1949)》，上海：上海人民出版社，2008年。

Y

楊光輝等編《中國近代報刊發展概況》，北京：新華出版社，1986年。

楊益群等編《文藝期刊索引》，桂林：廣西人民出版社，1986年。

姚公鶴《上海閒話》，上海：上海古籍出版社，1989年。

孫中田、查國華編《茅盾研究資料》，北京：中國社會科學出版社，1983年。

葉再生《中國近代現代出版通史》，北京：華文出版社，2002年。

葉再生編《出版史研究》，北京：中國書籍出版社，1995年。

應國靖《現代文學期刊漫話》，廣州：花城出版社，1986年。

應國靖編《上海「孤島」文學報刊編目》，上海：上海社會科學出版社，1986年。

余英時等《五四新論——既非文藝復興，亦非啓蒙運動》，臺北：聯經出版實業公司，1999年

俞元桂《中國現代散文理論》，桂林：廣西人民出版社，1984年。

袁進《中國文學觀念的近代變革》，上海：上海社會科學出版社，1996年。

Z

張灝《時代的探索》，臺北：聯經出版公司，2004年。

張靜廬《在出版界二十年》，上海：上海書店，1984年。

張靜廬編《中國現代出版史料》，北京：中華書局，1959年。

張濤甫《報紙副刊與中國知識份子的現代轉型：以《晨報副刊》爲例》，桂林：廣西師範大學出版社，2007年。

張秀民《中國印刷史》，上海：上海人民出版社，1989年。

張宜雷《近代文學變革散論》，天津：天津社科出版社，2000年。

張毅《文學文體概說》，北京：中國人民大學出版所，1993年。

張友漁《報人生涯三十年》，重慶：重慶出版社，1982年。

趙家璧主編、鄭振鐸編選《中國新文學大系‧文學論爭集》，上海：上海良友圖書印刷公司，1935年。

鄭家建《中國文學現代性的起源語境》，北京：三聯書店出版社，2002年。

鄭興東《受眾心理與傳媒引導》，北京：新華出版社，1999 年。

俞月亭《韜奮論編輯工作》，太原：山西人民出版社，1986 年。

鄭振鐸《中國俗文學史》，上海：上海人民出版社，2006 年。

中共中央馬克思恩格斯列寧史達林著作編譯局研究室編《五四時期期刊介紹》，北京：三聯書店，1979 年。

中國編輯研究編輯委員會編《中國編輯研究》，北京：人民教育出版社，2000 年。

中國社會科學院近代史研究所中華民國史組編《胡適來往書信選》，北京：中華書局，1979 年。

周蔥秀、涂明《中國近現代文化期刊史》，太原：山西教育出版社，1999 年。

周海波、楊慶東《傳媒與現代文學之間》，北京：中國社會科學出版社，2004 年。

周海波《中國現代文學批評史論》，上海：上海人民出版社，2002 年。

周憲《20 世紀西方美學》，南京：南京大學出版社，1999 年。

朱棟霖、丁帆、朱曉進編《中國現代文學史：1917～1997》，北京：高等教育出版社，1999 年。

朱棟霖主編《文學新思維》，南京：江蘇教育出版社，1996 年。

朱光潛《朱光潛全集》，合肥：安徽人民出版社，1987 年。

朱金順《新文學資料引論》，北京：北京語言學院出版社，1986 年。

朱立元《接受美學》，上海：上海人民出版社，1989 年。

朱壽桐《中國現代社團文學史》，北京：人民文學出版社，2004 年。

左舜生等撰《王光祈先生紀念冊》，臺北：文海出版社，1936 年。

宗廷虎《中國現代修辭學史》，杭州：浙江教育出版社，1997 年。

袁偉時《告別中世紀——五四文獻選粹與解讀》，廣東人民出版社，2004 年。

三、外文著作

〔法〕阿爾貝‧蒂博代《六說文學批評》，趙堅譯，北京：三聯書店，1989 年。

〔加〕阿爾維托‧曼谷埃爾《閱讀史》，北京：商務印書館，2002 年。

〔美〕愛德華‧薩義德《知識份子論》，單德光譯，北京：三聯書店，2007 年。

〔俄〕巴赫金《詩學與訪談》，白春仁、顧亞鈴等譯，石家莊：河北教育出版社，1998 年。

〔俄〕巴赫金《陀思妥耶夫斯基詩學問題》，白春仁、顧亞鈴譯，北京：三聯書店，1988 年。

〔英〕佛吉尼亞‧吳爾夫《普通讀者》，石永禮、藍仁哲譯，北京：人民文學出版社，2003 年。

〔德〕哈貝馬斯《公共領域的結構轉型》，曹衛東等譯，上海：學林出版社，1999 年。

〔美〕韓南《中國近代小說的興起》，徐俠譯，上海：上海教育出版社，2004 年。

〔德〕漢斯‧羅伯特‧姚斯《接受美學與接受理論》，周寧、金元浦譯，瀋陽：遼寧人民出版社，1987 年。

〔德〕漢斯‧羅伯特‧姚斯《審美經驗與文學解釋學》，上海：上海譯文出版社，1997 年。

〔美〕傑羅姆‧格里德爾《知識份子與現代中國》，單正平譯，天津：南開大學出版社，2002 年。

〔美〕李歐梵《未完成的現代性》，北京：北京大學出版社，2005 年。

〔德〕馬丁‧布伯《人與人》，張健、韋海英譯，北京：作家出版社，1992 年。

〔加〕馬歇爾‧麥克盧漢《理解媒介——論人的延伸》，北京：商務印書館，2003 年。

〔德〕瑙曼等《作品、文學史與讀者》，北京：文化藝術出版社，1997 年。

〔英〕尼克‧史蒂文森《認識媒介文化——社會理論與大眾傳播》，北京：商務印書館，2003 年。

〔美〕桑塔格《反對闡釋》，程巍譯，上海：上海譯文出版社，2003 年。

〔美〕托馬斯‧斯坎倫《寬容之難》，楊偉清等譯，北京：人民出版社，2008 年。

〔德〕沃爾夫崗‧韋爾施《重構美學》，上海：上海譯文出版社，2002 年。

〔美〕沃納‧塞佛林等《傳播理論：起源、方法與應用》，郭鎮之等譯，北京：華夏出版社，2000 年。

〔德〕伊瑟爾《閱讀活動：審美反應理論》，金元浦、周寧譯，北京：中國社會科學出版社，1991 年。

〔德〕伊澤爾、霍桂《審美過程研究閱讀活動：審美回應理論》，李寶彥譯，北京：中國人民大學出版社，1988 年。

〔美〕周策縱《五四運動：現代中國的思想革命》，周子平譯，南京：江蘇人民出版社，1996 年。

〔美〕周策縱《五四運動史》，歐陽哲生、曠新年等譯，長沙：嶽麓書社，1999 年。

〔新〕卓南生《中國近代報業發展史：1815～1874》，北京：中國社會科學

出版社，2002 年。

Yu-sheng Lin, The Crisis of Chinese Consciousness：Radical Antitraditionalism in the Mayou-rth Era, Madison：University of isconsin Press, 1979.

David Bolm, *On Dialogue*, edited by Lee Nichol, London：Routledge, 1996